sapientia
サピエンティア 19

天皇の韓国併合

王公族の創設と帝国の葛藤

新城道彦［著］

法政大学出版局

天皇の韓国併合——王公族の創設と帝国の葛藤／目次

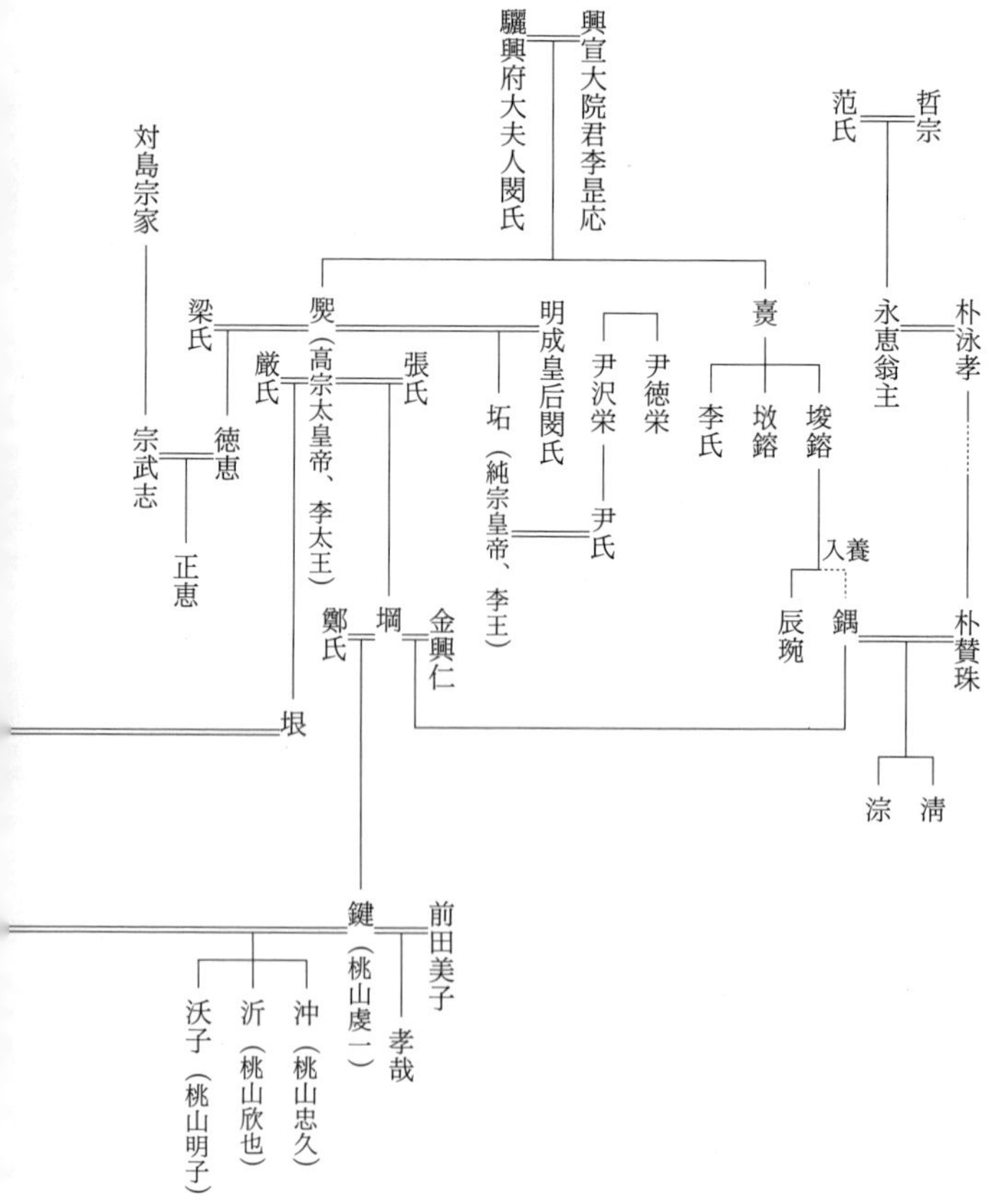
興宣大院君李昰応
驪興府大夫人閔氏
哲宗
范氏
対島宗家
熈（高宗太皇帝、李太王）
梁氏
明成皇后閔氏
嚴氏
張氏
坧（純宗皇帝、李王）
尹徳栄
尹沢栄
尹氏
熹
李氏
埈鎔
垵鎔
入養
辰琬
鍝
永恵翁主
朴泳孝
朴賛珠
宗武志
徳恵
正恵
鄭氏
堈
金興仁
垠
淙
清
鍵（桃山虔一）
前田美子
孝哉
沃子（桃山明子）
沂（桃山欣也）
沖（桃山忠久）

関連系図

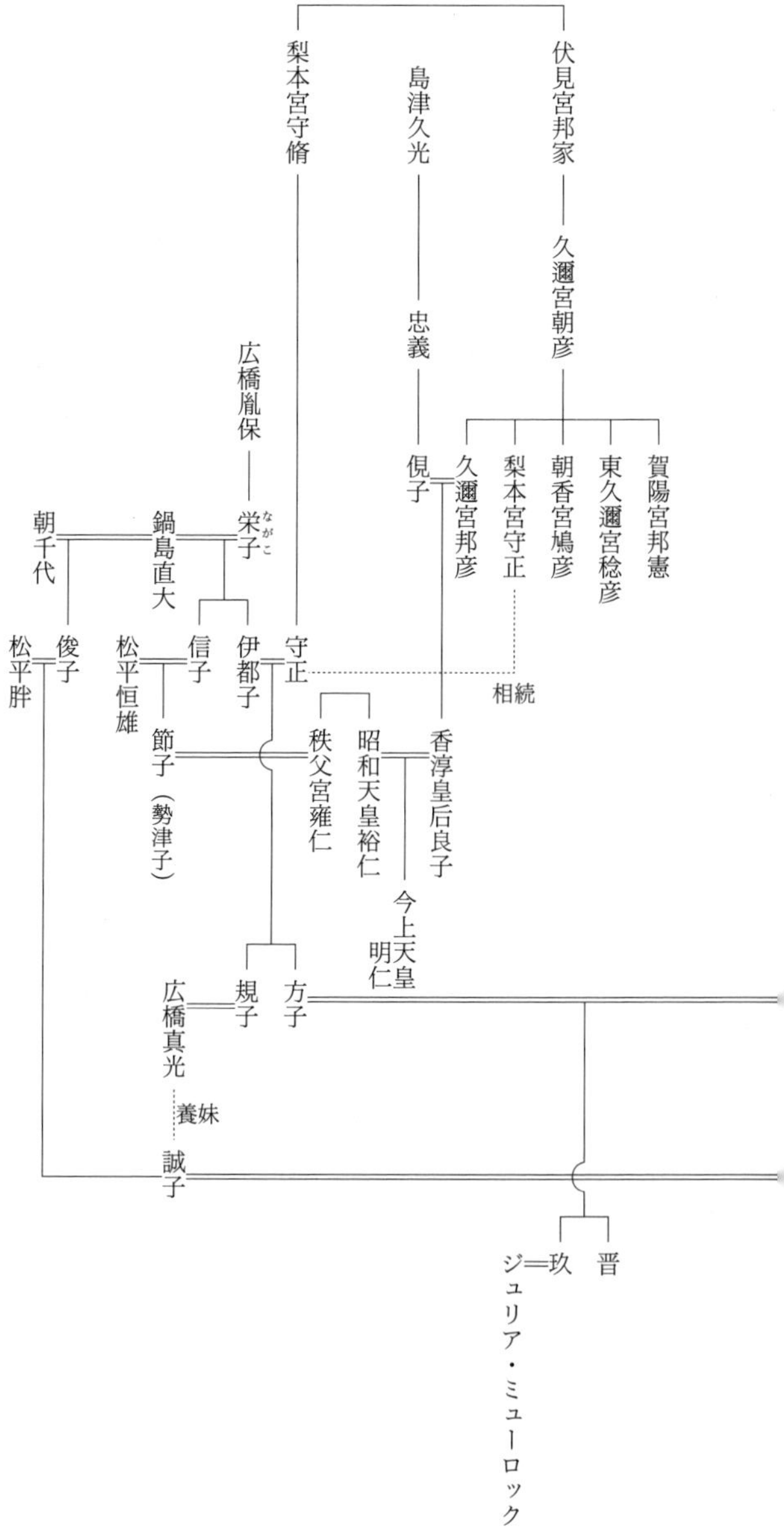
伏見宮邦家
梨本宮守脩
島津久光
久邇宮朝彦
忠義
広橋胤保
賀陽宮邦憲
東久邇宮稔彦
朝香宮鳩彦
梨本宮守正
久邇宮邦彦
俔子
栄子《ながこ》
鍋島直大
朝千代
守正
伊都子
信子
松平恒雄
俊子
松平胖
相続
香淳皇后良子
昭和天皇裕仁
秩父宮雍仁
節子
（勢津子）
今上天皇明仁
方子
規子
広橋真光
養妹
誠子
晋
玖
ジュリア・ミューロック

凡例

1　引用史料は原則的に漢字の旧字体を常用漢字に改め、適宜句読点を付すこととする。ただし、清濁音および片仮名交じり文は原典のままとする。

2　引用史料中の〔　〕は、筆者の注記である。中略の場合は〔…〕を付し、不自然な文章で原文のままの場合は、〔ママ〕を付した。資料集などからの引用であらかじめ注記されており、筆者の注記でない場合は［ママ］を付した。

3　朝鮮半島に一八九七年に成立し、一九一〇年に日本に併合された大韓帝国を韓国と略記し、一九四八年に半島南部に成立した大韓民国はこれと区別するためにそのまま大韓民国と表記する。

4　韓国併合によって韓国は日本の一地方である朝鮮として編入されるが、本州・四国・九州・千島を含む北海道・琉球・小笠原で構成される内地とは区別され、台湾と同じく外地とされた。内地人には内地に関する戸籍法規によって身分上の本拠を表す地域籍（民族籍）が内地であると明示され、外地人にはそれぞれの地域の戸籍法規によって台湾・朝鮮等の外地に本籍を置いている旨が明示された（朝鮮の戸籍制度は一九〇九年の「民籍法」に由来し、これは一九二二年に制定された朝鮮戸籍令で廃止されるまで朝鮮人に関する身分登録の手続法として存続した）。つまり、内地人と外地人の違いは、戸籍法規に根拠づけられた地域籍に依ったのである。それゆえ、朝鮮人が婚姻・縁組・親族入籍等で内地の戸籍に入った場合は、内地戸籍法の適用を受けて内地人の身分を取得し、朝鮮人の身分を離れた。しかし、このように朝鮮は地域籍によって内地と区別される一方で、国籍上は内地と同様に日本とされた（ただし朝鮮には旧国籍法の施行が明定されなかった）。したがって本書では、併合以後の朝鮮と内地を包含する帝国日本を表す用語として〈日本〉を用いる。

5　史料にある「鮮人」のような差別的な表現はそのまま引用した。これは当時の時代性および統治者側の視点をリアルに描き出すためであり、他意はまったくない。

序章　見過ごされた王公族

1907年に韓国を訪問した皇太子嘉仁．前列左から有栖川宮威仁，純宗皇帝，皇太子嘉仁，皇太子李垠（出典：個人蔵）

1　問題の所在

日本には一九一〇年から四七年まで、皇族、華族、一般臣民以外に、王族と公族（以下、二つを合わせて王公族と略記する）という身分が存在した。「韓国併合」[1]によって〈日本〉に編入された韓国皇室のために、天皇が詔書を発して創設した身分のことである。王公族は馴染みがなくとも、李王家と聞けばうなずく人も多いであろう。ただし李王家は狭義の意味で公族を含まず、また身分を表す用語ではないため、本書では併合時に詔書によって〈日本〉に編入された韓国皇室の全体を指す用語として、主に王公族を用いる。当初、純宗皇帝（李坧《イチョク》）とその妃（尹氏《ユンシ》）、高宗太皇帝（李㷩《イヒ》）、皇太子英親王（李垠《イウン》）の四名が王族に、皇帝の弟にあたる義親王（李堈《イガン》）とその妃（金氏《キムシ》）、太皇帝の兄にあたる完興君（李熹《イヒ》）[2]とその妃（李氏《イシ》）の四名が公族になった[3]。

併合とは、大日本帝国と大韓帝国という共に「帝《みかど》」を戴く二つの帝国が一つの〈日本〉になり、それを天皇が統治することであった。それゆえ併合条約は冒頭の第一条と第二条で、韓国皇帝が統治権を「譲与」し、天皇がそれを「受諾」するという形式を謳っている。だが、帝国に存在できる「帝」は一人だけであり、日本は統治権を「譲与」した韓国皇帝とその身内の処遇を早急に決めなければならなかった。

ここで注目すべきは、第三条と第四条の文言である。併合問題を語るときには、第一条と第二条のみがクローズアップされるが、重要なことはその直後に書かれている。天皇は第三条で、韓国皇帝、太皇

韓国併合ニ関スル条約

第一条	韓国皇帝陛下ハ韓国全部ニ関スル一切ノ統治権ヲ完全且永久ニ日本国皇帝陛下ニ譲与ス
第二条	日本国皇帝陛下ハ前条ニ掲ケタル譲与ヲ受諾シ且全然韓国ヲ日本帝国ニ併合スルコトヲ承諾ス
第三条	日本国皇帝陛下ハ韓国皇帝陛下太皇帝陛下皇太子殿下並其ノ后妃及後裔ヲシテ各其ノ地位ニ応シ相当ナル尊称威厳及名誉ヲ享有セシメ且之ヲ保持スルニ十分ナル歳費ヲ供給スヘキコトヲ約ス
第四条	日本国皇帝陛下ハ前条以外ノ韓国皇族及其ノ後裔ニ対シ各相当ノ名誉及待遇ヲ享有セシメ且之ヲ維持スルニ必要ナル資金ヲ供与スルコトヲ約ス
第五条	日本国皇帝陛下ハ勲功アル韓人ニシテ特ニ表彰ヲ為スヲ適当ナリト認メタル者ニ対シ栄爵ヲ授ケ且恩金ヲ与フヘシ
第六条	日本国政府ハ前記併合ノ結果トシテ全然韓国ノ施政ヲ担任シ同地ニ施行スル法規ヲ遵守スル韓人ノ身体及財産ニ対シ十分ナル保護ヲ与ヘ且其ノ福利ノ増進ヲ図ルヘシ
第七条	日本国政府ハ誠意忠実ニ新制度ヲ尊重スル韓人ニシテ相当ノ資格アル者ヲ事情ノ許ス限リ韓国ニ於ケル帝国官吏ニ登用スヘシ
第八条	本条約ハ日本国皇帝陛下及韓国皇帝陛下ノ裁可ヲ経タルモノニシテ公布ノ日ヨリ之ヲ施行ス

帝、皇太子とその妃に「相当ナル尊称威厳及名誉ヲ享有セシメ且之ヲ保持スルニ十分ナル歳費ヲ供給スヘキコト」を、第四条でそれ以外の韓国皇室に「相当ノ名誉及待遇ヲ享有セシメ且之ヲ維持スルニ必要ナル資金ヲ供与スルコト」を約束したのである。

さらに「前韓国皇帝ヲ冊シテ王ト為スノ詔書」と「李堈及李熹ヲ公ト為スノ詔書」を発布し、彼らに日本の皇族（以下、皇族と表記したものは日本の皇族を指す）と同じ礼遇を保障したのであった。

だが、当然のことながら韓国皇室を皇族に入れることはできなかったため、「皇族ノ礼」を保障しつつも、皇族とは異なる王公族として冊立するという措置をとった。これは、琉球処分のときに琉球王を既存の華族として日本に編入したのとは明らかに異なる処遇である。

王公族は、礼遇上は皇族と見なせるが、法的には皇族と見なせない曖昧な存在であるだけでなく、旧韓国皇室として朝鮮の独立性を表象しうる存在でもあった。これは、王公族の取り扱いを誤れば、朝鮮の独立に利用されることを意味した。それゆえ日本は、王公族とかかわりのある出来事が生じるたびに、その処遇をめぐって葛藤し、延々と議論を繰り返さざるをえなくなる。そのように他の植民地化ではみられない特殊な王公族という身分に日本がどのように対応したのかを明らかにし、併合から始まる朝鮮統治の特性を考察することが、本書の第一の目的である。そしてそこから、なぜ日本は朝鮮の独立性を表象したり皇統を紊乱しうる王公族を廃滅させることなく、〈日本〉のなかに保存しつづけたのかを考察することが、本書の第二の目的である。

2　研究史の整理と王公族研究の意義

朝鮮半島の王室に関する研究は、李朝末に至るまで膨大な成果があるが、併合以後は皆無に等しく、王公族という存在は日本でも韓国でもほとんど注目されてこなかった。その理由としては、併合が韓国皇帝による天皇への統治権「譲与」という形で成立して王公族が「亡国」を招いた張本人と見なされたり、彼らが日本の庇護の下で裕福な生活を送ったため売国奴というイメージが定着してしまい、研究対象にされにくかったことがあげられよう。たとえば、姜東鎮は「病弱無能な新王は民族を裏切って日本に屈服する妥協の道をえらんだ」として純宗皇帝を批判し、「売国奴とともに、親日派のそしりを免れない」[4]とまで述べている[5]。

また、別の理由として、植民地朝鮮研究が民衆に重きを置いてきたことがあげられる。

一九六〇年代に急速に展開した植民地朝鮮研究は、戦前に日本人が中心になって進めた「植民史学」を「停滞史観」と「他律性史観」であったと整理した。「停滞史観」とは、朝鮮には西欧や日本のような封建制が欠如していたために、それ以前の段階、日本でいえば平安朝の段階にとどまっているとする歴史観であり、「他律性史観」とは、朝鮮が半島という地理的要因によって事大主義をとり、常に大陸、特に中国の動向に左右されてきたとみる歴史観である。

これを否定する形で、朝鮮民族による自主的な近代化を強調する「内在的発展論」が唱えられるようになる(6)。「内在的発展論」とは、朝鮮王朝後期に資本主義が芽生えて近代志向的な思想が形成されたとし、マルクス主義の発展段階論を朝鮮史に当てはめようとするものであった。しかし、こうした考え方は「停滞史観」と一見異なっているようだが、近代化を価値基準とする近代主義という点では同じだった。また「内在的発展論」は朝鮮近代化の芽生えとして甲申政変に着目したため、日本と結託した開化派を「愛国的」に評価しなければならないというジレンマを抱え込んでいた。それゆえ、植民地朝鮮研究は一九八〇年前後に、韓国民主化闘争という時代背景も相まって、民衆を民族解放・民主主義的変革の担い手と把握し、歴史の主体を民衆のなかに見出す「民衆史学」へと移行していく(7)。これにより、王公族といった特権身分は注目されなくなったといえる。

だが、朝鮮統治を考察するうえで、日本に屈した「親日派」として見向きもされてこなかった王公族を研究対象とすることは重大な意義を有している。

それは、併合を朝鮮統治の始点として設定し、考察を進められるという点である。たしかに朝鮮統治は第二次日韓協約の締結による保護国化といった、一連の植民地化政策を経て実現されたものであって、併合を始点とするには異論もあろう。しかし、併合はその後の朝鮮統治とのつながりにおいて、それ以前の保護国化とは明らかに異なる側面があった。併合と同時に韓国が〈日本〉となり、韓国人が〈日本人〉となり、そしてまた韓国の統治者である韓国皇室が王公族として〈日本〉に編入され、代わりに天皇が朝鮮を統治するようになったことである。この二つのものが一つになるという事実において、併合はそれ以前の保護国化とは異なる重要な意味を持っているのであり、これは以後三五年にわたる朝鮮統治の属性として存在しつづける。ところが、これまでの朝鮮統治研究はこの属性をそれほど考慮せず、主に一九二〇年代以降の農業政策や創氏改名、徴兵制、皇民化政策を研究対象とし、併合とのつながりを強調してこなかった。本書はこの属性に注目し、日本の国体＝天皇制のもとで遂行された朝鮮統治をリアルに描出するため、併合と同時に創設された王公族を研究対象とするのである。

　しかし、王公族に関する研究は少なく、いまだ十分に議論が尽くされたとは言いがたい。既存の研究は主に、①王公族の法的地位に関するものと、②王公族個人を伝記的にまとめたものの二つに大別できる。①はさらに、王公族を法的に規定する王公家軌範の制定に関する研究と、王公族のいわば登録簿たる「王族譜」や「公族譜」に関する研究に分けられる。

　まず前者の王公家軌範に関しては高久嶺之介の研究をはじまりとする[8]。高久は、王公家軌範制定過程に王公族と皇族の結婚や皇室典範の改正といった皇統にかかわる問題が内在し、帝室制度審議会と枢密院の政争を引き起こしたことをはじめて紹介した。それゆえ、本書第二章で高久の研究を参照するところは多い。ただし、高久はあくまでも皇室制度の整備、とりわけ王公家軌範の制定作業をめぐって引き起こされた政争を主題としているため、必ずしも朝鮮統治に対する目配りは行き届いていない。つづく島善高の研究は、『平沼騏一郎文書』所収の王公家軌範案関連史料をもとに帝室制度審議会の動向を補足したという点で評価できるが、高久と同様に朝鮮統治に関連した論述はみられない。(9) これに対して本書は、皇室制度の整備にともなう王公家軌範の制定作業をめぐって引き起こされた政争の背景に、朝鮮統治への「憂慮」があった点に着目する。

後者の王族譜や公族譜に関する研究は、坂元真一と金英達の研究をはじまりとする。(10) 坂元は王公家軌範の制定にともなって一九二七年に公布された「王公族譜規程」（宮内省令第一〇号）により王族譜や公族譜が作成されたことを紹介し、誰がそこに記載されるようになったのか考察している。しかし、王族譜や公族譜の所在をつきとめ実際に調査したわけではなく、あくまで推測に止まっている。むしろこの研究の功績は、「光復」以後における王公族の大韓民国国籍の取得がしばらく不明瞭であったが、期間を問わず王公族の身分に属していた者は大韓民国国籍を保有していたと解釈する一九六二年以後の大韓民国国籍法の判例を紹介した点にある。一方、金英達は王公族に対しても創氏改名が実施されたのかという興味深い論点を考察するために、日本における王公族の法的地位を論じた。この研究によって王族譜や公族譜には氏が記載されておらず、それゆえ創氏改名の対象ではなかったことが解明された。さらに、王公族は氏を持たなかったため身分的には皇族に近かったにもかかわらず、地域籍は内地でないとされ、(11) 戦後王公族の身分を失うと同時に、臣籍降下した皇族とは別に在日朝鮮人と同様の取り扱いを受けるようになったことも明らかにした。このように金英達によってはじめて王公族の法的地位が解明されたが、研究の主題は王公族という特殊な身分の法的位置づけを論じるに止まり、その特殊な身分と朝鮮統治の関連性については課題として残った。

いわゆる学術書ではないが、②に関しては、李方子《イバンジャ》（梨本宮方子《なしもとのみやまさこ》）の自伝や旧韓国皇太子として王世子《おうせいし》（のち李王）となった李垠およびその妹である李徳恵《イドッケ》の伝記があげられる。(12) 金英達の指摘によると、方子が執筆したことになっている『動乱の中の王妃』『すぎた歳月』『流れのままに』は、彼女の日記や覚書をもとに中島もみ子という人物が代筆したもので、三冊とも内容はほぼ同じである。また『歳月よ王朝よ――最後の朝鮮王妃自伝』は、韓国の『京郷新聞』で一九八四年に連載された姜容子の記事の翻訳であって自伝ではない。(13) ゆえに、本書での参照はできるだけ控えた。

①②以外にも少し異色なものとして、皇族から王族に嫁いだ梨本宮方子の例を通して皇室の「純血」意識と日本の「家」制度を考察した研究や、(14) 王公族の家務をつかさどった李王職の機能に関する研究、(15) およびその一部署である雅楽部の編成を論じた研究などもある。(16) また、本書でも扱う李太王の国葬をとりあげ、それが朝鮮人にとって単なる君主の死だけでなく、ナショナルアイデンティティの表現としての君主制の終焉を意味したと論じた Christine Kim の研究もある。(17) ただし、一次史料をほとんど使用していないため、決して実証的とはいえず、観念的な議論に止まっている。

王公族に関する研究は、いずれも皇室制度の枠組みでの分析か、王公族の法的地位や経歴の分析という形をとっており、朝鮮統治と関連づけたものはない。その理由は、併合の成立と韓国皇室の処遇が大きく連関していたにもかかわらず、彼らがどのように〈日本〉に編入されたかが明らかにされてこなかったからだと思われる。これまで併合に関する研究の論点は、主に江華島事件から日清・日露戦争、第二次日韓協約締結を経て併合に至る朝鮮植民地化の過程を解明することにあり、(18) それゆえ併合時に何が重視され、何が議論されたかはいまだ不明確なのである。

そのように併合が朝鮮植民地化の帰結に置かれ、それ自体が詳細に検討されてこなかった遠因は、併合研究が条約締結の合法性・不法性を論点としたことにある。合法性・不法性をめぐる議論の背景には、一九六五年に締結された「日本国と大韓民国との間の基本関係に関する条約」（通称、日韓基本条約）をどのように解釈するかという問題があった。この条約の第二条には、一九一〇年八月二二日以前に日本と韓国の間で締結されたすべての条約および協約は「もはや無効であることが確認される」（already null and void）と規定されていた。日韓基本条約締結時の大韓民国主席代表であった金東祚《キムドンジョ》の回想によると、この「もはや」（already）の挿入は、日本側が大韓民国の統治権を半島南部だけに限定するという「管轄権条項」の挿入を撤回した見返りに、大韓民国側が提案したものであったという[19]。つまり、両国はあえて「もはや」という曖昧な規定を設けることで、無効となる時点を都合よく解釈できる余地を残したのである。

しかしこの措置は、条約無効の開始時期はいつからなのかという論争を惹起する。大韓民国側は一九一〇年以前のすべての条約および協約は無効だと主張し、一方の日本側は大韓民国が樹立された四八年八月一五日から無効であって、併合条約とそれを可能とした諸条約および協約は有効だったと主張した。双方が無効／有効に拘泥するのは、この解釈しだいで請求権の解釈が変わるからであった。すなわち大韓民国側は三五年間の支配が根本的に不法だったとしてそれに相当する賠償・補償を要求し、日本側は過去の清算は財産請求権で処理されるべきもので賠償・補償には応じられないと主張したのである。

この問題が本格的に研究者間で議論されるようになったのは、一九九二年に李泰鎮《イテジン》、白忠鉉《ペクチュンヒョン》、尹炳奭《ユンビョンソク》が、ソウル大学奎章閣に所蔵されている第二次日韓協約書に高宗皇帝の署名捺印がなく、しかも調印者である韓国外部大臣と日本公使への全権委任状や批准書も存在しないので、国際法上無効であると発表したことに端を発する。これに対して九五年には海野福寿が、条約書正本に署名調印するのは特命全権大使・公使または外務大臣であるのが通例であり、国家元首ではないと指摘した。また、国際協定によると必ずしも批准書が必要なわけではなく、第二次日韓協約は批准を要しない天皇裁可だけで締結する国際条約であったので、批准書の有無で条約が無効であるとは論じられないと主張した[20]。さらに坂元茂樹が、国の代表者に対する強制は無効だが、国を武力で威嚇して条約を強制するのは必ずしも無効でないという、当時の慣習国際法を紹介した[21]。

その後、「無効論[22]」の李泰鎮は、日韓議定書、第一次日韓協約、第二次日韓協約、第三次日韓協約、併合条約に存する強制の諸証拠を雑誌『世界』に発表し、一九一〇年から四五年の朝鮮支配は法的に問題がないとする日本側の主張に反論した。しかし、ここで李泰鎮自身が「乙巳勒約〔第二次日韓協約〕が最も重要なもので、強制、威嚇の事実がより明白で、この協定を主たる論題とした[23]」と述べているように、紙幅のほとんどは第二次日韓協約の不法性を論じることに費やされた。李泰鎮が第二次日韓協約の無効の証拠としてあげているのは、①武力示威のもとで強制された、②協定書だけがあって全権委員の委任状や協定書に対する皇帝の批准書が発給されておらず、外交移譲のような重要事実を扱う外交協定としては要件不備である、③原文は題目部分が空白になっていて名称がない、④原文の名称がないにもかかわらず、アメリカやイギリスに通報した翻訳文には agreement より一段高い convention と書かれた[24]、⑤協定を処理する最後の段階で朴斉純《パクチェスン》外部大臣に署名と捺印を強要した、の五点である。

これに対して、今度は坂元が同じく『世界』に第二次日韓協約の効力に関する反論を掲載した。まず①と⑤が国際法上違法ではないことに関しては、注（21）の前掲論文と同様の指摘がなされた。[25] また、李泰鎮が補足としてあげた、高宗皇帝が九カ国の元首に送った親書は、御璽が未登録の印章で、しかも花押もないので文書形式上問題があるとした。②の形式的適法性に関しては、海野によってすでに無効が成り立たないことが指摘されているが、坂元は補足して、そもそも外交権を奪うような協約は当然批准を要するという前提が間違いなのであり、仮に批准を要するものだとしても、その場合は協約中に明示されていなければならないとした（第二次日韓協約中には批准に関する条項は設けられていない）。次に全権委任状が存在しないことに関しては、一般国際法上、首相や外務大臣は条約の交渉や条約文の採択といった条約締結のあらゆる行為について全権委任状の提示を要求されることなく対外的に自国を代表する者として認められるため、そもそも必要がないとした。最後に③④の協約の名称については、個々の文書にいかなる名称を用いるのか国際法上の規則があるわけではないし、convention が特殊な事項に関する協定に使用される規則性も存在しないと論じた。[26]

李泰鎮は坂元の反論を受けて、再度『世界』に論文を掲載しているが、「むしろ国家代表に対する強制がなかったという論理の方がより貧窮であり、難しいものではないだろうか」[27] と抽象的な意見を述べるに止まっている。その後も『世界』には笹川紀勝、荒井信一らが寄稿したが、議論は平行線をたどった。[28] 第二次日韓協約の無効／有効に関しては、『世界』以外でも李泰鎮、琴秉洞、尹炳奭、金基奭、海野らによって数多くの論争が展開された。[29] 現在も両者の溝は埋まっていないが、二〇〇一年にハーバード大学で開催された「『韓国併合』の歴史的・国際法学的再検討」会議では、国際的に「有効論」支持が多数を占めた。ただし、併合自体は不当であっても併合以前の諸条約は国際法上合法的に締結された、もしくは、諸条約は国際法上合法的に締結されたが併合自体は不当だと説明するのが一般的といえよう。

このように、併合研究は諸条約の合法性・不法性が論点となったことで、併合条約の締結を予定調和的な結末として設定し、主に第二次日韓協約の締結過程を論じてきた。たしかにこうした成果によって併合以前の諸条約の締結を国際法の視点から説明できるようになったが、併合の成立過程に関しては依然不明確なままであった。そしてまた、不法な条約締結のもとでの成立という形では、朝鮮統治の始点となる併合の特性を説明できないことが明らかになった。したがって、併合とその後の朝鮮統治の特性を見出すためには、諸条約の形式上の不備を論じるのではなく、無効／有効論争によって等閑視されてきた併合の成立それ自体に目を向ける必要がある。

もちろん併合研究が無効／有効論争に終始していたわけではない。たとえば、森山茂徳は満洲権益をめぐる日本・アメリカ・西欧の思惑が日本の併合路線を台頭させたとして、主に日本の間島進出から併合を説明している[30]。また、海野福寿は併合実行のもう一つの外交条件として、関税自主権の回復を期する日本が主にイギリスとの間で展開した通商条約の調整交渉に言及している。日本はこの過程で併合方針を伝達し、イギリスは経済的譲歩と引きかえにそれを承認したのであった[31]。これらの研究によって併合における外交問題については明らかになった。

ただし、日本政府を仲介して韓国政府との条約締結活動に直接従事した統監府が何を重視していたかについては、さらなる検討が必要である。海野は寺内正毅統監が併合成立後に著した桂太郎首相への経過報告書「韓国併合始末」を用い、円滑に進んだ統監府と韓国政府の条約締結過程を説明しているが、その裏で統監府と日本政府の協議はつまずくことなく順調に進められていたのであろうか。

第一章で詳しく論じるが、併合時の統監府と日本政府の間の電報を精査してみると、ある問題をめぐって両者の意見が対立し、協議が難航していたことがわかる。それは韓国皇室をいかに処遇して〈日本〉に編入するかという問題であった。そもそもこの問題は韓国政府が最重要課題として掲げたものでもあり、統監府は韓国側を条約締結の席につかせるために欧米の植民地化と対比しつつ、併合後の韓国皇室の厚遇を約束するなどしていた。しかし寺内統監は韓国皇室が独立運動に利用されることを警戒し、たとえ厚遇するとしても政治との関係を絶つ形で〈日本〉に編入するよう腐心していた。それゆえ、王公族という研究対象は、併合に始まる朝鮮統治の特性を考察するうえで重大な意義を内包しているといえる。

しかし、王公族をもとに朝鮮統治の特性を考察する意義はそれだけではない。近年「植民地近代」＝コロニアルモダニティという論点が提起され、頻繁に論じられている。だが、「植民地近代」はその論点が提起された特異性から、朝鮮統治の特性を考察するうえで影となる部分を作り出してしまう傾向がある。そこで以下に植民地朝鮮研究が「植民地近代」という論点に至るまでの研究史を概観し、影になってしまう部分とは何なのかをみていきたい。

一九八〇年代に入る頃から、経済学界を中心に韓国・台湾・香港・シンガポールのNIEs的発展をいかに理論化するかが議論されるようになる。特に韓国では今後いかなる社会変革を実践していくのかという問題と密接に関連した「韓国資本主義論争」が起こり、ここでは大韓民国と植民地朝鮮を社会構成体としてどのように規定するかが主要な課題として設定された。一九九〇年代に入ると、この論争は

「植民地近代化論」と「収奪論」の対立へと発展する。前者は日本の統治下で経済が発展したと解釈する主に日韓の経済史学者の間で唱えられ、マクロな統計数値や制度的側面、企業の動向などを通じて緻密な分析がなされた(32)。後者は逆に植民地化が朝鮮人の近代化の道を抑圧したと解釈する主に韓国の国史学者の間で唱えられた(33)。

だが、両者は西欧的近代を肯定的にとらえる近代主義という点で同類だった(34)。それゆえ、一九九〇年代後半に入ると、植民地期から解放後に続く「近代」を探求しつつ、しかもその「近代」を否定的に論じる「植民地近代」という新たな論点が提起されるようになる(35)。これは「植民地近代化論」と「収奪論」を止揚した立論であった。たとえば、ミシェル・フーコーの規律権力の視点で植民地朝鮮を分析した金晋均《キムジンギュン》、鄭根埴《チョングンシク》、조형근《チョヒョングン》、Chulwoo Lee の研究(36)、大衆文化やメディアに着目した Daqing Yang の研究(37)、抵抗と親日のグレー・ゾーンに注目した並木真人、Shin Gi-Wook & Han Do-Hyun、尹海東《ユンヘドン》、板垣竜太、松本武祝の研究(38)、ジェンダーやアイデンティティーに注目した김혜경《キムヘギョン》、Soon-Won Park、Joong-Seop Kim、Kenneth M. Wells の研究(39)などがあげられる。

このように、「植民地近代」研究の特徴は、規律権力や大衆文化、ジェンダーといった、社会学でよく用いられる分析概念を扱っている点にある。「植民地近代」という新たな視点によって、抵抗と親日の単純な対立構造が克服されるとともに、植民地下にある朝鮮社会がいかに複雑でねじれた「近代」を経験してきたかが明らかにされた。

ただし「植民地近代」研究は、植民地期から解放後に続く「近代」を否定的に論じ、大韓民国が抱える諸問題の根源は植民地期のねじれた「近代」経験にあると見なす以上、その視線は現代から植民地期に向けられたものとならざるをえない。また、そもそも「植民地近代」とは、すでに植民地ではない大韓民国が前提であるため、現代社会と密接なかかわりのある規律権力や大衆文化、ジェンダーといった問題が多く扱われることとなる。これは逆に言えば、大韓民国とは直接かかわりのない、もしくは存在しない対象には光があてられないことを意味する。だが植民地朝鮮は〈日本〉だったのであり、朝鮮統治を考察するうえで〈日本〉という視点が重要なのは言うまでもない。繰り返すが、〈日本〉の統治者は天皇であり、朝鮮の統治者も天皇であった。しかし、その天皇や天皇制、もしくは皇室制度は大韓民国に存在せず、また近代・前近代という尺度でもとらえられない対象である。それゆえ「植民地近代」という視点では影にならざるをえない。

さらに、「植民地近代」研究は「同時代性」を重視するため、宗主国と植民地の差異が曖昧になりやすい。たとえば松本は「植民地近代」研究の文脈で重要なこととして次のように述べている。

それら〔近代〕を享受しえた朝鮮人は少数派(主として都市部の中間層、とくに男性)にとどまり、大多数の朝鮮人がそれらを享受しえない階層・地域・性に属していたこと、にもかかわらず、前者はもちろん後者の朝鮮人の間にもそれらの文化や規律権力が〝優れたもの〟〝望ましいもの〟〝できれば享受したいもの〟といった感覚が広く共有されていたことが明らかにされた点である。表現を換えれば、近代的な都市文化や規律権力施設の偏在にもかかわらず、それは植民地下の朝鮮人の間でヘゲモニーとして成立するに至っていた、ということになる。(40)

このように説明してしまうと、近代的な都市文化や規律権力施設の偏在は植民地に限ったことだったのかという疑問を持たざるをえない。つまり、「植民地近代」研究には植民地朝鮮の特性を見出しづらい側面があるのである。

だが、はじめに記したように、王公族は皇族のようで皇族ではない身分として〈日本〉に創設され、天皇制および皇統と密接な関係をもたざるをえなかった。また、内地に対する朝鮮の独立性を表象しうる存在として〈日本〉という体制を左右するとともに、植民地朝鮮に特有な身分であった。したがって、〈日本〉という枠組みで朝鮮統治の特性を考察するために、王公族は非常に重要な研究対象といえる。

以上をまとめると、王公族という研究対象は併合との連続性と〈日本〉の枠組みから朝鮮統治の特性を考察できる点で、重要な意義を内包しているのである。

3 本書の構成

以下、章別に本書の内容を摘記しておきたい。

まず第一章では、併合を「合意」として成立させるために、そしてまた韓国民懐柔の一環として韓国皇室が「皇族ノ礼」を受ける王公族として冊立されていく過程をみていく。寺内統監は韓国皇室を王公族として〈日本〉に編入する「王冊立」の儀式に日本から下賜品を携えた勅使を差遣するよう取り計らい、併合のプロセスが欧米列強の植民地化と異なることを韓国民衆に示そうとした。要するに、併合条約の締結に応じた韓国皇室を皇族と同様に礼遇することで、併合が双方の「合意」であるかのように演出したのである。儒教を重視する朝鮮人に対して彼らの君主への厚遇を示すことが有効な措置として策定されたのではないかと考えられる。[41] それゆえ、統治者側は王公族を旧琉球王（華族）と同列に配するのを避け、皇族もしくはそれ以上に礼遇することで朝鮮人が「感泣」するのを期した。こうした措置は、朝鮮と内地の関係が〈日本〉のもとで「対等」であるかのようなイメージを朝鮮人に植え付けるためのものであったと筆者はみている。

第一章で、王公族の創設過程と、彼らを取り巻く環境の基礎的な整理を行ったのちに、第二章以降で具体的な処遇をみていく。日本は王公族に「皇族ノ礼」を保障したが、それは厚遇すれば済むという単純なものではなかった。統治者側からみれば王公族の処遇は二種類の葛藤を内包しており、その葛藤のなかで朝鮮統治を考慮しつつさまざまな措置がとられていったのである。

葛藤の一つは、王公族の法的地位を皇族と見なすか、非皇族と見なすかという対立から生じ、もう一つは王公族の儀式に内地式を適用するか、朝鮮式を適用するかという対立から生じた。

前者の対立軸は第二章でみていくように、皇族梨本宮方子の王族李垠への婚嫁計画で顕在化する。この婚嫁は実現するまでに紆余曲折を経る。なぜならば、皇室典範第三九条の規定で、皇族が婚嫁できるのは皇族か華族に限られていたからである。これにより、婚嫁計画は最終的に皇室典範第三九条の改正（のち増補）という一大問題へと発展し、日本政府内では二つの勢力が論争を繰り広げる。一方の勢力は伊東巳代治をはじめとする帝室制度審議会であり、彼らは王公族を非皇族とすれば内地と朝鮮の「対等」な関係を否定し、ひいては朝鮮統治に「非常の騒乱」[42] をもたらすと主張した。これに対して、一木喜徳郎をはじめとする枢密院のメンバーは、王公族を皇族と見なすことはそのまま皇統の紊乱につながるとして、あくまでも王公族を非皇族ととらえた。ここで重要なことは、朝鮮統治の安定を重視する帝室制度審議会が、婚嫁の実現に不可欠な皇室典範第三九条の改正に否定的だった点である。これまでこの婚嫁計画は、先にあげた伝記類を根拠に「日鮮融和」[43]を目的としたものだと語られてきたが、実際はそう単純ではなく、むしろ皇族と王公族の関係性を通して示される内地と朝鮮の対等・非対等が議論の中心だったのである。そこで第二章では、王公族を法的に皇族と見なすか否かという対立的見解のなかで、婚嫁計画をめぐる議論がどのように進められていったのかをみていく。

内地式か朝鮮式かという後者の対立軸は、第三章および第四章でみるように、二人の廃帝（高宗＝李太王、純宗＝李王）の葬儀方式をめぐって顕在化する。法にかかわる次元では、枢密院を中心に王公族を皇族と見なすことにあからさまな拒否反応がみられたが、礼遇の次元では、王公族を皇族のように扱うのは当然だと考えられていた。しかも皇族よりも丁重な礼遇が想定されており、李太王と李王の葬儀は皇族でもなかなか賜れない国葬となる。

そこで、まず第三章では、李太王（高宗）に国葬の礼遇を下賜する理由が帝国議会においてどのように説明されたのかを検討していく。李太王の国葬は皇族の例に倣って丁重に執行され、内地と朝鮮の「対等」な関係が演出される。しかし、李太王を皇族と同様に葬送するということは内地式の強制を意味し、いまだ尊重しなければならない朝鮮の伝統を否定することにつながった。しかも周知の通り、李太王の国葬時にはいわゆる三・一運動が発生したため、朝鮮人の参列はほとんどなかった。こうしたことから、第四章でみていくように、李太王の国葬から七年後の李王（純宗）の葬儀は、同じ国葬でありながらも朝鮮固有の儀式で執り行われる。だが、旧韓国皇室である王公族の葬儀を朝鮮式で行えば、国葬にいう「国」が朝鮮を示すことになり、朝鮮の統治者は天皇であるという併合以来の「大義名分」を否定する可能性があった。それどころか、独立を志向する勢力に朝鮮の統治者は天皇ではなく李王であるという「大義名分」を与えかねなかった。そこで第四章では、地域として朝鮮の個別性を示しながら国家としての独立性を否定するという二律背反のなかで、李王の国葬計画がどのように立てられていったのかをみていく。

つづく第五章では、散財を繰り返す公族李堈の例をとりあげ、植民地当局が王公族の存続にいかに苦心していたのかを考察する。李王職は、李堈を隠居や禁治産によって排除しようとするが、併合当初は王公族に関する法がなかったため実行できなかった。しかし、そもそも李堈自身は公族のような「不自由な生活」を嫌い、朝鮮貴族や一般朝鮮人になることを望んでいたので、隠居や禁治産に頼らなくても李堈を排除するのは可能であった。にもかかわらず李王職が法にもとづいた隠居や禁治産にこだわった理由は何だったのかを、李堈公家の存続との関連のなかで明らかにしていく。

第六章では、併合から一六年の歳月を経てようやく一九二六年に制定された王公家軌範によって、王公族としての認定基準が法的に確定される過程をみていく。併合時に八名の韓国皇室が王公族として〈日本〉に編入されたが、その後、誰が王公族になれるのかという明確な認定基準は確立されず、単に詔書によって王や公の尊称を世襲する権利と、妃をそれぞれ王妃、公妃にすることが約束されているだけであった。このように認定基準が曖昧なままであったら、やがてこの身分は消滅していたであろう。実際、日本が韓国皇室の血統を絶やすために、徐々に王公族を減少させたという通説も存在する。そこで、王族譜や公族譜を基本史料として王公族の人員構成の変化を明らかにし、そのような言説が正しいのか検証する。

最後に第七章では、朝鮮貴族への総督府の対応についても考察を加える。朝鮮貴族とは韓国皇室の親族や韓国政府要人のために併合時に創設された身分である。彼らのほとんどはその後すぐに家政破綻の危機に陥るが、これに対して総督府はわざわざ財団法人昌福会を設立するなどして救済を始める。なぜ総督府が巨費を投じてまで朝鮮貴族を存続させたのかを明らかにするとともに、そこから同じく特権身分であった王公族が〈日本〉に保存された理由を考察していく。

注

(1) 国立国語研究院編『標準国語大辞典』(두산동아、一九九九年)では、日本による韓国の植民地化を表す用語として「韓日併合」を正式な用語と見なし、「韓日合邦」を「韓日併合」が定着する以前の用語と説明している。本書では条約名「韓国併合ニ関スル条約」に依拠して「韓国併合」、または単に「併合」と表記する。以下、括弧をとる。

(2) 李載冕は一九一〇年に興王に封ぜられ、名を李熹に改めた。本書では李熹で統一する。

(3) 公族の当主は、たとえば李熹公、李堈公のように、名前の最後に「公」がつけられた。しかし本書では「公」を付けない呼称で統一する。

(4) 姜東鎮『日本の朝鮮支配政策史研究——一九二〇年代を中心として』(東京大学出版会、一九七九年)一三五頁。

(5) 韓国では盧武鉉政権のもとで「親日派」を断罪する動きが強まり、朝鮮貴族を含む対日協力者の詳しい調査がなされた。ところが、王公族は朝鮮貴族とともに創設された身分であるにもかかわらず、調査において除外された。こうした事実に対して「韓国皇室が歴史的に許されるわけではない」と論じる研究に、최재성「일제강점 전후 한국 황실 친인척의 행적과 일제의 우대」(『한국민족운동사연구』第五二巻、二〇〇七年九月)がある。

(6) 「内在的発展論」の代表的な研究として、사회과학원 력사연구소 편『김옥균』(사회과학원출판사、一九六四年)、愼鏞廈『独立協会研究』(一潮閣、一九七六年)、梶村秀樹『朝鮮史』(講談社、一九七七年)、同「朝鮮史の方法」(梶村秀樹著作集刊行委員会・編集委員会編『梶本秀樹著作集』第二巻、明石書店、一九九三年)、姜在彦『朝鮮の開化思想』(岩波書店、一九八

〇年）があげられる。

（7）「民衆史学」の代表的な研究として、金容燮『甲申・甲午改革期 開化派의 農業論』（一潮閣、一九七四年）、姜萬吉『分断時代의 歴史認識』（創作과批評社、一九七八年）、鄭昌烈「韓末 変革運動의 政治 経済的 性格」（宋建鎬・姜萬吉編『韓国民族主義論』創作과批評社、一九八二年）があげられる。

（8）高久嶺之介「大正期皇室法令をめぐる紛争（上）」（『社会科学』第三二号、一九八三年二月）、同「大正期皇室法令をめぐる紛争（下）」（『社会科学』第三四号、一九八四年三月）、同「近代日本の皇室制度」（鈴木正幸編『近代日本の軌跡7 近代の天皇』吉川弘文館、一九九三年）。

（9）島善高「大正七年の皇室典範増補と王公家軌範の制定」（『早稲田人文自然科学研究』第四九号、一九九六年三月）、このほかに西川誠「大正後期皇室制度整備と宮内省」（近代日本研究会編『宮中・皇室と政治』山川出版社、一九九八年）でも王公家軌範制定について言及されている。

（10）坂元真一「조선왕실 자손들과 그 대한민국 국적——왕공족의 법적신분과 그 등록을 중심으로」（『서울국제법연구』第六巻第一号、一九九九年）、金英達「朝鮮王公族の法的地位について」（『青丘学術論集』第一四集、一九九九年三月）。

（11）地域籍に関しては凡例4を参照。

（12）李方子『動乱の中の王妃』（講談社、一九六八年）、同『すぎた歳月』（社会福祉法人明暉園、一九七三年）、同『流れのままに』（啓佑社、一九八四年）、同『歳月よ王朝よ——最後の朝鮮王妃自伝』（三省堂、一九八七年）、張赫宙『秘苑の花——李王家悲史』（世界社、一九五〇年）、金乙漢『人間李垠——解放에서 還国까지』（韓国日報社、一九七一年）、李王垠伝記刊行会編『英親王李垠伝——李王朝最後の皇太子』（共栄書房、一九七八年）、本田節子『朝鮮王朝最後の皇太子妃』（文藝春秋、一九九一年）、本馬恭子『徳恵姫——李氏朝鮮最後の王女』（葦書房、一九九八年）、渡辺みどり『日韓皇室秘話 李方子妃』（読売新聞社、一九九八年）、小田部雄次『李方子——一韓国人として悔いなく』（ミネルヴァ書房、二〇〇七年）などがあげられる。

（13）金英達前掲「朝鮮王公族の法的地位について」一二〇頁。

（14）李英珠「通婚規則からみた皇室の「純血性」」（『日本民俗学』第二二五号、二〇〇一年二月）。

（15）이윤상「일제하 ‘조선왕실’의 지위와 이왕직의 기능」（『韓国文化』第四〇集、二〇〇七年一二月）。

（16）山本華子「李王職雅楽部に関する研究——『職員録』と聞き取り調査を中心に」（『青丘学術論集』第二〇集、二〇〇二年三月）、이지선、야마모토 하나코「『직원록』을 통해서 본 이왕직의 직제연구」（『동양음악』第二六巻、二〇〇四年）。

（17）Christine Kim, *The King Is Dead: The Monarchy and National Identity in Modern Korea, 1897–1919*, May 2004: The requirements for the degree of Doctor of Philosophy in the subject of History and East Asian Languages, Harvard University Cambridge, Massachusetts.

(18) 山辺健太郎『日本の韓国併合』（太平出版社、一九六六年）、同『日韓併合小史』（岩波書店、一九六六年）、吉田和起「日本帝国主義の朝鮮併合――国際関係を中心に」（『朝鮮史研究会論文集』第二集、一九六六年一一月）、森山茂徳『近代日韓関係史研究――朝鮮植民地化と国際関係』（東京大学出版会、一九八七年）、同『日韓併合』（吉川弘文館、一九九五年）、海野福寿編『日韓協約と韓国併合』（明石書店、一九九五年）、同『韓国併合』（岩波新書、一九九五年）、同『韓国併合史の研究』（岩波書店、二〇〇〇年）、同『伊藤博文と韓国併合』（青木書店、二〇〇四年）、李泰鎮「韓国併合は成立していない（上）」（『世界』第六五〇号、一九九八年七月）、同「韓国併合は成立していない（下）」（『世界』第六五一号、一九九八年八月）、笹川紀勝・李泰鎮編『韓国併合と現代――歴史と国際法からの再検討』（明石書店、二〇〇八年）。

(19) 金東祚『回想30年韓日会談』（中央日報社、一九八六年）二七九頁。

(20) 海野前掲『韓国併合』一六四―一六五頁。

(21) 坂元茂樹「日韓保護条約の効力――強制による条約の観点から」（『関西大学法学論集』第四四巻、一九九五年）三三九頁以下。

(22) 李泰鎮は無効の時期に関する議論をさらに進めて、併合条約や第二次日韓協約の「不存在論」（「不成立論」）を展開した。しかし坂元茂樹によると、国際法上、たとえば第二次日韓協約の無効の根拠を強制的締結といった要因に求める場合、それは絶対的無効として「当初から無効」(void *ab initio*) とされ、条約や協約は存在しなかったことになるので、無効論と不存在論を区別する実益はあまりないという。坂元茂樹「日韓は旧条約問題の落とし穴に陥ってはならない」（『世界』第六五二号、一九九八年九月）一九六頁。

(23) 李泰鎮前掲「韓国併合は成立していない（上）」三〇四頁。

(24) 同前、三〇七―三一〇頁。

(25) すなわち国際法上、国の代表者に対する強制は無効だが、国を武力で威嚇して条約を強制することは必ずしも無効ではないとし、その根拠として、仮に国家に対して強制が加えられた場合も無効とすれば、平和条約の多くは無効となり、戦争の終結方式としては相手国を屈服させる「征服」しか認められないことになってしまうと説明された。

(26) 坂元前掲「日韓保護条約の効力」一九六―二〇二頁。名称が空白になっている件については原田環「韓国併合」（鳥海靖編『近代日本の転機　明治・大正編』吉川弘文館、二〇〇七年）二〇一―二〇二頁で示されているように、決して異例ではなかった。また、調印の強制に関しては海野前掲『伊藤博文と韓国併合』六一―六二頁によって、その根拠となる史料の真偽に疑問が投げかけられている。個人的強制がなされた証拠としてよく引用されるのは、伊藤博文の幕僚として第二次日韓協約の締結現場にいたとされる西四辻公堯が著した『韓末外交秘話』（一九三〇年、私家孔版）である。同書で、伊藤は協約締結に反対する韓圭卨参政大臣が別室に連れ出されたときに「余り駄々を捏ねる様だったら殺ってしまえ」と囁いたと書かれており、それが個人に対する強制に当たるとされてきた。しかし、この本の序文には「朝鮮歴々の回顧談を骨子として余が特に纂録せしめたる処にして、所謂朝鮮人の併合観なり」とあり、伊藤の発言は巷間に流布した朝鮮人の噂話でしかなかったのである。しかも、第二次日韓協約締結時、西四辻は後備歩兵第四旅団副官として満洲におり、締結の状況を知る由がなかった。これ以外にも、高宗皇帝が九カ国の元首へ送った親書で調印を許可していないと訴えている点については、原田環「第二次日韓協約調印と大韓帝国皇帝高宗」（『青丘学術論集』第二四集、二〇〇四年四月）によって、高宗皇帝が日本の協約案を修正して受け入れることを主導したり、締結に反対する大臣を説得していたことが指摘されている。

(27) 李泰鎮「韓国併合不成立再論——坂元教授に答える」（『世界』第六五九号、一九九九年三月）二五〇頁。

(28) 笹川紀勝「日韓における法的な「対話」をめざして」（『世界』第六六三号、一九九九年七月）、荒井信一「日韓対話 歴史における合法論不法論を考える」（『世界』第六八一号、二〇〇〇年一一月）。その後、『世界』の論争をまとめた、李泰鎮編『한국병합、성립하지 않았다』（태학사、二〇〇一年）が出版されている。

(29) 李泰鎮「統監府の大韓帝国宝印奪取と皇帝署名の偽造」、琴秉洞「乙巳保護条約の強制調印と問題点」、尹炳奭「乙巳五条約の新考察」、金基奭「光武帝の主権守護外交・一九〇五〜一九〇七年」、海野福寿「韓国保護条約について」（前掲『日韓協約と韓国併合』）。

(30) 森山前掲『近代日韓関係史研究——朝鮮植民地化と国際関係』二二七頁以下および森山前掲『日韓併合』一七九頁以下。

(31) 海野前掲『韓国併合史の研究』三六〇頁以下。

(32) 「植民地近代化論」の代表的な研究として、中村哲・安秉直編『近代朝鮮工業化の研究』（日本評論社、一九九三年）、安秉直「한국 근현대사 연구의 새로운 패러다임」（『창작과 비평』第九八号、一九九七年一二月）、カーター・J・エッカート著、小谷まさ代訳『日本帝国の申し子——高敞の金一族と韓国資本主義の植民地起源1876—1945』（草思社、二〇〇四年）、李栄薫『대한민국 이야기』（기파랑、二〇〇七年）があげられる。

(33) 「収奪論」の代表的な研究として、愼鏞廈『〝식민주의근대화론〟 재정립 시도에 대한 비판』（문화과지성사、一九九七年）があげられる。

(34) 宮嶋博史「開化派研究の今日的意味」（『季刊三千里』第四〇巻、一九八四年）、同「近代克服志向型ナショナリズムと新し

い朝鮮史像」（『歴史批判』第三巻、一九八六年）、宮嶋博史・李成市・尹海東・林志弦編『植民地近代の視座――朝鮮と日本』（岩波書店、二〇〇四年）。

（35）Shin, Gi-wook & Robinson, Michael eds., *Colonial Modernity in Korea*, Harvard University Asia Center, 1999.

（36）金晋均・鄭根埴「식민지 주체와 근대적 규율」（金晋均・鄭根埴編『근대주체와 식민지 규율권력』문화과학사、一九九七年）、조형근「식민지체제와 의료적 규율화」（前掲『근대주체와 식민지 규율권력』）、Chulwoo Lee, "Modernity, Legality, and Power in Korea Under Japanese Rule," in Shin and Robinson 1999.

（37）Daqing Yang, "Colonial Korea in Japan's Imperial Telecommunications Network," in Shin and Robinson 1999.

（38）並木真人「植民地期朝鮮人の政治参加について――解放後史との関連において」（『朝鮮史研究会論文集』第三一集、一九九三年）、Shin Gi- Wook & Han Do-Hyun, "Colonial Corporatism: The Rural Revitalization Campaign, 1932–1940," in Shin and Robinson 1999、尹海東「식민지 인식의 `회색지대、――일제하 `공공성、과 권력」（『당대 비평』第一三号、二〇〇〇年）、板垣竜太「農村振興運動における官僚制と村落――その文書主義に注目して」（『朝鮮学報』第一七輯、二〇〇〇年）、松本武祝『朝鮮農村の〈植民地近代〉経験』（社会評論社、二〇〇五年）。

（39）김혜경「일제하 자녀양육과 어린이기의 형성―― 1920–30년대 가족담론을 중심으로」（前掲『근대주체와 식민지 규율권력』）、Soon-Won Park, "Colonial Industrial Growth and the Emergence of the Korean Working Class," in Shin and Robinson 1999; Joong-Seop Kim; "In Search of Human Rights: The paekchong Movement in Colonial Korea," in Shin and Robinson 1999; Kenneth M. Wells, "The prince of Legitimacy: Women and the Kunuhoe Movement, 1927–1931," in Shin and Robinson 1999.

（40）松本武祝「「植民地的近代」をめぐる近年の朝鮮史研究――論点の整理と再構成の試み」（前掲『植民地近代の視座』）二五八頁。

（41）崔在穆「伊藤博文の韓国儒教観」（伊藤之雄・李盛煥編『伊藤博文と韓国統治』ミネルヴァ書房、二〇〇九年）によると、伊藤博文も儒教を重視し、これを韓国統治に利用していた。

（42）「翠雨荘日記」（小林龍夫編『明治百年史叢書』第八巻、原書房、一九六六年）三六頁、一九一八年一〇月一日条。

（43）李方子前掲『流れのままに』三三頁。李方子の自伝などを通じて、この婚嫁が「日鮮融和」を目的としたものであったという考えは一般的となっている。

第一章　韓国併合と王公族の創設

1907年に韓国宮中より太子大師（皇太子の教育係）に任ぜられた伊藤博文と李垠（出典：李王垠伝記刊行会編『英親王李垠伝――李王朝最後の皇太子』共栄書房，1978年）

韓国併合計画が実際に国家の方針として文書化されたのは併合条約締結の一年半前であり、寺内正毅統監と李完用《イワニョン》首相の間で併合談判が開始されたのは併合条約締結のわずか一週間前のことであった。しかし、先行研究ではこの短期間が詳細に検討されてこなかった。したがって、併合それ自体を考察するためには、計画の文書化から談判の開始、そして条約が公布されるまでの期間を明らかにする必要がある。

一九一〇年八月初旬から併合条約の公布後一カ月ほどの間に日本政府と統監府が交わした電報『韓国併合ニ関スル書類　発電』『韓国併合ニ関スル書類　着電』(1)を見ると、双方の意見が対立して協議が難航しているのは韓国皇室の処遇に関する問題であったことがわかった。そこで本章では、まず保護期に統監府による韓国宮中・宮内府の改革がどのようになされたかを概観したうえで、併合を断行する過程でなぜ韓国皇室の処遇問題が難航したのか、そしていかなる形で王公族が〈日本〉に創設されたのかを検討していく。

1　伊藤博文の韓国宮中改革

朝鮮半島に宮内府が設置されたのは、日本の影響下で李朝開化派が一八九四年に断行した甲午改革のときである。初代大臣には李完用の兄李允用《イユニョン》(2)、二代目大臣には併合後に李王職長官となる閔丙奭《ミンビョンソク》が就任した。宮内府には大臣官房（庶務課、人事課、調査課、主馬課）のほか、侍従院、掌礼院、内蔵院、典膳司、主殿院、帝室会計監査院、帝室財産整理局、御苑事務局、修学院など二〇余りの院司が並立し、相互に事務の連絡を欠くだけでなく、会計も独立して小官庁の集合体といえる状態であった。しかも宮中の権力が府中を圧倒し、国庫から皇室費が支出されているにもかかわらず、宮中は徴税の一主体となって雑税を取り立てるという有様であった(3)。

一九〇五年一一月一七日に第二次日韓協約が締結され、韓国の外交権が日本に移譲された。これにより、翌一二月に「統監府及理事庁官制」(勅令二六七号)が公布されて初代統監に伊藤博文が就任する(着任は翌年三月二日)。伊藤統監は前記のような宮中の構造が韓国の政治腐敗を招いていると考え、宮中と宮内府の改革に乗り出した。そして、統監府総務長官の鶴原定吉や統監府参与官の小宮三保松が次官として、財政部顧問の井上雅二が書記官として宮内府に送り込まれた(4)。また、併合後に李王職事務官となって王公族の管理や処遇に直接かかわることとなる、蜷川新、権藤四郎介、末松熊彦、津軽英麿、黒崎美智雄、高木茂もこのとき韓国に渡り、宮内府に勤務した。

伊藤統監がまず取りかかったのは、宮中府中の分界と宮内府の冗員淘汰であった。宮中府中の分界に関しては、一九〇六年七月に高宗皇帝に勧告して宮禁令を発布させ、一定の官職を有する者以外が宮中に出入りするときには、規定の門票の提示が義務づけられた。これは日本人警察官を宮中各門に配置し、韓国巡検とともに取り締まらせることによってさらに強化された。宮内府の冗員淘汰に関しては、一九〇七年に宮内府官制を改正して韓国皇室に関する一切の事務および所属官吏の監督を宮内府大臣が執り行うとし、さらに勅任一七名、奏任八一名、判任五七名、雇員二七八〇余名、女官二五二名、内宦二〇〇余名を罷免した(5)。

こうした改革が終わると、続けて皇室財産と国有財産の分離が進められた。一九〇七年一一月に宮内府収租官を廃止し、一二月には従来宮中に属していた紅蔘専売事業、蔘税、沿江税、土地付帯の諸税、庖税、銅鉄鉱税などを国庫に移した。さらに翌〇八年六月には、駅屯土賭租および賭銭、魚磯洑税など、従来宮中が徴収していた雑税をすべて国庫に移し、駅屯土と宮内府所管および慶善宮所属の不動産のうち宮殿宗廟の基址、陵園墓の内垓字を除く全部を国有とした。〇九年五月には宮中債務の支払いも終了し、皇室財産の整理が完了する。この改革によって毎年の皇室費が減少することはなく、むしろ漸次増加して〇五年に七二万円だったものが一五〇万円となり、これが定額となった。改革以前の宮中は年額二〇〇〜三〇〇万円の経費を捻出しており、一見すると内帑《ないど》が豊富なようであったが、実際は政府から得る皇室費のほかに、足りない分を雑税等で穴埋めし、いい加減な経理によって処理していただけであった。(6)

韓国宮中・宮内府改革で設定された一五〇万円の皇室費は、併合によって〈日本〉に編入された韓国皇室にそのまま歳費として支給されることとなる。併合当時の日本の首相の年俸が一万二〇〇〇円ほどであったこと、一九二七年時の一一宮家の皇族歳費を合計しても七八万円ほどしかなかったことを考えると、(7)一五〇万円がいかに巨額であったかがわかる。つまり、日本は保護期の韓国宮中・宮内府改革によって併合後の金銭的負担を増やしてしまったのである。

併合に際して韓国皇室を〈日本〉に編入せずに排除してしまえば金銭的負担を軽減できたにもかかわらず、日本はあえて王公族を創設した。それは以下でみていくように、日本が併合を「合意」として実現しようとしたことや、韓国皇室の処遇を「朝鮮統治上ノ最大要件」と考えていたことに起因した。

2　保護から併合へ

一九〇五年一二月から伊藤統監の事実上の秘書官を務め、さらに小村寿太郎外務大臣のもとで外務省政務局長となった倉知鉄吉は、併合計画が文書化されることになった経緯を次のように回顧している。

従来、対韓政策は総て統監に一任して、政府は余り之に干渉しない方針であつたが、是は伊藤公であつたからそれで宜かつたので、今度曾禰子爵が統監になつたからとて同様に政府が干渉しないでも宜いと云う訳にはいかぬ、寧ろ曾禰子を統監にする以上は政府の訓令通りにやらせねばならぬとの議論があつた。そこで曾禰子昇任を決定するに就ては先づ以て政府の対韓方針を決定して曾禰子に示し、曾禰子がそれに同意した場合に初めて統監に任命すると云ふことになつた。(8)

すなわち、日本政府は伊藤が統監を辞任したのちには政府の方針にしたがう者を後継として任命するという考えがあり、その意思確認のために保護政策に代わる対韓政策を文書化する必要が生じたのである。こうしてはじめて国家としての併合計画が文書化されることになり、小村外務大臣の意見をもとに倉知が作成した素案を、再度小村が修正するという形で「第一号方針書及施設大綱書」が完成した。(9)「第一号方針書及施設大綱書」はわずか二カ条しかなく、「適当ノ時機ニ於テ韓国ノ併合ヲ実行スルコト」というように大まかな方針を策定した程度のものであった。これは一九〇九年三月三〇日に小村外務大臣から桂首相に提出されただけで、ほかの閣僚や元老には秘密にされた。倉知はその理由を、「伊藤公の之に関する意見が判明しなかつたからである」(10)としている。

このとき伊藤統監は対韓政策についてまったく考えを述べなかったため、周囲の者でさえ彼が併合に反対しているのか、保護政策ののちに徐々に併合に進む「漸進主義」なのか、その真意を測りかねていた。そこで桂首相と小村外務大臣は、向後の伊藤との意見対立を避けるために根回しをしておく必要があると考え、高輪の毛利公邸で開かれた園遊会の席上で、伊藤に面談を申し入れた。これにより四月一〇日、霊南坂の伊藤邸で桂・小村・伊藤の三者会談が開かれ、桂首相と小村外務大臣は伊藤統監に「第一号方針書及施設大綱書」を提示した。両大臣は伊藤と議論を戦わせる覚悟で併合を実行する理由や事情を立証する書類を準備して赴いたが、予想に反して伊藤統監からは賛同の意が示された。しばらくして韓国に戻った伊藤統監は、側近に「如何に強い常陸山でも梅ヶ谷でも、五人も十人も一度に掛かつて来られては、かなふものぢやない」(11)と語っているが、その真意は定かではない。とにかく伊藤統監の同意を得た「第一号方針書及施設大綱書」は本来の提示対象である曾禰荒助副統監に示され、同様に賛同を得た。(12)次期統監に内定した曾禰は、五月下旬の伊藤の辞表提出を待って、六月一四日に第二代統監に就任する。

その後、小村外務大臣はあらかじめ併合の細かな手順を取り決めておく必要があると考え、その任を引き受けた倉知が「第二号方針書」を作成した。彼は起草の時期に関して「月日ハ之ヲ記憶セサルモ外相ヨリ之ヲ首相ニ提出セラレタルハ四十二年七月ノコトトス」(13)と証言している。また「当時の考としては韓国併合をさう早急に実現する積りはなく、ゆつくり研究する真の意味の基礎案であつた」(14)とも述べている。「第二号方針書」で、「王家ヲ大公殿下トナスコト」[15]という細目が設けられ、はじめて韓国皇室の処遇について言及されるが、「大公」の尊称を与えて冊立する案に対しては伊藤も賛同していたという[16]。

一九〇九年七月六日の閣議で「第一号方針書及施設大綱書」と「第二号方針書」をもとにした対韓政策「韓国併合ニ関スル件」が可決され、併合を「適当ノ時機ニ於テ」実行することが政府の方針として定められた[17]。しかしこれはただちに実行すべき計画として確定されたわけではなく、あくまで「帝国百年ノ長計ナリ」とし、時機が到来するまでは「保護ノ実権ヲ収メ努メテ実力ノ扶植ヲ図ルヘキコト」となっていた。すなわち、この時点で併合は長期的な展望でしかなかったのである。

この閣議決定が天皇の裁可を得たのち、小村外務大臣は「併合実行の時機如何は予測し難きも何時好時機の到るやも知れざる」[18]という考えにもとづいて、併合断行の順序方法等の細目に関して推敲を重ね、「併合宣布ノ件」「韓国皇室処分ノ件」「韓半島統治ノ件」「対外関係ノ件」の四項目からなる意見書を作成して七月下旬に桂首相へ提出した。このうち「韓国皇室処分ノ件」に関しては、韓国皇帝を廃位して「大公」とし、皇太子李垠やその異母兄である義親王李堈は「公」とするとされていた。また、彼らを東京に移住させ、皇族か華族に準じて特別の礼遇を与えることが考えられており、韓国皇室の私有財産はそのまま「大公家」「公家」が有するとされていた[19]。

このように着実に併合案が形作られていったが、併合が直近に実行されると考える者は政府においても少数であった。倉知も「既に我が政府に於て韓国併合の大方針を確定したること右の如くであるが、其の断行の時期に就ては未だ決定してゐなかつた」と回顧している。その理由として、「当時の桂内閣は、韓国併合のことも勿論大問題であるには相違ないが、それが為、維新以来上下共に心血を濺《そそ》いたる税権回収、国権恢復の大目的に妨げを生ずる如きことがあってはならぬ」という方針があり、「併合の断行は条約改正に支障を来さぬ時期を選ばねばならぬ。場合に依つては条約改正実現後まで之を延期するも已むを得ぬ(20)」と考えられていたからだと説明している。それ以外にも、一九〇九年一二月二二日に韓国政府の李完用首相が民族主義者の李在明《イジェミョン》(21)に襲撃されて片肺を失う重傷を負ったり、一〇年一月上旬に胃癌の曾禰統監が療養目的で帰京するなど、この時期は併合の実行を制約する多くの条件がそろっていた。

しかし、一九一〇年五月三〇日に一つの転換点が訪れる。陸軍大臣の寺内正毅が大臣兼任のまま病痾の曾禰に代わって第三代統監に就任したのである。寺内統監は併合計画を前進させるために、一〇年六月下旬から七月上旬にかけて永田町の首相官邸で併合準備委員会を開催した。委員会の主な目的は、併合の大綱のみならず細目をも明確に規定しておくことで韓国政府との談判を円滑に進め、併合後に日本政府内から異議が生じるのを防ぐことにあった。柴田家門内閣書記官長（官房長官の前身）が議長を務め、安広伴一郎法制局長官、中西清一法制局書記官、後藤新平拓殖局副総裁、江木翼拓殖局書記官、若槻礼次郎大蔵次官、児玉秀雄統監府会計課長、中山成太郎統監府参事官らが参加した。小松緑統監府参与官と倉知外務省政務局長が原案の作成を担い、併合後の国称、朝鮮人の国法上の地位、朝鮮における外国人の権利、韓国の債権債務、官吏の任命、韓国皇室の処分などが議論された(22)。小松が、併合準備委員会でまず議題に上ったのは「韓国皇室及功臣の処分」であったとしていることから、この問題がいかに重視されていたかがわかる。そしてこれに関しては、「現帝の尊称を太公（ママ）（グラン・デュック）として、世襲とし、先帝は、其一代限り太公《ママ》とすること、及太公《ママ》家の経費として一年百五十万円を支給する[23]」という方針が立てられた。「太公《ママ》」の尊称は、日本皇太子の次、親王の上に置くという趣旨であり、韓国皇帝を皇族の最上位とほぼ同等に礼遇することを意味した。また、歳費一五〇万円とは韓国の皇室費をそのまま維持するという意味があったが、それは寺内統監が、「韓廷の内生活には、余り急激なる変革を加へないことにしたい[24]」と考えていたからであった。この韓国皇室処遇案は七月八日の閣議決定と天皇裁可を経たのち、併合方針のなかに「現韓国皇帝タル李家ハ世襲トシ其ノ正統ヲ太公《ママ》其ノ世嗣ヲ公トシ、現太皇帝ニハ其ノ一代限リ特ニ太公《ママ》ノ尊称ヲ授ケ孰レモ殿下ト称セシム」「太皇帝、現皇帝、皇太子ニ対シ一箇年百五十万円ヲ給スルコト」「義親王以下李朝ノ皇族ニ対シテハ其ノ班位ニ応シテ皇族ノ待遇トシ、又ハ公侯伯（朝鮮貴族）ヲ授ケ相当ノ公債証書ヲ下賜セラルルコト[25]」という形で明記された。

しかし、陸軍大臣の寺内が統監に就任し、さらに併合準備委員会が開催されたからといって、併合の即時実行が日本政府の共通認識だったわけではなかった。それは寺内統監が渡韓に際して外務省から次官か局長級の同行を考え、倉知に要請したにもかかわらず、彼がその申し出を断っていることからもわかる。倉知が応じなかったのは「併合を完了するには相当の日子を要するもので寺内統監赴任後一箇月や二箇月で片附くものとは思はれず、其の長い期間中私は併合問題担任者として東京を留守にすることは出来ない[26]」と考えていたからであった。これに対して寺内統監と共に渡韓し、併合の実務を担った小松は、「時局解決」は即時に断行すべしとの考えを持っており、寺内統監の申し出を断った倉知を「巧みに逃げて了つた[27]」と非難している。このように併合準備委員会の原案作成を担当した倉知と小松でさえ、併合時期に関して共通の認識を持っていたわけではなかったのである。

共通認識の欠如は統監府と外務省といった組織の間だけではなく、統監府内にもあった。小松によると、渡韓した寺内統監がまず解決しようとしたのが併合断行の時期であり、これに関して統監に近侍する部下から「漸進説」の意見書が出されたという。それは「先づ韓国に於ける施政の改善を遂行し、韓民の我に帰服したる後に至り併合を実行するを得策とす(28)」というものであった。ところがこの意見書を寺内統監から示された小松は、逆に「併合ハ、宜シク早ヲ趁《お》フテ断行セザルベカラズ。〔…〕好機真ニ逸スベカラザル也(29)」という意見書を作成して即時断行を主張した。このように統監府内においても「即時断行説」を主張する者と「漸進説」を主張する者が混在しており、共通認識が確立していたわけではなかったのである。

しかし、そうした状況下でも寺内統監と彼を補佐する小松ら一部の人間は着実に「時局解決」の準備を進めていった。小村外務大臣の案をもとに作成された「第一号方針書」に「韓国ト諸国トノ条約関係ヲ消滅セシムル」という記述があるように、外務省は併合を遂げるうえで列強との関係を重要視していた。ところが統監府が早急に解決しなければならないと考えていたのは別の問題であった。それは小松が「外交問題も固より重要であつたが、差当り最も緊急の考慮を要する問題は、韓国の皇室を、如何に待遇するか、其の大官貴族等を、如何に処分するか、それから国民全体を、如何なる方針で指導するか、此の三つであつた(30)」と述べていることからも明らかである。併合条約の各条文も統監府のこの考えに対応している。すなわち、第一条、第二条で韓国皇帝が統治権を「譲与」して天皇がそれを「受諾」するという形式を、第三条、第四条で韓国皇室、第五条で韓国政府要人の処遇を、第六条、第七条で韓国民の身体および財産の保障と帝国官吏になる権利を謳っているのである。

では、韓国皇室および政府要人の処遇を主眼においた統監府は、併合談判をどのように開始し、それを遂げていったのであろうか。

3　条約締結をめぐる駆け引き

一九一〇年七月二三日、寺内統監が併合準備委員会で練られた併合案を携えて仁川に上陸すると、埠頭では韓国皇帝と太皇帝が遣わした特使および日韓の文武官がこれを迎えた。「武断派」の寺内統監が来たことで、すぐにでも併合が断行されるとの噂が流れたが、統監は、翌二四日は官邸に籠り、二五日は昌徳宮と徳寿宮に参内して皇帝と太皇帝に新任の挨拶をしたのみであった。『元帥寺内伯爵伝』の「何等声明する所なく徒らに陰鬱たる低気圧の満街を掩ふのみ」[31]という記述がこのときの漢城（大韓帝国の首都であり、併合後は京城と称した）の様子を表している。

統監府の静寂に反して韓国政府内では大きな変化があった。一昨年末、李在明に肺を刺されて温陽にて静養していた李完用が七月二九日に漢城に戻り、翌三〇日に朴斉純の署理（代理）の任を解いて首相の座に復帰したのである。李完用首相はさらに三一日に朴斉純内部大臣、趙重応《チョジュンウン》農商工部大臣とともに北部翠雲亭において内議を凝らした[32]。

一方、日本国内でも動きがあった。東京で亡命生活を送っていた宋秉畯《ソンビョンジュン》が、この機に乗じて韓国に渡ろうと下関に移動したのである。宋秉畯はもともと甲申政変を起こした金玉均《キムオッキュン》を暗殺すべく、一八八五年に日本に派遣された高宗の刺客であった。しかし逆に金玉均の考えに共鳴したため、韓国帰国後に一時獄窓の人となっている。日清戦争ののちに日本に亡命し、日露戦争時には日本軍の通訳として渡韓、李容九《イヨング》と共に組織した一進会を利用して日本軍の人夫や物資の輸送などに貢献した。その後、黒龍会の内田良平と組んで「日韓合邦」を唱え、一九〇七年には李完用内閣の農商工部大臣に就任する。ところが彼は、伊藤統監の韓国経営に悲嘆して在官のまま再度日本に亡命し、野田平次郎という名で「日韓合邦」運動を展開した。寺内統監の渡韓に合わせてそのような典型的な親日派ともいえる宋秉畯が韓国に帰国するとの情報が流れたことで、宋秉畯の親日内閣が組織されるのではないかと噂された。

しかし、寺内統監は宋秉畯の入韓を阻止する動きに出る。なぜならば、併合は既存の韓国政府との間で条約を締結し、それによって国際社会や韓国民に「合意」を演出することが重要だったからである。小松統監府参与官が言うように、宋秉畯のような親日派が表に出ることで、「合意的国際条約を締結する意味を没却する(33)」わけにはいかなかったのである(34)。

このとき寺内統監は宋秉畯の入韓を拒絶しただけでなく、併合の問題になると沈黙を守り、山県伊三郎副統監以下の幕僚に対してでさえ口にするのを憚ったという。さらに小松が「時機が熟さぬならば、半年が一年でも待つてゐても、差支がなかつたのである。此の方から迂闊に言ひ出して、素気なく撥ね付けられては、面目が立たないのみか、取り付く島を失ふことになる(35)」と記しているように、統監府側は李完用内閣が併合談判に応じる機会を早期ではなく半年から一年の展望で窺っていた。

ところが、一九一〇年八月四日に李完用首相の私設秘書である李人稙《イインジク》が小松に会うために南山脚下の統監府官舎を訪問したことで、統監府と韓国政府は急速に接近する。李人稙は趙重応とともに渡日し、星亨らが創設した神田の東京政治学校で科外生として学んだ経歴のある人物であった。当時小松はこの政治学校で「列国政治制度」の講師として教鞭を執っていたので、李人稙とは師弟関係にあったのである。[36]

李人稙が統監府官舎を訪れたのは午後一〇時を回る頃であった。彼は流暢とはいえない日本語で、訪問の目的が「自己の意思より出でたるもので、李完用又は趙重応と打合せたる結果でない」と告げたが、小松は「渠《かれ》が、当面の併合問題に就き、李〔完用〕趙〔重応〕両相の旨を承けて、所謂細作の任務を以て来た」[37]との認識で接した。ここで李人稙は、李完用首相が「難問題」であると考えているのは「王室の待遇である」とし、李完用首相がまだ癒えない体を横たえたまま、「現帝は、自ら位を退くの意を洩し給はざるに、臣子の分として、数千年来の社稷を一時に断絶する大事を言ひ出すに忍びない」[38]と語ったことを告げた。このとき統監府としては「単に現内閣が、併合談判に応ずるや否やを確めんとするのは、無理な注文で、さうして無駄な努力に終るに相違ない」との憶測があり、条約締結の確証を得ていたわけではなかった。それゆえ、李完用首相の発言を伝え聞いた小松は、まず併合条件を語るのが現内閣の最後の決心を促す唯一の方策だと考え、最初に欧米の植民地政策と対比しつつ韓国皇室の処遇方針を伝えた。すなわち、フランスがマダガスカル王を孤島に追放したり、アメリカがハワイ王を市民に落とした例を引き、これに対して韓国皇帝は併合後も「日本皇族の待遇を受けられ、向《〔マヽ〕》ほ今日と異ならざる歳費を給せられやう[39]」と説明したのである。さらに、韓国政府要人も併合の際「非違の行動」に出なければ、栄爵と地位を維持するのに十分な恩賜金を給するという懐柔策を付け加えた。小松はこの日の感想として、「李人稙の前後の口吻から推察して、吾輩は、当方の併合条件が、先方の予想してゐた所よりも遙かに寛大であつたやうに思つて、頗る快感を禁じ得なかつた[40]」と記している。

この日から三、四日をあけて李人稙は再び小松を訪問した。李人稙によると、併合案を聞いた李完用首相は「一々首肯されたのみで、各事項に対し、可否の意見を加へられなかつたが、唯ゝ最後に、余り永引くと、意外の故障が起るかも知れないから、一日も早く、時局を片付けた方が得策であらう[41]」と述べたという。李完用首相としては宋秉畯の親日内閣が組織されるのではないかという危機感を抱くなか、意外に「寛容」な併合案を聞き、統監府側から少しでも譲歩を引き出せるうちに併合談判を進めたかったのであろう。李人植がこのことだけを告げて退室すると、小松は談判開始の機が熟した旨を付け加えて、寺内統監に李人植から伝え聞いた李完用首相の発言を報告した。寺内統監は、国分象太郎統監秘書官を使者に立てて李完用首相を統監官邸に招くことを決断し、八月一三日には桂首相に向けて「予テ内命ヲ掌レル時局ノ解決ハ来週ヨリ着手シタシ。別段ノ故障ナク進行スルニ於テハ其週末ニハ総テ完了セシメ度[42]」という電報を送った。これにより「適当ノ時機」に実行するとされていた併合計画は、急遽直近になすべき事項として認識されることとなる。

李完用首相は世間の注目を避けるために夜間に来るよう国分から勧められたが、それでは却って疑いを招く恐れがあるとして昼間に訪問すると告げた。ちょうどこのとき、日本では東海・関東地方を中心とした豪雨によって大水害が発生していたため、李完用首相は天皇にその水害見舞いを述べるという名目で堂々と統監官邸を訪問したのである。それは、李人植が小松を最後に訪問してから八日後の八月一六日であった。翌一七日夜には宋秉畯が漢城に入っているため、談判があと少し遅れて始まっていれば、李完用首相の予想した「意外の故障」が起こっていたかもしれない。

統監官邸に入った李完用首相と寺内統監は、国分の通訳で協議を進めた。寺内統監は韓国皇室の安全を保障し、韓国民の福利を増進させるためには日韓両国が一体となるしかないと説示し、さらに李完用首相がほかの閣員と協議しやすいよう、併合の趣旨を記した覚書を手渡した。

この覚書には、併合条約の大略として「（一）現皇帝、太皇帝両陛下、及皇太子殿下、並ニ其ノ后妃及後裔ハ相当ナル尊称、威厳及名誉ト之ヲ保持スルニ充分ナル歳費トヲ受ケラルルコト。（二）其ノ他ノ皇族ニモ現在以上ノ優遇ヲ賜ハルコト。（三）勲功アル韓人ニハ栄爵ヲ授ケ之ニ相当スル恩賜金ヲ与フルコト。（四）日本国政府ハ全然韓国ノ統治ヲ担任シ法規ヲ遵守スル韓人ノ身体及財産ニ対シ充分ナル保護ヲ与ヘ、且其ノ福利ノ増進ヲ図ルコト。（五）誠実ニ新制度ヲ尊重スル韓人ハ之ヲ朝鮮ニ於ケル帝国官吏ニ任用スルコト」(43)が規定されると記されていた。これ以外はほとんどが韓国皇室の具体的な処遇方法に関する説明に割かれており、たとえば韓国皇帝には「太公殿下《ママ》」、皇太子には「公殿下」、太皇帝にはその一代に限って「太公殿下《ママ》」の尊称を与え、「日本皇族タル礼遇」を賜ること、歳費は減少せずにそのままの額を支給することなどとなっていた(44)。覚書の最後には「内閣大臣」への栄爵および恩賞の授与が記載されており、地方の人民に対する教育、授産、備荒等の基金分配に言及した覚書別案も添付されていた(45)。

寺内統監の説明を聞いて覚書を一読した李完用首相は、「自分等ハ其ノ果シテ如何ナル形式ニ於テ決行セラルルヤヲ揣摩スルニ苦ミ《ママ》シカ今日始《ママ》メテ其ノ詳細ヲ確知スルヲ得タリ」と述べ、そのうえで、国号と皇帝の尊称に関して少し考慮してもらいたいことがあるとして「国号ハ依然韓国ノ名ヲ存シ皇帝ニハ王ノ尊称ヲ与ヘラレタキコト」を申し入れた。李完用首相の提案に対して寺内統監は、「一般ノ国際関係ニ徴スレハ、既ニ併合実行後ニ於テ王位ヲ存続スルノ理由ナキノミナラス又其ノ必要アルヲ認ムル能ハス。殊ニ之ヲ存続スルトキハ却テ将来ニ禍根ヲ貽《のこ》シ、李氏ノ宗室ヲ永久ニ安全ナラシムル所以ニ非サル」という理由をあげて拒否した。これを聞いた李完用首相は、「国号及王称ノ問題ハ自分ニ於テ承諾スルヲ難シトスルノミナラス閣員一同モ亦同一ノ感想ヲ有スルハ勿論ナリト信ス[46]」と述べ、いったん趙重応農商工部大臣と協議したのちに同大臣を介して韓国側の意向を伝達すると告げて、わずか三〇分で退出していった。

趙重応が、国号と王称に関する韓国側の考えを伝えるために寺内統監を訪問したのは、同日午後九時のことであった。ここで趙重応は、「大体ニ於テハ異議ナキモ」と前置きしたうえで「国号迄モ失フニ至リテハ著シク韓国上下ノ感情ヲ害シ紛擾ヲ来スコトナキヲ保シ難シ。王称ニ至リテモ古来ノ歴史ニ照ラシ曩《さき》ニ清国ニ隷属シタル時代ニ用ヒタル称号ヲ其ノ儘踏襲セムトスルニ外ナラス」と申し出た。さらに加えて「若シ此ノ二点ニシテ雙方ノ意思一致スルヲ得サルニ於テハ妥協ノ途ナキニ苦シム[47]」という李完用首相の言葉を伝え、日本側がこの点に関して譲歩しないならば条約締結には応じないと強硬な態度に出た。これに対して寺内統監は、「将来永ク彼我ノ畛域《しんいき》ヲ遺シ之カ為メ重ネテ紛雑ヲ醸スカ如キ措置ハ断シテ之ヲ排除セサルヘカラス[48]」と表面上冷静に応じたが、内心では、「今茲ニ之ヲ峻拒シテ主要ナル条約締結交渉ニ阻害煩累ヲ及ホスノ不得策ナル[49]」ことを危惧していた。寺内統監は八月一三日の時点で日本政府に対して翌週末までの「時局解決」を表明していたため、ここで併合談判を遅延させるわけにはいかず、条約締結交渉が決裂しないように国号と王称に関しては妥協せざるをえなかったのである[50]。

そこで寺内統監は「一、韓国ノ国号ヲ自今朝鮮ト改ムルコト」「二、皇帝ヲ李王殿下、太皇帝ヲ太王殿下及皇太子ヲ王世子殿下ト称ス[51]」という二件を筆記し、これを日本政府に稟議してみると趙重応に申し入れた。趙重応は、国号に関しては北海道をもじった「南海道」に変えられるのではないかという点を心配していただけであり、「朝鮮ノ名ヲ存セラルルニ於テハ誠ニ幸ナリ」[52]と答えて統監府側の案に理解を示した。一方の王称に関しては、小松が『明治外交秘話』で、「趙（重応）は李王といふのが気に入らない様子であつたが、それを朝鮮王殿下と直したいとも言ひ兼たらしい」[53]と記しているように、「李王」がぎりぎりの妥協点であったことがわかる。二件を示された趙重応は即答を避け、李完用首相と協議すると答えて退出していった。[54]

翌八月一七日午前一〇時に李完用首相の使者が統監官邸を訪れ、趙重応農商工部大臣がもたらした懸案の返答に関しては閣員と協議する必要から、同日午後八時まで待ってほしいと要請してきた。ところが李完用首相はその時間になると、終日閣員と協議したがいまだに全員の同意を得られてない旨を伝えてきた。しかもその伝言の最後で「国号及王称ニ関スル自分ノ主張ニシテ帝国政府ノ容ルル所トナラハ自ラ責ヲ負ウテ閣議ヲ統一スルコトニ尽力ス」[55]と付け加えていた。これにより日本が李完用内閣との間で併合を実現するためには、国号と王称を韓国側の要求にしたがって修正することが不可欠となったのである。

一九〇五年の第二次日韓協約締結時、学部大臣であった李完用は「円満ニ妥協ヲ遂ケ、日本ノ要求ヲ容ルルト同時ニ我方ノ要求ヲモ容レシメ、彼我合意ノ上締結ヲ為スニ如カス」[56]との考えを皇帝に奏上していた。併合時においてもこの考えにもとづいて、条約締結による成立という統監府側の要望に応じるふりをしながら、国号と王称といった「国家」の名分にかかわる問題に関して巧みに譲歩を引き出したのであった。[57]

八月一八日、昌徳宮で常例閣議が開かれ韓国政府において「合邦」が決議されたため、あとは条約の草案を韓国皇帝の親閲に供し、裁可を得たうえで全権委員の任命（詔書の下付）を待つのみとなった。ところが韓国では宮中が府中よりも力を持っていたので、韓国皇帝の裁可と全権委員の任命を得るには閔丙奭宮内府大臣と尹徳栄《ユンドギョン》侍従院卿を説得する必要があった。(58) そこで、李完用首相は寺内統監に、自分が細目にわたって説明するよりも統監が直接開示した方が閔と尹の両官は納得するであろうと述べ、宮中の説得を要請した。(59) 寺内統監は、八月二二日午前一〇時に閔丙奭と尹徳栄を統監官邸に招き、これまで統監府と韓国政府の間で交してきた意見の大要を説明して条約締結の機は熟したと告げた。そのうえで併合を「平順円満」に解決するには韓国皇帝が詔書を閣員に下して全権委員を任命する必要があると忠告し、これを執奏するよう求めた。(60)

閔丙奭と尹徳栄は午前一一時に参内し、寺内統監が述べた内容を韓国皇帝に伏奏した。韓国皇帝は午後一時に国務大臣のほか、金允植《キムユンシク》中枢院議長、李秉武《イビョンム》侍従武官長、完興君李熹に対して御前に会すべき勅命を下したが、この日は李熹の誕辰《たんしん》で祝宴が開かれていたため、李熹と金允植は少し遅れて参内した。午後二時に閔丙奭、尹徳栄を随えて出御した皇帝は「統治権譲与」の要旨を宣示し、条約締結の全権委任状を李完用首相に下付した。これを受けて李完用首相が携帯した条約案を聖覧に供して逐条説明をすると、韓国皇帝は嘉納し裁可した。なお、寺内統監は参内した国分統監秘書官から逐一電話で報告を受け、このときの御前の様子を把握していた。(61)

李完用首相と趙重応農商工部大臣は午後四時に統監官邸を訪問し、対峙した寺内統監に詔書を見せて、皇帝が自ら署名し国璽を押したものであると説明した。それを聞いた寺内統監は、この問題が迅速に解決されたのは貴皇帝陛下が宏量なる態度に出て東洋の平和と韓国民の幸福を増進させようとしたからだと讃え、さらにそのような韓国皇帝の姿勢は「将来日韓両国人ヲ結合セシムル為誠ニ好例ヲ示シタルモノ」[62]と述べた。

午後四時過ぎ、寺内統監と李完用首相は条約書に調印した。その後、李完用と趙重応は太皇帝に「時局解決」の顛末を説明するため徳寿宮へと向かった。それと入れ代わりで閔丙奭と尹徳栄が韓国皇帝の言葉を伝えるために統監官邸を訪れた。皇帝の言葉とは、宮中を著しく改革して職員を多数削減しないことと歳費も従前の額をそのまま給することを寺内統監に求めるものであった。もしこの点に大きな変化があれば「一般国民ノ感情ニ鑑ミ又体面ヲ維持スル上ニ於テ不面目ト思ハル」[63]とする伝言に対し、寺内統監は「李王家ニ対シテハ日本ノ皇族同一ノ礼遇ニ出ツ」ると告げた。閔丙奭と尹徳栄の両氏は寺内統監のこの返事に満足して、統監官邸を退出していった。

4　遅れた条約公布

八月一三日に寺内統監は翌週末までの「時局解決」を宣言し、ほぼ予定通りの八月二二日に併合条約が締結された。しかし、この間の日本政府と統監府の協議は決して円滑に進んでいたわけではなかった。柴田内閣書記官長は、八月九日に児玉秀雄統監秘書官へ「只今ノ処ニテハ頗ル不便ヲ感スルモ未タ行詰リ居訳ニアラス」[64]という電報を送っている。その「不便」とは、統監府側が八月七日に嘱託の長尾男柳に託して日本政府に送った書類がなかなか到着しないことによって生じていた。書類の内容は、東京で練られた併合の際に施行する法令案を、統監府が現地の実情に合わせて修正したものであった。日本政府と統監府は併合準備委員会などを経て併合の骨子案をまとめてはいたが、それがそのまま適用されたわけではなく、寺内統監が渡韓したのちに多くの修正を必要としていたのである。

重要書類を任された長尾は、五日後の八月一二日になっても東京に到着しなかった。そこで、柴田内閣書記官長は統監府に「内閣、大蔵、内務、農商務等ニ関係スル案ニテ纏リタルモノハ可成御地ヨリ書類持参ノ人ニ托シテ送付スル考ナルモ、汽車不通ノ為カ今ニ来着セズ[65]」と電報を送っている。汽車が不通になったのは、八月八日に降り始めた豪雨によって大水害が発生し、日本各地の交通が分断されていたからである。併合談判で統監官邸を訪れた李完用首相が、記者たちの目を眩ますために説明した天皇への水害見舞いとはこのことを指している。表1-1の内務省調査が示しているように、この水害の傷あとは甚大であった。

表 1-1　内務省が発表した水害調査

死者	1,061 人
傷者	252 人
行方不明者	380 人
家屋全潰	4,783 戸
同半潰	5,566 戸
同流失	5,267 戸
浸水家屋	458,699 戸
堤防決潰	2,076 カ所
橋梁流落	1,631 カ所
山岳崩壊	901 カ所
浸水面積	288,715 町歩

出典：『東京朝日新聞』1910年8月22日

柴田内閣書記官長が児玉統監秘書官に宛てた「今回ノ水害ハ非常ナルモノニテ府下及隣県ノ状態筆紙ニ尽シガタシ[66]」という文面から、東京周辺の惨事を推し測ることができる。結局、統監府はあまりに長尾の到着が遅いため、一四日に外務省を介して併合の際に要すべき全法令案を盗聴の恐れがある電報で送ることを決定した。

しかし、日本政府は即座にそれらの案件整理に対応できなかった。軽井沢の別荘に避暑に出かけていた桂首相のほか、山県有朋枢密院議長、平田東助内務大臣、後藤新平逓信大臣らが水害のため地方に足

1910年8月の東京都下谷金杉（現台東区下谷・根岸付近）の水害の様子.

大田区大森北付近の京浜線浸水の様子. 上ともに出典：学習院大学史料館編『明治の記憶――学習院大学所蔵写真』（吉川弘文館，2006年）

止めされていたからである。

軽井沢は豪雨の中心地であった。谷川から平地に流れ込んだ水は深さ三尺にも及び、避暑地として有名なミカサホテルの一部もこの豪雨によって流失したほどである。そうした状況で、桂首相は八月一六日午前五時に別荘を脱出し、惨害地の鉄橋を徒歩で渡って甲府へと向かった。この鉄橋は豪雨で破壊されていたが、鉄道院職員と軽井沢村民が協力して桂首相が別荘を出発する前夜に修復したものであった。八月一一日に帰京予定の桂首相が、徒歩やトロッコを駆使して東京に戻ったのは一七日午後四時のことであり、そのような日本政府首脳部の不在は各案件の修正作業を遅らせる要因となった。柴田内閣書記官長が統監府に送った、「首相不在ノ為案ヲ定メテ御意見ヲ承ルヲ得ス」「首相不在ノ為宮内省ト交渉ヲ開ク能ハス[67]」といった文面がこのときの混乱を表している。

寺内統監が八月一三日の電報で「時局ノ解決ハ来週ヨリ着手」と宣言したとき、日本政府はこうした混乱の最中にあった。柴田内閣書記官長は、翌一四日の正午に統監府と桂首相宛に次のような電報を送っている。

○桂首相宛
小官手許ノ方ハ未夕朝鮮ヨリノ書類ハ到着セサレトモ今日統監府ヨリ電信ニテ諸法令案ヲ申越ストノ電報アリ。右到着スレハ右〔ママ〕整理上奏ト枢密院ニ要スル時日サヘアレバ難事ニアラサルヘキモ、目下枢密院議長以下旅行者多ク帰京六ヶ敷カルベシ。今調べ中此方頗ル危険ナリ。或ハ今週中ニ発表実行ハ困難ナルヘキカト思考ス[68]。

○児玉統監秘書官宛
七日ノ使ハ今ニ来着セズ。又外務省ヲ経テノ電信モ今ニ来着セズ。右今日中ニ来着シ別ニ貴府トノ間ニ交渉ヲ要セサレハ今明日中ニ整理スルヲ得ヘシ。併シ上奏ノ上、枢密院ヘ御諮詢御下付（目下東京ハ交通ヲ絶タレ外出シタル議長顧問官ノ帰京モ非常ニ困難ナリ）再上奏ノ手続ヲ為スニハ如何ニ急クモ相当ノ時日ヲ要ス。今週中発表スル迄ニ運ブハ余程困難ナルヘシ。特ニ宮内省案ハ大体ニ於テモ意見アリ。纏マリ居ラス頗ル困難ナリ(69)。

これらの電報が示しているように、日本政府は水害の影響で統監府の「時局解決」宣言に対応できていなかった。そこで柴田内閣書記官長は桂首相と児玉統監秘書官に対して、併合にかかわる案件を整理するには相当の時間を要するため、今週中の制定は不可能であると訴えた。児玉宛電報には「解決ト発表ト相伴ナフモノトスレハ其時日ニハ慎重ナル考慮ヲ要ス」と付け加え、暗に条約締結を遅らせてほしい旨を要請している。しかしこの問題は、一五日に桂首相から柴田に次のような電報が届くことで解決する。

統監ヨリノ電信ニ依リ本官ト協議ヲ遂ケタル件カ〔ママ〕韓国トノ条約締結ト発表トノ間ニハ多少ノ日数アルモ差支ナキコトナレハ、何時ヨリ着手スルモ差支ナキ趣回答致スヘキ旨外相ヲシテ本官ニ代リ上奏セシメラレ、然ル後統監ヘ電信ヲ発セラレタシ(70)。

こうして併合条約は締結と公布を同日としない方針となり、翌一六日から寺内統監と李完用首相による談判が開始された。では、談判の裏側で統監府と日本政府が進めていた作業とは何だったのであろうか。

大日本帝国憲法下では条約締結権は天皇大権に属するため、全権を委任された統監の判断によって併合条約を交わすことができた。しかし、締結の前に条約案を枢密院に諮詢しておかなければならなかった。また、併合後に韓国に施行する法令の制定や財政措置を帝国議会で可決するか、緊急勅令として発布する必要もあった。日本政府はこのとき帝国議会が閉会中ということもあって緊急勅令を選択したが、緊急勅令の発布も枢密院の承認を得なければならなかったため、条約締結までに各案件を修正・確定し、枢密院へ諮詢しておかなければならなかった(71)。

前節でも触れたように、韓国では八月二二日午後二時に皇帝から李完用首相に全権委任の詔書が下され、その後、統監官邸にて併合条約が締結された。その直前の午前一〇時四〇分、日本では枢密院会議が開催され、併合条約案と緊急勅令案が諮詢されていた。この枢密院会議は、報告員の河邨書記官長が「韓国併合ニ関スル条約並ニ之ニ関連スル勅令案十二件ハ何レモ緊急ヲ要シ、例ノ如ク審査報告書ヲ作製スルノ暇ナキヲ以テ、口頭ヲ以テ報告ス」(72)と述べているように、焦燥感の漂うなかで迅速に進められた。

枢密院会議ではまず条約案が読み上げられ、その次に小村外務大臣が併合に対する日本政府の方針を報告した。小村外務大臣は、併合条約が締結されれば韓国と列強との間で結ばれた条約は消滅し、その結果各国が朝鮮に対して有していた法権と税権も無効になるとした。しかし同時に「今回ノ合併〔ママ〕ハ主トシテ政治上ノ目的ヨリ出ツルカ故ニ、列国カ韓国ニ有スル商業上ノ利益ハ暫ラク此ノ儘トシテ合併〔ママ〕ノ結果ヨリ生スル問題ヲ可成避ケタキ考ナリ」(73)とも訴えた。それゆえ列強に対して、「韓国ニ在ル外国人ハ内地ニ在ル外国人ト同様事情ノ許ス限リ特権権利ヲ有スルコト、即関税噸税ハ内外ノ区別ナク一定ノ年限間現状ヲ維持スルコト」「商業ニ関スルコト」「朝鮮ノ開港場間ノ沿岸貿易並ニ内地ト朝鮮間ノ沿岸貿易モ外国人ニ許スコト」「韓国ノ開港ハ馬山ノ外現在ノ儘之ヲ維持シ、更ニ新義州ヲ新ニ加フルコト」を表明すると開陳した。そして併合をめぐって「多少或ル国ヨリ議論抗議アルヤモ知ルヘカラサルモ」、前記のように譲歩しているので、「列国団結シテ抗議スルカ虞ハ萬無カルヘシ」と説明した。外務省の併合に関する第一要件は、経済的権益をある程度放棄しても韓国の法権を日本のもとに置いて列強の介入を防ぐことにあったのである。

枢密院会議では反対意見が出ることもなく、流れ作業のように次々と各案件が可決されていき、その結果は同日中に児玉統監秘書官に伝えられた。水害による首相の不在などで緊急勅令案の調整が遅れ、枢密院への諮詢までに時間がかかったが、条約の締結にはかろうじて間に合ったのである。したがって、締結から公布までに一週間を要したのは枢密院に諮詢するためではなかった。では、あえて公布日をずらしてまで協議すべき問題とは何だったのであろうか。

小村外務大臣は八月一四日の時点で寺内統監に次のような電報を送っている。

条約締結ノ上ハ、内ニ於テハ之ヲ枢密院ニ報告スルヲ要シ、外ニ対シテハ条約ノ内容ヲ通告シ、併セテ既定ノ宣言ヲナスノ必要アルヲ以テ、御出発前御打合致シ置キタル通、条約ノ調印ト公布トノ間ニ若干ノ日子ヲ存シ、且併合ノ効力ヲ実際ニ生セシムルハ帝国政府ニ於テ条約ヲ公布シタル日ヨ

リ初ムルコトト致シタク、尚調印ト公布トノ間ノ日数ハ約一週間ヲ要スル見込ニ付右御含置ヲ乞フ。(74)

外務省は条約の内容をあらかじめ列強に通告するため、公布日を締結日の一週間後に設定するよう寺内統監に要請していた。しかし寺内統監は翌一五日に「調印後長ク秘密ヲ保ツハ殊ニ韓国ニ於テ最モ困難ナルヘキニ依リ、成ルヘク速ニ必要ノ措置ヲ完了セラレタシ(75)」と返信して「長クトモ四、五日」で公布するように訴え、この考えにもとづいて公布日はいったん二六日に設定された。ところが、翌二七日が現皇帝の即位式日にあたることから、韓国政府が寺内統監を通して公布日をそれ以後に設定するよう要請し、最終的に週明けの二九日となった。(76)この間、外務省は韓国と条約関係にある一〇カ国、すなわちドイツ、アメリカ、オーストリア＝ハンガリー帝国、ベルギー、清国、デンマーク、フランス、イギリス、イタリア、ロシアに「韓国併合ニ関スル宣言」を伝えた。

しかし、果たして条約締結日と公布日をずらした理由はそれだけだったのであろうか。たしかに外務省と統監府のやり取りだけをみれば、列強に条約内容を通牒するために公布日をずらしたかのような印象を受ける。だが、先に示した柴田内閣書記官長と統監府および桂首相とのやり取りをみると、公布日を遅らせた理由は、必ずしも外交上の問題だけではなかったことに気づく。柴田は、政府首脳部が不在のため法令等の整理が間に合わないと訴え、これに対して桂首相は締結日と公布日が同じでなくてもよいと応じていた。このとき柴田が最も協議の遅れを強調していたのは「特ニ宮内省案ハ大体ニ於テモ意見アリ。纏マリ居ラス、頗ル困難ナリ」「首相不在ノ為、宮内省ト交渉ヲ開ク能ハス」と再三訴えているように、宮内省関連の問題だった。併合に際して宮内省に関連する問題とは、韓国皇室と韓国政府要人をいかに処遇するかであった。韓国政府要人の処遇は「華族令ニ依ル有爵者ト同一ノ礼遇ヲ享《う》ク」とする朝鮮貴族令を新たに制定して解決されることになっていたが、それは華族令の焼き写しでもあり条約締結日までにほぼ完成していた。以上より、条約締結後の協議の中心は、韓国皇室の処遇とそれを規定する詔書の作成以外に考えられない。

5　「王」として冊立し「李王」と称す

日本政府は一九〇九年七月六日の閣議で、併合にともなう韓国皇室の処遇に関して次のような案を可決した。

一、韓国ノ併合ト同時ニ同皇室ヲシテ名実共ニ全然政権ニ関係セサラシメ以テ韓人異図ノ根本ヲ絶ツコト。
二、韓国皇帝ハ全然之ヲ廃位トシ現皇帝ヲ大公殿下ト称スルコト。
三、大皇帝〔ママ〕、現皇太子及義親王ハ之ヲ公殿下ト称スルコト。
四、大公殿下、公殿下及其一門ハ之ヲ東京ニ移住セシムルコト。
五、大公殿下、公殿下及其一門ニ対シテハ我皇族及華族ノ例ヲ参酌シ特別ノ礼遇及特典ヲ与フルコト。
六、大公家及公家ニ対シテハ礼費トシテ国庫ヨリ一定ノ手額ヲ支給スルコト。但シ大公家及公家ニ関スル一切ノ事務ハ宮内大臣ニ於テ之ヲ管理スルコト。

七、併合実行ノ際韓国皇室ニ属スル財産ニシテ皇室私有ノ性質ヲ有スルモノハ之ヲ大公家又ハ公家ノ所有トナシ私有ノ性質ヲ有セサルモノハ之ヲ帝国政府ノ所有ニ移スコト(77)。

このときの決定では、韓国皇帝を廃位して「大公」とし、太皇帝、皇太子李垠および義親王李堈は「公」にするとされた。また彼らを東京に移住させるとともに、皇族か華族の例を参酌して特別の礼遇を与えることが考えられており、韓国皇室の私有財産に関してはそのまま「大公家」「公家」が有するとされた。

さらに日本政府は、翌一〇年七月八日の閣議で併合後の韓国皇室に一五〇万円の歳費を支給することなどを可決する。宮内省はこの閣議決定をもとに「現皇帝ハ太公〔ママ〕ト為シテ世襲トス。其ノ世子ハ公トシ、太皇帝ハ尚太公〔ママ〕ト称シ、各妃ハ各太公妃〔ママ〕又ハ公妃トシ、何レモ皇族ノ礼ヲ以テ遇シ殿下ト称セシム」「李堈ハ一代ヲ限リテ公トシ、妃ハ公妃トシ、皇族ノ礼ヲ以テ遇シ殿下ト称セシムルコト(78)」という詔書案を作成し、八月一六日に柴田内閣書記官長を介して統監府に送付した。

ところがちょうどこの日、第3節でみたように、寺内統監は趙重応農商工部大臣に条約締結に応じてもらうための譲歩案として、併合後の韓国を朝鮮とし、韓国皇帝、太皇帝、皇太子に王称を残せるか日本政府に稟議してみると告げていた。このうち朝鮮案はすでに閣議で決定していたことなので何ら問題がなかったが、もう一方の王称の件は、「大公」としてようやく形を持ち始めた宮内省の詔書案を修正し、天皇の裁可を得る必要があった。

八月一七日、寺内統監は柴田内閣書記官長に打電し、韓国側の要請にしたがって宮内省案にある「大公」を「王」に変更する必要があると告げた。[79] 桂首相はこれを承諾するが、問題は尊称を変更するだけで解決できるほど単純ではなかった。柴田は翌一八日に「皇室以外ノ皇族待遇ハ先キニ公（キミ）〔ママ〕ト称スルコトニ決定シ居ルモ是ニハ変更ナキヤ[80]」と返信し、「大公」を「王」とするならば、「公」はどうなるのか問い合わせている。また「其人名及之ヲ世襲トスルヤ一代限リトスルヤ等ノ点」に関しても質した。

これに対して寺内統監は宮内省案を修正した新たな詔書の文面を作成し、八月二〇日に日本政府に電報した。柴田がそれを受け取ったのは、併合条約締結の前日にあたる二一日である。電報の内容は「（太公〔ママ〕トナシ）ヲ（李王トナシ昌徳宮ト称セシメ）ニ改メ[81]」というように細部の修正を指示したものであった。電報の指示にしたがって全文を書き出してみるとおおよそ次のようになり、宮内省案を大幅に変更したものであったことがわかる（修正された部分に適宜傍線を付した）。

> 現皇帝ハ李王ト為シ昌徳宮ト称セシメ世襲トス。其ノ世子ヲ王世子トシ、太皇帝ハ尚太王ト為シ徳寿宮ト称シ、各其ノ儷匹《れいひつ》ヲ王妃、太王妃又ハ王世子妃トシ、何レモ皇族ノ礼ヲ以テ遇シ殿下ト称セシム。
> 李堈及李載冕ハ茲ニ特ニ公ノ栄爵〔ママ〕ヲ与へ、其ノ配妃ヲ公妃トシ、茲ニ待ツニ皇族ノ礼ヲ以テシ殿下ノ名称ヲ用ユルコトヲ許シ、此ノ栄爵〔ママ〕ヲ世襲シテ以テ子孫ヲシテ永ク寵光ヲ享ケシム。

このように、韓国皇帝、太皇帝、皇太子は、それぞれ「李王」「太王」「王世子」に、その妃は「王妃」「太王妃」「王世子妃」に改められた。宮内省案で皇太子李垠と同様に「公」として処遇されることになっていた李堈は変更なくそのまま「公」とされ、しかも「一代ヲ限リテ公トシ」となっていた部分は「世襲シテ以テ子孫ヲシテ永ク寵光ヲ享ケシム」に改められた。なお、公族も王族と同様に「皇族ノ礼」を受けるとされたので、「栄爵」となっている部分は「栄錫」の誤記と思われる。また、この時点で公族に李載冕（＝李熹）が急遽追加されているが、その理由は判然としない。

この電報を受けた日本政府は、二二日になって「貴府御意見ニ基キ宮内省案ヲ修正シタル全文左ニ。但シ括弧内ハ凡テ文字ニ対スル注意ナリ」と付記して最新の詔書案を統監府に送付するとともに「最早此上修正ノ余地ナシ」と告げた。その詔書案は次の通りである。

朕天壌無窮ノ丕基ヲ弘クシ国家非常ノ礼数ヲ備ヘムト欲シ前韓国皇帝ヲ冊シテ王（李王ニアラス）ト為（タメ）シ昌徳宮ト称シ、嗣後此ノ隆錫（カネヘンニエキ）ヲ世襲シテ以テ其ノ宗祀ヲ奉セシメ、皇太子及将来ノ世嗣（ツギ）ヲ王世子（コ）トシ、太皇帝ヲ太王ト為（タメ）シ徳寿宮ト称シ、各其ノ儷匹（ヒキ）ヲ王妃、太王妃、又ハ王世子妃トシ、茲ニ待ツニ皇族ノ礼ヲ以テシ特ニ殿下ノ敬称ヲ用ヰシム。〔…〕

朕惟フニ李堈及李載冕ハ李王ノ懿親ニシテ令問夙ニ彰ハレ槿域ノ瞻望タリ。宜ク殊遇ヲ加錫（カネヘンニエキ）シ其ノ儀称ヲ豊ニスヘシ、茲ニ特ニ公ト為（タメ）シ、其ノ配匹（ヒキ）ヲ公妃トシ、茲ニ待ツニ皇族ノ礼ヲ以テシ殿下ノ敬称ヲ用ヰシメ子孫ヲシテ此ノ栄（サカヘ）錫（カネヘンニエキ）ヲ世襲シ、永ク寵光（ヒカリ）ヲ享（ケウ）ケシム。(82)

括弧の注釈のほとんどは、電信として送られてきた文字コードを漢字に変換するために補足的に用いられたものであるが、冒頭の「前韓国皇帝ヲ冊シテ王ト為シ」に付された（李王ニアラス）はそれとは異なり、注目に値する。宮内省と協議した日本政府は、統監府案で「現皇帝ハ李王ト為シ」となっていた箇所をあえて否定し、「王ト為シ」に変更したのである。日本政府が「李王」ではなく「王」とした理由は定かではないが、推測するに、形式にこだわる宮内省が「皇族ノ礼」を受ける者に韓国皇室の姓に相当する「李」を付けるのを嫌ったからではないかと思われる。日本の姓（氏）は天皇から臣民に賜与されるものであり、天皇や皇族はそれを持たないからである。ちなみに皇族の名の前に付く梨本宮や伏見宮といった名称は宮号であり姓（氏）ではない。

一九三一年から三三年にかけて皇族の皇統譜に相当する王公族の登録簿が王族譜・公族譜として作成されるが、これを見てみると、王公族は皇族と同様に名のみが記されていて「李」の文字は見当たらない。宮内省はこうした形式を重視して、詔書の文言を「李王」ではなく、「王」にしたのではないかと考えられる。

しかし、日本政府と宮内省によるこの修正が統監府との軋轢を生み、詔書の成立を遅らせる。八月二三日、児玉統監秘書官は柴田内閣書記官長宛に「単ニ王ナル文字ヲ用ウルトキハ従来ノ行掛上朝鮮王ナル称号ヲ用ヰタキ希望ヲ申出ツル虞アリ。当方ニテハ特ニ李王ナル文字ヲ用ヰテ予メ之ヲ防カムトシタルナリ[83]」と電報を送り、天皇とは別に朝鮮の統治者が存在するかのような尊称が将来の禍根となるのを避けるため、あらかじめ「王」の上に「李」を付けて「李王」にした旨を伝えた。これを受けた柴田は、統監府側の考えを補う告示案を出しても構わないが、すでに確定した詔書を書き直すのは困難であると寺内統監に伝えるよう返信した(84)。この電報が統監府に届けられると、今度は寺内統監が桂首相に直接次のような電報を送り、再度、「王」ではなく「李王」として冊立するよう要請している。

　王冊立ノ詔書中本官ハ特ニ李王ナル文字ヲ用ヰ置キタルニ、之ヲ単ニ王ナル文字ニ改正セラレタリ。本件ニ付テハ柴田書記官長マデ注意シ置タル通リ、単ニ王ナル称号ヲ用フルトキハ従来ノ行掛上朝鮮王ト称シ度希望ヲ申出ツル恐アリ。故ニ本官ハ故ニ《マヽ》李王ナル文字ヲ選ヒ、予メ之ヲ防ギタルナリ。詔書ハ確定シタル由ナルモ未タ発表前ノコトナレバ今日ニ於テ之ヲ改ムルコト敢テ難キニ非サルヘシト考ヘラルルニ付、此際一度閣下ニ御考慮ヲ煩ハシ度(85)。

寺内統監はあくまでも詔書の文言を「王」から「李王」に改めて、将来的に朝鮮側が「朝鮮王ト称シ度希望ヲ申出ツル恐」を排除しようとした。主張している内容は児玉統監秘書官の前電と大差ないが、児玉が「強テ主張セサルモ」と控えめなのに対して、寺内統監はすでに宮内省案で確定済であってもまだ発表前なので今改めるのはそれほど困難ではないはずだと、修正を強く求めていた。

桂首相は寺内統監の要請を受け入れたが、宮内省案を完全に否定することもできなかった。そこで、渡辺千秋宮内大臣と協議し、「詔書案中（冊シテ王ト為シ）ノ下（昌徳宮ト称シ）トアルヲ（昌徳宮李王〇スモモ《ママ》ヲウ〇ト称シ）ニ改メ、又（徳寿宮ト称シ）トアルヲ（徳寿宮李太王ト称シ）ニ改ム(86)」という案を寺内統監に返電した。こうして「前韓国皇帝ヲ冊シテ王ト為スノ詔書」および「李堈及李熹ヲ公ト為スノ詔書」（以下、両詔書を合わせて冊立詔書と略記する）は次のような文言で公布されることとなる。

「前韓国皇帝ヲ冊シテ王ト為スノ詔書」

朕天壌無窮ノ丕基ヲ弘クシ国家非常ノ礼数ヲ備ヘムト欲シ、前韓国皇帝ヲ冊シテ王ト為シ昌徳宮李王ト称シ、嗣後此ノ隆錫ヲ世襲シテ以テ其ノ宗祀ヲ奉セシメ、皇太子及将来ノ世嗣ヲ王世子トシ、太皇帝ヲ太王ト為シ徳寿宮李太王ト称シ、各其ノ儷匹ヲ王妃、太王妃、又ハ王世子妃トシ、並ニ待ツニ皇族ノ礼ヲ以テシ特ニ殿下ノ敬称ヲ用ヰシム。世家率循ノ道ニ至リテハ朕ハ当ニ別ニ其ノ軌儀ヲ定メ、李家ノ子孫ヲシテ奕葉之ニ頼リ福履ヲ増綏シ永ク休祉ヲ享ケシムヘシ。茲ニ有衆ニ宣示シ用テ殊典ヲ昭ニス。

「李堈及李熹ヲ公ト為スノ詔書」

朕惟フニ李堈及李熹ハ李王ノ懿親ニシテ令問夙ニ彰ハレ槿域ノ瞻望タリ。宜ク殊遇ヲ加錫シ其ノ儀称ヲ豊ニスヘシ。茲ニ特ニ公ト為シ、其ノ配匹ヲ公妃トシ、並ニ待ツニ皇族ノ礼ヲ以テシ殿下ノ敬称ヲ用ヰシメ子孫ヲシテ此ノ栄錫ヲ世襲シ永ク寵光ヲ享ケシム。(87)

この回りくどい詔書の文言が表しているように、日本は韓国皇帝と太皇帝を「王」「太王」として冊立するが、それぞれ「李王」「李太王」と称することにした。韓国政府、統監府、日本政府の思惑により、冊立詔書の韓国皇帝に関する箇所は「大公」から「王」に変わり、そして「王」は「李王」を称するようになったのである。

ところで、韓国皇室を「大公」「公」の公族として冊立する予定が、「王（李王）」「太王（李太王）」「王世子」の王族と、「公」の公族に分けて冊立することになると、当然王族と公族の班位も変更する必要が生じた。班位とは天皇を頂点とした皇族の序列であり、皇族身位令第一条において「第一 皇后、第二 太皇太后、第三 皇太后、第四 皇太子、第五 皇太子妃、第六 皇太孫、第七 皇太孫妃、第八 親王 親王妃 内親王 王 王妃 女王」と規定されていた。韓国皇室を「皇族ノ礼」を受ける王公族として冊立するのであれば、必然的に彼らを皇族のどこに位置づけるかが問題とならざるをえない。そこで宮内省が班位の起案を担い、八月一六日の時点で左記の電報が柴田内閣書記官長から児玉統監秘書官に送られていた。

（イ）公族ノ班位ハ下ノ順序ニヨル。（一）李坧太公《ママ》（二）李熈太公《ママ》（三）李垠公（四）李堈公
（ロ）我皇族ト公族トノ間ニ於テハ両太公《ママ》ハ皇太子、皇太子妃ノ次ニ、両公ハ従来ノ宣下親王同妃ノ次ニ列ス
（ハ）太公《ママ》妃、公妃ノ班位ハ其ノ夫ニ次ク
前記（ロ）ニ付第二案トシテ両太公《ママ》ハ宣下親王同妃ノ次ニ、両公ハ王同妃ノ次ニ列セシムルノ案アリ[88]

このように韓国皇帝と太皇帝は皇太子嘉仁と皇太子妃の次に、皇太子李垠と義親王李堈は宣下親王同妃の次に列する第一案と、韓国皇帝と太皇帝は宣下親王の次に、皇太子李垠と義親王李堈は王同妃の次に列する第二案が提案されていた。ここにいう宣下親王とは皇子から皇玄孫に至る皇族男子のうちで親王の宣下（天皇が宣旨＝命令を下すこと）を受けた者であり、王とは天皇から五世以下の皇族男子のこと

である。
しかし、併合談判を通じて韓国側から王称の維持が要請され、韓国皇帝、太皇帝、皇太子を王族として冊立することになると、それに応じて班位も修正しなければならなかった。そこで、児玉は八月二一日に左記の案を柴田に送付した。

王族及王族ノ礼遇ヲ受クル者ノ班位ニ関スル規定

第一条　王族及其ノ礼遇ヲ受クル者ノ班位ハ左ノ順序ニ依ル。

第一　李王
第二　太王
第三　王世子
第四　李堈公
第五　李載冕公

第二条　皇族ト王族及其ノ礼遇ヲ受クル者トノ間ニ於テハ李王及太王ハ皇太子、皇子妃（ママ）ノ次ニ、王世子、李堈公及李載冕公ハ従来ノ宣下親王同妃ノ次ニ列ス。

第三条　王妃、太王妃、王世子妃及公妃ノ班位ハ各〔ソ〕ノ夫ニ次ク。[89]

ところが、これに対して柴田は翌二二日に「王族ノ班位ニ関スル規定ハ急ニ決定ヲ要セス。且ツ其他ノ事情モアリ。他日ノ詮議ニ譲リ此際ハ成案セサルコトニ決定[90]」と返信し、成案を見送るよう統監府に伝えてきた。この問題は日本の宮中でも重視されており、徳大寺実則内大臣兼侍従長は二三日に渡辺宮内大臣に対して「王の席順等は急激に改むるの必要も無之、却て感情を害する事之なしとも申難く、由て席順を定むる必要生せし時にて可然御沙汰に候間、御含迄に申演置候(91)」という書簡を送っている。結局、王公族の班位規定は見送られたが、その理由は明確にはわからない。しかし条約公布前日の二八日に柴田が児玉に送った電報に「是ハ単ニ急グ必要ナシト云フノミニアラズ。(御思召)ノ次第モアルニ付孰レ克ク首相、統監ノ間〔デ〕協議ヲ要セラルルヲ以テナリ。右ノ次第故、韓国側ヘノ〔影〕響モアルベク御注意相成リタシ。右為念(92)」とあるように、何らかの「御思召」があったのは確かである。そしてそれは韓国側への影響を憂慮してのことであったが、その憂慮は徳大寺の言う「却て感情を害する事之なしとも申難く」に対応すると考えて間違いないだろう。

6 「皇族ノ礼」の可視化

併合条約が締結された翌八月二三日、児玉統監秘書官は柴田内閣書記官長宛に次のような電報を送っている。

東京ヨリノ通報ニヨレハ昨日報知やまと〔ママ〕ハ条約ノ細条ヲ掲ケタル趣。又締結ノ祝電ノ来ルヲ以テ察スレハ、是等ノ点迄モ已ニ洩レタルニ非サルヤノ感アリ。之ニ反シ当地ニテハ全然秘密ヲ保チ新聞社員ハ僅ニ談判ノ開始ヲ試ミタルヲ知レルノミニテ夫レ以上ノ事実ハ少シモ承知セス。併シ乍《なが》ラ東京ニテ洩レタル以上ハ到底長ク之ヲ秘シ難シト考ヘラルルニヨリ、如何ナル程度マテ新聞ニ表ハレタルヤ、及其原因参考ノ為電報ヲ乞フ[93]。

この電報によると、日本の新聞社は併合条約の締結直後にその事実を察知し、詳細を紙上に掲載したり、統監府に祝電を送ったりしていた。これに対して統監府は日本政府に向けて、たとえ韓国内で併合が成立した事実を隠せても日本で情報が漏洩すればすぐに韓国に流入するため、秘密を守るのは難しいであろうと訴えている。統監府および日本政府が新聞の取り締まりを強化して秘密を保持しなければならない理由の一つは、外務省が事前に併合の内容を列強に通知する必要があったからであるが、それだけではなかった。統監府が被統治民となる韓国民の目を意識し、彼らの感情を害するような蔑視記事などを排除しなければならないと考えたからでもあった。たとえば、寺内統監は桂首相に次の電報を送っている。

内地新聞紙ノ記事論説ニシテ韓国ノ皇室ヲ蔑視シ又ハ韓人ヲ軽侮スルカ如キ詔〔ママ〕調ヲ用ヒ、為ニ韓国官民ノ感情ヲ害シ不利益ナル影響ヲ与フルコト往々ニシテ之アルハ常ニ遺憾トセシ所ナルカ、本官着任以来一層其不利益ナル結果ヲ醸スヘキコトヲ痛切ニ感シタリ。若シ事局〔ママ〕解決ヲ以テ日本ノ大成功ナリトシ、之カ為却テ自尊傲慢ノ心ヲ増長シ一層新付ノ良民ヲ侮辱スルカ如キコトアラバ、将来ノ施政ニ対シ非常ナル傷害〔ママ〕ヲ与フルノ恐アリ。因テ此更始一新ノ時期ニ方リ彼等ヲシテ新付ノ良民ハ即チ其同胞タルニ至リシカ故ニ、是ヲ待ツニ常ニ同情ヲ以テシ相提携シテ共ニ国家ノ福隆

（不明）《ママ》訓戒ノ方法ヲ講スヘキニ因リ、内地ノ新聞取締ニ付内務大臣ヲシテ相当ノ措置ヲ取ラシメラルヲハカルヘキ所以ヲ了解シ、従来ノ態度ヲ一変セシムルノ急要アリ(94)。

寺内統監は日本の新聞が韓国皇室や韓国民を蔑視した記事を書いて統治に悪影響を及ぼすことを常々憂慮していた。それゆえ、新聞の取り締まりを桂首相に要請したのであった。このように韓国民の感情を刺激してしまうことを危惧した寺内統監の統治方針を背景として、条約の公布までに統監府と日本政府の間でさまざまな措置がとられる。それはたとえば、朝鮮貴族を創設して韓国皇帝の親族や政府要人に授爵することであり、韓国民に地税その他の特別免除や大赦の恩典を与えることであった。

では朝鮮貴族の創設、地税その他の特別免除、大赦とはいかなるものだったのであろうか。まず朝鮮貴族の創設からみていきたい。統監府は談判時に、併合が「和衷共同」であることを示すために覚書にて各種の懐柔策を韓国側に伝えていた。その一つが「勲功アル韓人ニハ栄爵ヲ授ケ之ニ相当スル恩賜金ヲ与フルコト」であった。この約束にしたがって条約公布までに朝鮮貴族令を制定し、韓国皇帝の親族や政府要人を華族と同様に処遇しなければならなかったのである。そうした措置は条約公布と同時に実行してこそ意味を持つため、寺内統監は桂首相に対して「恩賜金下賜ハナルヘク速ニ之ヲ行フヲ得策ト認ムル」から「本官ノ名ヲ以テ辞令ヲ発シ、公債仮証書出来次第之ヲ交付シ置キ、後日、本証書ト引換ルコトニ致シタシ(95)」と訴えた。また、寺内統監は八月二〇日に朝鮮貴族令案と公族附職員官制案についての桂首相に電報を送っているが、そのなかで、公族附職員官制案の処理はのちの協議に譲るとしながら、一方で「貴族令ハ時局解決ト同時ニ発布スルノ必要アルモノト認ムル(96)」と述べていた。こうした電報からも、寺内統監が韓国皇帝の親族や政府要人を条約公布と同時に朝鮮貴族として扱い、それを公表することを重視していたのは明らかである。

朝鮮貴族の創設が韓国民の懐柔策であった証左として、日韓における授爵者数の差があげられる。併合にともなって偉勲功特陞授の恩典を受けた者は、日本側が桂首相（侯爵→公爵）、小村外務大臣（伯爵→侯爵）、渡辺宮内大臣（子爵→伯爵）、寺内統監（子爵→伯爵）[97]のわずか四名だったのに比べ、韓国側は侯爵六名、伯爵三名、子爵二二名、男爵四五名の計七六名に及んだ。朝鮮貴族として授爵した人々には最高で五〇万四〇〇〇円という多額の恩賜公債が交付された（朝鮮貴族の詳細に関しては第七章を参照）。このほかに、両班や儒生九八一一名には敬老金として三〇万円が交付され[98]、さらに一九〇九年に韓国政府の官僚であった三六二四名中二四四九名は併合後も引き続き任用された[99]。

次に地税その他の特別免除であるが、これは①今年の秋期に徴する地税の五分の一（約六三万円）を減免、②隆熙二年（一九〇八年）以前の未納地税（約二七六万円）を免除、③郡守、面長が徴収しながら横領して政府に納めなかった税（約二九〇万円）を免除、④窮民に貸し与えている社還米（約三四万円）の完納未済分を免除するというものである。これによって減免すべき金額は総計約六六五万円に達したが、隆熙二年以前の地税のほとんどは納付の見込みがない政府の債権に属したため、日本が歳入不足を補充するのは約一〇〇万円分に過ぎなかった[100]。寺内統監はこのような措置を「新政ヲ布クノ第一歩トシテ最モ必要ナル手段[101]」ととらえていた。

大赦を行う意図は理由書に書かれている。理由書では、日本は韓国を併合するうえで、「其ノ上下ヲ通シテ普ク仁恩ノ皇化ニ浴セシメ其ノ帰嚮ヲ一変セシムル」という方針を「第一要件」としており、そのために「情状ノ憫諒スヘキ罪囚凡ソ八百余人ニ対シ赦免ノ恩典ヲ布カルルノ必要アリト認ム(102)」とある。日本は公布と同時に一般韓国民から同意を得なければならなかったが、それ以上に民族主義的に併合を阻止しようとする抗日運動家に対処する必要があった。仮に抗日運動家に対して大規模な討伐を行えば、多大な統治コストがかかるだけでなく、列強が戦時・内乱状態と見なして介入してくる可能性もあった(103)。それゆえ日本政府としては、捕らえた韓国民にも「普ク仁恩ノ皇化ニ浴セシメ」るという名目で「赦免ノ恩典」を与えて懐柔し、つつがなく併合条約を公布しなければならなかったのである。この措置によって未決囚二九二名、既決囚一四一九名の計一七一一名が赦免され、在監中の者は減刑された。

条約が締結された八月二二日、寺内統監は柴田内閣書記官長宛に「韓国ノ国号改称、皇室ノ待遇並ニ貴族令、大赦、地税軽減ニ関スル件ノ如キ、過渡ノ際直接韓国ニ関係スル詔勅及法令ハ内地ニ公布セラルルト同時付〔ママ〕当地ニ於テ公布スルノ必要アル(104)」という電報を送っている。この電報にあるように、朝鮮貴族令、大赦、地税その他の特別免除は過渡期に処理すべき案件であり、条約公布と同時に韓国民に知らしめる性質のものであった。それゆえ寺内統監は「右ハ凡テ朝鮮文ニ翻訳スルノ手続ヲ要スルニ付、出来ヘキダケ〔ママ〕速ニ御運ヒ相成タシ」と要請している。そして最終的に朝鮮貴族の創設および授爵は統監の諭告文で、地税その他の特別免除および大赦は統監の諭告文と「朝鮮ニ大赦減租ノ詔書」で一般に告示された(105)。

朝鮮貴族令の発布、地税その他の特別免除、大赦といった措置が韓国民を懐柔する目的でとられた証拠として、小松統監府参与官の述懐をあげておきたい。小松は「併合当時、斯くも国内が静穏であつたといふには、種々の理由があつた(106)」として二つの理由を述べている。一つは「強制的若くは威圧的の措置を一切避けたるのみならず、宮中府中を挙げ皇族、大臣、元老悉く一致の行動を執つて、一人も反対意見を唱へる者がなかつた」からだといい、もう一つは「日韓両国皇帝陛下から併合に関する詔書及勅諭並に寺内総督《ママ》の朝鮮人民一般に対する諭告に依り、何人も能く併合の趣旨と将来の施設とを諒解することができた」からだという。この理由は単に小松がそのように考えただけで、現実を正しく分析したものではないことは言うまでもない。たとえば、条約締結に一人も反対意見を唱える者がいなかったというが、宮中では李容稙《イヨンジク》学部大臣が「君辱臣死」として強行に反対していた。それゆえ統監府は李容稙を水害見舞いの名目で東京に特派せしめ、その隙に条約を締結してしまおうと奸計をめぐらしていたほどであった(107)。このように小松の考えが的を射ていないことは確かだが、条約成立時に騒動が起きなかった第二の理由として、統監府の人間が天皇の詔書や寺内統監の諭告をあげている点は注目すべきであろう。この発言からも、韓国民を懐柔し、静穏なうちに併合を成し遂げる目的で、朝鮮貴族令、地税その他の特別免除、大赦の詔書や諭告が発せられたことがわかる。

ところで、児玉が「過渡ノ際直接韓国ニ関係スル詔勅及法令」としている電報で、朝鮮貴族令、地税その他の特別免除、大赦よりも先に「皇室ノ待遇」をあげている点は見逃してはいけない。そもそも寺内統監は韓国皇室の処遇を誤ることで条約公布時に韓国民の感情を刺激しないよう細心の注意を払っていた。それは併合条約の締結直後である八月二三日に桂首相に送った次の電報からも推察できる。

韓太子ニ対セラル、前来ノ御待遇ノ如キモ此際著シク御変更ナカランコトヲ欲ス。若シ然ラズシテ聊《いささか》ニテモ従前ノ例ト外見ヲ異ニスルニ於テハ、是レ又著シク韓民ノ感情ヲ刺激シ、延テ我至尊ノ御信義ヲ軽重スルノ虞レアルニヨル。此段特ニ御注意ヲ乞フ。[108]

もともと日本は皇太子李垠に対して非常な厚遇を示してきた。一九〇七年に皇太子李垠が留学という名目で東京に来たときには、皇族、元老、朝野の名士ら一〇〇〇余名が新橋駅で奉迎しただけでなく、天皇自らが鳳凰の間[109]の入口まで出て迎えた。これは異例中の異例であった。[110]寺内統監は、そのような韓国皇室に対する丁重な対応が併合とともに変化し、韓国民の反感を買ってしまうことを憂慮していた。それゆえ、懐柔策の一環として韓国皇室の処遇を重視し、冊立詔書で韓国皇室に保障された「皇族ノ礼」を、儀式を通して韓国民の目に触れるよう大々的に演出したのである。

八月一九日、寺内統監は日本政府に向けて「王ノ宣下ノコトニ付テハ特ニ勅使ヲ差遣セラルルカ、又ハ総督ニ委任セラルルカ、孰レニモセヨ相当ノ儀式ヲ要スル義ト考ヘラル[111]」という電報を送り、韓国皇帝を「王」として冊立するために勅使を差遣して宣旨を下す必要があると訴えた。さらに「王ノ宣下」は併合成立と同時に行ってこそ意味があるので、首相や宮内省の返答を早急に送るよう要請した。

桂首相は渡辺宮内大臣と協議し、八月二〇日の電報で、「王ハ宮内省案ニアル如ク詔書ニ依リ公布セラルヘキモノナルヲ以テ宣下ノ如キ形式ナシ[112]」と返信した。ただし、寺内統監の意見を完全に否定するのではなく、「貴見ノ如ク相当丁重ナル様式ヲ備フルハ亦必要ナルヘシ」という考えも示していた。そこで提示された「相当丁重ナル様式」とは次のようなものであった。

併合公布ノ当日官報ヲ以テ右詔書ヲ公布セラルルト同時ニ其旨電報セラルヘキニ付、之ニ依テ閣下ヨリ右詔書公布ノ旨ヲ王及太王へ伝へ置カレ（相当ト思考セラルル方法ニ依リ）、而シテ別ニ内地ヨリハ公布後直ニ勅使ヲ派遣セラレ右詔書ノ写ヲ持参シ、其ノ旨ヲ伝達セシメラルルト同時ニ御下賜品アルコトトナルヘシ（以上大体ニ於テ立皇太子（ママ）ノ時ノ例ニ依ル）。

日本政府の案は、公布日にとりあえず寺内統監から韓国皇帝と太皇帝に対して官報に詔書が載った旨を伝えておき、それと同時に内地からは勅使を朝鮮に差遣して下賜品とともに詔書の写しを手渡すというものであった。これは最後の括弧にも書かれているように、立太子《りったいし》のときの例に倣ったものであった。

立太子については『皇室事典』に次のように説明されている。

皇長子は立太子の礼を挙げさせられると否とに拘らず、御誕生と同時に皇太子であらせられるのである。

それでは立太子の礼を挙げさせられ、立太子の詔書を公布されるのはどういふ意味かといへば、皇室典範の義解にもあるごとく、即ちこの御威儀によつて全国民にこれを周知せしめられるに他ならない。(113)

すなわち立太子とは威厳ある儀式によって皇長子が皇太子の地位に就いた事実を「全国民」に周知させるためのものであった。日本政府がこの儀式を参考に「王冊立」を行おうとしたということは、韓国皇帝を詔書にある如く「皇族ノ礼」をもって処遇するとともに、その事実を日韓の民衆に周知させる意図があったと考えられる。

これによって、統監府の方針通りに韓国皇帝を丁重に〈日本〉に編入する方法が定められたかのようにみられた。しかし、日本政府が突然方針を転換したため、さらに紆余曲折を経る。八月二二日、柴田は寺内統監宛に、「勅使派遣ノ際御下賜品アルヘキ旨一昨日（イ九《〔ママ〕》）ヲ以テ申上タルモ、更ニ詮議ノ上、此度ハ御下賜品ナキコトニ変更ス」[114]と電報を送り、たとえ勅使を差遣したとしても御下賜品までは用意しないとしてきたのである。この電報が示しているように、統監府と日本政府の韓国皇室に対する考え方には若干の温度差があった。それゆえ、日本政府の方針転換を知らされた寺内統監は、併合条約締結の翌日である八月二三日に桂首相に直接次のような電報を送り、朝鮮統治上「王冊立」がいかに重要であるかを訴えるとともに、形式に拘泥して中途半端な対応をとろうとする日本政府を批判した。

> 韓帝ニシテ前述ノ如ク時勢ノ要求ニ応シ能ク我カ忠言ヲ納レ彼我投合的意思ノ発現ニヨリ時局ヲ解決スルニ勉メタル以上ハ、其宗室ニ対シテハ安ンジテ永久之ヲ存続セシメ、且ツ之ニ相当ノ礼遇ヲ賜フコトハ実ニ我至尊ノ至仁至徳ナル御宏量ヲ一般ニ表示セラルル所以ニシテ、又韓国民ヲシテ其ノ恩沢ニ感泣セシムルノ素因タルベシト信ス。因テ事情ノ許ス限リニ於テ待遇上特別ノ恩典ヲ加ヘラレンコトヲ望ム。従ツテ此ノ際詔書写ヲ齎《もた》ラシ派遣セラルベキ勅使ニ我帝室ヨリ御下賜品ヲ附セラレ、之ヲ詔書写ト共ニ伝達セラル、如キハ従前ノ歴史ニ考フルモ敢テ異例ニアラズト信ズ。故ニ成ルベク斯ノ如キ鄭重ノ形式ヲ採ラレンコトヲ願フ。〔…〕以上孰レモ我帝室ト李王家トノ礼遇上ノ儀礼ニ外ナラザルモ、亦畢竟将来政略上ニ関係少カラザルヲ以テ特ニ爰ニ電稟ス。御照察ヲ乞

フ。尚宮相ニモ御内示ヲ願フ。(115)

寺内統監は併合が「彼我投合的意思ノ発現」という建前によって実現された以上、韓国の宗室を永久に存続させ、「相当ノ礼遇」を保障するのは当然であると訴えた。韓国皇室に対して天皇の「至仁至徳ナル御宏量」を示すことが「韓国民ヲシテ其ノ恩沢ニ感泣セシムルノ素因」であると考えたからである。電報の末尾で述べているように、韓国皇室を「相当ノ礼遇」で迎えるべきだという寺内統監の考えは将来の朝鮮統治を見越したものであった。そうした前提に立ち、事情の許す限り韓国皇室には特別の恩典を与え、「王冊立」の儀式に差遣する勅使には詔書と共に下賜品を持参させるよう要請したのである。

この要請に対して桂首相は、「勅使御派遣ノ際御下賜品ノ件再考ノ上、其際何カ日本風ノ品ヲ賜ハルコトニ宮相ト協議ノ結果（王、太王、王世子）ノ三人ニ巻物（ドンスノ如キ織物）ヲ若干宛《ずつ》賜ハルコトニ取計フヘキ準備中ナリ」(116)と返信し、寺内統監の訴えに応じる旨を伝えた。さらにこの電報では、翌二六日午前一〇時に予定されている皇太子李垠の参内時に下賜品を準備して平常よりも丁重に待遇すると付け加えていた。

条約が公布された八月二九日午後二時、日本からは稲葉正縄式部官が勅使として差遣され、三一日午前に釜山へ寄港、その後、釜山駅から密陽、慶山、大邱、秋風嶺、芙江、天安、水原、永登浦を経て、同日午後八時一〇分に漢城の南大門へ到着した。この間、たえず憲兵将校や警察官が同乗し、沿道も厳重に警衛された。翌九月一日午前一一時五分に稲葉勅使が敦化門に到着すると、正装に日本の大勲位菊花大綬章と菊花章頸飾を併佩した韓国皇帝が閔丙奭宮内府大臣、尹徳栄侍従院卿、李秉武侍従武官長、小宮三保松宮内府次官、その他侍従や礼式官を随えて登高閣車寄に出迎えた。韓国皇帝が自ら先導して西行閣廊下から仁政殿に入ると、勅使が西面、韓国皇帝が東面となって中央に配置された金色の卓子に着席した。ここで勅使が聖旨と詔書の写しを手渡し、それを韓国皇帝が受け取ると、今度は御贈品の目録が示され、桐箱に入った品（皇帝に緞子七巻、太皇帝に五巻、皇太子に三巻）が進達された。[117]

これが終わると韓国皇帝は勅使を東行閣に誘い、シャンパンと茶菓を饗した。『勅使朝鮮差遣録』によると韓国皇帝と勅使は藤波義貫統監府通訳官を介して「対座種々御話」があったというが、宮内府事務官としてこの場に参席していた権藤四郎介は、韓国皇帝、勅使ともに無言だったと証言している。[118]

権藤は、「実は寺内伯はこの帝国未曾有の大業も平和の裏に解決したについては、皇族の御一人に親く御来臨を仰ぎ、李王家に対する親愛の情を表し、又朝鮮民衆に隆渥なる聖旨を徹底せしめたき衷心の希望であつたらしい[119]」と回顧している。それゆえ彼は小宮宮内府次官とともに勅使接伴の打ち合わせで統監官邸に出向いたときに、寺内統監が不満を露わにしながら「桂は何と云ふ考へだらう、この国家未曾有の盛儀に当つて」と激昂したのを聞いたという。寺内統監は皇族の来臨までをも想定し、それによって韓国民に「隆渥なる聖旨」を示そうとしていたのである。

右のような寺内統監の態度をみると、あたかも韓国皇室を皇族として冊立しようとしていたかのような錯覚に陥る。しかしこれらの措置はあくまで併合後の朝鮮統治を考慮したものであった。それゆえ寺内統監は、王公族を皇族として処遇することに固執したわけではなく、統治上不都合であると考えれば、王公族を皇族ではないと見なしたのである。その相反する姿勢は王公族の監督権をめぐる統監府と宮内省の議論において顕在化する。

7　王公族は皇族にあらず

宮内省には、王公族が「皇族ノ礼」を受けるのだから同省が彼らを監督するとともに、その旨を記した皇室令を発布すべきとの考えがあった。この考えは八月二三日に柴田内閣書記官長を通じて統監府に伝えられた。ところが翌日になっても統監府の反応がなかったため、柴田は二五日に再度児玉統監秘書官に「皇室令案ノ件御意見如何ヤ(120)」と電報し、返答を促した。これに対して児玉は「王族及公族ノ監督ニ関スル事項ハ政治上最モ重要ナル案件ナリ。此際軽々シク之レカ規定ヲ設クルハ却テ不得策ナリ」と電報して宮内省の考えを否定し、さらに「朝鮮総督ニ於テ宮内府及承寧府職員全部ニ対シ残務取扱ヲ命シ、当ノ《〔ママ〕》内現在ノ儘之ヲ朝鮮総督監督ノ下ニ置キ、後日適当ナル規定ヲ設クル事ニ宮内省ニ交渉ヲ乞フ(121)」と要請した。電報の末尾に「右命ニ依ル」とあることから、寺内統監の指示だったと考えられる。

これを受けた柴田は「王族及公族監督事件《〔ママ〕》ノ重要ナルハ勿論ナレトモ(122)」と統監府の意見に一応の同意を示したが、同時に「間接ニ宮内省ノ監督権ヲ認メタル迄ニテ左シタル問題トスルニ足ラスト思考ス」として、監督権を宮内省に置くことに過敏に反応した統監府を牽制した。さらに続けて、もし皇室令の発布に反対するならば宮内省を納得させられる明確な理由を早急に回答するよう要求した。この文面からは、条約公布を直前に控えているにもかかわらず、宮内省と統監府の板挟みとなって停滞を余儀なくされた日本政府の焦燥感が垣間見える。

翌二六日、今度は寺内統監が自ら桂首相に電報を送り、「王族及公族ニ関シ一種ノ特別ノ制ヲ設ケ其歳費モ亦国庫ヨリ直接支出スルカ如キ専ラ帝国皇族ト之ヲ区別スルノ必要ヲ認メタルニ外ナラズ[123]」というように、あからさまに王公族と皇族の違いを述べている。加えて、韓国皇室は「由来政治上禍乱ノ泉源」であるとし、併合後の朝鮮統治を担う総督が彼らを監督する権利をもたなければ、「統治ノ実」を上げられないと訴えた。こうした論理から、宮内省による監督を否定し、さらに監督権が宮内省に帰属する根拠となる皇室令の発布に関しても「早計ニ失スル」として反対した。

桂首相は、この意見に賛同の意を示したが、「然シナカラ本件ニ付テハ何カ意味ノ疎通セサル点アルニハアラサルカ」とも述べ、日本政府が王公族の監督権を宮内省に帰属させた理由を次のように説明している。

柴田発電ヲ査閲スルニ王族ノ支配ハ我宮内省ニ移ルトノ意義ハ結局大体ノ原則ヲ述ヘタルモノニ過キス。王族公族カ我皇室ノ御支配下ニ立タルル為、朝鮮在住ト否トニ拘ハラス大体ニ於テ宮内省ノ管轄ニ属ストノ意ニ外ナラス。是ハ別ニ論ナキコト、信ス。今日モ別電ニテ申上タル如ク、将来ニ於テ朝鮮在住ノ王公族ニ対スル直接監督ノ職権ヲ統監ニ委ネラル、ハ勿論ナルヘク、此等方法ニ付テハ追テ御協議ヲ要スルモノト存スルモ、尚問題タル皇室令案ノ如キハ単ニ職員残務ノ規定ニ止マリ、将来ノ問題ニ対スル障害トナルモノニハアラサルヘシト思考スルヲ以テ、時日切迫ノ際御同意相成リタルモノト認メタシ[124]。

日本政府としては、王公族が皇族のもとに置かれるから、原則的に王公族に関する事項は宮内省の管轄となるに過ぎないという考えでしかなかった。しかしそれでは、早急に監督権の規定を設けるべきではないとする統監府が納得しないのは当然であり、桂首相は統監府の反発を防ぐように、「将来ニ於テ朝鮮在住ノ王公族ニ対スル直接監督ノ職権ヲ統監ニ委ネラル、ハ勿論」とも付け加えていた。また皇室令の発布に関しても、韓国宮中の残務処理に関する規定を設ける以上のものではないとして、統監府側の同意を得ようとしていた。末尾で「時日切迫ノ際、御同意相成リタルモノト認メタシ」と訴えているように、条約公布が迫っているこの時点で日本政府には時間的余裕がなかった。それゆえ、将来的にどの組織に監督権が帰属するのかを曖昧にしつつ、宮内省案で収束させざるをえなかったのである。

しかし統監府としては、たとえ原則的なものだとしても、宮内省に王公族の監督権を渡すわけにはいかなかった。寺内統監はいったん監督権が宮内省に渡ってしまえば、それを取り返すのがいかに困難であるかを理解していたため、二七日に桂首相へ向けて「本件ハ重大ナル関係ヲ有スル案件ニシテ今軽々シク之ガ規定ヲ設クルハ却テ後ノ禍源ヲナスノ虞ナシトセズ。〔…〕本官若ハ副統監上京ノ際親シク其意見ヲ述フヘキニ付、此際皇室令発布ノ儀見合ハサレンコトヲ乞フ。尚前電申述ヘタル通リ例令〔ママ〕皇室令ノ発布ヲ見サルモ実際ノ取扱上ニ付テハ何等差支ナシ[125]」と電報し、執拗に皇室令の発布を阻止しようとした。

さらに寺内統監は条約公布の前日である二八日にも桂首相に電報し、王公族の監督権に関して意見を述べた。まず冒頭で考えを十分に伝えきれていないことに対する「遺憾」の意を伝えているが、前日までの一方的に統監府の主張を述べるものとは異なっていた。あくまで、王公族の事務執行に関する職員のうち、朝鮮に在住する者の監督は総督が担当するよう主張していたが、同時に「斯クセバ実際ノ取扱上大ナル差支ナカルベシト考ヘラルルニ依リ、此際ハ一応御同意致シ置キ、他日官制等制定ノ場合ニ於テ更ニ御協議ヲ遂クルコトニ致スベシ[126]」とも述べ、原則的に監督権を宮内省のもとに置くことに同意したのである。

併合条約が公布された翌三〇日、寺内統監は王公族の監督権に拘泥した理由を桂首相に次のように説明している。

> 李王家監督ニ付屡々《しばしば》意見ヲ陳べ御考慮ヲ煩ハシタルハ、新政ノ始ニ当リ我皇室ト李王家ノ関係ヲ明カニシ、皇室ノ尊厳ヲ盛ニスルト共ニ李王家ヲシテ政治上ノ関係ヲ絶チ長ク我皇室ノ恩沢ニ浴セシメンガ為ニ外ナラス。之レ実ニ皇室トノ関係上ノミナラス朝鮮統治上ノ最大要件ナレバナリ[127]。

寺内統監が王公族と皇族を区別したのは、単に皇族の尊厳のためではなく、王公族が政治に利用されないようにしつつ、彼らを皇族の「恩沢」に浴せしめるためであった。そして、そうした韓国皇室の処遇は「朝鮮統治上ノ最大要件」であると説明された。韓国皇室の処遇問題が実際に最も重要であったかはさらなる検討が必要であるが、少なくとも寺内統監はこの問題をそのように位置づけて朝鮮統治を円滑に進める措置をとろうとしていた。王公族を皇族のように礼遇することで韓国民を「感泣」させようとし、一方で皇族と区別することで宮内省の干渉を排除して、王公族の監督権を総督の権内に置こうとしたのである。

併合の成立後、王公族の家務を掌る李王職[128]という組織が作られ、その事務所が昌徳宮（京城府臥龍町二番地）に設置される。この組織は宮内省と統監府の監督権争いの葛藤をそのまま体現したものであった。「李王職官制」（明治四三年皇室令第三四号）の第一条では李王職は宮内大臣の管理に属するとされながら、同年に公布された「朝鮮ニ於ケル李王職ノ事務及朝鮮ニ在勤スル李王職職員ニ関スル件」（明治四三年皇室令第三九号）の第一条では、総督の監督下に置かれると規定されていたからである。宮内省の一機関である李王職は、名目上、宮内大臣が管理することになっていたが、職員のほとんどが朝鮮に在勤しており、彼らを実際に監督したのは総督であった。

また、李王職の経費は、「李王職経費ノ支弁及李王歳費ノ収支監督ニ関スル件」（明治四三年皇室令第四〇号）の第一条によって恩給遺族扶助料と退官賜金を除き李王の歳費で支弁すると規定されたが、第二条でその歳費の収支は総督が監督し、第三条で収支の予算および決算は総督が審査したのちに宮内大臣の認可が必要と定められた。実際、李王家歳費は総督府財務局司計課で予算を策定し、三カ月ごとに全予算の四分の一ずつが総督府から交付された[129]。したがって、李王職は宮内省の一組織であったが、予算上の権限は総督府が握っていたといえる。

このほかにも、李王職の庶務会計に関する規定の制定と改廃、職員の進退、賞罰、出張、休暇願等を定めた「李王職職員服務取扱規定」の第一条では、判任官待遇以上の進退、一時賜金、勅任官の内地・台湾・樺太への出張、判任官待遇以上の外国出張、同待遇以上の嘱託員の採用、同待遇以上の賞与は宮内大臣に稟申すべきことと規定される一方で、第二条では、高等官勤務の指定、諸規定の制定改廃、勅奏任官の朝鮮内出張、奏任官の内地・台湾・樺太への出張等は総督の承認を経るとなっていた。また第四条では、李王職長官から宮内大臣または宗秩寮総裁に提出する文書は、すべて総督を経由すべきこととされた[131]。

かくして王公族には「皇族ノ礼」が保障される一方で、王公族の家務を掌る李王職の実質的な監督権は宮内大臣ではなく総督のもとに置かれた。植民地化において大した問題ともならないような、少なくとも琉球処分のときには琉球王尚泰を既存の華族とすることで解決された相手国皇帝（王）の処遇は、韓国併合に際してその後の朝鮮統治と連動した位置に置かれたのである。日本はあえて俎上に載せられたこの問題をめぐって条約公布直前まで延々と議論し、最終的に明確な規定を避けるという形で解決した。

では、皇族なのか否かを曖昧なままに創設された王公族の〈日本〉における法的位置づけはどのようになされたのであろうか。これは、皇族梨本宮方子《なしもとのみやまさこ》の王族李垠への婚嫁が計画されたときに活発に議論された。皇族は大日本帝国憲法に並ぶ皇室典範という最高法典によって婚嫁先が皇族と華族のみに限定されており、この計画を実現するためには曖昧なままとなっていた王公族の法的地位を皇族（もしくは華族）として規定しなければならなかったからである。そこで次章では、李垠と梨本宮方子の結婚を実現すべく、王公族の法的地位がどのように議論されたのかをみていくこととする。

注

（1）『韓国併合ニ関スル書類 発電』（国立公文書館所蔵）には、一九一〇年八月八日から一〇月一二日までに日本政府が発した主に統監府宛の電報が収録されており、『韓国併合ニ関スル書類 着電』（国立公文書館所蔵）には、八月七日から一〇月一四日までに日本政府へ発せられた主に統監府からの電報が収録されている。以下、『発電』『着電』と略記する。この史料は公文別録『韓国併合ニ関スル書類』と名称が似ているが、「公文別録」ではなく「単行書」という別の分類の公文書である。国立公文書館の説明によると「公文別録」とは明治元年から昭和二二年の重要な事件、閣議決定などの極秘文書をまとめたものであり、「単行書」とは安政五年から大正一五年の公文書を内閣記録課が「単行書」という名称で編纂したものである。なお、この史料は海野福寿『韓国併合史の研究』（岩波書店、二〇〇〇年）三八三—三八四頁の二カ所でも使用されているが、寺内統監が韓国側の閔丙奭と尹徳栄の動向を桂首相に報告している部分が引用されているだけである。

（2）大院君の女婿。

（3）朝鮮総督府編『朝鮮施政ノ方針及実績』（一九一五年）三六頁。

（4）権藤四郎介『李王宮秘史』（朝鮮新聞社、一九二六年）三—四頁。

（5）「李王職財政整理大要」（『斎藤実文書』99—33、国立国会図書館憲政資料室所蔵）。本書で引用する『斎藤実文書』の件名は、国立国会図書館専門資料部編『斎藤実関係文書目録』（一九九三年）の表記による。

（6）前掲『朝鮮施政ノ方針及実績』三八—三九頁。

（7）小田部雄次『皇族——天皇家の近現代史』（中央公論新社、二〇〇九年）一四四頁。

（8）倉知鉄吉「韓国併合の経緯」（『明治人による近代朝鮮論影印叢書』第一六巻、ぺりかん社、一九九七年）一頁。

（9）小松緑『朝鮮併合之裏面』（中外新論社、一九二〇年）八六—八七頁。海野前掲『韓国併合史の研究』三六二頁注（3）でも指摘されているが、倉知前掲「韓国併合の経緯」に掲載されている「方針書」は一九〇九年七月六日の閣議決定「韓国併合ニ関スル件」である。また小松前掲『朝鮮併合之裏面』八六頁では「施設大綱書」部分が省略されて不明であるが、この点に関して小松は、「施設大綱書の方は、併合の時機が、急に到来せざる場合に於ける政策を示したに止まり、余り実価がなかつたものであるのと、尚ほ今日の外交関係に鑑み、之を発表することを憚る事情があるのと、此の二つの理由から、吾輩は、前官吏たる義務を守つて、暫く之を保留して置く」と説明している。

（10）倉知前掲「韓国併合の経緯」三頁。

（11）小松前掲『朝鮮併合之裏面』一三頁。

（12）倉知前掲「韓国併合の経緯」四頁。

（13）小松前掲『朝鮮併合之裏面』一五—一七頁に掲載されている倉知から小松への覚書（一九一三年三月一〇日作成）。

（14）倉知前掲「韓国併合の経緯」六頁。

（15）小松前掲『朝鮮併合之裏面』一七頁。

（16）倉知前掲「韓国併合の経緯」六頁。

（17）外務省編『日本外交年表並主要文書』上巻（原書房、一九六五年）三一五頁。

(18) 外務省編『小村外交史』下巻（新聞月鑑社、一九五二年）三八二―三八三頁。
(19)「韓国併合ニ関スル閣議決定書・其三」（『韓国併合ニ関スル書類』国立公文書館所蔵）。
(20) 倉知前掲「韓国併合の経緯」九―一〇頁。
(21) 平壌出身のキリスト教信者。独立運動に身を投じ、同志とともに李完用と李容九の殺害を計画、一九〇九年一二月二二日のベルギー皇帝追悼会に参席する李完用の殺害を担当した。栗商人に変装して襲撃し、重傷を負わせたが、殺害には至らなかった。彼は逮捕されて翌年九月に処刑された。
(22) 海野福寿『韓国併合』（岩波新書、一九九五年）二一七頁。
(23) 小松前掲『朝鮮併合之裏面』九〇頁。
(24) 同前、九〇頁。
(25) 朝鮮総督府「朝鮮ノ保護及併合」（市川正明編『日韓外交史料』第八巻、原書房、一九八〇年）三二七―三二八頁。
(26) 倉知前掲「韓国併合の経緯」一三頁。
(27) 小松前掲『朝鮮併合之裏面』九八頁。
(28) 同前、八一頁。
(29) 同前、八二―八三頁。
(30) 同前、八八頁。
(31) 黒田甲子郎編『元帥寺内伯爵伝』（元帥寺内伯爵伝記編纂所、一九二〇年）五七九頁。
(32) 同前、五七九―五八〇頁。
(33) 小松前掲『朝鮮併合之裏面』一三〇頁。
(34) 山本四郎編『寺内正毅日記――一九〇〇～一九一八』（京都女子大学、一九八〇年）の八月の欄には次のように所々で宋秉畯に関連した記事が書かれている。「宋〔秉畯〕明日着京ノ報アリ」（一七日）、「宋秉畯本日午后入京ノ報アリ」（一八日）、「夕国分宋〔秉畯〕ヲ訪フ」（二一日）。こうしたことからも寺内統監が宋秉畯の動向に神経を尖らせていたことがわかる。
(35) 小松前掲『朝鮮併合之裏面』一二二頁。
(36) 同前、一二三頁。
(37) 同前、一二六頁。
(38) 同前、一三二頁。

(39) 同前、一三五頁。
(40) 同前、一三九―一四〇頁。
(41) 同前、一四〇頁。
(42) 『着電』八月一三日午後四時四五分発―八月一四日午前一時五〇分着、寺内統監から桂首相宛。
(43) 寺内正毅「韓国併合始末」（海野福寿編『韓国併合始末関係資料』不二出版、一九九八年）一六―一七頁。
(44) 寺内前掲「韓国併合始末」一六―二一頁。
(45) 小松前掲『朝鮮併合之裏面』一五一頁。
(46) 寺内前掲「韓国併合始末」二四―二九頁。
(47) 同前、三〇―三一頁。
(48) 同前、三一―三二頁。
(49) 前掲「朝鮮ノ保護及併合」三三一頁。
(50) 「大公」は「王」の上位に位置する尊称だったため、小松によると「先方で大公の尊称を嫌ふのは、寺内の意外とするところであつた」という。小松緑『明治外交秘話』（千倉書房、一九三六年）四六三頁。
(51) 寺内前掲「韓国併合始末」三三頁。
(52) 小松前掲『明治外交秘話』四六三頁。
(53) 寺内前掲「韓国併合始末」三二―三三頁。
(54) 小松前掲『明治外交秘話』四六四頁。
(55) 寺内前掲「韓国併合始末」三四頁。
(56) 「新協約調印始末」（金正明編『日韓外交資料集成』第六巻上、巖南堂書店、一九六四年）四六頁。
(57) 韓国宮内府事務官を経て李王職となった権藤四郎介は、一〇年以上の交誼を結んだ李完用を「思慮周密で形勢に順応する知略にとみ、毅然として動かぬ肝気がある」と評価し、朝鮮人から「李賊」と非難されたことについて次のように擁護している。「保護条約《〔ママ〕》と併合協約《〔ママ〕》に主導的地位にたつたのも、当時の形勢に順応して日本に信頼するのが自己の利益であると判断した為めである。だから彼は徹頭徹尾勢力に走る政治家である、政治的節操を以て律する能はぬ人である――との評があるが、〔李完用〕侯を実際的政治家として見れば、あの場合形勢に順応するの止むを得ざる立場にあつたのであらう。私は、〔李完用〕侯の立場に同情してこれ以上の批判を加へたくない」権藤前掲『李王宮秘史』二六二―二六四頁。

(58) 小松前掲『朝鮮併合之裏面』一六八頁。
(59) 同前、一七一頁。
(60) 『着電』八月二三日午後六時一七分発─八月二四日午後一時三八分着、寺内統監から桂首相宛。
(61) 寺内前掲「韓国併合始末」四七─四八頁。
(62) 『着電』八月二三日午後六時一七分発─八月二四日午後一時三八分着、寺内統監から桂首相宛。
(63) 同前。
(64) 『発電』八月九日午後五時発、柴田家門内閣書記官長から児玉秀雄統監秘書官宛。
(65) 『発電』八月一二日一二時半発、柴田内閣書記官長から児玉統監秘書官宛。
(66) 『発電』八月一四日正午発、柴田内閣書記官長から児玉統監秘書官宛。
(67) 『発電』八月一六日午後四時発、柴田内閣書記官長から児玉統監秘書官宛。
(68) 『発電』八月一四日正午発、柴田内閣書記官長から桂首相宛。
(69) 『発電』八月一四日正午発、柴田内閣書記官長から児玉統監秘書官宛。
(70) 『着電』八月一五日午前六時三五分発─午前一一時四五分着、桂首相から柴田内閣書記官長宛。
(71) 緊急勅令案として枢密院に諮詢されたのは次の一二件である。「朝鮮ニ施行スヘキ法令ニ関スル件」「朝鮮総督府設置ニ関スル件」「帝国憲法第七十条ニ依ル財政上必要処分ノ件（歳入出）」「帝国憲法第七十条ニ依ル財政上必要処分ノ件（恩賜国債）」「帝国憲法第七十条ニ依ル財政上必要処分ノ件（韓国債務）」「旧韓国政府ニ属シタル歳入歳出ノ予算ニ関スル会計ノ経理及旧韓国政府ニ属シタル財産ノ管理ニ関スル件」「朝鮮ニ於ケル臨時恩賜ニ関スル件」「朝鮮ヨリ移入スル貨物ノ移入税等ニ関スル件」「特許法、意匠法及実用新案法ヲ朝鮮ニ施行スルコトニ関スル件」「商標法ヲ朝鮮ニ施行スルコトニ関スル件」「著作権法ヲ朝鮮ニ施行スルコトニ関スル件」「内地、台湾及樺太ト朝鮮トノ間ニ出入スル船舶及物件ノ検疫及取締ニ関スル件」
(72) 『枢密院会議議事録』第一二巻（東京大学出版会、一九八五年）五〇六頁。
(73) 同前、五〇五─五〇六頁。
(74) 「日韓条約締結一件」（外務省編『日本外交文書』第四三巻第一冊、日本国際連合協会、一九六二年）六七六頁、八月一四日、小村外務大臣から寺内統監宛。
(75) 同前、六七七頁、八月一五日、寺内統監から小村外務大臣宛。
(76) 同前、六八六頁、八月二二日、寺内統監から小村外務大臣宛。

(77) 前掲「韓国併合ニ関スル閣議決定書・其三」。
(78) 『発電』八月一六日午後四時発、柴田内閣書記官長から寺内統監宛。
(79) 『着電』八月一七日午後一時二分発―午後四時二五分着、寺内統監から柴田内閣書記官長宛。
(80) 『発電』八月一八日午後三時三〇分発、柴田内閣書記官長から寺内統監宛。
(81) 『着電』八月二〇日午後八時四〇分発―八月二一日午前〇時四八分着、寺内統監から柴田内閣書記官長宛。
(82) 『発電』八月二二日発着時刻不明、柴田内閣書記官長から児玉統監秘書官宛。
(83) 『着電』八月二三日午前一一時一〇分発―午後二時五五分着、児玉統監秘書官から柴田内閣書記官長宛。
(84) 『発電』八月二三日午後五時発、柴田内閣書記官から児玉統監秘書官宛。
(85) 『着電』八月二四日午前一〇時一〇分発―午後〇時四〇分着、寺内統監から桂首相宛。
(86) 『発電』八月二五日午後〇時(発着不明)、桂首相から寺内統監宛。
(87) 井原頼明『皇室事典』(冨山房、一九三八年)一九二頁。
(88) 『発電』八月一六日午後四時発、柴田内閣書記官長から寺内統監宛。
(89) 『着電』八月二一日午後〇時四〇分発―午後三時五七分着、児玉統監秘書官から柴田内閣書記官長宛。
(90) 『発電』八月二二日午後九時発、柴田内閣書記官長から児玉統監秘書官宛。
(91) 長井純市編『渡辺千秋関係文書』(山川出版社、一九九四年)一四九頁。
(92) 『発電』八月二八日午前九時四〇分発、柴田内閣書記官長から児玉統監秘書官宛。
(93) 『着電』八月二三日午後四時二〇分発―午後七時一五分着、児玉統監秘書官から柴田内閣書記官長宛。
(94) 『着電』八月二二日午後四時五〇分発―午後一〇時三八分着、寺内統監から桂首相宛。
(95) 『着電』八月二〇日午後四時三九分発―午後八時五〇分着、寺内統監から桂首相宛。
(96) 『着電』八月二〇日午後八時四〇分発―八月二一日午前〇時四八分着、寺内統監から桂首相宛。
(97) 『官報』一九一一年四月二二日。四月二一日にこの四人とともに徳大寺実則も偉勲功特陞授で侯爵から公爵になっているが、これは韓国併合に対する勲功というよりは、内大臣兼侍従長として長年宮中に仕えたことへの功労と考えられる。
(98) このほか、孝子節婦の表彰および鰥寡孤独の救恤費として二九万五九〇〇円、孤児の教養、盲唖者の教育、精神病者の救療基金として五〇万円、行路病者の救療基金として二一万三五〇〇円、経学院基金として二五万円、一三道三二九府郡の教育、授産および凶歉救済事業基金として一七三九万八〇〇〇円を恩賜した。このため日本政府は臨時恩賜公債三〇〇〇万円を発行し、朝鮮貴族に対する恩賜公債は朝鮮銀行に預け、その他恩賜金は総督府および道庁が管理した。恩典を受ける者は朝鮮貴族七六名、旧韓国官吏三五五九名、両班儒生九八一一名、孝子節婦三二〇九名、鰥寡孤独者七万九〇二名に達した。

(99) 박은경『일제하 조선인 관료 연구』(학민사、一九九九年)一三九頁。

(100)『着電』八月二二日午前一一時二五分発―午後五時五九分着、児玉統監秘書官から柴田内閣書記官長宛。『着電』八月二三日午後三時五八分発―午後六時三八分着、寺内統監から桂首相宛。

(101)『着電』八月二三日午後三時五八分発―午後六時三八分着、寺内統監から桂首相宛。

(102)『着電』八月二二日午後四時発―午後一二時着、児玉統監秘書官から柴田内閣書記官長宛。

(103) 田中隆一「韓国併合と天皇恩赦大権」(『日本歴史』第六〇二号、一九九八年七月)七九頁。

(104)『着電』八月二二日午後〇時五五分発―午後五時一〇分着、寺内統監から柴田内閣書記官長宛。

(105) 諭告文の貼り出しについては、小松前掲『朝鮮併合之裏面』二三五―二四〇頁に次のように書かれている。「此の諭告は韓訳と共に朝鮮全土の津々浦々に迄も配附されて、併合条約公布の当日、府郡庁の掲示場は勿論、公衆の目を惹くべき場所に、普ねく貼り出された。〔…〕此の諭告の貼り出された場所には、所在の人民が雲の如くに集つて、読める者は、読めぬ者に説明して聞かせた。勿論、看守人は附いてゐなかつたが、諭告文に、泥を塗つたり、引き裂いたりした事件は、殆んど無かつた」。

(106) 小松前掲『朝鮮併合之裏面』二三一―二三二頁。

(107) 結局、李容稙は病気(下痢)を理由に水害見舞いを拒否したため東京に特派されることはなかったが、彼は欺かれて二二日の御前会議に呼ばれなかった。『着電』八月二〇日午後六時二〇分発―午後八時五〇分着、寺内統監から桂首相宛。

(108)『着電』八月二三日午後六時一七分発―八月二四日午後一時三〇分着、寺内統監から桂首相宛。

(109) 皇居にあり、表謁見所ともいう。正殿に次ぐ宮殿で、四方の壁に金砂子金泥で鳳凰飛翔が描いてある。

(110) 李王垠伝記刊行会編『英親王李垠伝――李王朝最後の皇太子』(共栄書房、一九七八年)七三―七四頁。

(111)『着電』八月一九日午前一一時五五分発―午後二時三〇分着、寺内統監から柴田内閣書記官長宛。

(112)『発電』八月二〇日午後四時半発、柴田内閣書記官長から寺内統監宛。

(113) 井原前掲『皇室事典』一七頁。

(114)『発電』八月二二日午後発、柴田内閣書記官長から寺内統監宛。

(115)『着電』八月二三日午後六時一七分発―八月二四日午後一時三八分着、寺内統監から桂首相宛。

(116)『発電』八月二五日午後〇時発、桂首相から寺内統監宛。

(117)『勅使朝鮮差遣録』(一九一〇年、宮内庁宮内公文書館所蔵)。
(118)権藤前掲『李王宮秘史』三九頁。
(119)同前、三七―三八頁。
(120)『発電』八月二五日午後四時半発、柴田内閣書記官長から児玉統監秘書官宛。
(121)『着電』八月二五日午後四時一〇分発―午後七時二〇分着、児玉統監秘書官から柴田内閣書記官長宛。
(122)『発電』八月二五日午後九時半発、柴田内閣書記官長から児玉統監秘書官宛。
(123)『着電』八月二六日午後一時五〇分発―午後五時五分着、寺内統監から桂首相宛。
(124)『発電』八月二六日午後九時四〇分発、桂首相から寺内統監宛。
(125)『着電』八月二七日午前一一時二九分発―午後一時五〇分着、寺内統監から桂首相宛。
(126)『着電』八月二八日午前二時三〇分発―午前七時三〇分着、寺内統監から桂首相宛。
(127)『着電』八月三〇日午後三時三五分発―午後一〇時三〇分着、寺内統監から桂首相宛。
(128)宮内省では、皇后宮に関する事務や皇子の保育に関する事務を掌る機関として皇后宮職、皇太后宮に関する事務を掌る機関として皇太后宮職が個別に設けられた。したがって、わざわざ李王職という名称で一つの機関が設けられたことは、王公族が格別な地位にあったことを表している。
(129)五味均平編『朝鮮李王公家取調書』(早稲田大学図書館所蔵)。交付された歳費は直に朝鮮銀行に預け入れた。また、会計においては現金の支払いを禁止し、指図式小切手により経理主任の名をもって諸般の支払いをした。
(130)皇族、皇族会議、王公族、華族、朝鮮貴族、爵位などに関する事務を掌る宮内省の一部局。
(131)「李王職事務職員及経費に関する規定並びに王公族の身分等に関する規定概要」(前掲『斎藤実文書』99―34)。

第二章　梨本宮方子の婚嫁計画と王公族の法的地位

1907年の梨本宮家．左から守正，方子，伊都子（出典：李方子『すぎた歳月』社会福祉法人明暉園，1973年）

梨本宮方子の李垠への婚嫁は「日鮮融和」を目的とした国家主導の政略結婚だったと一般的に説明されることが多い[1]。また、内地人と朝鮮人の「同化」を促し、「内鮮結婚」を率先垂範するものだったとみる研究書もある[2]。しかし、皇室典範の第三九条には「皇族ノ婚嫁ハ同族又ハ勅旨ニ由リ特ニ認許セラレタル華族ニ限ル」という規定があり、皇族が婚嫁できるのは皇族か華族に限られていたため、この婚嫁計画によって国家の最高法典たる皇室典範を改正（のち増補）するという事態を招く。したがって、日本政府が「日鮮融和」や「内鮮結婚」といった抽象的な目的のために梨本宮方子を李垠へ嫁がせたととらえるには疑問の余地がある。

そこで本章では、誰が何のために梨本宮方子の李垠への婚嫁を計画したのかを明らかにするとともに、この結婚を実現するために王公族の法的地位がどのように議論されたのか検討していく。

1　李王家の経済状況

併合によって〈日本〉に創設された王公族は、韓国皇室直系の李王家と、傍系の李堈公家、李熹公家で構成された。一九二〇年に梨本宮方子と結婚する李垠は、李王家の王世子としてやがて李王を継ぐ重要な立場にあった。まず本節において、李垠がどのような人物であったのか、そしてまた李王家の経済状況はいかなるものだったのかを概観しておきたい。

李垠は一八九七年一〇月に高宗と側室厳氏《オムシ》の間に生まれた。それから一〇年後の一九〇七年一一月一九日に、伊藤博文統監の進言により時の韓国皇帝（純宗、のちの李王）から東京への「留学」を命ぜられ、以後一九七〇年に世を去るまで人生のほとんどを日本で過ごす。

留学した李垠には御用邸として宮内省が買い上げた鳥居坂の佐々木侯爵邸が用意され、明治天皇の命を受けた栗原広太宮内書記官が三日三晩泊まって住み心地を確認したといわれている(3)。また日本語の勉強は、同様に命を受けた竹田宮恒久、北白川宮成久、朝香宮鳩彦、東久邇宮稔彦が毎週一回ずつ李垠を訪ねて相手をした。その後、一九〇八年一月八日から一〇年一二月二五日までは家庭教師について尋常高等小学校全科および中等科第一学年課程を修め、一一年一月九日からは聖旨により皇族と同じく学習院中等科第一学年に入学し(4)、四月二日には同級生五五名中四位の成績で第二学年に進級した(5)。八月二四日には陸軍中央幼年学校の入学試験に合格し、九月一日からは同校の予科第二学年に編入している(6)。一三年九月には中央幼年学校本科第一学年に進学、一五年一二月には士官候補生として近衛歩兵第二連隊から陸軍士官学校に入校して一七年五月二五日に第二九期で卒業、一七年五月二五日からは近衛歩兵第二連隊に見習士官として勤務、二〇年一二月七日には陸軍大学校に入学して二三年一一月二九日に第三五期で卒業した。一七年一二月二五日には陸軍歩兵少尉、二〇年四月には中尉、陸軍大学校在学中の二三年七月には大尉、二八年八月には少佐、三二年八月には中佐、三五年には大佐、三八年七月には少将、四〇年一二月には中将に昇進した。そして四五年四月には軍事参議官に就任するなど、軍人としてのエリートコースを歩む。

李垠は日本に留学する直前の一九〇七年三月一二日に結婚相手を選ぶための初揀択《カンテク》(7)を行っており、太皇帝となった高宗がすでに閔甲完《ミンガプァン》を李垠の将来の妃候補として選定していた。しかし併合にともなってこの婚約は破談となる。揀択された女性は国母になったも同然であることから一生結婚できないという不文律があり、閔甲完はそれを守って一生独身で過ごした。[8]

では、この李垠が属した李王家の経済状況はいかなるものだったのであろうか。第一章でも言及したように、李王家には一五〇万円（一九二一年からは一八〇万円）の歳費が支給されたため、経済的には皇族よりも豊かであった。[9]

李王家の総財産は一九三四年時点で約一六三八万円であり、その内訳は内地と朝鮮の建築物が約九二九万円、土地が約六一五万円、動産が約九四万円であった。内地の建築物は建坪総計約二一六〇坪、価額総計約九一万四〇〇〇円であり、一九二六年に李王家を継いだ李垠の東京邸および別邸のほか、一九三〇年に李堈公家を継いだ李鍵《イゴン》邸も含まれる。朝鮮の建築物は建坪総計約二万五三〇〇坪、価額総計約八三七万一〇〇〇円であり、京城にある昌徳宮、徳寿宮、宗廟、陵園墓附属の建物がそのほとんどを占めていた。[10]

内地の土地は李垠の東京邸等の敷地と附属地が大部分を占めた。一方、朝鮮の土地は林野が総面積約四万八〇〇〇町歩に上り、主に①歴代陵園墓の附属森林、②国有林野の貸付を受けて造林に成功したのちに譲与されたもの、③交換によって国有林を取得したもの、④国有林または民有林を買収したもので構成されていた。林野の次に面積が広いものは田の約三六万六〇〇〇坪であり、総額が最も高いものは垈の約一八三万二〇〇〇円であった。[11]

動産は一九三四年時点で総額九四万円（公債・株券一九万七〇〇〇円、現金七四万三〇〇〇円）であったが、翌三五年には総額一六五万円（公債・株券五九万円、現金一〇六万円）にまで増加している。これに関して王公族審議会[12]は「李王家ノ御財政ハ毎年相当額ノ剰余金ヲ生ズル好況ニ在ルヲ以テ基本財産タル動産ハ猶遂〔マヽ〕年増加ノ趨勢ヲ辿リ得ルモノト推セラル」(13)と分析しており、李王家の経済がいかに潤っていたかを物語っている。

2　婚嫁計画の端緒

では、その李王家へ嫁ぐ梨本宮方子とはどのような環境に育った人物だったのであろうか。梨本宮家は、伏見宮貞敬《さだゆき》親王の王子守脩《もりおさ》親王が一八七〇年に創設した宮家であり、方子の父守正王はその二代目に当たる。守正王は守脩親王の実子ではなく、久邇宮朝彦親王の四男として生まれ、のちに梨本宮家を相続している。(14)守正王の実父朝彦親王は、明治維新時に公武合体派の領袖として長州派の公卿や尊攘討幕派の志士たちと対立し、京都守護職を務める会津藩やこの時期会津藩と友好関係にあった薩摩藩と手を結んで積極的に政治に関与していた。そのうえ、幕府を信頼する孝明天皇から内意を引き出すことで、急進的な倒幕や攘夷の決行を唱える長州派を京から排除しようと「八月十八日の政変（文久の政変）」を引き起こしてもいる。これにより朝彦親王は松平容保とともに一時的に朝廷の信任を受けたが、長州征伐で幕府軍が敗北したり孝明天皇が崩御すると、彼ら佐幕派の朝廷における求心力は著しく低下した。さらに一八六七年一二月九日の小御所会議で長州藩主毛利敬親や長州派の公卿が復権すると、朝彦親王は翌六八年に広島藩預かりとされた。その後、一八七二年に伏見宮へ復籍し（朝彦親王は伏見宮邦家の四男）、七五年には久邇宮を創設、伊勢神宮の祭主などを務めた。

朝彦親王は子宝に恵まれ、王子だけでも九人をもうけた。そのうち二男邦憲が賀陽宮家の当主に、三男邦彦が久邇宮家の当主に、四男守正が梨本宮家の当主（初代）に、九男稔彦が東久邇宮家の当主（初代）になっている。三男久邇宮邦彦と島津忠義公爵の娘俔子《ちかこ》との間に生まれたのが皇太子裕仁の妃となる良子《ながこ》であり、四男梨本宮守正と鍋島直大侯爵の娘伊都子《いつこ》との間に生まれたのが方子であった。また松平容保の息子松平恒雄(15)と伊都子の妹信子の間に生まれたのが秩父宮雍仁の妃となる節子（勢津子）(16)であった。方子は皇族のなかでも政治や天皇家と関わりの強い梨本宮家に生まれ、皇太子妃、秩父宮妃とも従姉妹の関係だったのである。

一九〇〇年一一月二八日、梨本宮守正と鍋島伊都子の婚儀が執り行われ、翌〇一年一一月四日午前七時四〇分、麹町三番町の宮内省御料地に建てられた梨本宮家の日本間にて方子が誕生した。同年四月二九日には皇太子嘉仁と節子《さだこ》妃の間に迪宮《みちのみや》裕仁が誕生している。方子は〇八年に学習院女子部小学科第一年級に入学し、一四年には中学科に進学した。李垠と方子の婚約が報道されるのはそれから二年後のことである。

方子の自伝『流れのままに』によると、彼女は一九一六年の夏に母と妹の規子と共に大磯の別荘で過ごしていた。そして八月のある朝に何気なく広げた新聞によって自分が李王家の王世子と婚約したことを知る(17)。このときの様子を方子は次のように回顧している。

> せめて新聞に出るまえに、覚悟もきめ、「お受けいたします」と、きっぱり申し上げたかった、と思うのです。くやしさでもなく、いまとなっては悲しさでもない熱い涙が、わけもなくあふれてきました。

すると、そこへ、そっと母上が入ってこられ、しばらくは、ことばもなく、ただ私の涙を見守られていましたが、

「どんなにかおどろいたことと思います。じつは先ごろ、宮内大臣が重ねておみえになって、陛下のおぼしめしだから、ぜひに——とお話があったのです。おもうさま（おとうさま）ともご相談のうえ、国と国との大きな問題で、大役のことだからと、ずいぶんご辞退申しあげたのだけれど、『日鮮の結びがひとしお固くなり、一般人民の手本ともなる』との陛下のおぼしめしということで、やはりお受けせねばならなかったのです……」

母上はそういって、目頭をぬぐわれました。[18]

こうした記述から、伊都子が方子に対して、李垠との縁談は梨本宮家を何度も訪れた宮内大臣によってもたらされ、しかも「日鮮の結びがひとしお固くなり、一般人民の手本ともなる」という「陛下のおぼしめし」ゆえに受け入れざるをえなかったと涙ながらに語ったことがわかる。母からこのように聞かされた方子は、人身御供として国家の犠牲になったと感じたであろう。

では一方、この婚約に対する李垠の父李太王の見解はどうだったのであろうか。まず『京城日報』の二つの記事をあげたい。一つは李太王を平素診断していた戸川錦子医師の談話で、「〔李太王殿下は〕婚儀に就ては何よりのお喜びで私が京城日報に出て居た方子女王殿下の御写真を切り抜いてお眼に掛けましたところ「大そう美しい方だね此の著物は何と云ふのか、何十二一《〔ママ〕》重？ 礼式の著物だね」などと仰被った[19]」というものであり、もう一つは、李王職賛侍として李太王附であった趙民熙《チョミニ》の談話で、「御婚

儀に列席の為め出発の際拝謁すると〔李太王〕殿下は非常に御元気にお喜びの色を見せて「お前東上したら私は婚儀が近附いて非常に喜んで居ると〔王〕世子に伝へて呉れ」と仰被つた[20]」というものである。こうした証言からは、李太王が結婚を望んでいた様子が想像される。しかし、当然ながら総督府の御用新聞たる『京城日報』に、李太王が結婚を望んでいないなどとする談話が載るわけがない。

ところが、次にあげる李王職事務官権藤四郎介の説明は、李太王が結婚を望む理由についても言及しており、ある程度首肯できる内容となっている。

〔李〕太王殿下は同じく内地から迎へらるゝとしても、それが若し侯爵か伯爵の華族級であつたなら或は容易に同意をせられなかつたらうと思はるる。何となれば旧臣に侯爵以下伯子男の貴族が多数ゐて、殿下は彼等を見らるゝこと極めてかるい。彼等も内地人からは相当敬意を表せらるゝも、一たび〔李〕王殿下や〔李〕太王殿下の前に出ては、恐縮低頭で全く臣下の礼を執つてゐるので、自然内地の華族─朝鮮貴族の格に対しても格別尊重されないことも止むを得ないことであらう。然し皇族の尊貴なることは十分に解せられ、従来格段の崇敬を表してゐらるるのに今その御一人と御縁組となるので、〔李〕太王殿下の御満足は限りなかつた。現に国分次官が最初この問題につき内意を伺つた際に、御気色何時になく麗しく、極めて快よく同意を与へられたのみならず「それは全く李朝五百年の宗祀を安泰にする基である。この慶典を一日も速に挙行して、我が老懐の淋しさを慰安せよ」とまで云はれたことは、私が次官より直接聞いた処である[21]。

第一章でみたように、日本は併合と同時に朝鮮貴族令という皇室令を発布し、韓国政府要人に華族と同様の爵位を与え、その身分を保障した。ところが、王公族に関する法的規定は明文化されず、単に詔書によって「皇族ノ礼ヲ以テシ特ニ殿下ノ敬称ヲ用ヰシム」と曖昧に処理されただけであった。韓国皇室に仕えた閣僚が華族と同等に待遇されれば、李太王としては、たとえ明文化された規定がなくとも自分たち王公族は朝鮮貴族＝華族より上の地位にあると考える。そして、そのような李太王の思いを満足させるのは、李垠が華族より上位にある皇族の花嫁を迎えることであったというのである。李太王に近侍した権藤のこうした発言から考えると、『京城日報』に載った戸川医師や趙民煕の発言は必ずしも誇張や虚偽ではなかったのかもしれない。ただし、すべて間接的に李太王の考えを述べた史料なので、推測の域を出ない。

では、そもそもこの婚嫁計画は誰によって立てられたのであろうか。新聞では「王世子の御慶事は故伊藤博文公が規画《〔ママ〕》し、寺内総督に対しても其事情を含めたることあり。将来妃殿下を定めたまふ時にとて夫れとなく皇族方より候補者を内々選定に取りかゝりたる」[22]と報道されている。しかし伊藤が死んだのは併合前の一九〇九年であり、韓国がまだ「外国」だった時代である。皇族の外国王室への婚嫁を禁じた皇室典範の制定に大きく関わった伊藤が、韓国の皇太子李垠と皇族との結婚を画策していたというのは疑わしい。

方子は自伝で、縁談は宮内大臣からもたらされたと述べているが、これをもって宮内省の発案と断定するわけにはいかない。なぜならば、彼女は結婚する当事者ではあるが、縁談を取りまとめた当事者ではないからである。したがって、婚嫁計画の端緒を考察するためには、方子が新聞で婚約を知る前にその事実を知っていた母伊都子の遺した史料をみる必要がある。彼女の日記には、婚約報道一週間前の七月二五日に次のように記されている。

宮内大臣（波多野）参られ、伊都子に逢たき旨故、直に対面す。外にはあらず、兼々あちこち話合居たれども色々むつかしく、はか〳〵しくまとまらざりし方子縁談の事にて、極内々にて寺内を以て申こみ、内実は申こみとりきめたるなれども、都合上、表面は陛下思召により、御沙汰にて方子を朝鮮王族李王世子垠殿下へ遣す様にとの事になり、同様、宇都宮なる宮殿下すでに申上たりとの事。有難く御受けして置く。しかし発表は時期を待つべしとの事。(23)

この記述によると、梨本宮家はあちこちで方子の嫁ぎ先を探したが、なかなかまとまらなかったために「極内々にて」寺内正毅総督に相談したところ、李垠との縁談がもたらされたということになる。しかもそれは、「都合上」天皇の御沙汰によって方子を李垠のもとへ嫁がせるという形式を踏んでいた。

皇族女子は皇室典範第三九条の規定により、皇族男子と結婚できなければ華族に嫁ぐしかなかったため、男児がおらず将来廃絶の可能性が高い梨本宮家にとって、天皇家に次ぐ一五〇万円という巨額の歳費を受ける李王家は魅力的だったといえる。(24) また、当時は民族の違いだけでなく身分や家柄の違いも重視された。たとえば伊都子は、一九五八年一一月二七日に皇太子明仁の妃として民間出身の正田美智子を迎えることが発表されたときに「もう〳〵朝から御婚約発表でうめつくし、憤慨したり、なさけなく思ったり、色々。日本ももうだめだと考えた(25)」という言葉を残している。(26) この露骨な表現から、彼女がどれほど身分に執着していたかがわかる。したがって、数に限りのある皇族男子との縁談が難しい以上、梨本宮家が旧韓国皇室の正統であって、しかも「皇族ノ礼」が保障された李王家との縁談を望むのは自然な流れであった。方子の前では国のためだから仕方ないと目頭を拭った伊都子が、自身の日記には「有難く御受けして置く」と記している点に、この縁談の裏に隠れた梨本宮家の事情を垣間見ることができよう。

李垠への婚嫁は政府内で緻密に練った計画ではなかったため、多くの問題を孕んでいた。最大の問題は王公族を皇族もしくは華族として法的に規定しなければ実現できないという点にあった。

しかし、この婚嫁計画が王公族の法的地位を定める作業を開始する契機となったわけではない。併合時に曖昧に創設された王公族を法的に規定する作業、すなわち王公家軌範の制定作業は、帝室制度審議会によって婚嫁計画とは別に進められていた。ただ、その時期がたまたま李垠と梨本宮方子の婚約報道と重なったため、王公家軌範の制定作業は婚嫁の実現を念頭に置いたより重大な問題へと発展していくのである。

ところで「皇族ノ礼」が保障された王公族が法的にどのように規定されたのかを考察するためには、まず皇族の日本における法的位置づけを押さえておかなければならない。しかし、そもそも近代日本において皇族の法的位置づけ自体が明確ではなく、皇室制度の整備を必要とした。そうした皇室制度を整備する過程で王公家軌範制定の必要性が言及されるようになっていくのである。

3　伊東巳代治の皇室制度再査議

一八八九年二月一一日に大日本帝国憲法が制定された。元首である天皇は憲法にもとづいて日本の統治権を総攬すると宣言し、さらに法律の拘束を受けない「指斥言議ノ外ニ在ル者」[27]となった。また同日制定の皇室典範によって皇位継承の原則、譲位の禁止を明確にした。こうして天皇は国家に位置づけられたが、皇族の位置づけは依然曖昧であり、皇室典範以外の法律や勅令が皇族に適用されるかは不明確であった。そのうえ、皇室典範と憲法との関係もはっきりしていなかった。その理由は、間近に控えた帝国議会の開設によって議員が皇室の問題に口出しできないように、伊藤博文が皇室典範を皇室の「家法」として制定したからである[28]。したがって、皇室典範にはいかなる副署もなく、公布や官報への掲載もなかったため、憲法と皇室典範のどちらが上位法なのか、また一般法令や勅令との関係も一切不明だった[29]。

これらの問題が本格的に議論の俎上に載せられるのは、伊東巳代治が帝室制度調査局の副総裁に就任してからのことであった。帝室制度調査局とは皇室制度の調査を主務とし、一八八八年に宮内省内に設置された臨時帝室制度取調局（一八九〇年廃局）を継いで一八九九年に設置された機関である。初代総裁と副総裁にはそれぞれ伊藤博文と土方久元が就任し、御用掛には枢密顧問官の細川潤次郎、高崎正風、伊東巳代治、東京帝国大学教授の梅謙次郎、穂積八束、内閣統計局長の花房直三郎、内閣書記官の多田好問、式部長の三宮義胤、文事秘書官の広橋賢光が任命された[30]。一九〇三年には土方の後任として伊東が副総裁になる。

一九〇三年八月一七日、伊東副総裁は伊藤総裁に、「皇室ハ国家ノ要素タルヘキ固有ノ関係ヲ明徴ニシ、以テ不易ノ規準タルヘキコトヲ確定スル事[31]」と書いた「調査着手ノ方針」を送り、皇室令を制定して皇族の法的位置づけを明確にするよう訴えた。伊東の目的は、まず皇室の「家法」とされた皇室典範の制定方式を全面的に否定し、そのうえで、皇族に適用される法律を確定することにあった。そこで、皇室典範の制定方式を改めるために公文式[32]に代わる公式令が起草され、〇四年一〇月一〇日に上奏される。公式令は第一次西園寺公望内閣において若干の修正を経たのち、〇七年一月三一日に勅令として公布された。これにより、皇室典範の改正には上諭を付して公布すること、宮内大臣、国務大臣、内大臣が副署すること、皇室典範にもとづく諸規定は皇室令とすること、皇室令も上諭を付して公布すること、皇室令の上諭には親署ののちに宮内大臣が副署すること、国務大臣の職務に関連する皇室令の上諭には内閣総理大臣および主任の国務大臣が宮内大臣とともに副署することとなった[33]。こうして皇室典範および皇室令を国家の法とし、皇族を「国家ノ要素」とする作業が完了したため、残るは皇室典範、皇室令、法律、勅令をどのように皇族に適用するのか確定し、皇族の法的位置づけを明確化する作業であった。議論の結果、皇族に適用する法令は原則的に皇室典範と皇室令とし、法律や勅令は皇室典範に抵触しない限り適用するとした。この規定は小松宮輝久の臣籍降下を目的とした皇室典範増補（全八条）に便乗する形で、〇七年二月一一日に制定される。

皇族に一般法令を適用しないとなると、早急に多くの皇室令を制定しなければならなかった。公式令の制定と皇室典範の増補によって役目を終えた帝室制度調査局が一九〇七年二月一一日に廃局になると、翌〇八年一月二二日には宮内大臣の監督下に四人の皇室令整理委員（岡野敬次郎法制局長、奥田義人宮内省御用掛、栗原広太宮内大臣官房調査課長、森泰二郎図書寮編修官）が任命され、帝室制度調査局で起草された皇室財産令・皇族身位令等の制定に着手した。しかし彼らも一一年三月一日に解任となったので、これらの皇室令案がすべて制定されたわけではなかった。

そこで伊東は一九一六年九月に「皇室制度再査議」という意見書を起草し、大隈重信首相と波多野敬《よし》直《なお》宮内大臣に提出した。これを契機として、一一月四日に宮内省内に帝室制度審議会が設置される。

伊東が皇室制度再査議を提出した理由は二点あった。その一つは帝室制度調査局にて起草・上奏しながらいまだ日の目を見ない皇室令を含む一八法案を制定するためであった。[34]

もう一つは、王公族の軌儀を定め、併合以来曖昧だった彼らの法的位置づけを明確にするためであった。併合時、皇室制度の整備に従事していた皇室令整理委員の奥田と岡野、および彼らを指導していた伊東は、宮内大臣の委嘱を受けて冊立詔書や朝鮮貴族令の起草を担当した。しかし、当時王公族を法的に位置づける作業は後回しにされ、冊立詔書にも「世家率循ノ道ニ至リテハ朕ハ当ニ別ニ其ノ軌儀ヲ定メ李家ノ子孫ヲシテ奕葉之ニ頼リ福履ヲ増綏シ永ク休祉ヲ享ケシムヘシ」と記されただけであった。そこで伊東は皇室制度再査議において、「今之カ善応ノ道ヲ講スルノ必要ナルハ言ヲ俟《ま》タサル所ナリ」と、軌儀を制定する必要性を訴えたのである。また「近時仄聞スル所ニ依レハ、王世子殿下ハ某女王ト婚約成リ既ニ内許ヲ仰［カ］レタルカ如シ。果シテ事実ナリセハ、其ノ結婚ニ関シ依遵スヘキ規定ハ新ニ制定セラレサルヘカラス」[35]とも述べ、李垠と梨本宮方子の結婚を実現するためにも軌儀の制定は必要だとした。

では、伊東は皇室制度再査議のなかで王公族と皇族の関係をどのように記しているのであろうか。それに言及しているのは左記の部分である。

若シ夫レ王族公族ノ国法上ノ地位ニ至テハ全然規定ヲ闕如《けつじょ》シテ茫漠判スヘカラス。蓋王族公族ハ特ニ皇族ト同一ノ礼遇ヲ与ヘラレタルモノニシテ其性質ノ皇族ニ非サルハ何人モ疑ヲ容レサル所ナレハナリ。故ニ皇室典範ヲ始メ皇族ノ為ニ規定セラレタル皇室令其ノ他ノ法規ハ、特別ノ明条ヲ存セサル現今ノ状態ニ於テ固ヨリ王族公族ニ適用又ハ準用セラルヘキ限ニ在ラス。随テ今其国法上ノ地位ヲ案スルトキハ敢テ一般臣民ト択フ所ナキカ如シト雖《いえど》モ、果シテ然リトセハ特ニ皇族ノ礼ヲ以テ遇シタマフ所ノ殊典ト精神トニ於テ甚タシク軒輊《けんち》スルモノト言ハサルヘカラス。是レ畢竟法制ノ欠漏不備ニ職由スト言ハサルヲ得ス。(36)

皇室制度再査議を手がかりに皇室制度の整備過程を研究した高久嶺之介は、「王族公族ハ特ニ皇族ト同一ノ礼遇ヲ与ヘラレタルモノニシテ其性質ノ皇族ニ非サルハ何人モ疑ヲ容レサル所ナレハナリ」の記述から、伊東が王公族を皇族ではなく一般臣民に近いニュアンスでとらえていたとしている。(37)だが、これではのちに帝室制度審議会が提出する王公家軌範案において、王公族が皇族として規定される理由を説明できない。筆者はこの発言の前半部分は後半部分を述べるための前提であり、重要なのは「是レ畢竟法制ノ欠漏不備ニ職由スト言ハサルヲ得ス」と述べて王公族の軌儀を定める必要性を主張することにあったと考える。伊東は「法制ノ欠漏不備」を証明するために、王公族に対して一般臣民に適用される

表 2-1　帝室制度審議会特別委員の構成

第一特別委員	李王家関係ノ諸案起草 岡野博士，平沼博士，有松君，倉富博士，奥田博士，鈴木博士，二上君，富井博士
第二特別委員	皇統譜令及施行規則 奥田博士，石原君，二上君
第三特別委員	皇室裁判令 岡野博士，平沼博士，鈴木博士，山内君
第四特別委員	請願令 岡野博士，平沼博士，有松君，二上君，馬場君
第五特別委員	遺言令及後見令 奥田博士，山内君，富井博士

出典：小林宏・島善高編『明治皇室典範（下）』日本立法資料全集 17（信山社出版，1997 年）

一般法令も皇族に適用される皇室典範や皇室令も準用できないこと、換言すれば、王公族は一般臣民でも皇族でもない特殊な地位にあると説明しなければならなかった。そのために前半部分で王公族は皇族ではないと言っているに過ぎない。後半部分で、王公族を一般臣民と同列に並べれば、「皇族ノ礼ヲ以テ遇シタマフ所ノ殊典ト精神トニ於テ甚タシク軒輊スルモノト言ハサルヘカラス」と述べていることからも明らかなように、伊東は決して王公族が一般臣民に近いと見なしていたわけではないのである。

かくして早急に整備すべき皇室制度の一部に王公族の軌儀が指定され、皇室令とともに制定作業が開始される。一九一六年一一月七日、伊東が帝室制度審議会の総裁に任命され、岡野敬次郎、平沼騏一郎、有松英義、倉富勇三郎、奥田義人、石原健三、鈴木喜三郎、馬場鍈一、二上兵治、山内確三郎、富井政章が委員に、吉田平吾宮内書記官、浅田恵一宮内事務官が幹事になった。一四日の帝室制度審議会初会合では、伊東が「第一着手として五組の特別委員を構成する事」を説明し、表 2-1 のようにそれぞれの特別委員の構成と職務を告げた[38]。人数をみると「第一特別委員　李王家関係ノ諸案起草」に重点が置かれていたことがわかる[39]。

このように帝室制度審議会において「李王家関係ノ諸案起草」に重点が置かれていたとして、果たしてそれはどのように解決されていったのであろうか。

4　帝室制度審議会と枢密院の論争

一九一六年一一月一四日の帝室制度審議会初会合で特別委員を指名したのち、五編から成る王公家軌範案「韓議第一一号」が起草されたが、これは調査不足のため未完となった[40]。そこで一七年三月、旧韓国皇室の典礼慣行を精査するために、岡野、馬場両委員と栗原嘱託に朝鮮への出張が命ぜられた。四月四日に東京を出発して九日に京城に到着した三人は、李王と李太王に拝謁したのち総督府と李王職を訪問して諸般の打ち合わせをし、翌一〇日より李王職内の一室を事務所と定めて調査に専念した[41]。

三人の帰国後、帝室制度審議会は六月一日に王公家軌範案の第三編「財産」の第三章「遺留財産」を全部削除した「韓議第一六号」を、六月四日に第二編「身位」の第五章の次に四条からなる第六章「失踪」を追加した「韓議第一八号」を、六月一四日に第六編「儀制」第七編「雑則」第八編「王公族審議会」を追加した「韓議第一九号」を、六月一五日に王公族関係の訴訟に関する第二五条を修正した「韓議第二〇号」を、七月七日に「韓議第一六号」「韓議第一八号」「韓議第一九号」を修正した「韓議第二一号」を、七月二五日に「韓議第一六号」「韓議第一八号」「韓議第一九号」「韓議第二一号」を修正した「韓議第二二号」を作成した。そして、八月一二日にこれらの修正を「韓議第二三号」として一つにまとめ、一〇月二〇日には各委員に王公家軌範案「韓議第二四号」を配布した。[42]委員会で三四回、総会で一五回の議論を経て、王公家軌範案は一九一七年一二月一七日に宮内大臣から天皇に上奏された。

王公家軌範案の特徴は次の三点に集約される。一つ目は前文に「王公族ハ国法上皇族ニ準シテ其ノ待遇ヲ享クルハ条約及詔書ニ之ヲ観ルヘク、一般臣民ノ遵由スヘキ法規ヲ以テ王公族ヲ律スヘカラサルハ亦毫芒《ゴウボウ》ノ疑義ヲ容レス」[43]と書かれているように、王公族を準皇族と見なして一般法令を適用すべきではないとしている点である。この特徴により、たとえば第一一七条には「臣籍ヨリ王公族ニ嫁シタル女子離婚ノ場合ニ於テハ実家ニ復籍ス」[44]と、王公族が臣籍ではないことを前提とした規定が設けられた。[45]

二つ目は、王公族を明確に朝鮮人として意識している点である。これは第一一七条の義解に「朝鮮古来ノ慣習ハ厳ニ同族相婚ヲ禁シタルニ因リ、王公族女子ニシテ王公族男子ニ嫁スルカ如キハ絶対ニ之ナシ」[46]と記されていることからもわかる。帝室制度審議会は王公族を皇族―臣民のカテゴリーでは皇族寄りにとらえ、内地人―朝鮮人のカテゴリーでは朝鮮人としてとらえていた。

三つ目は、王公家軌範を皇室令の形式で制定しようとしていた点である。それゆえ王公家軌範の条文のほとんどは皇室令（皇族身位令、皇室財産令など）の焼き写しであった。[47]第一編の第一章は王家・公家の承襲順位の規定だが、これは皇室典範第一章に準拠している。第二章第一八条「王公族ハ養子ヲ為スコトヲ得ス」と第二〇条「王族又ハ公族ノ臣籍ニ入リタル者ハ王族又ハ公族ニ復スルコトヲ得ス」は、皇室典範第四二条と皇室典範増補第六条の主語を「皇族」から「王公族」「王族又ハ公族」に変えただけである。このほか、第二編「身位」、第三編「財産」、第四編「親族」の規定は皇室親族令と皇室婚嫁令の条文に依拠しており、満一八歳に達すれば陸海軍武官になることや、満一五歳で大勲位を叙勲され菊花大綬章が与えられるなどの叙勳任官も皇族身位令に依っていた[48]。

こうした特徴を持つ王公家軌範案は、一九一八年五月一四日に枢密院へ諮詢される。五月二〇日には枢密顧問官から王公家軌範案の審査委員として、伊東巳代治、金子堅太郎、末松謙澄、南部甕男、浜尾新、小松原英太郎、穂積陳重、安広伴一郎、一木喜徳郎が任命され、委員長は伊東が担当した。国立公文書館所蔵の『枢密院委員録』には、そのときの審査委員会における帝室制度審議会と枢密院の議論の内容を記録した「王公家軌範審査委員会筆記（五月〜六月）[49]」という史料が存在する。この史料を参考に、帝室制度審議会と枢密院がいかなる論理にもとづいてそれぞれの考えを主張したのか、特に王公族を日本の既存の身分構造のなかに組み入れるに際してどのような議論がなされたのかを詳細にみていくこととする。

第一回審査委員会

第一回審査委員会が開催されたのは一九一八年五月二五日であった。枢密院側からは浜尾以外のすべての審査委員と清浦奎吾枢密院副議長が出席し、帝室制度審議会側からは説明員として岡野敬次郎、平沼騏一郎、馬場鍈一が出席した。

会議では帝室制度審議会の岡野説明員が王公家軌範を制定することの必要性と、それをいかなる形式で制定するかを次のような論理で説明した。まず王公族が皇族の列にないことは疑いなく、したがって皇室典範や皇室令を王公族に適用すべきでないのは明瞭である。しかし、一方で併合当時に公布された冊立詔書をみると王公族に「皇族ノ礼」を保障しているので、彼らが皇族に準ずるのは確かである。また、冊立詔書に「世家率循ノ道」（＝王公族の遵由すべき規定）に関しては別にその軌儀を定めるとあるから、王公族には現在施行されている一般法令が適用されないのも明らかである。以上から「特殊ノ制度ヲ立ツヘキコト当然ナリ」と主張した。

岡野はさらに続けて、その「特殊ノ制度」たる王公家軌範を皇室令の形式によって制定しなければならない二つの理由を述べている。一つは、宮内省宗秩寮が王公族の事務を掌る旨を明記した宮内省官制第三六条第二項にもとづいて、王公族に関する事項が宮内省の所掌に属するのは明白であるからという理由であり、もう一つは、王公家軌範で定める事項はきわめて重大だからという理由であった。

岡野の陳述を聞いて初めに質問をしたのは穂積審査委員であった。穂積は王公族を皇族に準ずるものとする以上、彼らに皇室典範が適用されると考えてよいのか、また王公家軌範を皇室令として制定するということは、皇室典範増補第七条と第八条に依るという意味なのかと質問した。皇室典範増補第七条と第八条とは、皇族に関する法令を皇室典範にもとづいて皇室令として制定することを定めたものであり、皇族を法的に一般臣民と分けて国家に位置づける条文であった。穂積は王公家軌範案を皇室令として制定するということは、皇室典範を王公族に適用し、その皇室典範にもとづいて王公族に関する法令を立法するという主旨なのかを問い質したのである。

これに対して岡野は、「本案ハ皇室典範ニ基ク皇室令ニ非スシテ皇室ノ事務ニ関スル皇室令ナリ」と答えている。これはいかなる意味であろうか。先にもみたように、帝室制度審議会は、王公族にかかわる事項は宮内省の所掌なので皇室の事務であることは疑いがないと考えていた。この前提にもとづいて公式令第五条をみると、「宮内官制其ノ他皇室事務ニ関シ勅定ヲ経タル規程ニシテ発表ヲ要スルモノハ皇室令トシ、上諭ヲ附シテ之ヲ公布ス」とあるため、皇室令として王公家軌範を制定するに過ぎないと言うのである。要するに岡野は、王公家軌範を皇室令として制定する理由を、単に王公族が皇室の事務に属しているからと説明することで、枢密院の批判をかわそうとしたのであった。

岡野の回答に対して、安広審査委員は「本案ニ付テハ其ノ根本問題タル王公族ノ国法上ノ地位如何カ重要ナル事項ナリ」と口を挟んだ。また末松審査委員も「根本問題カ先決事項ニシテ其ノ事タルヤ明瞭ニシテ単純ナル問題ナリ。之ヲ決スル為ニハ必シモ逐条ヲ見ルノ要ナカラム」と述べた。枢密院審査委員会の慣例では逐条説明をしたのちに相談会を開くことになっていたが、王公家軌範案の場合、土台に据えられた王公族を皇族に準ずるものと見なす規定が批判の対象だったため、その可否を検討してからの逐条説明が提案されたのである。これにより次回は審査委員のみで王公族の法的位置づけが審議されることとなった。

第二回審査委員会

枢密院の相談会を目的とした第二回審査委員会は一九一八年六月一〇日に開催された。この日、王公族を法的に準皇族と規定した王公家軌範案は一木審査委員によって完膚なきまで批判される。一木は、現在まで王公族を規定する法令がなかったことはきわめて重大な問題であり、「此ノ如キ法制ノ制定セラルヘキハ蓋シ必然ノ要求」として、王公家軌範を制定する必要性を認めてはいた。しかし、それはあくまで法理的に問題のないものでなければならなかった。一木の批判は以下でみていくように、王公家軌範を皇室令として制定する法的根拠の所在と、皇族の婚嫁範囲に王公族を含める妥当性の二点に集約された。

まず一木は、一般臣民と皇族それぞれに関する法がいかなる形式によって制定され、適用されるかについて説明している。憲法には天皇が統治権を総攬し、憲法にもとづいてこれを行うとあるが、その形式は法律と勅令に区別され、唯一の除外例は皇室典範のみである。これは皇室典範が憲法と並んで国法の根本をなすということであり、皇室典範にもとづく皇族の諸規則は、憲法上の立法事項に及んで他と異なる形式によって定められることを意味する。つまり憲法と皇室典範の関係から、皇族に関する諸規則は一般法令と異なる形式（皇室令）で制定でき、それ以外のものは法律もしくは勅令によって制定しなければならないのだという。そしてこの見地からみた場合、王公族は元来皇族ではないから、特例が存在しない限り一般法令が適用されるべきであると論断した。

一木審査委員は続けて、もし仮に王公家軌範を一般法令とは異なる形式で制定できる特例があるとしたら、その根拠はやはり併合条約[50]および冊立詔書[51]に求めるほかないとした。しかし、これにしても単に「尊称」「威厳」「名誉」といった礼遇を保障すると記しているのみだから、王公族に関する法令を皇族と同様の形式によって定める根拠とはならないと否定した。そのうえで「条約ニ直接ノ明文ナク、条約ヲ施行スル為内ニ向テ法規ヲ制定スヘキ場合ニ在リテハ、其ノ基ク所条約ニアリトスルモ、一ニ憲法ノ条規ニ拠ラサルヘカラス」と述べ、憲法に忠実であるべきだと強調した。

一木はさらに一歩進めて、命令で王公家軌範を制定できるのかという問いを立て、王公族が宮内省の所掌であるから王公家軌範を皇室令として制定できるとした岡野説明員の論駁を試みた。一木の意見は次の通りである。

宮内省官制中宗秩寮ノ所掌事項中ニ王公族ニ関スル事項アルモ、是レ同シク華族ニ関スル事項ヲ挙クルニ異ラス。〔…〕宮内省ハ王公族ノ栄爵《ママ》ニ関スル事項ヲ管掌スルニ過キス。而シテ宮内省ノ事務ニ属スル範囲ニ於テ宗秩寮ヲシテ之ヲ取扱ハシムルノミ。王公族ニ関スル一切ノ事務ヲ取扱ハシムト為スノ根拠ヲ見出スコト能ハサルナリ。故ニ皇室令ヲ以テ定メ得ル範囲ハ固ヨリ立法事項ニ亘ルヘカラサルコト自然ノ論結ナリ。

すなわち、宮内省宗秩寮の所掌事項に王公族と関連するものがあったとしても、これは華族に関する事項が宗秩寮にあるのと同じであるから、王公家軌範を皇室令とする論拠にはならないというのである。しかし、たとえ宮内省において王公族を所掌する意味が華族と同等であるとしても、華族令は皇室令によって制定されており、王公家軌範を皇室令として制定できない論拠とはならなかった。ただし、王公族が宮内省の所掌である意味が華族と同じであることは、帝室制度審議会の主張に対しても一定の攻撃材料となりえた。なぜならば、帝室制度審議会は王公族を皇族に準ずるものと規定しようとしているにもかかわらず、王公家軌範案を皇室令として制定する根拠は、王公族を華族と同等に見なす宮内省官制に求めなければならなかったからである。

一木は、皇族の王公族への婚嫁についても批判を加えた。皇族の婚嫁範囲は皇室典範第三九条（以下、典範三九条と略記する）によって皇族もしくは華族に限られていたにもかかわらず、王公家軌範案には、

第一一二条に「皇族女子、王公族ニ嫁スルトキハ結婚ノ礼ヲ行フ前、賢所、皇霊殿、神殿ニ謁シ、且天皇、皇后、太皇太后、皇太后ニ朝見ス」というように、皇族女子が王公族に嫁ぐことを前提とした条文が設けられていた。王公族を皇族もしくは華族と見なしたこの規定は、当然枢密院の批判の的となった。ここで一木は、まず王公族が皇族ではないという前提に立ち、皇族の王公族への婚嫁を実現するためには王公族を華族と見なさなければ途がないという。だが王公族は華族ではないので、唯一の可能性は「華族既ニ可ナリ、況《いわ》ンヤ華族以上ニ位スル王公族ニ於テヲヤ」という、いわゆる「況ンヤ解釈」が成り立つかどうかにあるとした。しかし一木は「他ノ条件全然同一ニシテ唯一事ノ大小強弱ノ差異アルノミナレハ況ンヤ解釈ハ正当」といった定義を説明したうえで、「王公族ト華族トヲ比較スルニ、礼遇上ニ於テハ上下ノ差別アリ。其ノ他ノ諸条件ニ於テ全然同一ナリト為スコトヲ得ス」とし、「況ンヤ解釈」を用いて皇族の王公族への婚嫁を認めることは不可能だと結論づけた。

ところで一木が皇族の婚嫁対象を規定した典範三九条にこだわる理由は、王公族の法的位置づけに関する議論以前に、この条項が設けられた意義に由来していた。その意義とは、皇族と外国王室との結婚を防ぐということにあった。西欧の王室では結婚相手として国籍より階級が重視され、外国王室との結婚もたびたび行われた。一木は皇族と外国王室との結婚が実施されれば「余程困ル結果ヲ生スル」ので、それを防ぐために典範三九条の条項が制定されたのだという。ところが、典範三九条に「況ンヤ解釈」を用いて皇族の婚嫁範囲を拡大解釈すれば、将来なし崩しに外国王室との結婚が計画されかねなかった。それゆえ一木は、王公家軌範案に皇族の王公族への婚嫁を前提とした規定があるのは不当だと批判したのである。

一木審査委員の発言が終わると、続けて末松審査委員が批判を加えた。末松の意見は一木とほぼ同じであった。まず帝室制度審議会が王公家軌範案を皇室令として制定する根拠を併合条約や冊立詔書に置いているとしても、併合条約の文言は「尊称」「威厳」「名誉」の三事を出ないとし、たとえ冊立詔書に「待ツニ皇族ノ礼ヲ以テス」とあっても「礼ヲ解シテ単純ナル礼遇ニ非ス、法律制度ナリト為スハ不当ナリ」と論じた。さらに「枢密顧問ノ職ニ在ル者ハ宜シク国法ノ大本ニ付憲法ヲ擁護スルノ誠意ヲ以テ審議ニ従フヘク、一時ノ権宜ニ迎合スルノ念慮ヲ以テ事ニ当ルカ如キハ其ノ職責ヲ全ウスル所以ニ非サルナリ」という意見も述べている。先に一木が憲法に忠実であるべきことを強調したように、末松も枢密顧問官の職にある者として、憲法擁護の立場から審査すべきだと表明したのであった。

さらに末松は王公家軌範案中の婚嫁規定にも言及している。まず一木と同様、「況ンヤ解釈ヲ加フルトキハ其ノ波及スル所如何」と述べ、「況ンヤ解釈」によって皇族の婚嫁範囲に王公族を入れることに反対した。そのうえで、たとえ皇統に王公族の血を入れない（皇族女子が王公族男子へ嫁ぐことのみ認める）として結婚を認めても、そうした解釈が将来的に外国王室への婚嫁をも認める要因になると批判した。後日、児玉秀雄内閣書記官長は二上書記官から審査委員会の様子を聞き、その内容を寺内首相に書簡で知らせているが、そのなかに「末松子ノ如キハ如此案ニ賛成スルハ不忠不義ナリト極論セラル、由ニ御座候[52]」という文面を見出せる。末松は、王公族を準皇族と見なしたり、解釈で皇族の婚嫁範囲を広めては皇統の紊乱につながるため、それを認める王公家軌範案は「不忠不義」であると論難していたのであった。

一木と末松は法的根拠が曖昧なままに皇族と王公族の結婚を実行することに強硬に反対した。この意見に小松原審査委員も賛同し、左記のような解決策が提案される。

> 御婚嫁ノ問題ニ付テハ皇族ト王公族トノ間ニ婚嫁ヲ行ハセラルルコト時アリテ可然義ト考フルモ、之ニ付テ国法上依ルヘキ道ナキカ故ニ、別ニ相当ノ方法ヲ講セサルヘカラス。其ノ方法ハ種々アルヘキモ、率直ニ云ヘハ典範ニ追加シテ明ニ其ノ途ヲ開カハ実際上何等ノ差支ナカルヘシ。

要は、王公家軌範によって王公族は皇族に準ずると拡大解釈するのではなく、典範三九条自体を改正して皇族の王公族への婚嫁を法的に認めるべきだとしたのである。枢密院が、解釈にもとづいた婚嫁を「不忠不義」であるとしながら、婚嫁そのものは「時アリテ可然義」と考えていたことは興味深い。彼らにとっての「不忠不義」とは、皇族が王公族に婚嫁することではなく、王公族を皇族と拡大解釈したり、その解釈が皇族の婚嫁範囲を外国王室へ広める契機になることであった。それゆえ、枢密院は典範三九条の改正によって皇族の婚嫁範囲を皇族、華族、王公族の三者に明確に規定するよう提案したのである。これは王公族が皇族の「同族」ではないことを示唆するとともに、皇族の外国王室への婚嫁が実現されないように防波堤を築く意図があったと考えられる。

この日の委員会では、ほとんどすべての審査委員が一木審査委員の意見に賛同を示した。ただ一人、金子審査委員だけは「茲ニ再ヒ韓国併合当時憂慮セル問題ニ逢著セリ。余ハ併合以来条約及詔書ニ依リテ朝鮮〔ママ〕皇族ノ地位ハ定マリ、之ニ関スル事項ハ皇室令ヲ以テ規定セラルヘキト考ヘタリ」と述べて、王公家軌範案を容認する考えを表明した。金子が王公家軌範を一般法令としてではなく皇室令として制定しても構わないとした根拠は「現ニ朝鮮貴族令ハ皇室令ヲ以テ発布セラレタリ」というものであり、一木ら反対派を説得するにはやや頼りない意見であった。それでもわざわざ皇室令として制定するのを容認したのは、王公族を一般法令のもとに置けば彼らに保障した「皇族ノ礼」が形骸化して臣籍に置くのと変わらなくなり、それを端緒として「日鮮間ニ事端ヲ滋カラシムルノ虞ナキカヲ気遣ハサルヲ得ス」と考えたからであった。一木たちが憲法擁護を強調し、法理以外の他の要素を排除する立場から王公家軌範案を批判したのに対して、朝鮮統治を考慮した金子の意見は枢密院において異質であった。

しかし、金子の意見は一木から「朝鮮貴族令カ皇室令ナルハ当然ナリ。是レ華族令カ皇室令ナルニ同シ。本案モ亦此ノ範囲ニ属スル事項ニ付テハ固ヨリ何等ノ不都合ナキナリ」と一蹴された。さらに併合時に法制局に在勤していた安広審査委員は、併合条約や冊立詔書に王公族の法律事項を含める旨を記した内閣の記録は存在しないはずであると断言するとともに、「今日ニ在リテハ正文ニ依リテ解釈スルコト法律論トシテ確実ナリ」と述べ、帝室制度審議会および金子審査委員の解釈を否定した。第一章でもみたように、併合当時王公族の地位をいかに規定するかという問題は、統監府と宮内省の監督権をめぐる思惑や班位に関する議論の先送りによって曖昧に解決された。その弊害がここで現れたのである。

枢密院の大勢が王公家軌範案に反対を表明したため、その制定は絶望的となった。梨本宮方子の李垠への婚嫁に関しても、典範三九条の改正によって実行すべきとの意見が多数を占めた。しかし伊東審査委員長は王公家軌範制定の望みをつなげるために、説明員との意見交換をもう一度開催するよう提案した。審査委員たちは「其ノ必要ナシ」としたが、第三回審査委員会は伊東審査委員長の提案にしたがって帝室制度審議会側から再度説明することになった。

第三回審査委員会

第三回審査委員会は一九一八年六月一四日に開かれ、帝室制度審議会側の説明員として岡野敬次郎、平沼騏一郎、馬場鍈一の三名が出席した。枢密院側で、唯一王公家軌範案に理解を示した金子審査委員の姿はなかった。

この日、帝室制度審議会の意図を説明する役目を負ったのは平沼であった。彼はまず併合当時を回顧して、「〔併合条約は〕両国対等ノ関係ヲ以テ締結シタル国際条約ニシテ、之ニ依リテ国家ノ負担ニ属スル責務ヲ生ス」と述べ、「此ノ責務ヲ遂行スル為必要ナル制ヲ立ツルハ当然ノ措置ナリ」と訴えた。つまり、日韓両国は「対等」に併合条約を締結したのだから、日本には国家としてその「対等」を保障する制度を作る「責務」があるというのである。

平沼はさらに続けて第二回審査委員会で問題となった、併合条約や冊立詔書内で王公族に保障されている「尊称」「威厳」「名誉」の解釈について次のように説明した。

此等ノ文字ノ意義如何。決シテ空名ヲ与ヘ虚礼ヲ具フルノ意ニ非ス。形式、実質共ニ之ニ適応スルモノナカルヘカラス。名ハ与フルモ実ハ措テ問ハサルカ如キハ断シテ此等ノ文字ヲ明文ニ表ハサレタル趣旨ニ反ス。或ハ尊称ハ単ニ名ヲ与フルノ義ナリト解セムモ、威厳、名誉ニ至リテハ決シテ同一ニ論スルコトヲ許サス。殊ニ威厳ニ至リテハ最モ実質上ノ意義ヲ有ス。即チ之ニ適当ナル国法上ノ地位ヲ与ヘ、其ノ地位ヲ保持スヘキ実質上ノ権義ヲ認メサルヘカラス。

すなわち、併合条約や冊立詔書で保障した「尊称」「威厳」「名誉」の三事は、単に形式だけでなく実質がともなわなければならない。それゆえ、仮に「尊称」は呼び名の問題に過ぎないとしても、「威厳」は最も実質的な意義を持つので、王公族に適当な国法上の地位（皇族に準じた地位）を与え、それを保持できる権利と義務を定めなければならないというのである。

ただし平沼は、皇族に関する法規が直接王公族に適用されると考えていたわけではなかった。王公族をすべて皇族と同じにするのではなく、事柄によっては「厳然之ヲ区別スルノ必要アルヘシ」と述べている。しかしながら、冊立詔書にある「世家率循ノ道」の御沙汰は「別ニ憲制ヲ定メテ其ノ身位及権義ノ実質ヲ明徴ナラシメ以テ併合条約ノ精神ヲ遂行セラルルノ御趣旨」であり、王公族には「大体ニ於テ皇族ニ準スルノ実ナカルヘカラス」とも述べている。

ではそこからどのようにして王公族には一般法令が適用されるべきではないという結論が導き出されるのであろうか。平沼は言う。たしかに帝室制度審議会で王公族の身位および権義をいかに定めるか議論するにあたって、一般法令が適用されるべきか否かが重大な問題となった。そして「王公族ハ一旦臣籍ニ下リ、然ル後更ニ皇族ニ準セラレタルモノニ非ス。王公族ハ併合ト同時ニ皇族ニ準セラレ、其ノ間実ニ髪ヲ入レス」という理由から、最終的に王公族には一般法令が適用されないことに決したという。これにより帝室制度審議会は「王公族ノ身位及権義ニ関スル特例ヲ設ケテ之ヲ一般人民ト区別スルコト詔書ノ大趣旨ナリ」と結論づけたのであった。

ここで平沼は、帝室制度審議会の主張を確固たるものとするために、相続に関連した実例をあげている。一九一七年、李熹から公家を継いだ李埈鎔《イジュニョン》が薨去《こうきょ》したが、このとき彼に嗣子がいなかったために李熹公家断絶の危機が生じた。そこで特旨によってもう一つの公家である李堈公家から息子の李鍝（当時五歳）を李埈鎔の家に入養させ、李熹公家を継がせる措置がとられた。この措置は旧民法にも朝鮮民事令にも依っていなかったため、平沼はこの実例が王公族に一般法令が適用されないことを証明していると力説したのである。

では王公家軌範が一般法令として制定されないならば、どのような形式をとるべきだと考えられたのであろうか。平沼の答えは当然皇室令であるが、その論拠はやはり第一回審査委員会における岡野説明員と同様に、宮内省官制第三六条第二項に求めるよりほかなかった。しかしこの意見はすでに一木審査委員によって、華族に関する事項が宮内省宗秩寮に置かれているのと変わりないと論駁されていた。帝室制度審議会の主張は、王公家軌範を皇室令として制定する理由を説明することはできるが、それは華族令が皇室令の形式をとっているから王公家軌範も皇室令の形式をとると言っているに過ぎず、その結果、王公族を準皇族と見なす根本理念を自ら否定するジレンマに陥っていたのである。

このように王公家軌範案にはかなりの脆弱性があった。平沼はそのような脆弱性を抱えつつ、枢密院が最も注視する王公家軌範案第一一二条について説明しなければならなかった。第一一二条は皇族の王公族への婚嫁を前提とした条文であったので、これを説明するためにはまず王公族が典範三九条の皇族の婚嫁範囲に該当することを説明する必要があった。そこで平沼は次のように述べている。

蓋シ皇室典範第三十九条ノ規定ハ、一面ニ於テ当事者ノ身分ヲ制限スルモ、他面ニ於テ皇族ト外国人トノ婚嫁ヲ許サヽルコトヲ意味ス。王公族ハ皇族ニ非サルモ皇族ニ準セラルルカ故ニ、其ノ尊栄ノ地位ニ照ラシ皇族トノ婚嫁ヲ認ムルモ毫モ妨クル所ナシ。又王公族ハ併合条約ト共ニ我カ臣列ニ加ハリタルモノナルカ故ニ、敢テ皇室典範第三十九条ノ制限ニ悖《もと》ルコトナシ。実ニ此ノ点ニ付テハ王公族ハ皇族ト同一ノ列ニ立タセラルルモノト見ルコト最モ理義ニ適ス。此ノ論拠ニ依リ本案第百十二条ノ規定ヲ設ケタル次第ナリ。

平沼は典範三九条を、皇族の婚嫁範囲を身分によって制限し、かつ外国人との結婚を防止するための規定であると整理した。このうち身分に関しては、王公家軌範案で王公族は皇族に準ずるとしているので、この制限に当てはまらないという。しかし、王公家軌範案を前提にして王公族が典範三九条の婚嫁範囲に該当すると説明し、そこから王公家軌範案第一一二条の妥当性を主張するのは循環論法に陥っている。一方の典範三九条が皇族と外国人との結婚を防ぐための条項であることについては、王公族は併合とともに「臣列」＝〈日本人〉に加わったのだから、皇族の婚嫁を認めても規定に反しないという。平沼はこれらの点から王公族が皇族と同列にあると論理を飛躍させ、王公家軌範案第一一二条を正当化したのであった。

振り返ってみると、典範三九条が外国人との結婚を防止するための条項であるという認識は枢密院側にもあった。たとえば一木審査委員は、「況ンヤ解釈」によって王公族が皇族の婚嫁範囲にあるとするのは外国人との結婚を防ぐという典範三九条の意義を没却するとして、王公家軌範案の不当性を批判していた。ここで興味深いのは、帝室制度審議会と枢密院はいずれも典範三九条の意義を同じように認識していながら、そこから導き出す結論が正反対になっていたという点である。その原因が王公族を皇族に準ずると見なすか、一般臣民と見なすかという根幹の相違に由来していたことは容易に推察できる。帝室制度審議会の循環論法や論理の飛躍は別として、両者がこの根幹部分の認識を譲らなかったために、互いの議論は噛み合わず、平行線をたどらざるをえなかった。結局、第三回審査委員会でも議論らしい議論はなく、何一つ決議に至らなかった。

審査委員会で明らかになったことは、王公族の国法上の地位に関する枢密院と帝室制度審議会の明確な認識の違いである。金子審査委員を除く枢密院の考えは、王公族を一般臣民に近いものとして位置づけるものであった。たとえば一木審査委員は、王公族が典範三九条の皇族の婚嫁範囲（皇族か華族）に該当すると仮定しても、華族といえるかのみを考察していた。さらに併合条約や冊立詔書に示された王公族に対する「皇族ノ礼」についても、あくまで皇族と同じ礼遇を保障するという意味であって、国法上の地位を皇族と同様にするという意味ではないとした。これに対して帝室制度審議会の考えは、王公族は皇族に準ずるというものであった。根幹においてこのような相容れない対立が生まれたのは、枢密院と帝室制度審議会が置かれた立場の違いに起因する。枢密院側の人間は、憲法擁護の立場から法理を重視する姿勢で王公家軌範案を審議したが、一方の帝室制度審議会は、併合条約や冊立詔書の字義に応じて王公族に「実質」を与えることを重視した。特に併合当時に冊立詔書の起草を担当した伊東、岡野、奥野らには、そうした意思が強くあったものと考えられる。

しかし王公家軌範案は、王公族を準皇族とすることに拘泥し過ぎたために法的に脆弱となり、その点を枢密院に指摘されて蹉跌する。審査委員会では清浦枢密院副議長や各審査委員たちが議了を要求し、王公家軌範案を天皇に返上するか修正するよう主張した。[53] 伊東審査委員長はそれを防ぐために決議の延長を求めたが、第三回審査委員会が終わった時点でそれは難しい状況となっていた。そこで伊東がとった策は、枢密院側の修正意見が決議される前に審査委員会自体を解散させるというものであった。[54] これにより審査委員会は王公家軌範案の各編各章に及ぶ具体的な審議をしないまま、第三回で終了する。一九一八年九月二三日に波多野宮内大臣から寺内首相に王公家軌範案撤回の照会がなされ、二五日に枢密院から正式に撤回された。

では、なぜ帝室制度審議会は王公家軌範案の制定に必死になったのであろうか。その目的が単に王公族を法的に規定することだけにあったのならば、王公族を非皇族と見なす枢密院の修正案を受け入れて制定すればよかったはずである。また、李垠と梨本宮方子の結婚を実現するためでもない。枢密院は典範三九条を改正しさえすれば、婚嫁は可能だと言っていたからである。

次節でみていくが、伊東は典範三九条の改正に反対する経緯を日記に記している。その記述から、王公族を準皇族と規定する王公家軌範案にこだわった理由が、朝鮮統治への配慮に由来していたことがわかる。

5 「対等結婚」のために

枢密院は典範三九条の意義を守って皇統を乱さないために、そして立法事項に関して憲法に依るために、王公族を準皇族と見なす王公家軌範案を承認しなかった。しかし、王公族を準皇族と見なすことは

「不忠不義」としながら、李垠と梨本宮方子の結婚自体は「時アリテ可然義」と考えていた。この二つの主張は一見矛盾するかのようだが、決してそうではない。なぜならば皇統は男系に由来するからである。王公族男子と皇族女子の結婚の場合、皇族女子は皇族を離れるため、皇統に朝鮮人の血が入ることはない。それゆえ梨本宮方子が李垠に嫁いでも、李垠が皇族になるのではなく、方子が王族になるだけの話であった。ただし、王公族を皇族と見なして婚嫁を実行したという前例を作れば、将来的に皇族男子と王公族女子との、もしくは皇族と外国王室との結婚が計画されないとも限らない。そこで枢密院は典範三九条を改正して皇族の婚嫁範囲に王公族を入れるよう提案したのであった。この方法に依れば、王公族を準皇族と見なすことなく、しかも結婚を皇族女子と王公族男子の組み合わせのみに限定できたからである。

しかし枢密院は天皇の諮問機関であって自ら法令の改正を発議できなかったため、他の機関が発議しなければ典範三九条の改正は実現されなかった。このとき、首相の座にいたのは寺内正毅であったが、彼は併合時に王公族と皇族を明確に区別しながら、表向きは皇族のように礼遇することで、朝鮮統治を円滑に進めようとした張本人であった。しかも首相として王公族を準皇族と見なした王公家軌範案を承認した経緯もあった(55)。言うまでもなく、典範三九条を改正して皇族の婚嫁範囲に王公族を加えるのは、王公族が皇族の「同族」ではないと宣示する行為である。したがって、寺内内閣が典範三九条の改正を発議する可能性はきわめて低かったといえよう。

ところが寺内内閣は、一九一八年九月二九日に米騒動の責任をとって総辞職に追い込まれる。この内閣倒壊と、続く原敬の組閣にともなって、停滞していた典範三九条の改正論議は再び動き始めた。

原首相は司法大臣として帝室制度審議会に所属する平沼を指名し、九月二七日の朝に横田千之助幹事長を要請の使いとして送った。ところが平沼は「入閣するとしても忽ち意見の衝突を来し、或は自分の為に新内閣に累を及ほすか如き事は予しめ注意し置くの必要あり」(56)と考えて、素直には受け入れなかった。そしてその日のうちに伊東を訪問して司法大臣への就任要請があったことを報告するとともに、「御婚儀問題に関しては忽ち典範改正の問題あり。〔…〕今日四囲の事情より察するに原氏か進退を賭して迄も御互の持論を賛助し、徹頭徹尾之を支持することは到底覚束なし」との考えを伝えた。平沼は典範三九条の改正の流れが強まるなかで、司法大臣だけが反対を唱えて内閣に累を及ぼすわけにはいかないし、また仮に反対を貫いたとしても、原首相が枢密院に対抗してまで賛同してくれるわけがないと考えていたのである。翌二八日、彼は正式に司法大臣への就任を辞退した。

一〇月一日、伊東は平沼と岡野の来邸を請い、「婚儀問題より典範改正の非挙を防止するの政策等」について協議を重ねた。このとき平沼から、典範三九条の改正を阻止しなければならない理由が明確に述べられている。

万一にも此の如き改正か実行せらるるときは、王公族の国法上の地位は素より皇族に非す、又尊族に非すとして平民なりとの釈義に帰着し、第一に皇室典範は皇族と平民との結婚を許すの端を啓き、第二は併合条約に背き先帝陛下の詔勅に悖り、第三には朝鮮の統治懐柔策に非常の一攪動《かくどう》を来すものにして、実に皇室の為国家の為重大なる禍害を引起すものなるか故に、此改正の非挙に対しては全力を尽して防遏《ぼうあつ》の道を講せさるへからす。(57)

この発言から、帝室制度審議会側が典範三九条の改正に反対したのは、単に皇族と平民の結婚に途を開くのを憂慮したからだけではなく、王公族を非皇族と見なせば併合条約や冊立詔書に反し、朝鮮の「統治懐柔策に非常の一攪動を来す」と考えたためだということがわかる。

同様の考えを伊東は、同日午後八時に自邸を訪れた原首相に述べている。原首相が伊東に会見を求めたのは、司法大臣を党外から選任しようと平沼に要請したが、「意外の故障」によって断られた件を相談するためであった。原首相はこの「意外の故障」について「皇室制度の事」としているが、その一つは言うまでもなく典範三九条の改正問題であった。[58] 原首相は、当初この問題について寺内から引き継ぎを受けたときにはそれほどの重大事と思わなかったが、平沼から直接仔細を聞いたところ「容易ならざる重大事件なることを発見[59]」したという。そして現時点で平沼の所見に同意であるとして、「朝鮮の王公族の国法上の地位にしても今更臣籍に降し、平民と同一視するの不可なるは言を待たざる次第」と述べ、皇室制度に関する詳細な説明を求めた。

そこで伊東は併合条約と冊立詔書を取り出して原首相に見せながら、典範三九条を改正することで引き起こされる問題点について次のように解説した。

第一国際条約上背信の行為なること。
第二には先帝陛下の詔書を無視し韓国皇室に対し履信の実を失ふ事。
第三朝鮮統治に非常の騒乱を招くの虞ある事。
第四に婚儀問題に付曽て元老会議を開かれ宮内当局も其儀に参して婚儀を奏薦したるは正しく典範

違反の行為なることを自認する事。[60]

高久による先行研究は、第四の理由、すなわち元老も宮内当局も梨本宮方子の李垠への婚嫁を天皇に奏薦しているのに、今になって典範三九条の改正なしに結婚できないというならば、奏薦は皇室典範に違反した行為だったことになる、という点に注目している。[61] しかし本書ではそれ以外の第一から第三までの理由に着目したい。なぜならば、第四の理由は典範三九条の改正を阻止するために、元老や宮内当局の行為が法に反すると指摘しているに過ぎないからである。一国の首相たる原敬に説明する際に重要なのは、典範三九条の改正が皇室制度の次元でいかに問題があるのかではなく、国家の次元でいかに問題があるのかを示すことにあったはずだ。それゆえ、原首相も第四の理由については「一応尤の様にも思はる」[62]と述べるに止まる一方で、第一から第三の理由に関しては「果たして方法あれば結構なれども、典範を改正し朝鮮王家を全く臣下と見る様になりては、朝鮮統治にも非常の困難を醸す事となるべし」との憂慮を示した。したがって、王公族を皇族ではないと見なせば「合意」という併合の成立形式を否定し（第一、第二の理由）、それによって朝鮮人の反感を買うと考えられていたこと（第三の理由）に着目すべきである。このとき原首相は、「改正説には断して不同意を表すへし」[63]と述べて、伊東に賛同していた。

それから四日後の一〇月五日、伊東は寺内とも会見しているが、ここで婚嫁問題に関連づけて、典範三九条の改正に反対する興味深い理由を述べている。

王公族を従前の通り条約並詔書に拠りて準皇族として待遇せす、国法上の地位は華族にも非〔さ〕る普通平民なることに決定するときは、今回の御結婚は梨本宮王女の降嫁となる次第にて対等結婚とは名実異なることになれは、李王家に於ては果して之を欣諾すへき乎。宮内当局の態度如何に依りては意外の椿事《ちんじ》を引起さんも亦料るへからす。(64)

典範三九条を改正して王公族を皇族でないと見なせば、梨本宮方子は李垠へ降嫁することになる。そうすると、「対等結婚」とはならないので、李王家が縁談を拒絶したり、甚だしくは「意外の椿事」を引き起こす可能性があった。繰り返しになるが、伊東はこうした朝鮮統治上の憂慮から典範三九条の改正に反対していたのである。ここで注目すべきは、朝鮮統治を重視する伊東が、この婚嫁を「対等結婚」として実施しなければならないと考えていた点であろう。梨本宮方子の李垠への婚嫁は「日鮮融和」を演出するためのものではなく、何とかして朝鮮側の賛同を得て統治を安定させるために、「対等」を演出しなければならない性格のものだったのである。

朝鮮統合に関連づけて典範三九条の改正に反対していたのは伊東だけではなかった。たとえば平沼は、枢密院の改正論議が王公族を一般法令のもとに置くという考えにもとづいているのならば、「朝鮮統治にも非常の悪影響を及ほし、而して婚儀の性質及形式に於ては名実共に降嫁となる」(65)と述べている。そして婚嫁がそのような形式になれば「朝鮮の旧華族〔朝鮮貴族〕中には梨本宮王女の婚儀に付異議を挿むか、又は竊《ひそ》かに妨害を為さんとするものあるは既に隠れなき事実に属す」として、朝鮮側に結婚を妨害されるのではないかと憂慮していた。

さらに興味深いのは平沼の次のような発言である。

典範改正の不可なる理由は吾々か曽て唱道する所の外、更に世間に於ては我皇族か素と外国の血族に属する朝鮮人と結婚するの不可なるを切論するものあり。殊に此の如き結婚を断行せんか為、先帝の遺訓と仰き奉るへき皇室典範を改廃するに至りて極めて猛烈なる反対あるへく、典範を改正するに非［ざ］れは決行すへからすとするか如き典範違犯の行為は、初より之を避くへきこそ当然なり(66)。

このように、皇族が元外国人である王公族と結婚したり、そのために明治天皇が作った皇室典範を改正することはあってはならないという意見も存在した。しかし、平沼はそのような意見を世間の声だとし、「吾々か曽て唱道する所の外」としている。したがって平沼らは、明治天皇が欽定した大典に手を加えるべきではないという理由からも典範三九条の改正に反対してはいたが、それは主要な理由ではなく、あくまで朝鮮に対して「対等」を示すことを根本理念とし、統治を考慮して典範三九条の改正に反対していたのであった。

朝鮮統治を重視するのは帝室制度審議会の人間に限らなかった。たとえば、寺内内閣の外務大臣であり伊東の理解者でもあった後藤新平は、伊東から典範三九条の改正問題について相談されたときに次のような意見を述べている。

此の問題を考慮するときは将来容易ならさる悪結果を来し朝鮮統治策は根本的に破壊する而已《のみ》ならす、延ひて民族自立《(ママ)》問題をも引起すに到るへく［三字不明］の如きは本件に付ては最も留意すへき事なるに之を等閑に附するは慨嘆の至りなり(67)。

ウィルソン米国大統領が民族自決を含む「一四か条の平和原則」を唱えたのは、この年の一月八日であった。それゆえ、日本はこの時期、多少なりとも植民地統治に敏感にならざるをえなかったといえる。王公族の身位にかかわる典範三九条の取り扱いを誤れば、やがて朝鮮統治策が瓦解し独立問題を招くのではないかと危惧する後藤の発言は、当時の状況をよく表している。

しかし、王公族を非皇族と見なすことがそれほど朝鮮統治上の重大問題であったならば、なぜ婚嫁計画自体を取り消さなかったのであろうか。それは、この縁談が「都合上」天皇の御沙汰という形式を踏んでおり、また李王家が配慮すべき重要な存在だったからだといえよう。その証拠に、典範三九条の改正に依らない婚嫁の実現に関して枢密院の合意を得られないことに悩む波多野宮内大臣は、一〇月八日に原首相を訪問して善後策を相談するとともに「思召を李王家に伝へられて、李王家にて歓んで御迎すべき旨奉答したれば、今更変更出来ぬ(68)」と訴えている。要するに、天皇の思召に対して李王家が「歓んで御迎」すると応じた約束なので、必ず実現しなければならなかったのである。

波多野宮内大臣は原首相の「然らば如何にするや」という問いかけに対して、「結局決行の外なき様」と答えるしかなかった。これを聞いた原首相は「責任を以て決行せらるゝと云へば夫迄なれども、左様にては将来枢密院との関係如何あらん」と述べ、枢密院との今後の関係を懸念した。そして、枢密院と良好な関係を保ちつつ、典範三九条の改正なしで婚嫁を実行する次のような一案を提起した。

余当座の思付にては既に李王家に御思召の御伝ありたる已上には、是れは絶対的不変更のものとして御遂行相成るべし。但此事は解釈（合併《マヽ》当時の勅語に李王家を我皇族に準ぜらるゝ事とありたるに因り）上の問題なりとせば、他日此の如き解釈上の問題を防ぐ為、皇室典範は改正ありては如何。即ち二者を切離して決行ありては如何と思ふ。(69)

原首相も婚嫁は「絶対的不変更」のものとして遂行しなければならないと考えていた。そこで、皇室典範にもとづかずに婚嫁を実行したのちに典範三九条を改正するという案を提起した。皇室典範にもとづかないということは、当然ながら婚嫁のために典範三九条を改正する必要がないので、王公族を非皇族と見なしてしまう心配がなかった。それゆえ、婚嫁に関していえば王公族に顔向けができるし、婚嫁後の典範三九条の改正に関していえば枢密院に顔向けができたのである。ただし、法的根拠を欠くこの案は、論理的に破綻していた。(70)

この案を聞いた波多野宮内大臣は、曖昧な返答をしつつも異議なき様子であった。そこで原首相が山県有朋枢密院議長に相談するよう勧めたところ、波多野宮内大臣は「何とか話し〔て〕くれよ。自分には行掛ありて困る」(71)と答えたため、原首相が代わりに相談に行くことになった。

翌一〇月九日、原首相は山県を訪問して試案を相談し、「余は双方の主張に何等の行掛りもなく只此際円満なる解決を希望するに外ならざれば、斯くせば宮内省の手落ともならず、又枢密院の主張も立つ事となるべし」と告げた。これに対して山県は、枢密院だけでなく帝室制度審議会のなかにも伊東の意見に反対している者がいると忠告したが、結局、原首相の案に関しては「清浦に相談し〔て〕くれよ」(72)と確答を避けた。

原首相から相談を受けた清浦枢密院副議長は、自分一人でこの案の可否を決められないとして、枢密顧問官六名に相談した。六名の諸氏は、枢密院が元来この婚嫁を関知していなかったならば、原首相が提案した方式をとるのもやむをえないが、王公家軌範案の審議を契機として婚嫁の可否が議論となり、いったん不可と判定されたならば、「之を度外視して全然反対の態度を取るは正しく非を遂くるもの」(73)であり、「苟も改正の必要を認むる以上は当初より宜しく改正を実行すへきは当然なり」と結論づけた。清浦は一〇日の午後に原首相を訪問してこの結論を告げるとともに、帝室制度審議会で伊東に賛同しているのは平沼と岡野の二人だけであること、波多野宮内大臣は実は改正しても差し支えないと考えているが伊東に憚ってできないこと、枢密院のなかには典範三九条の改正なしに婚嫁を断行した場合は宮内大臣と内閣を弾劾すると極論する者がいることを伝えた。これを聞いた原首相は「余は円満に解決する事を希望するより一案を出したるに過ぎざれば、此の問題を以て枢密院と論争する如き意思なし。事情然る訳ならば皇室典範の改正已むを得ざるべし」(74)との考えに傾く。そして翌一一日の午後九時過ぎに伊東邸を訪問し、「枢密院の意見か改正説にして宮内大臣も亦改正に傾き居〔り〕、独り内閣か怨府となりて改正に反対するは不可能なるか故、一切宮内大臣の責任に一任し宮内大臣にして典範の改正案を提出して内閣の同意を求めらるゝに於ては、内閣も亦之に同意するの外なし」(75)と告げるに至る。この時点で伊東らは孤立し、典範三九条の改正は避けられない状況となった。

6　王公族と琉球王の序列

一九一八年一〇月一二日、原首相は来訪した波多野宮内大臣に、折衷案による枢密院説得工作が失敗に終わったことを告げた。そして、冊立詔書の「解釈」をもって婚嫁を実行するにしても、逆に枢密院の言う通りに典範三九条を改正するにしても、宮内大臣の「御見込に任すの外なし」と伝えた。これを聞いた波多野は「結局皇室典範を改正する事不得已と思ふ」[76]と断言する。こうして梨本宮方子の李垠への婚嫁を実行するために、宮内省によって典範三九条の改正が発議された。

改正案は富井政章が考え、起草は倉富勇三郎が担当した。富井も倉富も帝室制度審議会の人間である。しかし宮内省が典範三九条を改正する方針を決定したのだから、富井、倉富、石原ら宮内省出身の帝室制度審議会委員がそれにしたがうのは当然であった[77]。起草された改正案は左記の通りである。

改正案

皇室典範第三十九条ニ左ノ但書ヲ加フ。

但女王ハ王族又ハ公族ニ嫁スルコトヲ得。

恭テ按スルニ皇族ノ婚嫁ハ皇室典範第三十九条ニ於テ同族又ハ勅旨ニ由リ特ニ認許セラレタル華族ニ限定セラレタリ。典範ノ制定韓国併合ノ前ニ在ルヲ以テ其規定王族公族ニ及ハサルモ、王族公族ハ待ツニ皇族ノ礼ヲ以テセラルヽモノニシテ、皇族婚嫁ノ範囲ヲ拡メ之ヲ王族公族ニ及スハ理当ニ然ルヘキ所ナリ。但女王ニ限リテ内親王ニ及ハス。嫁ヲ許シテ娶ヲ許サヽルハ名位ヲ重ンスルノ道ニ於テ然ラサルヲ得サルナリ。(78)

一〇月一六日午後二時、波多野宮内大臣は改正案を携えて伊東を訪問し、改正の方針が決したと伝えた。これを受けて伊東は、二日後の一八日午後二時に平沼および岡野と会見して今後の出方を協議した。ここで彼らは、もし典範三九条の改正案が提出されたならば、「合併条約に違背《(ママ)》し、旧韓国皇室の優遇に関する先帝の詔書を藐視《びょうし》するの結果に陥り、王公族の国法上の地位は殆と平民と同一水平に墜落し、遠く旧琉球藩王にも及はさることゝなり」、さらに「本会の起草上奏せる王公家軌範の如きは全然其趣旨を滅却するに至る」と考え、「断然辞表を奉呈する」(79)ことを決意した。そのうえで三人は鳩首協議し、典範三九条を改正した場合の左記の問題点を、口頭で宮内大臣に諫言することにした。

一、本案には女王とありて洽《あまね》く皇族女子と謂はさるは内親王を除くの意なる事明瞭なり。朝鮮王公族の典範の明条に依りて娶ることを許さるゝものは女王に限るものとすれは、王公族の地位は華族よりも低く例へは旧琉球藩王にも若かさるの奇観を呈す。

二、王公族の範囲は王公家軌範を以て王は四世、公は三世に限りたるも、王公家軌範の定まらさる以前に於て其法律上の意義不明なることを免れす。此の不明なる文字を典範の明条に掲くるは失当の甚しきものとす。単に王公族と称すれは王公家の一族は悉く之を網羅するものと解すへく、随て他日其区域を限定せんとする場合に非常の故障を生すへし。

三、入嫁の事は実際之か勅許なかるへきも、之を明文の上に昭示して朝鮮の旧君臣の感情を害するは朝鮮統治策に一大妨害たるの虞なしとせす。

四、提出案の理由より推すときは、既定の原則に対して除外例を設くるに非すして既定の条文が認めさる所の新例を開くに在りとすれは但書の形式は妥当ならす。寧ろ別項の形式に依るへきを穏当なりとす。(80)

このうち第一と第三の項目に着目したい。第一の項目は、但書において王公族に嫁げる皇族が女王に限られていることに対しての批判であった。ここでいう女王とは王族ではなく、天皇から見て五世以下の皇族女子を指し、それより上は内親王といった。伊東たちは、典範三九条の解釈によれば華族が原則的に内親王を含むすべての皇族女子と結婚できるのに、王公族が天皇から血縁的に遠い女王としか結婚できないのならば、王公族を旧琉球王(華族)よりも下に見ることになると指摘したのである。そして第三の項目は、典範三九条の婚嫁範囲に王公族を入れたとしても、皇族と結婚する際に王公族に勅許が必要ならば、同条文に明記された「特ニ認許セラレタル華族」と同等となり、朝鮮人の感情を害する恐れがあるという批判である。この二つの項目からも明らかなように、あくまで伊東たちは、王公族を華族より下位に置くことを避けるために諫言しようとしていた。彼らにとって、たとえ朝鮮よりも琉球の方が〈日本〉としての歴史が長くとも、王公族が旧琉球王より下位にあるのは「奇観」だったのである。(81)

一〇月二〇日、伊東は波多野宮内大臣を訪問して、典範三九条の改正は仕方がないが「成るへく改正案の欠点を少くし、当局の過をして成るへく小ならしむる為に最後の努力を為すへきはお互の当然為すへき所なり」[82]として、改正案の問題点を指摘し、帝室制度審議会総裁を辞任する旨を告げた。それに続いて、平沼、岡野、鈴木、山内、馬場の辞表も提出された。寺内と波多野は梨本宮家の相談を受けて勝手に王公族に縁談を持ち込んでしまったため、結婚をどうしても成立させなければならない立場にあった。だが、伊東ら帝室制度審議会の一部は王公族を準皇族として法的に規定することが目的であり、結婚の実現は二の次であった。宮内省としては結婚のために枢密院と手を組まなければならず、その結果、伊東たちの離反を招いてしまったのである。

帝室制度審議会総裁と委員五名の辞職は審議会の廃止につながり、皇室制度の調査や整備作業に支障を来す可能性があった。それゆえ波多野は何としても伊東たちを丸め込んで、辞意を撤回させなければならなかった[83]。

一〇月二五日午前一一時、波多野は伊東を訪ね、二〇日に伊東が述べた考えに沿って典範三九条の改正案を修正すると告げた。修正点は、①形式を増補に改めること、②「女王ハ王族又ハ公族ニ嫁スルコトヲ得」の「女王」を「皇族女子」に改めること、③理由書の添付を取りやめることの三点であった[84]。

①に関しては、考案者である富井も当初から「典範の改正は形式に於て穏当ならす寧ろ増補とすへし」[85]と考えていた。改正は不備な点を改めるという意味であり、増補は不足を補うという意味であるから、両者には微妙な違いがある。併合によって新たに王公族という身分が創設されることは皇室典範の制定時には想定されていなかったので、その不足を補うという意味で「増補」を主張したのだと考えられる。②に関しては、言うまでもなく、王公族を華族よりも下の地位と見なさないための措置であった。③の理由書の添付の取りやめに関しては、二つの理由が考えられる。一つは王公族に婚嫁できる皇族が「女

王」から「皇族女子」に改められたことで、理由書の「皇族婚嫁ノ範囲ヲ拡メ之ヲ王族公族ニ及スハ理当ニ然ルヘキ所ナリ。但女王ニ限リテ内親王ニ及ハス」という箇所が不要になったためであり、もう一つは皇族女子と王公族男子の組み合わせによる結婚のみを認めた理由書の「嫁ヲ許シテ娶ヲ許サヽルハ名位ヲ重ンスルノ道」という文言に、あからさまに王公族の血を皇族に入れさせないとする意図が表れており、これによって物議を醸すと考えられたからだといえる。[86] いずれも朝鮮統治に留意して王公族の地位を皇族に準ずるものとすべきだとした伊東たちに配慮した形での修正であった。

一〇月二六日、典範三九条の増補案が枢密院に諮詢された。審査委員長は清浦枢密院副議長が担当し、審査委員には末松、南部、浜尾、小松原、穂積、安広、金子、一木が任命された。典範三九条の増補案は一〇月二八日の枢密院審査委員会においても、一一月一日の臨時枢密院本会議においても全会一致で可決された。ただし皇室親族令に依れば、皇族は婚礼前に賢所に参内して天皇に朝見（拝謁）することになっていたが、王公族への婚嫁の場合はそれが除外された。末松は原首相に「李王家の家憲とも云ふべき王公家規範〔ママ〕」の「箇条中に我皇族より李王家に婚嫁の時は賢所に参拝する事規定あり。李王家の規定としては不思議の事なり」[87]と語っており、枢密院の王公家軌範案批判の主眼はあくまで婚嫁にあった。それゆえ、たとえ王公家軌範案が廃案になったとしても、この賢所への参内は敏感な問題であり、あえて外されたと考えられる。なお、皇室親族令では皇族が臣籍に降嫁する場合も賢所に参内すると規定されていたので、これは王公族を皇族と見なすか否かという議論とは別個の問題であろう。

7　皇室典範の増補

かくして典範三九条は増補されることとなったが、波多野宮内大臣にはまだ伊東たちの辞意を慰留する仕事が残っていた。そこで波多野は「王公《（ママ）》の国法上の地位は自分の在職中は飽まて主張して止ます[88]」と明言し、伊東たちの翻意を促した。典範三九条の増補は王公族が皇族の「同族」ではないという前提において実施されたが、この条項は皇族の婚嫁範囲を定めたものであり、王公族を非皇族と規定した法文はどこにもなかった[89]。それゆえ、波多野は典範三九条の増補に賛成して枢密院に迎合しつつも、王公族は皇族に準ずるとの考えを示して伊東たちを丸め込もうとしたのである。

こうした言動に対して伊東たちは「或る方面よりの報告に依れは、〔波多野は〕山県公の鼻息を伺ひ枢府中平民論者を招来して審議会の後任に充んとするの消息なきにしも非す[90]」と疑心暗鬼であった。しかし、伊東たちも辞表を提出するにはしたが、王公族を準皇族として規定することを諦めるわけにはいかなかった。

一九一八年一一月一二日午前一一時、岡野は伊東を訪問して「皇室典範の増補は今更致方なしとして王公族の準皇族たることに付ては名実共に其の完を得せしめんとするの議は向後一貫して徹底を謀る[91]」べきだと訴えた。さらに、「今日に至り総裁にして辞職せらるゝときは、前来の功績を挙けて之を後任に譲る結果となり反対者側の思ふ壺に入るものなるか故に、寧ろ其の裏を掻き此際は忍耐して残余の皇室制度を整頓し、当初の初志を貫くことに努力すへし」と助言した。

これに対して伊東は、今になって翻意すれば覚悟なき行為であったと自分で認めるようなものだし、波多野の言葉も信じられないと述べて、辞意を撤回しなかった。[92] しかし、一二月五日に波多野が岡野、平沼、鈴木、山内、馬場に対して「王公族の国法上の地位に関する釈義に付ては審議会前来の主義を賛成して今後も其の方針に依り進行すへく、枢密院の意向に付ては素より之を左右すること能はさるも宮内省としては飽まて前議を株守すへきこと」[93]を告げて留任勧告をしたことで状況は一変する。岡野、平沼、鈴木、山内、馬場の五名が辞意を撤回したのである。そこで伊東は孤立を避けるために、一二月一〇日についに辞表の取り下げを申し入れた。

では、典範三九条の増補と婚嫁の行方はどうなったのであろうか。一一月一日の臨時枢密院本会議で増補案が可決されはしたが、憲法に並ぶ国家の最高法典の増補はそれで実現できるほど単純なものではなかった。まず皇室典範第六二条に則って皇族会議を召集し、議案可決後は皇室祭祀令第一九条に則って天皇が神宮、賢所、皇霊殿、神殿、大和畝傍《うねび》神武天皇山陵、伏見桃山明治天皇山陵に奉告祭を行わなければならなかったのである。[94]

皇族会議が開かれたのは臨時枢密院本会議の翌日、一一月二日のことであった。皇族会議を前にして、地方在住で成年以上の各皇族を召集する急電が発せられ、軍艦乗船中の伏見宮博義は一〇月三一日に呉より東京に向かい、江田島兵学校在学中の山階宮武彦も同日東京に着いた。京都伏見第一六師団長の梨本宮守正は一一月一日に東京駅に帰着し、金沢第七連隊大隊長の東久邇宮稔彦も同日上野駅着の汽車で帰京した。二日午前九時四〇分頃より成年以上の皇族である伏見宮貞愛、伏見宮博恭、伏見宮博義、山階宮武彦、久邇宮邦彦、久邇宮多嘉、梨本宮守正、朝香宮鳩彦、東久邇宮稔彦、北白川宮成久、竹田宮恒久、閑院宮載仁が宮中東溜の間に参内し、そのほかに臣下諸員として、原首相、山県枢密院議長、松方正義内大臣、横田国臣大審院長、波多野宮内大臣、倉富帝室会計審査局長官および、宮内書記官の杉と浅田が参内した。天皇が正親町実正侍従長と内山小二郎侍従武官長その他を随えて正面の玉座に座ると、議長の席に着いた伏見宮貞愛が開議を宣告した。杉書記官による諮詢案文の朗読が終わると、倉富帝室会計審査局長官が立案の趣旨を説明し、議長が意見の有無を諮った。出席者は異議を申し立てることもなく、満場一致で典範三九条の増補案を可決した。

皇族会議で増補案が可決されると、一一月二〇日にはこれを制定するために神宮、神武天皇山陵、明治天皇山陵に奉告の奉幣使が立てられ、二八日には天皇自らが皇族臣僚を随えて賢所、皇霊殿、神殿に赴き奉告の親祭を行った。午前一〇時に開始されたこの儀式には、李垠、伏見宮博恭、伏見宮博義、久邇宮邦彦、梨本宮伊都子、朝香宮鳩彦と同妃、北白川宮成久、竹田宮恒久と同妃、原首相以下各大臣、清浦枢密院副議長以下枢密顧問官、東京の親任官および勅任官、別府内閣書記官以下各官庁奏任総代、貴衆両院総代等三一九名の人員が集まった。この日、同時に参向の勅使として立てられた者たちが、伊勢神宮、神武天皇山陵、明治天皇山陵に奉幣奉告をした。

こうして種々の儀式はすべて滞りなく終わり、二八日には「皇族女子ハ王族又ハ公族ニ嫁スルコトヲ得」と典範三九条の増補が宣布された。二九日夕刻に李王が東京に滞在中の国分象太郎李王職次官に電報を発し、これを受けて翌々日の一二月一日、梨本宮家に正式に縁談が申し込まれた(95)。このとき梨本宮守正は京都におり、東京に戻ったのは三日であった。帰宅後事務官から縁談の件を言上された守正は、受諾の意を伝えるために坪井事務官を麻布鳥居坂の李垠邸に遣わしている。四日午前一〇時に坪井事務官から国分李王職次官に了承の返事が届くと、総督府嘱託の大木戸宗重は即日宮内省に出向き、仙石政敬宗秩寮事務官に勅許奏請の儀を願い出た。そして仙石事務官がこれを波多野宮内大臣に奏上すると、翌五日には宮内省から婚嫁に関する勅許が出された。八日には「納采の儀」（結納）が執り行われて、李垠から梨本宮方子へ幣贄の洋服地五巻と祝品の鮮鯛一折および清酒樽一荷が皇族の例規にしたがって奉納され[96]、一三日には「告期の儀」によって翌年一月二五日に婚儀を挙行することが正式に決められた。一九一六年に婚約が報道されてから二年半の歳月を経て、ようやく実現の可能性が見えてきたのである。

これまで婚嫁をめぐる議論において、内地と朝鮮の「日鮮融和」のために実施しなければならないという意見が一切出ていないことからもわかるように、日本政府はこの計画を積極的に推進したわけではなかった。たしかに、新聞紙上には趙重応談「同化の好模範[97]」や国分李王職次官談「内鮮同化の上に一大刺激を与へ国家的結合を益鞏固にする所以[98]」、さらには「内鮮同化の一策として、朝鮮人の姓氏を改称し、新に内地式の苗字を制定せんことを提議する[99]」といった記事が目立つようになる。しかし、これらはあくまで婚嫁計画を間接的に理解したものであり、計画に直接関与した帝室制度審議会、枢密院、宮内省および波多野宮内大臣、または原首相や寺内前首相の意見とはまったく異なった。波多野らが婚嫁の実現に躍起になったのは、すでに李王家に申し込んでしまった縁談を今になって反故にするわけにはいかなかったからであり、帝室制度審議会は、その実現過程において王公族を非皇族と見なさない努力を続け、典範三九条の増補致し方なしという状況になっても、王公族の地位が旧琉球王（華族）よりも下にならないように、そしてそれによって朝鮮人の感情を傷つけ朝鮮統治策に害をなさないように、宮内大臣への諫言を惜しまなかったのである。つまり、この婚嫁計画は王公族を利用して積極的に「同化」を推進するようなものではなく、むしろ王公族の取り扱いを誤って朝鮮統治に悪影響を及ぼさぬよう細心の注意を払った消極的なものだったといえよう。

一九一九年一月一四日、婚儀に参列する李王御使として閔丙奭李王職長官、李王妃御使として尹徳栄李王職賛侍、李太王御使として趙民熙李王職賛侍、国分李王職次官、田中暹李王職事務官、田中徳太郎李王職賛侍が派遣されると発表され、関係諸員が次々と京城から東京へ向かいはじめた。ところが婚儀を目前に控えた一月二一日、突如この計画は延期される。李垠の父、李太王が急逝したのである。そこで次章では、李太王の薨去と当局の対応についてみていきたい。

注

(1) 長田彰文『日本の朝鮮統治と国際関係——朝鮮独立運動とアメリカ1910—1922』(平凡社、二〇〇五年)一二一頁では、日本政府、朝鮮総督府および親日派の朝鮮人たちが、「日鮮融和」のために李垠と日本人女性との結婚を計画し、皇族梨本宮家の長女方子を選出したと説明されている。また、小田部雄次『皇族——天皇家の近現代史』(中央公論新社、二〇〇九年)一一一頁では、李垠と方子の婚約は「日鮮融和」のための国際結婚としての意味を持ったと説明されている。

(2) 小田部雄次『李方子——一韓国人として悔いなく』(ミネルヴァ書房、二〇〇七年)六六—六七頁。

(3) 李王垠伝記刊行会編『英親王李垠伝——李王朝最後の皇太子』(共栄書房、一九七八年)七七頁。

(4) 学友として趙大鎬、厳柱明(李垠の母厳氏の甥)も一緒に入学している。

(5) 五味均平編『朝鮮李王公家取調書』(早稲田大学図書館所蔵)。

(6) 『宮内省省報』一九一一年二月。「王公家牒籍」(一九三一年頃写、韓国学中央研究院蔵書閣所蔵)。

(7) 王世子の配偶者を選ぶ制度。李垠のときは初揀択、再揀択、三揀択というように三段階にわたって選抜した。

(8) 本田節子『朝鮮王朝最後の皇太子妃』(文藝春秋、一九九一年)九〇頁。

(9) 李王家には歳費以外にも、李王と李王妃に毎月御内用金が五〇〇〇円、二五〇〇円ずつ渡された。このほかに、定例用金として六万円、臨時金として二万円以上が計上された。このうち定例用金は一九四〇年頃に三〇万円まで増額され、約半額が李王職を通じて東京の李垠邸に送金されていた。

(10) 「王公族審議会資料」(『篠田治策文書』スタンフォード大学フーバー研究所所蔵)。

(11) 朝鮮で宅地を意味する。内地では沼地や湿地の意味で使われる。

(12) 王公族審議会は一九二六年に公布された王公家軌範第七編において規定された機関であり、諮詢に応じて軌範の改正や王公族に関する重要事項を審議し、意見を奏上した。総裁と審議官のほか、幹事二名と書記官若干名が置かれた。総裁は宮内大臣の奏請により枢密院議長・副議長・顧問官から勅命され、審議官は一〇名で宮内大臣の奏請により親任官・勅任官・朝鮮貴族から任命された。井原頼明『皇室事典』(冨山房、一九三八年)二〇〇頁。王公家軌範第二〇四条～第二一二条。また「王公族審議会規則」(昭和三年宮内省令第二号)の第七条によると、審議会の議事は「秘密」とされた。巻末に掲載した王公族審議会の構成員からもわかるように、この組織は少なくとも一九二九年から一九四三年の間に存在した。

(13) 前掲「王公族審議会資料」。

(14) 久邇宮朝彦親王の父である伏見宮邦家親王と梨本宮守脩親王は共に伏見宮貞敬親王の子である。したがって、守脩親王と朝彦親王は叔父―甥の関係にある。

(15) 外交官、宮内大臣を歴任。

(16) 読み方は異なるが漢字が節子皇后と同字になるため、成婚後に伊勢の勢と会津の津をとって勢津子(せつこ)と改名した。

(17) 李方子『流れのままに』(啓佑社、一九八四年)三二―三三頁。

(18) 同前、三四頁。

(19) 『京城日報』一九一九年一月二三日。

(20) 同前、一九一九年一月二四日。

(21) 権藤四郎介『李王宮秘史』(朝鮮新聞社、一九二六年)一六四頁。

(22) 『東京朝日新聞』一九一六年八月三日。

(23) 小田部雄次『梨本宮伊都子妃の日記――皇族妃の見た明治・大正・昭和』(小学館、一九九一年)一三三頁、一九一六年七月二五日条。

(24) 伊都子は自伝の中で「来年の四月に生まれる赤ちゃんについて、鍋島家をはじめ関係者から男の子が生まれるようにとおまじないやら信心と馬鹿馬鹿しいことまで勧められるのでした。誰もが男の子であって欲しいという切なる願いだったのです」

と述べ、宮家存続のため男児出産がいかに期待されていたかを明かしている。しかし、梨本宮家は男児をもうけることができなかった。梨本伊都子『三代の天皇と私』(講談社、一九七五年)八七頁。

(25) 小田部前掲『梨本宮伊都子妃の日記』三七〇頁、一九五八年一一月二七日条。

(26) 女子学習院の高等科出身者で構成される社団法人「常盤会」の会員は、学習院出身ではない美智子(聖心女学院出身)が皇太子妃に迎えられたことを泣いて口惜しがり、日清製粉創業者の孫である彼女を「粉屋の娘」と鼻であしらったという。このときの常盤会会長は伊都子の妹松平信子であった。夏堀正元「「学習院」の内側」(『歴史読本』第三三巻第五号、一九八八年三月)一二二頁。

(27) 伊藤博文『帝国憲法　皇室典範義解』(国家学会蔵版、一八八九年)五頁。

(28) 同前、一四三頁。

(29) 高久嶺之介「大正期皇室法令をめぐる紛争(上)」(『社会科学』第三二号、一九八三年二月)一六四—一六五頁。

(30) 晨亭会『伯爵伊東巳代治』下巻(晨亭会、一九三八年、非売品)四頁。

(31) 伊東巳代治「調査着手ノ方針」(小林宏・島善高編『明治皇室典範(下)』日本立法資料全集17、信山社出版、一九九七年)八〇三頁。

(32) 法律の公布、閣令・省令の形式、法律・命令の布告および施行の期限、国璽・御璽の取り扱い方などを規定した勅令。

(33) 高久前掲「大正期皇室法令をめぐる紛争(上)」一六九頁。

(34) 請願令(勅令案)、国葬令(勅令案)、華族世襲財産法(法律案)、皇室裁判令(皇室令案)、皇室後見令(皇室令案)、皇室遺言令(皇室令案)、皇統譜令(皇室令案)、皇統譜令施行規則(宮内省令案)、皇室陵墓令(皇室令案)、皇室陵墓令施行規則(宮内省令案)、皇室喪儀令(皇室令案)、皇族歳費令(皇室令案)、皇族就学令(皇室令案)、位階令(皇室令案)、皇室儀制令(皇室令案)、華族世襲財産法施行規則(宮内省令案)、皇族会議令施行規則(宮内省令案)、皇族身位令施行規則(宮内省令案)。

(35) 伊東巳代治「皇室制度再査議」(前掲『明治皇室典範(下)』)八三六頁。

(36) 同前。

(37) 高久前掲「大正期皇室法令をめぐる紛争(上)」一八一頁。

(38) 「伊東帝室制度審議会総裁演説」(前掲『明治皇室典範(下)』)八四〇頁。

(39) 高久前掲「大正期皇室法令をめぐる紛争(上)」一八四頁。

(40) 島善高「大正七年の皇室典範増補と王公家軌範の制定」(『早稲田人文自然科学研究』第四九号、一九九六年三月)一〇頁。

(41) 栗原広太『明治の御宇』(四季書房、一九四一年)一八八頁。岡野は四月一五日に、馬場は四月二三日に、栗原は五月四日にそれぞれ京城を発って東京に戻った。
(42) 島前掲「大正七年の皇室典範増補と王公家軌範の制定」一四―一五頁。
(43) 『枢密院会議議事録』第二〇巻(東京大学出版会、一九八五年)一三九頁。
(44) 同前、一五四頁。
(45) 高久嶺之介「大正期皇室法令をめぐる紛争(下)」(『社会科学』第三四号、一九八四年三月)一一四頁。
(46) 前掲『枢密院会議議事録』第二〇巻、一五四頁。
(47) 王族と公族の身分の得失を家制度に当てはめたため、王家と公家という概念が新たに設けられた。詳しくは第六章を参照。
(48) 高久前掲「大正期皇室法令をめぐる紛争(下)」一一四―一一五頁。
(49) 「王公家軌範審査委員会筆記(五月～六月)」(『枢密院委員録・大正七年・巻別冊』国立公文書館所蔵)。枢密院審査委員会における審査委員と帝室制度審議会説明員の発言はこの史料からの引用である。
(50) ここで問題とされている条文は、第三条「日本国皇帝陛下ハ韓国皇帝陛下太皇帝陛下皇太子殿下並其ノ后妃及後裔ヲシテ各其ノ地位ニ応シ相当ナル尊称威厳及名誉ヲ享有セシメ且之ヲ保持スルニ十分ナル歳費ヲ供給スヘキコトヲ約ス」および第四条「日本国皇帝陛下ハ前条以外ノ韓国皇族及其ノ後裔ニ対シ各相当ノ名誉及待遇ヲ享有セシメ且之ヲ維持スルニ必要ナル資金ヲ供与スルコトヲ約ス」である。
(51) 冊立詔書の文言に関しては第一章第5節を参照。
(52) 「児玉秀雄書翰」(『寺内正毅文書』国立国会図書館憲政資料室所蔵)一九一八年六月一四日、児玉内閣書記官長から寺内首相宛。高久前掲「大正期皇室法令をめぐる紛争(下)」一一七―一一九頁。
(53) 前掲「児玉秀雄書翰」一九一八年六月一四日、児玉内閣書記官長から寺内首相宛。
(54) 高久前掲「大正期皇室法令をめぐる紛争(下)」一一七頁。
(55) 同前、一二一頁。
(56) 「翠雨荘日記」(小林龍夫編『明治百年史叢書』第八巻、原書房、一九六六年)二〇頁、一九一八年九月二七日条。
(57) 同前、二八―二九頁、一九一八年一〇月一日条。
(58) このほかに皇室裁判令に関する問題もあったが、本書では言及しない。詳しくは高久前掲「大正期皇室法令をめぐる紛争(上)」および「大正期皇室法令をめぐる紛争(下)」を参照。

(59) 前掲「翠雨荘日記」三四頁、一九一八年一〇月一日条。
(60) 同前、三六頁、一九一八年一〇月一日条。
(61) 高久前掲「大正期皇室法令をめぐる紛争(下)」一二四頁。
(62) 原奎一郎編『原敬日記』第五巻(福村出版、一九八一年)一九頁、一九一八年一〇月二日条。
(63) 前掲「翠雨荘日記」三七頁、一九一八年一〇月一日条。
(64) 同前、四五―四六頁、一九一八年一〇月五日条。
(65) 同前、六三頁、一九一八年一〇月一一日条。
(66) 同前。
(67) 同前、八三頁、一九一八年一〇月二六日条。
(68) 前掲『原敬日記』第五巻、二二頁、一九一八年一〇月八日条。
(69) 同前。
(70) 高久前掲「大正期皇室法令をめぐる紛争(下)」一二六頁。
(71) 前掲『原敬日記』第五巻、二一頁、一九一八年一〇月八日条。
(72) 同前、二二頁、一九一八年一〇月九日条。
(73) 前掲「翠雨荘日記」五九頁、一九一八年一〇月一一日条。
(74) 前掲『原敬日記』第五巻、二三頁、一九一八年一〇月一〇日条。
(75) 前掲「翠雨荘日記」六五頁、一九一八年一〇月一一日条。
(76) 前掲『原敬日記』第五巻、二四頁、一九一八年一〇月一二日条。
(77) 高久前掲「大正期皇室法令をめぐる紛争(下)」一二八頁。
(78) 前掲「翠雨荘日記」七五頁、一九一八年一〇月一六日条。
(79) 同前、七七頁、一九一八年一〇月一八日条。
(80) 同前。
(81) 明治政府は尚泰を「琉球藩主」ではなく「琉球藩王」とし、叙爵内規で尚家のために一項を設けるなど、特別な華族として待遇した。しかしそれでも王公族を琉球藩王と並列させてはならず、別格の待遇が必要であった。
(82) 前掲「翠雨荘日記」七八頁、一九一八年一〇月二〇日条。

(83) 高久前掲「大正期皇室法令をめぐる紛争(下)」一三〇頁。
(84) 前掲「翠雨荘日記」八一―八二頁、一九一八年一〇月二五日条。
(85) 同前、七五頁、一九一八年一〇月一六日条。
(86) しかしこの問題は理由書の不添付では解決できないとして、伊東に次のように批判される。「枢府に諮詢を奏請せんとするに当り事の王公族の身位釈義に渉るを避くる為に特に増補の理由書を添付せさるへしとの議を決したりと宮相より親しく聴取したるも、増補の明文に就き仔細に考究するときは皇族女子の王公族に降嫁せらるゝことを許すも王公族の女子か皇族に入嫁するを禁するの意を示すものにして、之を要するに王公族は我華族にも比肩せさるものなることを照明するものなるか故に、理由書の添付と不添付とは毫も王公族の身位に関する言議を避くるの手段たらさる」。同前、一〇二頁、一九一八年一一月二二日条。
(87) 前掲『原敬日記』第五巻、二八頁、一九一八年一〇月一七日条。
(88) 前掲「翠雨荘日記」八九頁、一九一八年一一月五日条。
(89) 高久前掲「大正期皇室法令をめぐる紛争(下)」一三四頁。
(90) 前掲「翠雨荘日記」八九―九〇頁、一九一八年一一月五日条。
(91) 同前、九七頁、一九一八年一一月一二日条。
(92) 同前、九八―九九頁、一九一八年一一月二〇日条。
(93) 同前、一一七頁、一九一八年一二月五日条。
(94) そもそも皇族会議は、摂政の設置や皇族の処分など皇室重大の問題を諮詢するために勅旨によって開催されるもので、天皇と成年以上の皇族男子のほか、内大臣、枢密院議長、宮内大臣、司法大臣、大審院長が参列した(皇室典範第五五条)。会議は天皇自らが統理するか、勅令で指名された皇族が議長を務めるとされた(皇室典範第五六条)。なお、臣下の参列諸員は意見を述べることはできるが、表決の数には加えられなかった(皇族会議令第七条)。
(95) 李王職『昌徳宮李王実記』(近澤印刷所、一九四三年)五六九頁。
(96) 同前、五七〇頁。なお、城田吉六『悲劇の王女徳恵翁主の生涯――対馬に嫁した李王朝最後の王女』(長崎出版文化協会、一九八九年)六頁には結納品として豹皮が贈られたとあるが、これは結婚とは関係なく、一九二三年一一月二四日に李王から梨本宮守正に贈られた品である。李王職前掲『昌徳宮李王実記』六六七頁。
(97) 『京城日報』一九一八年一二月七日。

(98) 同前、一九一八年一二月一八日。
(99) 同前、一九一九年一月二一日。

第三章　李太王の国葬と三・一運動

1918年頃の李太王（出典：『皇室皇族聖鑑　大正編』みやこ日報社，1935年）

併合時に皇族なのか否かを曖昧なまま創設された王公族は、梨本宮方子《なしもとのみやまさこ》の李垠《イウン》への婚嫁計画をきっかけとして、法的に皇族ではないと見なされるようになった。しかし、だからといって完全に非皇族になったわけではなく、あくまで皇族もしくはそれ以上に扱われた。それゆえ、李太王は皇族でも稀な国葬の礼遇を賜わる。そしてこのとき、後藤新平が皇室典範の改正論議の際に憂慮した民族自決の危機が現実のものとなり、朝鮮において群衆を動員した「万歳騒擾」(1)すなわち三・一運動が発生する。

しかし、両者の関係はこれまで詳細に論じられてこなかった。(2)そこで本章では、法的には皇族と見なされなかった王公族の李太王が、なぜ国葬の礼遇を賜わったのかを検討する。そのうえで、李太王の国葬が三・一運動の発生にいかなる形で作用し、そしてまた三・一運動の発生が国葬にどのような結果をもたらしたのかみていきたい。

1　公表か秘匿か

李太王は李垠と梨本宮方子の婚儀が決まってからは「非常なお喜び方で挙式の日が待ち遠しいなど〻仰せらる〻事は度々であった(3)」という。だが、彼はその婚儀を目にすることなく、突如薨去した。(4)

李太王の発作の連絡を受けていち早く参内し、臨終まで手を尽くした戸川錦子医師の説明によると、李太王は「戸川か寒いのに能く来て呉れた(5)」と彼女を慰労し、その後七回くらい痙攣を続けたが、それでも意識はあったという。しかし二、三回目の痙攣のときから脈拍が一一〇、四回目からは一三〇から一四〇まで上昇、体温は三七度七分を記録してだんだんと衰弱していった。七回目の痙攣のときに戸川医師が静かに眠るよう勧めると李太王は返事をしたらしいが、これが最後の言葉となる。八回目の痙攣で完全に意識を失い、それから一二回の痙攣が続いて李太王は永眠した。

このとき長谷川好道総督のほか、李王職の閔丙奭《ミンビョンソク》長官、国分象太郎次官、尹徳栄《ユンドギョン》賛侍、朝鮮貴族の李完用《イワニョン》といった朝鮮の首脳部は、李垠と梨本宮方子の婚儀に列席するため東京に向かっており、京城に不在であった。それゆえ王公族の事務は李王職事務官の権藤四郎介に託されていた。権藤は李太王重体の知らせが入ったときの様子を次のように記している。

> その夜の二時と思はるゝ頃、一家は全く寝静まつた時に、電話のベルが消魂しく鳴つた。何事だろうかと床を蹴て眠たい眼をこすりながら、受話器の前に立てば、少しく明瞭を欠く朝鮮人の言葉で、
> 「〔李〕太王殿下御重態に陥られた。即刻出仕せよ」
> とのことであつた。私は余りの意外で、その事実を疑ひそれは昌徳宮〔李王〕ではないかと反問した。先方から言葉強く、
> 「徳寿宮〔李太王〕、徳寿宮！」と云つて電話を切つた。[6]

権藤の臨場感ある記述によって、李太王の重体が慌しく伝えられた様子を鮮やかに想像できる。権藤が電話をしてきた者に対して、「昌徳宮〔李王〕ではないか」と尋ねたのは、普段から李王の方が病弱であり、李太王は重体になるような健康状態ではなかったからである。それほど李太王の危篤は晴天の霹靂であり、誰もが予期しない出来事であった。

李堈《イガン》、李載覚《イジェガク》、李址鎔《イジヨン》、閔泳徽《ミンヨンフィ》、趙重応《チョジュンウン》ら近親や朝鮮貴族は、李太王急変の報を受けて徳寿宮咸寧殿へ赴き、別室に控えていた。このときすでに李太王の容態は手のつけようがなく、権藤の表現によると「殿内粛々として哀愁の気に満たされ、一語を発するものもなく、只だ宮女の歔欷《きょき》の声微かにきこゆるのみであつた(7)」という。李王が外出の列次を整えるのも惜しんで賛侍とともに咸寧殿に参殿したのはそれからしばらくしてからのことであり、このとき李太王はすでに息を引き取っていた。

権藤は薨去の時間を一月二一日午前一時四五分と証言しているが、先に電話がかかってきた時間を二時としているので無理がある。ただし朝鮮軍司令官の宇都宮太郎は一月二二日の日記に「本日、李太王殿下、本二十二日午前六時薨去の旨発表せらる（実際は昨日の同刻なりしなり）(8)」と記しているため、日付は二一日と考えて間違いないであろう。

ところで、周囲の者は李太王の薨去に直面してその事実を公表するか、それとも重体のまま隠しておくか決断しなければならなかった。そこで権藤は、閔泳徽、趙重応ら朝鮮貴族の重鎮と話し合ったのち、山県伊三郎政務総監の意見を聞くために大和町の官邸へと車を走らせた。李太王の近親や朝鮮貴族の意見として権藤が開陳した内容は左記の通りである。

> 全然重態のまゝとして、数日後に迫れる御慶典の式を挙行したる上で喪を発するか、又は事情ありのまゝに薨去を公表するか、二途何れを選ぶや、而も後者を取り薨去を公表するとせば、服喪期間中は御慶典を行ふ能はざるの事情となる。その結果如何。国王の喪を秘して王室に慶典を行ひしことは李朝にその先例もある。これにつき総監の内意を聴きたいといふにあつた(9)。

李太王の近親や朝鮮貴族は、薨去を発表することで王公族が喪に服さなければならなくなり、李垠と梨本宮方子の婚儀が延期になるのを憂慮していた。これに関して権藤は「当時有識階級では御慶典は如何にかして滞りなく済ましたいといふ一念であつた。殊に趙重応子の如き最も我皇室の殊遇を感謝し、又最もよく内外の時勢を理解して居る処からそれを熱望した人であるので、その意見の出るのも止むを得ない[10]」と述べている。『原敬日記』の一九一八年一二月二〇日の欄をみると「長谷川朝鮮総督帰任すとて来訪、今回梨本宮王女李王世子に婚嫁せらるゝ様にもなりたるに付、一月廿五日成婚の日に於て朝鮮合併〔ママ〕に際しての功労者朝鮮人三四名陞爵《しょうしゃく》ありたき旨内申に付、余同意を表し宮相に協議する事となせり[11]」と書かれており、婚儀を祝して陞爵が予定されていた。それゆえ、朝鮮貴族としては一日も早く結婚を実現したかったのである。

しかし権藤の報告に対して山県政務総監は、「既にこの御慶典にさへ流言を放ち、政略的の手段に出でたるものであるとか、甚だしきは王家の血統を絶やすものであるなど唱へて、人心を険悪に導かんと努めつゝあるこの際に、若し喪を秘して御慶典を行ふやうなことをなせば、その結果は恐るべき事態に陥るであらう[12]」と述べ、朝鮮統治を考慮するならば薨去を隠すべきではないとした。これにより、内地に李太王薨去の報が伝えられることとなる。

2　不文律の国葬条件

一月二二日に李太王薨去の報が内地に伝わると、山県有朋、松方正義、大隈重信などの元老や、原敬、床次竹二郎、加藤友三郎、田中義一、中橋徳五郎、野田卯太郎、山本達雄の各大臣、寺内正毅、奥保鞏、東郷平八郎の各元帥陸海軍大将のほか、朝野の名士が朝鮮の李王のもとへ弔電を送り、その数は一〇〇〇通にも及んだ。さらに各宮家からは李垠、李堈らに弔電と菓子折が贈進された。

婚儀のために東京に向かっていた閔丙奭李王職長官、尹徳栄李王職賛侍ら九名には二一日の時点で李太王重体の報が伝えられたため、彼らは急遽滞在先の宮島から引き返した。そして二二日午後一一時一五分に京城の南大門駅に到着すると、李恒九《イハング》、李源昇《イウォンスン》ら出迎えの李王職事務官に会釈する暇もなく直に徳寿宮へと入った(13)。

このとき李垠も東海道山北駅にて薨去の知らせを受け、別途京城へ向かった。哀泣する李垠は、二二日午後五時一五分に同駅から兄李王に「父殿下薨去の報に接し驚愕悲痛涕涙痛切に耐へず、不敢取茲に御弔意を表す(14)」と電報を送り、二四日午前九時五五分に南大門駅に到着すると、そのまま徳寿宮へと入った。『京城日報』の記事によると、早速喪に服することとなった李垠に対して周囲の者は、「李王世子殿下には御幼少の時より内地に御育ちあり、朝鮮固有の儀礼に御馴れにならぬ結果、誰れしも朝鮮の古式に依られる事を御嫌ひになるであらうと想像してゐた(15)」という。ところが「事実は是と全く反対で誰よりも一番好く朝鮮の儀礼を御遵りになるので、近侍一同何れもに〔ママ〕感服して居る(16)」と報じられた。一九〇七年に日本に留学させられた李垠に関しては、滞日中に「徹底した日本式教育」を受けたとか「日本人化された(17)」と論じられることがあるが、そうした評価を反証する興味深い記事である(18)。

ところで、長谷川総督は李太王の薨去に対処するために、東京に留まって政府と協議しなければならなかった。二二日には原首相を訪問して、「李太王死去に付国葬となしては如何(19)」と申し入れ、これに対して原首相は、「大体に於て賛成に付其手数を取るべし」と返答している。その後、高橋光威内閣書記官長が宮内省に出向いて協議したが、宮内省側からは「宮中喪其他」の方法で行ってはどうかとの意見が出された。しかし原首相は「宮中喪は例規に相違」しているとして不同意を表明し、「国葬は前例通になす事」(20)を決定した。

翌二三日、原首相は波多野敬直宮内大臣と会見して李太王の葬儀を国葬とすることを内議し、同意を得た。さらに横田千之助法制局長官を小田原にいる山県有朋に遣わし、国葬の件を相談させた。山県も国葬の方針に異議はなく、原首相が宮内省の主張した宮中喪に反対したことにも同意を示した。

こうした経緯から、宮内省は国葬ではなく宮中喪程度に止めようとし、原首相や長谷川総督ら朝鮮統治に直接関わる者たちは、より格の高い国葬を準備しようとしていたことがわかる。宮廷儀礼である国葬形式の慣例を作ったのは宮内省であった。そのため宮内省には強い自負心があり、安易に国葬を行うのを快く思っていなかったといえる。しかし、原首相や長谷川総督は国葬の慣例よりも、李太王の葬儀を〈日本〉の国費で〈日本〉の葬儀として執行することを重視していたのであった。

二二日の緊急臨時閣議で国葬方針が決定すると、二三、二四日の内閣国葬準備会議で一八項目の基本事項を定め、総督府、宮内省、内閣、陸軍省、海軍省から葬儀掛を選抜した。また、その事務所を京城と東京に設置した(21)。

一、国葬費ハ拾萬円ヲ限度トスルコト。
一、国葬予算ハ式場設備、儀式挙行費及附帯ノ経費ニ限リ之ヲ支出シ、墓所築造其ノ他永久的経費ハ李王家ノ負担トスルコト。

一、葬儀ハ通常ノ国葬式ヲ原則トシ、之ニ朝鮮ノ旧慣ヲ加ヘ大体故〔有栖川宮〕威仁親王国葬ノ例ニ準拠スルコト。

一、葬儀期日及葬儀事務取扱期限。
葬儀ハ一ヶ月以内ニ之ヲ行ヒ、葬儀事務ハ大正七年度内ニ終了セシムルコト。
右期日及期限ハ在京葬儀掛渡鮮ノ上、第一ニ之ヲ決定スルコト。

一、葬儀事務ハ在鮮ノ葬儀掛主トシテ之ニ当リ、重要ノ事項ニ付テハ東京葬儀掛ヘ電報ヲ以テ打合スコト。

一、在鮮葬儀掛ニ於イテ決定シタル事項ハ、急ヲ要スルモノハ電報ヲ以テ、其ノ他ハ郵便ヲ以テ東京葬儀掛ヘ通報スルコト。

一、公知ヲ要スルモノハ官報及朝鮮総督府公報ニ報告スルコト。
官報報告ハ東京葬儀掛ヨリ為スコト。

一、葬儀東京事務所ヲ内閣ニ設置スルコト。

一、判任葬儀掛ハ内閣ニ於テ之ヲ命スルコト。

一、高等官葬儀掛ノ事務分掌ハ内閣ニ於テ之ヲ命スルコト。
判任葬儀掛ノ事務分掌ハ葬儀掛長ニ於テ之ヲ命スルコト。

一、葬儀掛事務開始ノ際、朝鮮ヘノ出張ハ内閣ニ於テ之ヲ命スルコト。
爾後朝鮮ヘノ出張ハ葬儀掛長ノ内申ニ依リ内閣ニ於テ之ヲ命スルコト。

一、朝鮮ヨリ内地ヘノ出張ハ葬儀掛長ニ於テ之ヲ命スルコト。
一、葬儀関係者ハ専ラ在鮮ノ者ヲ用ヒ、内地ヨリ出張セシムル者ハ特ニ必要ナル場合ニ限ルコト。
一、葬儀掛以外儀式参役ノ諸員、小者以下ノ借用ハ葬儀掛長限リ専行スルコト。
一、在鮮各官衙トノ交渉照復ハ葬儀掛長限リ行フコト。
一、儀仗ハ在鮮ノ部隊中ヨリ之ヲ附スルコト。
一、歌舞音曲停止。
朝鮮ニ於テ発喪翌日ヨリ向フ三日間及葬儀当日。
一、葬儀当日、京城所在諸官衙ハ臨時休暇トスルコト。
一、葬儀掛ハ左ノ如シ。

葬儀掛長	朝鮮総督府政務総監	山県伊三郎
葬儀掛次長	式部次長公爵	伊藤博邦
	朝鮮総督府中枢院副議長伯爵	李完用
葬儀掛	内閣書記官長	高橋光威
	内閣書記官	下條康麿
	同	別府徳太郎
	同	木下道雄
	拓殖局長官法学博士	古賀廉造
	拓殖局書記官	入江海平

宮内書記官　大木彝雄
宮内事務官子爵　仙石政敬
式部官　岡田平太郎
掌典　佐伯有義
李王職次官　国分象太郎
李王職賛侍子爵　尹徳栄
朝鮮総督府内務部長官　宇佐美勝夫
朝鮮総督府総務局長　荻田悦造
朝鮮総督秘書官　遠藤柳作
同　神田純一
朝鮮総督府事務官　工藤壮平
朝鮮総督府技師　岩井長三郎
朝鮮総督府通訳官　藤波義貫
陸軍少将　村田信乃
海軍大佐　東條明次
朝鮮総督府中枢院顧問子爵　趙重応
朝鮮総督府警務総長　児島惣次郎(22)
従四位勲一等子爵　宋秉畯

このうち伊藤博邦が祭官長に、尹徳栄（二月八日に趙東潤《チョドンユン》と交代）[23]が祭官副長に指名され、さらに朝鮮へ出張して諸事務を取り計らうメンバーとして、伊藤博邦、入江海平、大木彝雄、岡田平太郎、佐伯有義が任命された。

この委員会では、臨時予算として要求する国葬費を一〇万円と決め、葬儀形式は通常の国葬を原則とし、朝鮮の旧慣を加えるとした。伊藤葬儀掛次長はこの方式について次のような私見を『京城日報』に述べている。

李太王殿下国葬儀は如何なる様式に據るかに就ては入城の上慎重審議を重ねた結果でなければ具体的なことは勿論判らないが、私の考へとしては国葬には国葬としての厳然たる体があるから、朝鮮の儀例《ママ》に重きを置くと云ふことは不可能であらうと思ふ。と云つて朝鮮の儀例《ママ》を無視或は軽視すると云ふわけではない。仮へば霊柩だとか埋葬式だとかは朝鮮の儀例《ママ》に依る外はないと思ふ。そこで如何なる程度まで内地の儀例《ママ》に則り如何なる程度まで朝鮮の典故に據るかは未定の問題であるが、唯私としては双方の儀例《ママ》を混同するやうな煩を避けて双方の色彩を明かにし、仮へば一尺のものならば七寸は内地式三寸は朝鮮式と云ふやうな風にしたい。即ち葬祭場に於ける式次第は内地の国葬儀例《ママ》に全然則とり、埋柩式は全然朝鮮式と云つたやうに双方の色彩を明瞭にすることが必要であらうと思ふ。[24]

このように、李太王の国葬には朝鮮式を採り入れるが、内地式とは混合しない方針であった。そして、それは「一尺のものならば七寸は内地式三寸は朝鮮式と云ふやうな風」と表現されているように、内地式を主体にして朝鮮式を加えるという形式であった。しかし、宮内省では国葬に朝鮮の儀式を用いるべきではないという考えがあり[25]、実際にはさらに異なる計画が立てられる。

それは、一般の告別式に当たる「葬場祭の儀」までを国葬として内地式で執り行ったのちに、霊柩を墓所に運んで埋葬する儀式は国葬とは別に李王家の内葬として朝鮮式で行うというものであった。要するに、李太王の葬儀は内地式に朝鮮式を加えて行うが、それが国葬と内葬に分けられ、国葬はすべて内地式、内葬はすべて朝鮮式となったのである。ただし国葬のうちで唯一、霊柩を運ぶ大輿だけは朝鮮式が採用され、内地式とは異なる巨大な大輿が国葬に組み込まれた。

ところで、内地以外ではじめて行うこの国葬に対処するために、一九一三年七月一七日に執行された皇族有栖川宮威仁《たけひと》親王の国葬を前例として踏襲した点に注目しておきたい。第二章でもみたように、王公家軌範や皇室典範といった法に関わる領域では、枢密院を中心として王公族を皇族とは見なさない考えが大勢を占めたが、李太王の薨去に際しては皇族の例に則ったのである。

では、なぜ有栖川宮威仁親王の国葬を踏襲したのであろうか。そもそも、なぜ李太王の葬儀は皇族でも稀な国葬となったのであろうか。これらの疑問点をより明確にするために、李太王以前に国葬された人物を表3-1にあげる。なお、〈日本〉で国葬令(勅令三二四号)が公布されたのは一九二六年一〇月二一日であり、それまで国葬に関する明文化された規定は存在しなかった。

表3-1の一一名を大まかに分類すると、皇族四名(有栖川宮熾仁、北白川宮能久、小松宮彰仁、有栖川宮威仁)、薩長の旧藩主二名(毛利元徳、島津忠義)、その他五名(岩倉具視、島津久光、三条実美、伊藤博文、大

山巖）となる。

　一九一三年に桂太郎が危篤になったときに、原敬は山本権兵衛首相から「桂死せば国葬問題起らん。如何すべきや」と尋ねられ、「国葬は薩長の旧藩主の外は三條、岩倉、伊藤のみなり。其他は皇族に限れり、桂は気の毒ながら適当ならざるが如し[26]」との考えを表明して、国葬に反対していた。ここで言う「三條、岩倉、伊藤」を明治維新に貢献した者と解釈すれば、島津久光も含まれるだろう。さらに大山巖も実際は日清・日露戦争における勲功や内大臣として常侍輔弼《じょうじほひつ》の大任を務めたことで国葬されたのであろうが、名目上は「維新以来の勲功に対し特に国葬執行の内議[27]」が下されていた。したがって、当時国葬の礼遇を受けるには、皇族か薩長の旧藩主以外は明治維新に貢献した者でなければならないという不文律があったと考えられる。原は桂の国葬問題を論じる直前に「元来世間にては余と桂との間に種々の浮説をなせども何等特殊の関係なし。個人としても政党としても私恩などは毛頭之無し[28]」と述べており、単純に桂がこの条件に当てはまらないという理由で国葬に反対したといえよう。

　しかし、王公族を準皇族と規定した帝室制度審議会の王公家軌範案は枢密院によって否決されていたので、李太王が皇族と見なされて国葬礼遇を賜ったとはいえない。仮に併合条約や冊立詔書における「皇族ノ礼」を根拠にしようとしても、すべての皇族が国葬されるわけではないので無理がある。で

表 3-1　李太王以前に国葬された者

	国葬執行日
岩倉具視	1883 年 7 月 25 日
島津久光	1887 年 12 月 18 日
三条実美	1891 年 2 月 25 日
有栖川宮熾仁	1895 年 1 月 29 日
北白川宮能久	1895 年 11 月 11 日
毛利元徳	1896 年 12 月 30 日
島津忠義	1897 年 1 月 9 日
小松宮彰仁	1903 年 2 月 26 日
伊藤博文	1909 年 11 月 4 日
有栖川宮威仁	1913 年 7 月 17 日
大山巖	1916 年 12 月 17 日

は、桂と同様に国葬条件に該当せず、しかも併合を成立させた側の桂ではなく、併合された側の李太王が国葬されたのはなぜであろうか。その理由は、帝国議会における国葬予算および哀悼決議文の可決過程に見出すことができる。

3 仕立てられた李太王の功績

一月二六日の衆議院において、国葬費捻出のための「第一号大正七年度歳入歳出総予算追加案」と「哀悼決議案」が、元田肇、下岡忠治、花井卓蔵ら一四名の議員によって提出された(29)。この二案は全会一致で可決されると、翌二七日には貴族院に回された。そこで登壇した前田利定議員は冒頭で、「朝鮮ニ在住スル所ノ貴族並ニ一般ノ臣民ニ於キマシテモ、此有難キ聖旨ヲ拝聞イタシマシタナラバ、必ズヤ感涙ニ咽ビ感激イタスコトデアラウト存ジマス。心ナキ八道ノ山河草木モ我皇ノ此御徳ニ靡クコトデアラウト思フノデアリマス(30)」と述べ、李太王を国葬するのは朝鮮人を「感涙ニ咽ビ感激」させるためであると端的に説明している。そうした理由から、李太王の国葬には一〇〇万円という巨額の予算が計上された。もちろん李太王の場合は朝鮮で行わなければならないために膨大な経費が掛かったが、過去の国葬と比較してみてもこの一〇〇万円は破格であった。

国葬費の変遷を簡単にみると、日本で最初に行われた岩倉具視の国葬は三万円であり、その水準は一九〇三年二月二六日の小松宮彰仁の国葬まで続いたが、その後の物価上昇に応じて引き上げられ、〇九年一一月二四日の伊藤博文の国葬は四万五〇〇〇円で執行された。さらに一三年七月一七日の有栖川宮威仁の国葬では、皇族が「臣下と同一の標準に依るべからざる事情あり[31]」とのことで、五万円に増額された。ところが、李太王の国葬費はこの皇族の国葬費からさらに倍増することとなる。ここで重要なのは一〇万円という金額そのものではなく、有栖川宮威仁の国葬費が臣下と同じではよくないからと五〇〇〇円増額されたにもかかわらず、皇族ではない李太王にその倍額が設定された点である。国葬を通して朝鮮人を「感涙ニ咽ビ感激」させるためには、皇族と同等以上の礼遇を可視化しなければならず、その結果、巨額な予算が組まれたといえる。これに関連して、儀式の格式も高めなければならず、準拠する国葬も直前の一九一六年に行われた大山巌の国葬ではなく、一三年に行われた皇族有栖川宮威仁の国葬となった。

このようにみると、李太王の国葬は日本の国葬条件とは関係なしに、朝鮮統治を視野に入れて朝鮮人向けに計画されたものであったといえる。そうした性格は、王公族に保障された「皇族ノ礼」を前景化させる重大な契機となった。貴族院で前田議員は「李王家ト我ガ皇室トノ御間柄ハ御深厚デアリマスルケレドモ、唯ソレノミデ国葬ノ礼ヲ陛下ガ賜ハッタノデハナイ」として、李太王を国葬する別の理由を述べている。それは、「〔李太王〕殿下ガ御生前ニ於キマシテ国家ニ功績ガ顕著ナル所ノ皇族ト同様ニ上陛下ガ思召サレテ、而シテ此優渥ナル御沙汰ヲ賜ハッタモノデアル」という。では「国家ニ功績ガ顕著ナル所ノ皇族ト同様」と見なす「功績」とは何か。前田議員は併合当時を回想しながら次のように説明した。

熟々《つくづく》併合当年ノコトヲ回想イタシテ見マスレバ、李王殿下ガ能ク世界ノ大勢ヲ御洞察遊バサレ、且又我ガ明治大帝ノ大御心ヲ能ク御了解遊バサレテ、東洋ノ平和ノ為ニ朝鮮ノ福利ノ為ニ、和平隆昌ノ今日アルヲ御導キニナッタト云フコトハ申ス迄モナイコトデアリマス。併ナガラ又李太王殿下ガ深ク我ガ皇室ニ御信頼遊バサレテ満腹ノ御誠意ヲ以テ此事ヲ御賛襄遊バシタ所ノ御力モ与ッテ大ナルモノデアルト本員ハ深ク信ジテ疑ハナイノデアリマス(32)。

要するに、併合は李王の貢献だけでなく、李太王の「御賛襄」があったために成立しえたのであり、それこそが李太王の「功績」なのだという。しかし実際には、李太王は甲午改革中にロシア公使館に逃亡し（露館播遷）、第二次日韓協約の締結後にはハーグ平和会議に密使を派遣して日本の「不当性」を国際社会に訴えようとした人物であった。それゆえ、当時の日本から見れば非常に厄介な存在だったといえる。

同様の演説は、前日二六日の衆議院における哀悼決議文の可決過程でもなされていた。可決賛成演説を行った元田肇議員は、併合が成立したのは李王の「英断」によるところが大きいと前置きしたうえで、「李太王殿下ノ英明ナル御賛助亦与ッテ多大ナルコトヲ信ジテ疑ハナイノデアリマス(33)」と述べ、前田と同じように、李太王を併合の功労者として賞賛した。元田議員はさらに、「〔李太王〕殿下ハ天資英明仁慈ニアラセラレマシテ、御仁政ノ事ハ枚挙ニ遑《いとま》アラズ」と述べ、ゆえに「我ガ帝室ニ於カセラレマシテモ、特別ナル御優遇アラセラレル」のだと説明している。

以上のような一連の演説は、国葬予算を獲得するために李太王を国葬する理由を拵えた結果であった。だがここで、併合への貢献という「功績」が仕立てられたことにより、王公族に保障されていた「皇族ノ礼」が当局によって再認識されることになる。そして、たとえ王公族を法的には皇族と見なせなくても、皇族の最上位とほぼ同等に礼遇すべきだとする考えが優勢となり、李太王の国葬を基本的に皇族と同じ内地式で執行する違和感を排除したのである。

貴衆両院は国葬予算案と哀悼決議文案を満場一致で可決した。さらに李太王への弔意を表すために、衆議院では大岡育造議長から、貴族院では徳川家達議長から国葬当日を休会にする案が提起され、これも満場一致で可決した。こうして二七日に「大勲位李太王薨去ニ付特ニ国葬ヲ行フ」という勅令第九号が発せられる(34)。

しかし、まだこの時点で国葬の期日は明確に定まっていなかった。李太王以前の国葬者をみると、死去の発表から国葬まではそれほど長くない。岩倉具視の場合は七月二〇日に死去、七月二五日に国葬だったので、その間は五日である。こちらも皇族ではない三条実美の場合は二月一八日に死去して二月二五日に国葬なので、七日空いている。皇族の北白川宮能久は一一月五日に薨去、一一月一一日に国葬なので六日後、李太王の範となった有栖川宮威仁の場合は七月一〇日に薨去が発表され、七月一七日に国葬なので七日後である。このように、薨去から国葬までの期間は長くてもせいぜい一週間であった。しかし李太王の国葬は三月に行われるだろうと早くから予想されていた。朝鮮では、王の葬儀は他界した日から三つの月を跨いで（すなわち二カ月後の適当な日に）執行するというしきたりがあったからである。

一月二九日の『京城日報』には、総督府から日本政府に二月二八日と三月四日が縁起もよく李太王の国葬日として適当であるとの内報が送られ、朝鮮の旧慣から考えて三月四日になるだろうという記事が載っている。しかしその後、葬儀掛は三月三日を望む朝鮮側の要請を受けて、期日を変更した。朝鮮側としては、李太王の葬儀が内地式の国葬と朝鮮式の内葬に分けられ、国葬が済んだのちに内葬に移行するよう計画されたことから、内葬の期日に縁起のよい三月四日をもってくるために、国葬日を一日早めて三月三日にするよう要請したのである。こうして李太王の国葬日は三月三日で確定した。

しかし、国葬日といっても、それは主要儀式である「葬場祭《そうじょうさい》の儀」を行う日のことであり、国葬の全儀式は約一カ月という長期にわたって実施された。その日程は、二月九日の「国葬奉告《こくそうほうこく》の儀」、三月一日の「賜誄《しるい》の儀」、三月二日の「斂葬後柩前祭《れんそうごきゅうぜんさい》の儀」、三月三日の「霊輿発引《れいよはついん》の儀」と「葬場祭の儀」、三月六日の「斂葬後権舎祭《れんそうごごんしゃさい》の儀」、三月七日の「斂葬後墓所祭《れんそうごぼしょさい》の儀」というように組まれた。三月三日の「霊輿発引の儀」と「葬場祭の儀」が終わると朝鮮式の内葬へ移行して霊柩が墓地のある金谷里に運ばれ、三月四日に「埋葬の儀」、三月五日に「返虞《へんぐ》の儀」が行われることとなった。

4　「民族代表」の意図と独立機運の拡散

国葬の主要儀式である「葬場祭の儀」は三月三日と決まった。しかし、その直前の三月一日に、朝鮮では群衆を動員した一大独立運動が勃発する。両者には何らかの関連性があると推測されるが、これまで詳細に検討されてこなかった。そこで本節では、独立宣言を行った孫秉熙《ソンビョンヒ》をはじめとする三三名の「民族代表」の位置づけを通して、三・一運動と李太王の国葬を関連づけて考察しなければならない理由について論じたい。まず、三・一運動研究の二つの論点に焦点を絞って研究史を概観する。一つは「民族代表」をどのように評価するかという、いわゆる否定論／肯定論をめぐる問題であり、もう一つは三・一運動発生の契機（動機）をどこに求めるかという、いわゆる外因論／内因論をめぐる問題である。

最初に「民族代表」の評価をめぐる問題からみていきたい。「民族代表」の役割に対する評価に関しては、一九六〇年代以降、否定論と肯定論が並存し[35]、特に日本の左派系研究者が三・一運動の失敗論と合わせて否定論を展開してきた[36]。

山辺健太郎は、「民族代表」が三月一日にパゴダ公園で群衆とともに「朝鮮独立万歳」を唱えるはずであったのに、直前になって会場を仁寺洞にある明月館支店の泰和館《テファグァン》に変えてしまったことを「いかにもだらしがない、臆病なインテリゲンツィアはこんなものかというよい例[37]」として痛烈に批判している。宮田節子も、「民族代表」が会場を変えて一網打尽に逮捕されてしまったことを批判するとともに、「三・一運動はぼっ発と同時に、その「指導者」を乗りこえて、人民によってたたかわれたのである[38]」と論じ、指導者の不在ゆえに、三・一運動は「敗北する内的原因をはらんでいた[39]」と結論づけている。姜徳相は「民族代表」の三月一日の行動だけでなく、その準備段階をも否定し、この段階を必要以上に強調する既往の研究は「「民族代表」の役割の過大評価、したがって反帝に動員されていく朝鮮人民の役割の過小評価につながる」とし、「現実にこの大闘争を推進し、遂行する基礎となった朝鮮人民の力量、それが挙族的になっていく過程こそ追及されねばならぬ[40]」と、三・一運動研究の進むべき方向性を述べている。さらに「民族代表」のうち、最低一回は会合に参加した者が二三名、独立宣言書の発表のときだけ参加した者が六名、独立宣言書の発表を含む一切の会合に不参加だった者が四名だったとして、「つまり三三人とは民族独立運動の同志でもなんでもない、少数の代表者により秘密に具体化されたものに義理上、又は自己の名誉のために名前を貸したにすぎないのが大部分ということになる[41]」と論じた。

こうした論調に対して、肯定論に立つ金昌洙は「北朝鮮の三・一独立運動史認識をそのまま踏襲[42]」したものだと批判を加えているが、では肯定論はどのように「民族代表」を評価しているのであろうか。日本の学界で肯定論を展開した代表格は朴慶植である。彼は、三・一運動は外国からの影響もあったが、当時の民族の独立思想が成熟したことで必然的に発生した抗日民族解放運動であるとし、それが「民族代表[43]」の綿密な準備計画のもとに起きたのは明らかな歴史的事実だと主張している。韓国の学界で積極的に肯定論を展開しているのは前出の金昌洙である。彼は否定論を「三・一運動を人民蜂起として規定するための貧弱な論理」であるとし、「いかなる革命であれ、歴史的事件であれ、間に指導者のいない運動がありうるか」との疑問を呈して、「三・一運動を準備・指導して挙族的、全国的な運動に導いたのは三三名の指導者がいたからだということは言うまでもない[44]」と論断している。

しかし、こうした考えに代表される肯定論は、三・一運動が当初から挙族的・全国的なものであったということを前提としている点に弱点がある。三・一運動が結果として挙族的・全国的になったのであれば、三三名の「民族代表」が準備・指導したという論は成り立たなくなってしまうのである。そして実際に「民族代表」が学生と連合して挙族的に運動を展開する気がなかったことは、警察・検事・地方法院予審・京城高等法院予審の訊問調書を分析した康成銀の研究によって明らかとなっている。

「民族代表」は朝鮮内外の学生たちが先に独立運動を起こしそうだと知ると、それが自分たちの独立請願運動の趣旨に反するのを恐れ、学生たちの独立運動を中止させようとした[45]。さらに二月二八日夜に孫秉熙邸で開かれた「民族代表」の最終打ち合わせでは、大勢の学生がパゴダ公園に集まりそうだという情報がもたらされるが、これに対して「学生等が集まれば乱暴な事を為し易き故、吾々の正当の事で独立宣言を発表するに訳を判らず学生が騒げば吾々の禍を招く基となる」(46)（孫秉熙）、「公園にて発表すれば、学生等は意見浅薄にして如何なる事を仕出来《ママ》すかも知れません。私等は学生等と行動を共にする様な事は敷度くなきを以て、同公園で集る事を罷て他所にて為すこと」(47)（崔麟《チェリン》）、「独立宣言書の発表に大勢の者が集り騒ぐ必要なし」(48)（権東鎮《クォンドンジン》）、「パゴダ公園にて独立宣言書を発表せば、無智人民等が暴動を為すかも知れぬ。吾々は独立宣言書を配布し其れが民間に聞知さるれば宜き」(49)（崔聖模《チェソンモ》）などの意見が出た。

そのあげく、独立宣言の会場はパゴダ公園から泰和館へ変更される。康基徳ら三名の学生は「民族代表」をピストルで脅してパゴダ公園に来るよう促したが、孫秉熙は「若い者が腕力を以て騒ごうとして成就するものではない。自分達はお前達と事を共にすることは出来ぬ故、お前達で勝手にするが良かろう」(50)と述べて拒否し、仲間うちだけで独立宣言を挙行したのであった。(51)以上より、「民族代表」は従来いわれてきたような学生との連合をはじめから計画していなかったことがわかる。(52)

また司法当局も、「民族代表」が学生や一般朝鮮人を煽動して示威行動を起こしたわけではないと判断していた。これは、彼らに対して最高で懲役三年というきわめて軽い判決が下ったことからも明らかである。そもそも〈日本〉という国家内で独立を企図したならば、当然内乱罪に問われるはずであり、実際に「民族代表」はいったん内乱罪の疑いで京城高等法院に回された。しかし、高等法院特別刑事部で予審に六カ月を費やしたのち、保安法または出版法違反で論ずべきとの判断が下され、京城地方法院が管轄裁判所に指定される。「民族代表」の行為を内乱罪に問えない理由は、裁判記録で次のように説明されている。

内乱の教唆《きょうさ》罪成立するには暴動を手段として政府を転覆し、又は邦土を僭窃《せんせつ》し、其他朝憲を紊乱する目的を達成すべきことを教唆したる行為あることを要す、故に単に朝鮮民族たる者は最後の一人最後の一刻迄独立の意見を発表し、互に相奮起して帝国の覊絆《きはん》を脱し、朝鮮の独立を図らざるべからざることを激励鼓舞するに止め、別に暴動を手段として朝鮮独立の目的を達すべきことを教唆したるに非ざるときは、従者其激励鼓舞に因り偶々《たまたま》暴動を手段として朝鮮独立の目的を達するの挙に出ずる者ありと仮走《ママ》するも、其は専ら其者の自発の意思に出ずるものと謂うべきを以てより、右激励鼓舞したる者に内乱罪の教唆ありと為すべきに非ず(53)

ここに書かれているように、内乱の教唆罪が成立するためには政府を転覆させることを目的とした暴動がともなわなければならないが、「民族代表」は独立しようとして単に朝鮮民衆を「激励鼓舞」しただけだと見なされた。たしかに暴動は発生したが、「民族代表」が主導したのではなく、たまたま暴動によって独立を勝ち取ろうとした者が別にいただけだと判断されたのである。

では次に、もう一つの論点である三・一運動の外因論/内因論をめぐる問題をみていきたい。外因論とは三・一運動発生の原因をウィルソン米大統領の民族自決宣言やロシア十月革命といった外部の動きに求めるもので、特に憲兵文書や総督府文書にみられる。この見解は日韓の歴史叙述でも長らく支持されてきた(54)。

それに反して、朝鮮民族の力量に原因を求めるのが内因論である。内因論は、三・一運動を「開港前後から三・一運動直前までの民族運動（たとえば初期開化運動と一八八四年の甲申政変、一八九四年の甲午東学農民革命運動、一八九六～一八九八年の独立協会と万民共同会運動、韓末義兵運動と愛国啓蒙運動、一九一〇年代の国内外独立運動）の成果が韓国民族内部に蓄積されて形成されたもの」[55]ととらえており、その代表は朴慶植、尹炳奭、愼鏞廈である。[56]殊に愼鏞廈は、「ロシア十月革命がその直後、一般的に全世界の弱小民族（主にヨーロッパの弱小民族）の独立運動に有利な雰囲気を醸成するのに寄与したとみることができるが、これはとても散漫で緩やかな一般的性格のものであり、〔…〕特に一九一九年三月の三・一運動に影響を与えた実証的資料はまったく発見されていない」、「韓国民族の独立運動勢力はウィルソンが民族自決主義の原則を発表するずっと前から第一次世界大戦と関連して独立運動を起こす機会をとらえていた」[57]と論じて、三・一運動と外部の動きとの関連性を否定している。[58]しかし「民族自決」の思想が当時の群衆に浸透していたことを考えると、彼の説明には無理があるといえよう。[59]

「民族代表」の評価をめぐる否定論／肯定論と三・一運動発生の原因をめぐる外因論／内因論を概観してみると、どちらもその根底に独立運動の淵源を朝鮮人内部に見出そうとする理念が存在する。そのように三・一運動研究は理念が先行したため、運動発生の契機に関して実証的に論じられてこなかったと思われる。運動発生時に李太王の国葬があったにもかかわらず、両者の関連性はそれほど重視されてこなかった。

しかし、次のような問題提起をしたとき、自ずと三・一運動と国葬の関連性がみえてくる。すなわち、なぜ数多ある独立運動のなかで三・一運動だけが群衆を動員し、朝鮮全土へ波及していったのだろうか。内因論の重視する義兵闘争および愛国啓蒙運動を経て養成された朝鮮人の民族意識の高まりや、外因論の重視するウィルソンの民族自決宣言およびロシア十月革命は、この時期に独立運動が起こった理由にはなるが、三・一運動だけが大規模な運動へ発展した理由にはならない。また、李太王毒殺(60)の噂が朝鮮人の感情を刺激したとしても、その感情の爆発がなぜ三月一日以降にほぼ同時的に発生したのかを説明することはできない。三・一運動だけが群衆を動員した運動になるには、全国の民衆が一カ所に集まるとともに、その場で発せられた情報を同時に全国に広める必要があり、原則的に集会が禁じられていた当時の朝鮮では、李太王の国葬見物を目的とした民衆の京城への上京および帰郷をおいてほかに機会はなかったのである。

しかし「民族代表」は言論による緩やかな独立運動を企図し、その手段は各国大使館や総督府に独立宣言書を送りつけたり、朝鮮民衆によるシュプレヒコールで国際社会にアピールする程度のものであったと推測される。(61)たとえば「民族代表」の一人である韓龍雲《ハンヨンウン》は、二月二〇日頃に運動のやり方を協議したときに、幹部員の崔麟が次のように語ったと検事訊問調書で述べている。

> 独立運動に就き暴力を用いる様な事ありては到底成功出来ず。故に吾々朝鮮民族の意思を中外に表明して外国の声援を得、又日本政府及議会にも相当同情を得る様にする方が可なり。右列国の声援を得、又日本政府及議会に同情を得るには朝鮮が民族自決に依り独立致度きを以て之れに対し同情を願う旨の書面を送る事とする方が可なり(62)。

実際に崔麟は地方法院予審訊問調書で「私は、米国大統領が提唱せる民族自決は世界の総ての民族に対するものであると思って居ります[63]」と証言しており、「民族代表」が民族自決に期待を寄せていたことを示唆している[64]。そうした期待が、「排他的感情ニ逸走スベカラス」「一切ノ行動ハ最モ秩序ヲ尊重シ、吾人ノ主張ト態度ヲシテ飽マデ公明正大ナラシムベシ[65]」と訴えた、独立宣言書末尾の「公約三章」における非暴力の理念に表れているといえよう。このように「民族代表」が学生との連合や示威行動（暴動）[66]を望んでいなかったならば、彼らはなぜわざわざ多数の民衆が京城に集まる国葬の直前に独立宣言を発表しようとしたのであろうか。

5　三月一日の背景

独立運動に対する「民族代表」と学生の考えは決して一致するものではなかった。それゆえ、三・一運動に至るまでの力学を正確に把握するためには、「民族代表」と学生の動きを同一視せず、分けて検討する必要がある。

学生たちが最初に積極的な行動を起こしたのは、朝鮮で李太王の国葬を謹んで行うと宣言した「国葬奉告の儀」の前日である二月八日であった。この日、東京では朝鮮人留学生が神田西小川町の朝鮮基督教青年会館において、朝鮮独立青年団の名義で独立宣言書を発表する事件を起こした（二・八宣言）。この二・八宣言は、陸軍省がのちに三・一運動の原因を追究した文書で「京城ニ於ケル学生ハ東京留学生ノ挙ニ倣ハムトシテ二月二十五日頃ヨリ四、五ノ学生寄リ〳〵協議ヲ凝シツツアリシカ後、今回検挙セシ首謀者等ノ独立運動ト連絡ヲ採リ、遂ニ今回ノ挙ニ出テタルモノナリ[67]」と分析しているように、三・

一運動と密接に結びついたものであった。そこでこの二・八宣言から学生の動きを追っていきたい。

第一次世界大戦終結間近の一九一八年一月八日、ウィルソン米国大統領によって民族自決宣言がなされると、朝鮮人留学生の間では独立の気運が高まった。同年一二月二九日には東京市神田区表猿楽町の青年会館において、朝鮮人留学生団体である学友会(68)の主催で忘年会および東西連合雄弁会（会衆約二〇〇名）を開催し、「朝鮮ハ此際独立スヘシ吾人ハ生命ヲ賭シテモ此ノ目的ヲ達スヘク在ラユル手段ヲ執ルヘシ」(69)という熱烈な議論を展開した。学友会は翌一九年一月六日にも青年会館で雄弁会（会衆約二〇〇名）を開き、尹昌錫《ユンチャンソク》、徐椿《ソチュン》、李琮根《イジョングン》、朴正植《パクチョンシク》、田栄沢《チョンヨンテク》らが「吾朝鮮民族ノ独立運動ヲ為スニハ最モ適当ナル時機ニシテ海外ノ同胞ニ於テモ既ニ夫々実行運動ニ着手シ居ルヲ以テ吾〔ママ〕等ニ宜シク具体的運動ヲ開始スベシ」(70)と演説した。さらに尹昌錫、崔八鏞《チェパリョン》、田栄沢、徐椿、金度演《キムドヨン》、白寛洙《ペククァンス》、李琮根、宋《ソン》継白《ゲェベク》、金尚徳《キムサンドク》、崔謹愚《チェグヌ》ら一〇名の実行委員を選出して運動の進め方を協議した。議論は深夜まで続き、独立宣言書を日本政府、各国大使館、貴衆両院に送付することを決定する。その後、田栄沢が病気のために脱退し、代わりに上海の新韓青年党の李光洙《イグァンス》と金喆寿《キムチョルス》が加わって、委員は一一名となった。崔八鏞、羅容均《ナヨンギュン》らは運動資金の収集を担当し、独立宣言書は白寛洙が担当して李光洙に起草させた。さらに宋継白と崔謹愚は絹布に書いた独立宣言書を帽子に縫い込んで朝鮮へ渡り、母校・中央学校の教師である玄相允《ヒョンサンユン》に独立運動の計画を相談した。玄相允は校長の宋鎮禹《ソンジヌ》と恩師であり天道教の幹部でもある崔麟に東京の動きを伝え、さらに崔麟は天道教教主の孫秉熙に計画を伝えた(71)。ところが、「民族代表」は東京の朝鮮人留学生が自分たちよりも先に独立宣言を発表しそうだと知ると、二月七日に宋継白宛に電報を打って運動を延期せよと勧告したのであった(72)。

宋継白は差出人の名前と住所のないこの電報が誰から来たのかわからず、崔八鏞に相談したが、判明しなかった。[73] それゆえ、運動は予定通り実行に移される。学友会の委員らは密かに朝鮮独立青年団を組織し、秘密裏に民族大会召集請願書と独立宣言書付決議文を朝鮮語、日本語、英語で作成した。請願書は二月六日から七日にかけて東京市芝区小山町三番地の伊藤印刷所で一〇〇〇部が刷られ、宣言書は、英語のものはタイプライターで、日本語と朝鮮語のものは謄写版によって六〇〇部が作成された。[74] そして八日午前一〇時に日本の各大臣、在日各国大使・公使、貴衆両院、総督府、各地新聞雑誌社に郵送された。さらに同日午後二時には「学会役員選挙会」の名目で、青年会館において独立宣言の発表を目的とした学生大会が開催され、絹布に書かれた宣言書が壇上に掲げられた。尹昌錫の司会で大会は進行し、朝鮮独立青年団の名前で一一名の代表が署名した宣言書を白寛洙が朗読すると、場内は「大韓独立万歳」の声で埋まった。[75]

独立宣言を発表し終えると示威行進に移ろうとしたが、それは西神田警察署の警官隊に妨害され、解散が命じられた。一〇名の委員（李光洙は中国へ渡って不在）と二〇名の会員が逮捕され、出版法第二六条違反の容疑で投獄される。[76] 量刑は、崔八鏞、徐椿、金度演、白寛洙、尹昌錫らが禁固九カ月、宋継白、金尚徳、李琮根らが禁固七カ月と一五日であった。なお、青山学院大学の学生であった尹昌錫は二月一〇日付で退学処分となった。

この二・八宣言は三・一運動に先行し、また〈日本〉の首都東京で実行したという点で評価されるが、同時に少人数による運動の無力さを露呈するものでもあった。そこで学生たちは、全国の朝鮮人が李太王の国葬を見物しに京城に集まる二月下旬から三月上旬に照準を合わせて再び独立運動を起こすことを計画し、朝鮮へ帰って行った(77)。

このときいかに多くの民衆が国葬見物のために京城に上ったかは、次のような『京城日報』の記事から想像できる。

国葬儀も愈《いよいよ》目睫の間に差迫り、八方から流れ込んで来る参列者拝観者のために京城は恰も渦巻の中心のやうな観を呈し始めた。之を立証するものは京城を中心としての列車乗客の激増である。廿七日本紙夕刊にも記載したやうに、各地からの団体乗車は到底輸送不可能の為め会社側では絶対に申込みを拒絶して居るが、是等の団体が個人として乗車するとせば普通の列車は一層の混難を来すことになる。廿七日朝、釜山発同夜南大門駅著の列車の如きは戦時の軍隊輸送の光景其儘であった(78)。

記事にもある二月二七日朝に釜山駅を発った列車は、長さが各小駅のプラットホームの二倍以上になり、乗客は重なりあって乗ったという。記事ではこのほか、水原駅において三等席でも一等席の代金を払うから乗せてくれと哀願している紳士がいたことや、毎日京城行きの旅客列車を二両増結して混雑の緩和を図ったにもかかわらず、大部分の人が乗れずに置き去りにされたことが紹介されている。

釈尾春芿の『朝鮮併合史』には李太王の国葬を直前にした京城の様子が次のように書かれている。

暢気な朝鮮人はお祭り騒ぎのやうな気分でもあるかの様に市中を練り歩るいて居つた。気早い連中は地方から葬式見物にと段々出掛けて来て居つたから、京城市内は殆ど白衣の人で塞さがると云ふ形勢であった。[79]

李太王の葬儀を一目見ようと白衣（喪服）を着た朝鮮人が全国から京城に集まり、市中は立錐の余地もなかった。このような状況は、原則的に集会が禁じられていた当時の朝鮮において、多くの民衆を巻き込んだ独立運動を起こすのに絶好の機会となった。

京城で運動の中心になったのは京城医学専門学校の韓偉健《ハンウィゴン》と延禧専門学校の金元璧《キムウォンビョク》らであり、彼らはたびたび各学校の代表会議を開いて計画を練り上げていった。[80] こうした動きを知った「民族代表」の朴《パク》熙道《ヒド》（朝鮮中央基督教青年会幹事）や李甲成《イガプソン》（セブランス病院事務員）は、密かに金元璧ら学生と接触し、学生団の独立運動を一時中止して「民族代表」の活動に参加しないかと勧誘した。[81]

しかし崔麟は逮捕後に、警察の「其方等同志の者の中には学生を扇動して騒擾を起さしめんとなしたる事実ありしにあらずや」という訊問に対して「私は左様な事は少しも知りません。又同志の協議事項として其様なことを極めました事もありません。然し私共の秘密事項を学生が知りましたからは同志の内で之を洩したものがあったかも知れません[82]」と答えている。同様に権秉悳《クォンビョンドク》は警察の「宣言書を配布するとか、独立させると云う事に就ては、学生がその事を知り居たりとの事なるが、孫秉熙は学生に其事を内通したか」という訊問に「李甲成は、学生上りでありますから、多分此者が内通したのではないかと思います。孫秉熙は通知したる様な事はありません[83]」と答えている。したがって、朴熙道や李甲成の学生への接近は「民族代表」の総意ではなかったといえる。[84]

先にも述べたように、二月二八日夜に孫秉熙邸で開かれた最終打ち合わせで「民族代表」は、学生と行動を共にしないことや、パゴダ公園に学生が来るようだったら場所を泰和館に移すことなどを確認した。崔麟をはじめとする「民族代表」は学生たちを「意見浅薄」と蔑視しており、彼らと行動を共にするどころか、むしろ何としても先に独立を宣言しなければならないと焦っていたのである。(85)それゆえ、「民族代表」が独立宣言を発表する日に三月一日を選んだのも、「民族代表」幹部員の一人である権東鎮が警察訊問調書で次のように語っているように、李太王の国葬当日に行動を起こそうとしている学生に先んじるためであった。

学生間にも其事を挙げんとして居るとの事でありましたが、それ等の者は三月三日の国葬当日決行せんとの事を耳に致しましたので、学生に先んじられてはと思いまして、急に同志者相談の上、本日即三月一日宣言書を配布したのであります。(86)

そもそも「民族代表」は学生との連合を拒絶するばかりか、当局に学生たちの動きをリークしていた。そのことは朝鮮軍司令官の職にあって、三・一運動の鎮圧を指揮した宇都宮太郎の二月二七日の日記に記されている。

夜食後、権東鎮来訪。朝鮮人々心の乖離益々甚しき実状を語る。素より相察せる通なり。尚ほ此度の国葬の際には何等かの出来事無しとも限らず、用心せよとの事〔ママ〕おも申残して立ち去れり。(87)

この記述から、権東鎮が宇都宮朝鮮軍司令官に対して国葬の際に何かが起こる可能性があるとの情報を漏らしていたことがわかる。あえて自分たちの計画に対して「用心せよ」と言っているとは考えがたいし、「何等かの出来事」が「国葬の際」に起こるとしていることから、これは学生たちの計画を暴露していると考えて間違いないであろう。そしてこうした情報漏洩をしているということは、逆にいえば、「民族代表」が自分たちの独立宣言を、当局が問題視するほどのものではないと考えていたとも読み取れる。「民族代表」は、当局に協力して平和的に独立の意志を朝鮮内外に伝えようとしていたのであり、示威行動を企てる学生をむしろ排除の対象と見なしていたのである(88)。

しかし、「民族代表」が国葬の直前である三月一日を選んだのは、単に学生たちに先んじるためだけではなかった。崔麟が「如此〔李太王国葬の〕場合に事を挙ぐれば田舎より多くの人も入込み多くの朝鮮人に多く知らしむる事が出来、尚巴里の平和会議は何時終るやも不知に斯を急ぎましたのであります(89)」と証言しているように、民族自決宣言で独立の機運が高まり、また国葬で朝鮮人が多く京城に集まるときを利用して、効率的に独立宣言を広めようとしたのだった。

なお、独立宣言の決行日が国葬前日の三月二日ではなく、前々日の三月一日になったのは「民族代表」に耶蘇（キリスト）教徒が合流したことによる。二日は日曜日で礼拝に行かなければならなかったからである(90)。

かくして「民族代表」は三月一日を迎える。だが、学生たちが事前に「民族代表」の動きを察知してパゴダ公園に集まり出し、加えて「李完用を殺害する(91)」と書かれたビラを配布しているという噂が流れるなど、とても平和的に独立宣言を読み上げられる状況ではなかった(92)。そこで会場をパゴダ公園から泰和館に変更し、午後三時頃に韓龍雲が代表して演説を行うと、一同は「独立万歳」を三唱して祝杯をあげた。泰和館の店主が慌てて部屋に駆けつけると、「民族代表」は彼に累が及ばないよう、総督府に告発の電話をかけさせたのであった。(93)

しかし示威行動を目指す学生はそのような独立宣言では満足できず、パゴダ公園にいた鄭在鎔《チョンジェヨン》が八角亭に上がって演説をすると、(94)「独立万歳」の声は国葬を見物しに集まった全国の朝鮮民衆を吸収し、燎原の火の如く広がっていった。これにより、徳寿宮大漢門前から長谷川町太平通の一帯は「大韓独立」「韓国独立万歳」「奉悼大韓国皇帝」「民族自決」「世界平和」と書かれた旗を手に持つ白衣の群衆で埋め尽くされた。この光景を見た権藤李王職事務官は「前日まで只慟哭の声に充ちた沈痛な情景は悉く一変してゐた」(95)と記しており、一般朝鮮人が三・一運動の前日まで李太王の霊を拝することを目的としていたのは明らかである。ところが独立を叫ぶ学生たちは、国葬見物で上京した人々を瞬く間に独立運動の波へと引き込んだ。その様子は『朝鮮併合史』に次のように記されている。

田舎から葬儀見物に入り込んで来て居る朝鮮人を捉へては、ナゼ萬歳を唱へぬか、朝鮮が独立したのになぜ萬歳を叫ばぬかと責め立てつゝ隊の中に引き入れては団体の気勢を加へ京城市中を練り歩るき、狂ひ回はり騒ぎ立て、終には内地人即ち日本人町とも云ふべき本町筋にも入り込んで騒ぎ立てた。(96)

こうして国葬の直前に独立運動が発生すると、総督府は三日の「葬場祭の儀」が予定通り行えないのではないかと憂慮した。そこで長谷川総督は三・一運動の発生と同時に諭告を発して、三日の「葬場祭の儀」で「軽挙妄動虚説浮言」をもって「人心を揺乱せしむる」者は厳重処分すると警告した。このとき学生たちの間では、群衆が最も集まる国葬当日に再び示威行動を起こすべきとの意見が出ていた。しかし、この意見は最終的に却下され、三日は厳粛に過ごし、人々が市内見物や土産の購入を終えて帰郷する五日の朝に再び示威行動を起こした。(97) 運動の再開によってその波は全国に広まるが、それは『大正八年朝鮮騒擾事件状況』に次のように明記されている。

李太王殿下国葬参観ノ為上京シタル者ノ帰郷ニ依リ京城ニ於ケル騒擾ノ状況ヲ齎シ、一般ノ心理状態ニ一大変調ヲ来シ、劈頭群山ニ於テ三月五日耶蘇教私立永明中学校生徒ヲ中心トスル約百名ノ暴民宣言書ヲ配布シ、大極《ママ》旗ヲ携ヘ独立萬歳ヲ高唱シ、群山市内ヲ練リ歩キタル事実各地ニ伝播シ、独立運動ヲ為ササレハ大韓民族トシテ将来韓国独立ノ暁ニハ国家ニ対シ何ノ面目アリヤトナシ、耶蘇教徒学生、要視察人等首謀者トナリ、三月五日ヨリ四月十八日ニ亘リ二十二個所ニ於テ大小二十四回ノ独立運動ヲ開始スルニ至レリ(98)。

京城で起こった三・一運動をただちに地方の人間が知るにはマスメディアが有用である。しかし当時、民族自決や独立運動に関する記事掲載は統制されていたし、(99) ラジオも普及していなかった。(100) したがって、朝鮮人が同時期に京城に集合し、そこで独立運動を目にし、その経験を郷里に持ち帰って伝聞するという条件がそろわなければ、三・一運動が全国的な群衆運動に発展することはなかったといえる。そして、その条件を満たしたのは、ウィルソン米国大統領が民族自決を提起した直後に執行された李太王の国葬であった。

この三・一運動の波は一般群衆を飲み込むだけではなく、朝鮮貴族にも及んだ。雑誌『朝鮮及満洲』は三・一運動と朝鮮貴族との関係について次のように報じている。

今度の騒擾事件には大分金が使れて居る。何十万と云金であらう。此金が何処から出て居るかと云ことは其筋でも詮索中であるらしい。天道教が大出資者で耶蘇教の方からも大分出て居るらしい。近頃は貴族富豪からも出るらしい。但し此等は多く脅迫されて出すらしい(101)。

すべての朝鮮貴族が脅迫されたわけではないが、彼らが独立を叫ぶ群衆に恐怖心を抱き警戒したのは確かである。『李王宮秘史』には、「宮中にて葬儀の事務に当れる李完用侯、宋秉畯伯、閔丙奭子等多数の貴族も、又た王家の職員も街頭一歩も出ることができない時であつた(102)」と記されている。朝鮮ではたとえば、甲午改革を主導した金弘集《キムホンジプ》が一八九六年に守旧派の群衆によって路上でボロ布のように撲殺され、一九〇四年には日韓議定書に署名をした李址鎔外部大臣と具完喜《グワニ》外部参書官の私邸に爆弾が投げ込まれ、一九〇九年一二月には李完用が明洞聖堂前で李在明にめった刺しにされたので、朝鮮貴族が三・一運動の発生に恐怖したことは容易に推測できる。

しかし、すべての朝鮮貴族が恐怖におののき、徳寿宮に籠ったわけではなかった。『朝鮮併合史』の「貴族両班方面にも陰に之〔天道教、耶蘇教、学生〕と気声(ママ)を通じて居るものがあるらしい。現に平生穏健な態度を持して来た某々貴族まで此の独立騒ぎに加担して居るらしい」[103]という記述が表しているように、一部の朝鮮貴族は積極的に運動を支援していた。『朝鮮併合史』には具体的な名前はあげられていないが、実際に朝鮮貴族の金允植と李容稙が三・一運動に加担して独立請願書を作成し、それを原首相や各新聞社に送ったことはよく知られている（金允植と李容稙の処分に関しては第七章を参照）。

このような朝鮮貴族の三・一運動への関与は、盛大に行うはずだった李太王の国葬に水をさした。国葬の主要儀式「葬場祭の儀」の出席者数は国葬の成否を直接的に示すにもかかわらず、朝鮮貴族や各地の名士など、身分と資格によって参列が許可された者たちが、多数欠席したからである。[104]李太王の国葬は三・一運動を発生させ、全国規模の群衆運動に発展させる契機となったが、今度は逆に三・一運動が国葬に影響を及ぼしたのである。

6　寂寞たる国葬と盛況たる内葬

三・一運動が発生した三月一日には天皇が死者の徳行功績を讃えて誄詞《るいし》を下す「賜誄の儀」を、翌二日には御饌《みけ》を奠じて喪主の李王以下関係者が拝礼する「斂葬前柩前祭の儀」を行った。これらの儀式は徳寿宮正寝で李太王近親や李王職、葬儀掛だけで進めたため、外部で起こる三・一運動とは関係なかったが、三日はそうはいかなかった。「霊輿発引の儀」によって李太王の霊柩を徳寿宮から運び出し、内地式の鹵簿《ろぼ》（儀仗を備えた天子の行列）を編成して黄金町通を進み、東大門横の訓練院に設営された「葬場祭の儀」式場へと向かわなければならなかったからである。この日は天皇が廃朝し、貴衆両院が休会し、麻布鳥居坂の李垠邸で在東京関係者が参集して遥拝式を行い、各学校が休校し、主要な銀行や手形交換所等が休業して敬弔したので、決して失敗は許されなかった。

では実際に編成された内地式の鹵簿をみてみよう。午前八時三〇分、徳寿宮から一発の弔砲が発射されると同時に、李太王の霊柩を載せた大輿を運ぶ鹵簿が訓練院へと向けて動き出した。四人の警部を随える騎馬警視が先導し、これに宇都宮中将が指揮する陸海軍儀仗隊が続いた。さらに黄旛四旒、白旛四旒、楯四箇、鉾四本、長谷川総督、波多野宮内大臣、原首相の真榊各一対を鈍色《にびいろ》布衫《ふさん》、鈍色《にびいろ》雑色《ぞうしき》を着た捧持者が運び、その後ろからは白橡《しろつるばみ》衣冠単《いかんひとえ》（衣冠単は束帯の略服であり神職の正装）姿の伊藤祭官長と趙東潤祭官副長が徒歩で進んだ。再び鈍色雑色を着た捧持者が一三宮家の榊や天皇、皇后、東宮の御榊を運び、黒橡衣冠単姿の閔丙奭李王職長官、国分李王職次官および李王職判任官が続いた。ついで大勲位菊花章頸飾章をはじめとする数多くの内外国勲章が運ばれ、李太王の生前の勲功を示した(105)。勲章の後ろでは一九〇名の擔軍が李太王の霊柩を載せた大輿を担ぎ、大輿から前方に四筋、後方に二筋長く伸びた麻縄を二四〇名の引軍が牽いた。大輿の左右には軍事参議官秋山好古大将をはじめとする泉中将、井戸川少将以下の陸海軍将校および朝鮮人将校約二〇名が正装し、柩側将校として扈従した。鹵簿の各所には旭日旗がはためき、日本の国葬であることを示していた。

先頭の警視が順路の半ばを過ぎた頃に、朝鮮式祭服を着た李王が尹徳栄李王職賛侍陪乗の馬車で大漢門を出発し、李垠と李堈もそれぞれ馬車で続いた。李載覚、閔泳奎《ミンヨンギュ》ら諸氏、山県伊三郎葬儀掛長や李太王の主治医、奉送の大官高官が徒歩で加わり、李王職洋楽隊、陸海軍儀仗隊、そして最後に警視警部が大漢門を出た。この間、第三艦隊鞍馬、伊吹および第三水雷戦隊千早に加え、朝鮮に配備中のあらゆる

白橡衣冠単姿の伊藤祭官長（右）と趙東潤祭官副長（左）
出典：奥田直毅編『徳寿宮国葬画帖』（京城日報社，1919 年）

海軍艦船が、皇族の場合と同数である二一発の弔砲を放った。弔砲の砲声は「轟々京城の天地を震はし[106]」、荘厳な国葬を演出した。

李太王の国葬では陸海軍が参列し、その威容を示した。これは統治者の力を示し朝鮮人を威圧する装置ととらえることもできるであろうが、筆者はむしろ、朝鮮人を満足させるための演出と考える。なぜならば、天皇は李垠が近衛連隊所属ということから近衛歩兵一個中隊をはるばる京城に派遣して儀仗隊に加わらせる「全く異例の御沙汰[107]」を下していたからである。そもそも従来の国葬では、現地の一個師団もしくは一個師団半が儀仗隊として組織されるが、李太王の場合は派遣する軍隊の数よりも天皇の親兵である近衛兵を入れることを重視したため、ほかの国葬に比べて軍隊の総数が少なくなっていた[108]。総督府が編纂する『朝鮮彙報』の記事をみても、近衛兵

国葬行列に翻る旭日旗．出典：前掲『徳寿宮国葬画帖』

天皇と皇后の御榊．出典：同上

の派遣が「比類なき事例」であり、観る者を「感泣」させるためのものであったことがわかる。

大御心の優渥なるは禁衛の任に在る近衛歩兵一中隊を遠く朝鮮に御差遣儀仗に列せしめられたるの一事にして、此の如きは実に前古の比類無き事例に属し、喪主李王殿下、王世子殿下の御感激は申す迄もなく、内鮮臣民一般に感泣措く能はざる所なり(109)。

当時の軍事力はそのまま国力を表し、陸海軍の威容を整えるのは、李太王の葬儀を国家として最重要視していることを意味した。したがって、国葬に配置された軍隊の目的は威圧ではなく、懐柔にあったといえよう。

では一〇万円という予算を組み、近衛兵を特派して最上級の礼遇を演出した李太王の国葬に朝鮮人は参列したのであろうか。『京城日報』では、午前六時半に太平通入口、朝鮮銀行入口、南大門通、黄金町十字街が通行止めとなり、多数の警官憲兵はなだれ込む群衆を阻止するために声を嗄らしたと報道されている。また沿道の各横町では厚い人垣が築かれたともある(110)。

しかし国葬を取り仕切った権藤李王職事務官は、「京城市中は戒厳令を布けるが如き光景にて殊に葬列も葬場も全く武装せる軍隊警官の垣を作つて漸く事なきを得た(111)」と伝えており、『京城日報』の報じる群衆が拝観者であったかどうかは疑問である。また『朝鮮併合史』には「学生は登校せざるを以て教師は之を引率して葬儀に列するを得ず、朝鮮学生の大部分は葬儀には列せず、却て内地人学生が打ち揃ふて教師引卒〔ママ〕の下に葬儀に列して李太王を奉送したと云ふ奇観を呈した(112)」と記されているので、動員さ

れた学生の多くは内地人だったといえよう。(113)

鹵簿が訓練院に到着すると「葬場祭の儀」が開始された。「葬場祭の儀」は何度もいうように国葬の主となる儀式であり、参列できるのは朝鮮貴族や地方の有力者といった一部の者に限られたので、その数はそのまま李太王の国葬が儀式として成功したかの評価基準となりえた。『朝鮮彙報』には「参列諸員は内地人六五〇名、朝鮮人一九七名、外国人一六名にして、之に参列諸部隊を合すれば其の数実に五千余人に上り寔《まこと》に空前盛儀なり(114)」と多数の参列者があったかのように報告されている。ところが、実際に李王職として国葬に関わった権藤は、式場の様子を『朝鮮彙報』とは正反対に記している。

〔李〕太王殿下に最も恩寵を受けた朝鮮貴族としては李完用侯、宋秉畯伯等の諸氏僅に指を数へるほどであつた。〔…〕式場は如何にも寂寞で握舎《〔ママ〕》は空席のみであつた。それは純然と日本式でやると云ふので式服其他の制限も窮屈であり、殊に全鮮を挙げて民族運動開始され、人心の動揺その極に達していることゝて、式場に参列せし朝鮮人は僅かに七十余名であつて他は悉内地の官吏及び公職を帯びた人々であつた。(115)

この記録によると、三・一運動の発生によって人心が動揺したため、「葬場祭の儀」に参列した朝鮮人はわずかに七〇名しかいなかったことになる。なぜ『朝鮮彙報』の描写と権藤の描写は正反対なのであろうか。その理由としては、『朝鮮彙報』が総督府の編纂する一般民衆向けの記事であり、日本の威信を示す国葬への参列者数を誇大に報告している可能性が考えられる。国葬の経過をまとめた『故李太

王国葬書類 中、下』には「国葬参列参与人員」二九名、[116]「国葬式場参与人員」一七名、[117]「国葬行列参与人員（李王職々員）（李王附武官）」二四名[118]の名前が記載されているが、この合計七〇名は権藤の記述と合致する。以上から『朝鮮彙報』よりも権藤の記述の方が信頼できよう。

参列者七〇名という数字がいかに少なかったかは、権藤が、「式場は如何にも寂寞で握舎〔ママ〕は空席のみであった」と回想していることからも明らかである。参加資格を与えられた者が何名であったかは不明であるが、七年後の李王国葬時に参入証が交付された者は八九八名であった。両国葬とも同じ訓練院で行われたので、李太王のときもほぼ同じ数の人が式場を埋め尽くすと期待されたのではないだろうか。『朝鮮彙報』の報じる出席者数を合わせるとほぼ満席の八六三名となるのはそれを裏づけている。しかし、現実は期待とは正反対の結果に終わった。それは国葬後に行われた朝鮮式内葬と比較するとより鮮明にみえてくる。そこで内地式国葬との違いを確認するために朝鮮式の葬儀行列を概観したのちに、どれほどの朝鮮人が内葬に参列したのかをみていきたい。

午前一一時一五分に「葬場祭の儀」が終了し、午後一時三〇分になると、大輿の前後に白髯長躯《はくぜんちょうく》の邊首《へんしゅ》二名が跳び乗って合図の鈴を打ち振った。すると数百の擔軍は「エーヨー」と掛け声をあげながら轅《ながえ》を肩に掛けて「葬場祭の儀」式場の裏門から外に出た。それに先立って七〇〇〇～八〇〇〇名の人員からなる朝鮮式葬儀行列は徳寿宮永成門を出発し、東大門外に長蛇の列となって待機していた。「葬場祭の儀」式場から出てきた大輿はこれと合体して大行列を作り、頓逓使《とんていし》を道案内人として京春街道を一直線に金谷里の墓所へ向かった。

朝鮮式葬儀行列は王旗に相当する黄龍旗・朱雀旗を中央に翻し、さらに赤青に染め分けた紗を鉄骨に

国葬が終わり，朝鮮式葬儀行列で金谷里の墓所に向かう（東大門外にて）．
出典：前掲『徳寿宮国葬画帖』

李太王の遺愛の馬を模した竹織馬が鍾路通を進む．出典：同上

張った、紗籠という提燈を左右一三〇ずつ配した。その後ろには宝物の入った腰輿という輿一〇挺が続き、黒の服に身を包んだ李址鎔が守るように付き添った。さらに黄日傘・黄陽繖という紗の大傘と鼓吹の楽師七名が続き、その後ろには神輿が配された。李太王の御霊が乗っているとされる神輿には四方に窓が設けられ、「五色七彩絢爛目を奪ふばかりの装飾」(119)が施されており、紗張の大扇黄繖扇が差してあった。その後ろには王旗の玄武旗が翻り、続く六名の楽師鼓吹師を乗せた一三挺の彩輿には、李太王の遺品が納められていた。彩輿の後ろには小輿と大輿を守るために悪霊払いの方相氏《ほうそうし》(120)二名が三尺もある仮面を付けて異様な車に乗っており、次いで李太王の遺愛の馬を模した屋根よりも高い六頭の張子の馬を丹塗《にぬ》りの車が牽いて行った。小輿の左右には、李太王の徳を讃える儒者の詩が書かれた輓章《マンジャン》という旗が一〇六本続き、その後ろでは哭宮人《コックンイン》という白布を纏った三名の女官が車の上で「アイゴー、アイゴー」と慟哭した。天皇、皇后、東宮の御榊が続き、それが過ぎるとついに数百名の擔軍に担がれた大輿が姿を現わした。閔丙奭は白氈笠布典服に刀を帯びて指揮をとり、その後ろを李王、李垠、李堈が国葬鹵簿のときと同様馬車に乗って進んだ。行列の全長は二〇丁余り(約二・二㎞)にもなり、先頭が清涼里に近づいたときに東大門を振り返ると、列はまだ城内にあったという。いったん清涼里で行列を停めて大輿前に茶礼上食を供えて小休止し、再び歩き始めて一里半先の忘憂里に行列が到着したときにはすでに陽が沈んでいた。疲労の色に包まれた葬儀行列は忘憂里峠を前にして再び停まり、大輿前に茶礼上食を供えたのちに諸員は夕食を摂った。食事休憩が終わると篝火の準備をし、行列を整えて再び歩き出した。行列が忘憂里峠に足を踏み入れた頃、辺りは暗闇に覆われ、何百何千と続く篝火と提燈の列はあたかも「火龍、山を巻くが如く」(121)であったといわれる。先頭が峠を越えてさらに二里強先にある天摩山麓の金

方相氏（宮中で悪霊を追い払う役を担う四つ目の巨人）の山車.
出典：『李太王国葬儀写真帖』（宮内庁宮内公文書館所蔵）

谷里の墓所にたどり着いたのは三日の夜更けであり、行列がすべて到着したのは四日であった。

以上のように、朝鮮式葬儀行列は粛々と行われる内地式鹵簿とは対照的に、さまざまな色彩を散りばめて絢爛豪華であった[122]。その違いは尹徳栄の「内地式国葬には総て色彩を避けて霊柩を黒轜車に載せまつり牛を以て曳かせられるさうですが、朝鮮は多くの色物を用ひますから純粋なる内地式国葬に比すれば多少異様の感なきにあらず。又朝鮮の葬儀には厳粛味が少ないと申す人もあるかも知れませぬが、其処は詰り派手にして御霊を慰め参らすといふ意味から出ました事と拝察します[123]」という説明からも明らかである。

参列者数も「寂寞」たる結果に終わった国葬とは対照的であった。金谷里へ続く六里の道筋では奉悼者が跪いて慟哭し、夜になると近村から篝火を焚いた民衆が集まって葬列を導くほか、

背後の山には白衣を着た人々が無数に見える．出典：前掲『李太王国葬儀写真帖』

金谷里で行われた「埋葬の儀」には一万五〇〇〇名を超える人々が参列した。[124] 内地式国葬と朝鮮式内葬における参列者数の違いを目の当たりにした権藤は、「民情の機微を感せずには居られ〔な〕かつた」[125] と述懐している。

ところで、なぜ国葬と内葬の参列者数に差が生じたのであろうか。このことを考察するためには、まず朝鮮人がどれほど祭祀を重視する民族であるかについて言及しておかなければならない。少し時代はずれるが、宮田節子の研究「朝鮮における「農村振興運動」——一九三〇年代日本ファシズムの朝鮮における展開」では、一九三三年当時のある朝鮮人家族の家計内訳が紹介されている。この家は収入七五円七八銭のうち、一三円三〇銭を借金返済に充てなければならない貧困農家であった。[126] それゆえ当然ながら教育費などはなく、子供は就学年齢に達していても学校には通っていなかった。しかしそれにもかかわらず、白米に費やす支出と同額の二円を祭祀費に充てていたのである。『朝鮮併合史』の著者である釈尾は、李太王国葬時に京城が白衣の朝鮮人で埋め尽くされた情景を見て、「流石は葬式を重大視する国柄丈ありと思はしめた」[127]と記しているほどである。権藤によると、三・一運動の最中であっても数千の群衆は秩序を保って徳寿宮に押し寄せ、「李太王殿下の霊骸を奉安しある、光明門内の殯殿に向つて礼拝し大韓独立萬歳を唱へつゝ徐に門を出た」[128]という。つまり、全国から京城に集結した朝鮮人たちは、三・一運動に吸収されて示威行進に参加するようになったが、あくまで李太王の霊を拝することが目的だったのである。ところが朝鮮人の一部では、「あれは総督府が権力を以て、〔李〕太王殿下の霊骸を奪つたものである。我々は抵抗する力がないから止むを得ず貸て置くに過ぎぬ。我々朝鮮人は別に古来伝統せる儀式を以て奉葬するのである。殿下の御亡き骸は日本人の手にあつても、霊魂は我々朝鮮人の上に在ます」[129]との言動がみられた。その結果、李太王の霊柩を拝観したい朝鮮人は内地式国葬ではなく朝鮮式内葬だけに参加したため、国葬と内葬の参列者数に明確な差が生じたのであった。

7　内地式国葬の総括

以上、朝鮮人を「感涙ニ咽ビ感激」させることを目的として、李太王が国葬される過程をみてきた。最後に朝鮮人の参列がわずか七〇名に終わった国葬を、李王職の権藤がどのように総括したかをみておきたい。

日本の国葬が朝鮮にて行はれたことはこれが最初である。勿論国王の死は国を挙げて葬ることは支那朝鮮何れも同じうするので、〔李〕太王殿下に国葬を仰せ出された事については、朝鮮の何人もわが皇上の優渥なる恩遇を感謝を以て迎へたのであるが、たゞ当局が余りに儀式の末節に拘泥し、極端に参列の資格衣冠服装を強制したので、却つて民族心理を挑発し、朝鮮にて国葬を行ふといふ重要な意義を没却したのは遺憾であつた。由来国葬儀なるものは、法律にもあらず勅令にもあらず、又皇室の典則にもあらず、全く宮内省の慣例によるに過ぎず、従つてその典礼の形式はこれを如何にするも敢て国法に違ふものでない。宜ろしく画一的の型を脱しその死者の遺意を尊してその霊を弔ひ遺族にも安心と満足とを与へて、国家及び皇室の意のある処を明かにせば足るものである。

　況んや朝鮮の如きは古来礼儀の国である。或意味に於ては礼儀亡国とも云ふべきまで礼を重んずる国情である。従つて上は王家より庶民に至るまで、冠婚葬祭の礼は頗る整備してゐる。然るに〔李〕太王殿下の国葬を行ふに当り、多年慣行し彼等の誇りとせる典礼を棄てゝ、特に日本古例の形式を強行するに至つては、彼等が自己本来の面目を無視されたと思ふのは止むを得ない。これがために反感を起し奉弔の資格は与へられても式場に参入せずその結果王家の国葬に殿下の旧臣が僅に七十余名に過ぎなかつたことは何んといつても当局の形式に捉はれた官僚心理の祟りとせねばならぬ。[130]

注目したいのは、「当局が余りに儀式の末節に拘泥し、極端に参列の資格衣冠服装を強制したので、却つて民族心理を挑発し、朝鮮にて国葬を行ふといふ重要な意義を没却したのは遺憾であつた」と批判している点である。李王職ら王公族の処遇に関わる者は、李太王の国葬を経たことで省察し、「礼儀亡国」とまでいわれる朝鮮に内地式を強制すべきではないと考えるようになったのである。

だが、権藤の分析には部分的に錯誤があるように思われる。参列者が少なかった直接的な原因は直前に発生した三・一運動であり、内地式の強制だけではなかったからである。李太王の国葬は、内地式国葬に参列しないで朝鮮式内葬だけに参列するという形で朝鮮人に独立の意志を表明する機会を提供するだけでなく、三・一運動を内地対朝鮮という単純な対立項で可視化する役割を果たした。この対立項ゆえに、「〔朝鮮人の〕民族心理を挑発し、朝鮮にて国葬を行ふといふ重要な意義を没却した」ことへの批判は、内地式の強制に対してなされたといえる。国葬と内葬の参列者数の歴然たる違いを目の当たりにした李王職は「民情の機微」を感受し、朝鮮人の「民族心理を挑発」せぬよう、内地式と朝鮮式という観点から王公族の処遇を改めることとなる。その変化は七年後の李王の葬儀時に明確に表れた。

李王の薨去時に総督であった斎藤実は、一九二六年に「李坧公葬儀関係書類」という史料を遺している。李坧とは李王のことだが、このなかの「王家に関し御参考事項」に次のような記述を目にすることができる。

> 李大王〔ママ〕ノ時ノ例ニ徴スルニ国葬トセザルヲ可トス。蓋シ先祖伝来ノ儀式ヲ変更スルハ遺族一般鮮民ガ喜バサルハ明カナレハナリ。準国葬トシ費用ヲ国家ヨリ支出シ、儀式ハ固有ノ式ヲ尊重スルヲ人情ノ機微ニ通シタル措置ナリトス。[131]

この文章の執筆者は不明だが、「李坧公葬儀関係書類」と同じく『斎藤実文書』に収録されている今村鞆「李王家に関する事ども」[132]に筆跡が酷似している。それゆえ、一九一九年から李王職事務官庶務課長に就任した今村が、斎藤総督に提出した意見書ではないかと思われる。これによると、総督府や李王職は朝鮮統治に対する配慮から、李王の葬儀を国葬にしないという選択肢を準備していた。それは「先祖伝来ノ儀式ヲ変更スルハ遺族一般鮮民ガ喜バサルハ明カナレハナリ」と説明されているように、李太王のときに内地式を強制して朝鮮人の反発を招いたからであった。仮に李王を国葬するとしても、費用のみを国庫から捻出し儀式は固有の式を尊重するべきだと説いている。

そもそも李太王の国葬は朝鮮人を「感涙」させる目的で計画されたのであり、有栖川宮威仁の内地式国葬に準拠することで、併合に「合意」した王公族が皇族と同じく丁重な礼遇を受けているように演出するためのものであった。だがそれは、参列拒否という形で朝鮮側に否定された。その反省にもとづいて、李王の国葬では皇族の国葬形式ではなく、朝鮮固有の式に依るように転換される。王公家軌範案や典範三九条の改正をめぐる審議で、伊東巳代治をはじめとする帝室制度審議会のメンバーは、王公族を皇族と同様に処遇して朝鮮と内地の「対等」を示さなければ統治に悪影響を及ぼすと考えていた。ところが李太王の国葬を経た結果、王公族を皇族と異なるものとして処遇すること、すなわち朝鮮の個別性を重んじるのが望ましい統治だと考えられるようになったのである。

しかしこの考え方は、朝鮮を〈日本〉とする概念と対立せざるをえなかった。そうした対立を内包しつつ、李王の国葬はどのように執行されたのであろうか。それを次章でみていきたい。

注

（1）三・一運動とは後世に作られた用語であり、当時の公文書等では主に「万歳騒擾」が使用された。統治者側からの視点をリアルに描出するために、初出のみ「万歳騒擾」とした。以下、一般的な用語である三・一運動を用いる。

（2）李太王の国葬そのものではないが、李太王の突然の薨去や毒殺の噂が朝鮮人の感情を刺激したことを論じたものとして山辺健太郎「三・一運動について（1）」（『歴史学研究』第一八四号、一九五五年六月）、同「三・一運動とその現代的意義（上）」（『思想』第三七二号、一九五五年四月）、宮田節子「三・一運動の実態とその現代的意義」（『歴史評論』第一五七号、一九六三年九月）、趙景達『朝鮮民衆運動の展開――士の論理と救済思想』（岩波書店、二〇〇二年）、長田彰文『日本の朝鮮統治と国際関係――朝鮮独立運動とアメリカ１９１０―１９２２』（平凡社、二〇〇五年）、尹炳奭『증보 3・1운동사』（국가자료원、二〇〇四年）などの研究があげられる。特に趙景達の研究は、「朝鮮憲兵隊長報告書――大正八年朝鮮騒擾事件状況」などの史料を使い、忠清南道では毒殺の風説が広まるにつれて喪に服し哀悼する者が顕著となったこと、慶尚北道では哀悼の意を表わす白笠をかぶる者がおよそ半分から全員に及んだこと、慶尚南道では二人の老人の殉死が確認されたことなどを明らかにした。そして、「当時においては、高宗（李太王）への何らかの崇拝の念を持つのがやはり一般的であったことが確認されよう」（一九六頁）と述べ、「三・一運動の起爆剤とされたのは、高宗（李太王）の死であった」（一九四頁）と論じている。このように、李太王の薨去と三・一運動の関連性について論じた研究はあるが、国葬との関連性について実証的に論じた研究は管見の限りない。

（3）『京城日報』一九一九年一月二四日。

（4）徳寿宮嘱託医であった神岡一亨医師は週に一回李太王を診断し、睡眠、食事、脈拍、体温等を日誌に記していた。それによると、李太王は痔疾に悩まされていたが手術によってほぼ全快し、リウマチも季節の変わり目に多少の痛みがある以外はほとんど健康だったという。ただし睡眠や食事の時間は一般と異なり、午前三時にようやく寝室に入って近侍の者と雑談してから就寝、起床は午前一一時頃であった。それゆえ朝食は摂らず、午後二時から三時頃に菓子類や粥を食し、午後一一時から一二時に夕食を摂るという食生活であった。煙草を少量吸うが酒は一切飲まず、平素はあまり辛くない朝鮮料理を食した。ただし毎週水曜日だけは洋食を口にしたらしい。李太王の体重は普段で一九貫二〇〇匁（約七三kg）あり、夏季に衰弱したときでも一八貫八五〇匁（約七一kg）あった。脈拍は平均で八〇から九〇、脈は柔らかくて結滞がなく、体温は三五度三分から三五度六分で一般人よりやや低温であった。『京城日報』一九一九年一月二四日。

（5）同前、一九一九年一月二三日。

(6) 権藤四郎介『李王宮秘史』（朝鮮新聞社、一九二六年）一六六頁。
(7) 同前、一六七頁。
(8) 宇都宮太郎関係資料研究会編『日本陸軍とアジア政策　陸軍大将宇都宮太郎日記』第三巻（岩波書店、二〇〇七年）二〇六頁。
(9) 権藤前掲『李王宮秘史』一七二頁。
(10) 同前、一七三頁。
(11) 原奎一郎編『原敬日記』第五巻（福村出版、一九八一年）五一頁、一九一八年一二月二〇日条。
(12) 権藤前掲『李王宮秘史』一七二頁。
(13)『京城日報』一九一九年一月二三日。
(14) 同前、一九一九年一月二四日。
(15) 同前、一九一九年一月二七日。
(16) 朴永圭著、尹淑姫・神田聡訳『朝鮮王朝実録』（新潮社、一九九七年）三五五頁。
(17) 金英達「朝鮮王公族の法的地位について」（『青丘学術論集』第一四集、一九九九年三月）一四一頁。
(18) 李垠の第二子である李玖は、「李王家のご先祖の神位は、故国の宗廟に祀ってありますが、父〔李垠〕は神位に代わるものを、赤坂の家の一番高いお部屋に祀りました」と回想している。李王垠伝記刊行会編『英親王李垠伝——李王朝最後の皇太子』（共栄書房、一九七八年）三〇二頁。
(19) 前掲『原敬日記』第五巻、六二頁、一九一九年一月二三日条。
(20) 同前、第五巻、六三頁、一九一九年一月二二日条。
(21) 京城の事務所は当初土地調査局に置くのが適当であるとの意見があったが、建物の設備に問題があるとされたため、中枢院の一部を借り受けて開設した。『京城日報』一九一九年二月二日。
(22)「庶務　国葬準備会議ニ於ケル決定事項」（『故李太王国葬書類　上』国立公文書館所蔵）。
(23) 祭官副長には当初尹徳栄が任命されたが、尹徳栄は三月三日の「霊輿発引の儀」における鹵簿で李王の馬車に陪乗しなければならなくなり、徒歩で鹵簿に加わる祭官副長の任務は不可能となった。そこで、趙東潤が祭官副長に就任した。
(24)『京城日報』一九一九年二月四日。
(25) 倉富勇三郎日記研究会編『倉富勇三郎日記』（国書刊行会、二〇一〇年）二八頁、一九一九年一月二四日。
(26) 原奎一郎編『原敬日記』第三巻（福村出版、一九八一年）三四四頁、一九一三年一〇月七日条。

(27) 『東京朝日新聞』一九一六年一二月一一日。
(28) 前掲『原敬日記』第三巻、三四三—三四四頁、一九一三年一〇月七日条。
(29) そのほかは、岡崎邦輔、小川平吉、江藤哲蔵、川原茂輔、武富時敏、藤沢幾之輔、早速整爾、野添宗三、古島一雄、金杉英五郎、山根正次。
(30) 『帝国議会貴族院議事速記録』第三五巻（東京大学出版会、一九八一年）八一—八二頁。
(31) 『東京朝日新聞』一九一三年七月一三日。この記事は「当局者談」として掲載されている。
(32) 前掲『帝国議会貴族院議事速記録』第三五巻、八一頁。
(33) 『帝国議会衆議院議事速記録』第三五巻（東京大学出版会、一九八二年）六二頁。
(34) 二七日に総督府令第一〇号も発せられ、同日より三日間の歌舞音曲の停止が命ぜられた。
(35) 肯定論に比重をおきながらも否定論をも認める折衷論として、千寛宇「3・1運動研究史論」（『文学과 知性』第三五号、一九七八年）があげられる。
(36) 金昌洙「3・1독립운동의 민족사적 위상——3・1독립운동의 연구사와 과제」（『鮮明史学』第一〇・一一・一二合輯、二〇〇六年）二八六頁。
(37) 山辺前掲「三・一運動とその現代的意義（上）」七七頁。
(38) 宮田前掲「三・一運動の実態とその現代的意義」六九頁。
(39) 同前、七五頁。
(40) 姜徳相「三・一運動における「民族代表」と朝鮮人民」（『思想』第五三七号、一九六九年三月）五二頁。
(41) 同前、五四頁。
(42) 金昌洙前掲「3・1독립운동의 민족사적 위상」二八四頁。
(43) 朴慶植は「民族代表」を「民族主義者」と表現している。しかし康成銀は、朝鮮の民族運動は一九一〇年前後には妥協主義的潮流と非妥協的潮流に分化し、「民族代表」は「先実力養成、後独立」「法秩序の尊重」を強調して事実上独立運動から後退していった妥協的潮流を汲むものであったと指摘し、「民族代表」と「民族主義者」を同一視すべきではないと批判している。康成銀「3・1運動における「民族代表」の活動に関する一考察」（『朝鮮学報』第一三〇輯、一九八九年一月）八六—八七頁。
(44) 金昌洙前掲「3・1독립운동의 민족사적 위상」二八七頁。
(45) 康成銀前掲「3・1運動における「民族代表」の活動に関する一考察」九四頁。

(46)「権秉悳検事訊問調書」(市川正明編『三・一独立運動』第一巻、原書房、一九八三年)一三〇頁。
(47)「崔麟検事訊問調書」(同前)一二一頁。
(48)「権東鎮検事訊問調書」(同前)一二四頁。
(49)「崔聖模検事訊問調書」(同前)一六一頁。
(50)「孫秉熙地方法院予審訊問調書」(同前)二〇九頁。
(51)康成銀前掲「3・1運動における「民族代表」の活動に関する一考察」九六頁。
(52)同前、九九頁。
(53)「三・一独立宣言文署名者事件管轄決定書」(市川正明編『三・一独立運動』第二巻、原書房、一九八四年)二七―二八頁。
(54)なお、朝鮮民主主義人民共和国科学院歴史研究所編『朝鮮近代革命運動史』(新日本出版社、一九六四年)は、次のように十月革命を三・一運動の主要な要因と見なす一方で、ウィルソンの民族自決宣言に関しては否定的な見解を述べている。「十月革命の勝利は、労働者、農民をはじめとする朝鮮の勤労大衆に衝撃をあたえただけでなく、まずだれよりも情勢の変化に敏感な知識人のあいだに大きな感動をよびおこした。〔…〕米大統領ウィルソンは、第一次世界大戦終結のための講和の基礎条件として「一四ヵ条原則」を提唱し、これによって一方で十月革命の影響を減殺し、他方では資本主義世界におけるアメリカ帝国主義の覇権を確立しようとはかった。とくにかれが提唱したいわゆる「民族自決」なるものは、けっして弱小民族の独立をめざすものではなく、多民族国家である新生ソビエト連邦を内部から瓦解させ、戦敗国を犠牲にしてその領土をアメリカ帝国主義に有利に処理せんとする、狡猾な目的をねらうものであった」(一九四頁)。
(55)愼鏞廈『3・1운동과 독립운동의 사회사』(서울대학교출판부、二〇〇一年)一三五頁。
(56)このうち朴慶植や尹炳奭は、ウィルソンの民族自決宣言やロシア十月革命といった外的要因を完全に無視するのではなく、それら外的要因を認めつつ、内的要因(朝鮮民族間における独立思想の充溢、実力養成)に重点を置くという立場であった。朴慶植「三・一独立運動の歴史的前提――主体的条件の把握のために」(『思想』第五五〇号、一九七〇年四月)、尹炳奭前掲『증보 3・1운동사』。
(57)愼鏞廈前掲『3・1운동과 독립운동의 사회사』一三六―一三七頁。
(58)ただし、ウィルソンの民族自決宣言を完全に否定しているのではなく、それが戦勝国(日本)には適用されないと知りつつも、一つの機会として主体的に、能動的に、機敏にとらえて独立運動の高揚に有利に活用したとも述べている。
(59)原口由夫「三・一運動弾圧事例の研究――警務局日次報告の批判的検討を中心にして」(『朝鮮史研究会論文集』第二三集、

一九八六年三月）は、"American Witness of Seoul Rioting", Japan Advertiser, 1919.3.9 をもとに、朝鮮民衆が「Banzai Wilson（万歳ウィルソン）」と叫んでいたことを紹介している。

(60) 李太王の薨去があまりに突然だったため、巷間には毒殺説が流布した。現在でも毒殺説の立場をとる研究として、李泰鎮「高宗皇帝의 毒殺과 日本政府首脳部」（二〇〇九年四月二三、二四日開催の《〝韓日併合〟一〇〇年国際学術会議：韓日併合の性格と政策》における発表要旨）や李炫熙『3・1혁명、그 진실을 밝힌다』（신인간사、一九九九年）があげられる。しかし近年、李昇燁「李太王（高宗）毒殺説の検討」（『二十世紀研究』第一〇号、二〇〇九年一二月）が、徹底的な史料批判と緻密な分析によって毒殺説の基となる史料の多くが矛盾を抱えていること、毒殺説に立つ研究はあらかじめ決められた結論を導くために恣意的に史料を選定・解釈していることを明らかにした。なお、李泰鎮の発表要旨は **http://www.historyfoundation.or.kr/data/bbs1/papers.zip** にて公表されている。

(61) 「民族代表」のうち、崔麟、呉世昌、権東鎮が幹部員となり、これに孫秉熙を加えた四名が、当初から運動の計画に関与して実行役を担った。「権秉悳警察訊問調書」（前掲『三・一独立運動』第一巻）五一頁。

(62) 「韓龍雲検事訊問調書」（同前）一九〇―一九一頁。

(63) 「崔麟地方法院予審訊問調書」（同前）二一六頁。

(64) 趙景達前掲『朝鮮民衆運動の展開』二〇〇頁。

(65) 「独立運動ニ関スル件（国内）」（姜徳相編『現代史資料　朝鮮（一）』第二五巻、みすず書房、一九六六年）二八三頁。

(66) 京城では金物店でナイフが多く売れ、平安南道寧遠では天道教徒の集団一五〇名が武器を持って決起した。最もよく見られたのは投石であり、駐在所や面事務所の焼き討ち、警官の殺害もあった。「朝鮮憲兵隊長報告書―大正八年朝鮮騒擾事件状況」（市川正明編『三・一独立運動』第三巻、原書房、一九八四年）二五八―二五九頁。

(67) 日本陸軍省編「独立運動ニ関スル件」（『極秘韓国独立運動史料叢書』第一一巻、韓国出版文化院、一九八九年）二三九―二四〇頁。

(68) 朝鮮人留学生は親睦会や茶話会のほか、思想に力点をおいたキリスト教育年会、東亜同盟会、大韓興学会、留学生親睦会、新亜同盟党などを結成していたが、一九一二年一〇月にそれらに属する全留学生を統合する形で学友会を発足させた。学友会に加盟しない留学生は指弾され、孤立したという。姜徳相『朝鮮独立運動の群像』（青木書店、一九九八年）一三七―一三八頁。

(69) 「在日留学生独立運動」（姜徳相編『現代史資料　朝鮮（二）』第二六巻、みすず書房、一九六七年）二〇頁。

(70) 同前。

(71) 長田前掲『日本の朝鮮統治と国際関係』一二七頁。
(72) 「鄭魯湜警察訊問調書」(前掲『三・一独立運動』第三巻)三一―三二頁。「鄭魯湜地方法院予審訊問調書」(同前)九九頁。「崔南善地方法院予審訊問調書」(同前)九一頁。康成銀前掲「3・1運動における「民族代表」の活動に関する一考察」九四頁。
(73) 「鄭魯湜先生取調書」(李炳憲『三・一運動秘史』時事時報社出版局、一九五九年)七一二頁。鄭魯湜の証人として取調べを受けた宋継白の証言。なお、電報は鄭魯湜が送ったものであった。
(74) 前掲「在日留学生独立運動」二一頁。
(75) 尹炳奭前掲『증보 3・1운동사』三七頁。
(76) 二月一五日に一審判決が下され、六月二六日に上告が棄却されて結審した。
(77) 山辺前掲「三・一運動とその現代的意義(上)」七七頁。
(78) 『京城日報』一九一九年三月一日。
(79) 釈尾春芿『朝鮮併合史』(朝鮮及満洲社、一九二六年)八六三頁。
(80) 山辺前掲「三・一運動とその現代的意義(上)」七七頁。
(81) 「三・一独立宣言文署名者事件管轄決定書」(前掲『三・一独立運動』第二巻)二三頁。
(82) 「崔麟警察訊問調書」(前掲『三・一独立運動』第一巻)四三頁。
(83) 前掲「権秉悳警察訊問調書」五二頁。
(84) 李甲成自身も訊問で、「私は学生と関係があったので学生側でも独立運動の企てある事を聞き其れは学生が遣っては正当でない故、兎に角自分たちに任せよと云って為ったことであります」と答えている。「李甲成高等法院予審訊問調書」(前掲『三・一独立運動』第二巻)一八六頁。
(85) 『朝鮮の独立思想及運動』(朝鮮総督府官房庶務部調査課、一九二四年)一七頁。
(86) 「権東鎮警察訊問調書」(前掲『三・一独立運動』第一巻)四六頁。
(87) 前掲『日本陸軍とアジア政策　陸軍大将宇都宮太郎日記』第三巻、二二〇頁、二月二七日条。
(88) 「民族代表」の崔麟、崔南善、朴熙道らは一九三〇年代に対日協力者となったが、それは自然な流れだったと考えられる。
(89) 「崔麟警察訊問調書」(前掲『三・一独立運動』第一巻)四三頁。
(90) 「梁漢黙警察訊問調書」(同前)一一四頁。
(91) 前掲「権東鎮警察訊問調書」四七頁。

(92) 鄭錫海「南大門駅頭의 独立萬歳」(『新東亜』一九六九年三月号)二一四頁によると、金元璧は二月二八日午後に学生たちを延禧専門学校の大講堂に集めて「明日(三月一日)パゴダ公園で独立宣言があるはずだ。学生は皆、明日午後二時にそこへ集合せよ」(原文韓国語)と告げている。また前掲「権東鎮警察訊問調書」四六頁によると、同日「民族代表」は学生たちが三月一日にパゴダ公園に集まることを察知していたようである。

(93) 長田前掲『日本の朝鮮統治と国際関係』一四三頁。

(94) 当時延禧専門学校文科二年生で、のちに延世大学校教授となった鄭錫海の回想によると、パゴダ公園で演説をした者は学生服を着ておらず、学生代表でもないようであったという。鄭錫海は一九六二年三月一日に中央放送で鄭在鎔に会い、彼が独立宣言書を朗読した本人であることを知る。鄭錫海前掲「南大門駅頭의 独立萬歳」二一四—二一五頁。

(95) 権藤前掲『李王宮秘史』一九二頁。

(96) 釈尾前掲『朝鮮併合史』八六四頁。

(97) 鄭錫海、朴承烈、桂炳鎬ら学生は帰郷する人々に独立宣言書を手渡すために、学校の謄写版を下宿に持ち込んで五日までに宣言書を謄写した。鄭錫海前掲「南大門駅頭의 独立萬歳」二一六頁。

(98) 「管内各地ニ於ケル騒擾発生ノ動機及発生当時ニ於ケル暴民ノ心裡状態」(朝鮮憲兵隊司令部編『大正八年朝鮮騒擾事件状況』巌南堂書店、一九六九年)三九頁。

(99) 総督府は一九一九年一月一七日から言論統制を強化し、国外の朝鮮人が推進する各種独立運動の状況はもちろん、民族自決やパリ講和会議に関係する記事の掲載を一切禁止した。このほか、国外から流入する外国新聞も同様の記事が載っていれば押収された。尹炳奭前掲『증보 3・1운동사』一三八頁。

(100) 日本で最初のラジオ放送は一九二五年であったし、朝鮮における朝鮮人へのラジオの普及台数は一九三七年でさえ四万二五七台であった。

(101) 釈尾旭邦「騒擾事件の真相及び感想」(『朝鮮及満洲』第一四二号、一九一九年四月)一四頁。

(102) 権藤前掲『李王宮秘史』二八六頁。

(103) 釈尾前掲『朝鮮併合史』八七五頁。

(104) 参列を許された者は次の通り。高等官、同待遇者、有爵者、有位者、有勲者、貴衆両院議員、門跡寺院住職、判任官、同待遇者、京城商業会議所会頭、同副会頭、京城府内中等程度以上の私立学校長、褒章受領者、経学院職員講士、各教宗派管理者および三十本山住持、京畿道・京城府・高陽郡・楊州郡各参事、京城学校組合会議員および京城府協議会員、京畿道以外の各道参事一名、特殊会社重役、弁護士会長、同副会長、赤十字社および愛国婦人会役員、各新聞通信雑誌社代表者、在外朝鮮人代表者および特に縁故ある李王職雇。

(105) 李太王は一八九七年三月二三日に天皇から大勲位菊花大綬章を、一九〇一年四月にイギリス皇帝からグランド・クロス・オブ・ジ・インディアン・エンパイア勲章を、同年一〇月一八日にベルギー皇帝からレオポール大綬章を、〇三年一二月にフランス政府からグランクロア・ド・ロルドル・ナショナル・ド・ラ・レジョン・ドノール勲章を、〇四年七月にイタリア皇帝からサンチ・モーリジスおよびラザロー大綬章を、一二年八月一日に天皇から韓国併合記念章を、一五年一一月一〇日に天皇から大礼記念章を、一九年一月二一日に天皇から菊花章頸飾をそれぞれ贈進授与された。

(106) 『東京朝日新聞』一九一九年三月四日。

(107) 同前、一九一九年二月二三日。

(108) 『京城日報』一九一九年二月二六日。

(109) 「故大勲位李太王国葬儀」(朝鮮総督府編『朝鮮彙報』一九一九年四月号)一六九―一七〇頁。

(110) 『京城日報』一九一九年三月四日。

(111) 権藤前掲『李王宮秘史』一九五頁。

(112) 釈尾前掲『朝鮮併合史』八六九頁。

(113) 同前、八六九―八七〇頁には、朝鮮人の登校拒否に関して次のように書かれている。「一日の騒動以来官公立学校生徒を初め私立学校生徒は申し合はせたやうに登校せない。京城全市の朝鮮人学校は一切門を閉ざし、教師は鳩首凝議して善後策を講じて見ても善い分別が出ない。普通学校と云ふ朝鮮人の小学校程度の学校は三月の十日頃から漸次開校するに至りしが、中等程度以上の学校は固よりのこと、女子の学校も依然とし開校の運びに至らない。学校に父兄を集めても半分位しか集まらない。父兄に子弟の登校を進むべく勧告して見ても効能が無い。父兄は子弟を登校せしめたいが登校すると他の学生から殺すとか家に火を付けるとか云ふて脅されるから登校させることは出来ないと云ふ。斯く脅迫を恐れて登校せないと云ふて居るが、父兄も学生に共鳴して居るのもあるらしい」。

(114) 前掲「故大勲位李太王国葬儀」一六八頁。

(115) 権藤前掲『李王宮秘史』一九四頁。

(116) 李載覚(侯爵)、尹沢栄(侯爵)、朴泳孝(侯爵)、李海昌(侯爵)、李海昇(侯爵)、李址鎔(伯爵)、李允用(男爵)、李載崐(子爵)、趙東潤(男爵)、尹徳栄(子爵)、閔泳璘(伯爵)、韓昌洙(男爵)、閔商鎬(男爵)、李埼鎔(子爵)、閔炯植(男爵）、閔泳璜、閔衡植、閔丙漢、閔景植、金宅鎮、金容鎮、李明九、李源鎔、李禹珪、李丙璜、尹弘燮、金寧鎮、閔大植、閔健植。

(117) 李載克（男爵）、閔泳綺（男爵）、閔泳徽（子爵）、李完鎔（子爵）、閔忠植（子爵）、尹用求、李愚冕、閔泳達、金昇圭、李達鎔、洪奎植、趙南益、李甲承、閔弘基、兪弘濬、金定鎮、金甯漢。

(118) 李王職長官閔丙奭（子爵）、李王職次官国分象太郎、李王職賛侍官趙民熙（子爵）、李王職事務官高羲敬（子爵）、李王職李恒九、李王職玄百運、李王職典医徐丙孝、李王職賛侍李喬永、李王職金觀鎬、李王職事務官田中遷、李王職尹世鏞、李王職劉燦、李王職賛侍金永申、李王職事務官末松熊彦、李王職黒崎美智雄、李王職賛侍李聖默、李王職趙志鎬、李王職嘱託安商洪、李王附武官李秉武（子爵）、李王世子附武官金応善、李堈公附武官金亨燮、李王附武官申羽均、李王附武官李秉規、李王附武官康弼均。

（以上、「霊輿発引ノ儀」（『故李太王国葬書類 中、下』国立公文書館所蔵）。

(119)『東京朝日新聞』一九一九年三月四日。

(120) 悪魔払いの方相氏とは、その昔鬼面のような巨人が悪魔を退治したという伝説による。

(121)『東京朝日新聞』一九一九年三月四日。

(122) 朝鮮式葬儀の各儀式に関しては今村鞆『朝鮮風俗集』（斯道館、一九一四年）。

(123)『東京朝日新聞』一九一九年三月四日。

(124) 権藤前掲『李王宮秘史』一九四頁。

(125) 同前。

(126) 宮田節子「朝鮮における「農村振興運動」——一九三〇年代日本ファシズムの朝鮮における展開」（『季刊現代史』第二号、一九七三年五月）七六—七八頁。

(127) 釈尾前掲『朝鮮併合史』八六三頁。

(128) 権藤前掲『李王宮秘史』一九二頁。

(129) 同前、一九八頁。

(130) 同前、一九五—一九六頁。

(131)「李坧公葬儀関係書類　王家に関し御参考事項」（『斎藤実文書』99—14(1)、国立国会図書館憲政資料室所蔵、一綴）。

(132) 今村鞆「李王家に関する事ども」（前掲『斎藤実文書』99—8）一九二一年一月一〇日作成。

第四章　李王の国葬と朝鮮古礼の尊重

併合当時の李王（出典：金源模・鄭成吉編著『百年前의 韓国』카톨릭출판사，1986 年）

第二章でみたように、王公族は法的に皇族とは見なされなかった。しかし第三章でみたように、李太王の葬儀は朝鮮人を「感涙ニ咽ビ感激」させる目的で、皇族でも稀な国葬となった。王公族は皇統上の問題から法的には皇族ではなかったが、朝鮮人を懐柔するための偶像として、皇族以上に丁重に扱われたのである。

李太王の国葬は皇族有栖川宮威仁の例に準拠して盛大に行われたにもかかわらず、直前に三・一運動が発生したこともあって、「寂寞」たる結果に終わった。この反省から、一九二六年に薨去した李王の葬儀は朝鮮伝統の儀式を採り入れた国葬となる。

葬儀とは伝統的な価値体系を持つ儀礼の一つであり、各集団（民族）の固有性が如実に現れる。特に朝鮮王室の葬儀は、人員の配列や器具の材質・種類などに至るまで儀軌[1]によって詳細に規定されており、内地のそれとは明らかに異なった。したがって、朝鮮の伝統に則って国葬を行えば、〈日本〉とは別に朝鮮という「国」が存在することを示してしまう可能性があった。そこで本章では、朝鮮の古礼を尊重しつつも朝鮮は〈日本〉であるという「大義名分」を維持しなければならないという葛藤のなか、李王の国葬がどのように行われたのかを検討していく。

1　予期せぬ薨去

一九一九年一月二一日の深夜に李太王危篤の電話を受けた権藤四郎介は、「昌徳宮（李王）ではないか」と聞き返した。それほど李王は病弱で、いつ倒れてもおかしくない身体であった。李王が病弱な理

京城駅頭の李垠と徳恵．出典：『京城日報』1926 年 4 月 9 日

由は、まだ韓国皇太子であった一八九八年に、金鴻陸《キムホンニュク》の毒殺未遂事件(2)に巻き込まれてアヘン入りのコーヒーを飲んでしまったからであった。事件後に歯茎が腐って総入れ歯となり、胃潰瘍や萎縮腎を併発するだけでなく、子どもをもうけられない身体となる。李太王の国葬から七年後、齢五二歳に達した李王の病状は急速に悪化し、床からほとんど起き上がれなくなった。兄の病状を憂慮する李垠は、東京帝国大学教授で内科の権威である稲田龍吉博士を京城に派遣するとともに、自身も一九二六年四月六日午前八時四五分の東京発急行列車にて朝鮮に向かうことを決断する。この見舞いには夫人の方子のほか、妹の李徳恵や甥の李鍵、李鍝ら一〇数名が同行した(3)。

李王職は一九二六年四月上旬から毎日二、三回にわたって李王の容態を発表し、それは『京城日報』などの新聞を通じて一般民衆に知らされた。内容は食事の量、体温、脈拍、呼吸、尿量などの詳細にわたり、ときには浣腸によって便意を催したことまで事細かく報告された。これらの記事から李王の体調の変化と、周囲の人間がどのような対応をとったのかが知れる。

四月六日、李王は前日よりも排尿量が増えたため浮腫が減少したが、食欲はほとんどなかった。ところが、翌七日午後八時頃になって容態が急変したために、医師団は九回のカンフル注射を打った。李王の意識は午後九時になっても朦朧としたままであったが、日付が変わった八日午前一時になって安定した。その後、拝診した稲田博士は腎臓炎との診断を下している。

一方、見舞いのために東京を出発した李垠一行は、七日午前八時三〇分に下関駅に到着し、駅前の山陽ホテルにて小憩後、午前一〇時三〇分発の関釜連絡船景福丸で釜山に向かった。ただし、方子は下関までの列車のなかで扁桃腺炎にかかって発熱したため、ホテルに残ってしばらく静養することになった。午後六時四〇分に釜山に上陸した李垠一行は、翌八日午前八時に京城駅に到着、駅では王公族の近親や斎藤実総督夫妻、森岡守成朝鮮軍司令官、馬野精一京城府尹、李王職職員らが出迎えた。昌徳宮に着いた李垠と李徳恵は、旅装も解かずにそのまま大造殿に向かい、李王を見舞った。

八日の李王の容態は良好で意識明瞭であったが、翌九日になると心臓部に疼痛を生じ、さらに不整脈が出はじめた。午後八時には三本のカンフル注射が打たれ、容態は依然重体であった。ところが一〇日に拝診した岩淵博士は「極めて御弱くあらせられる殿下がかく御順調な病状を持続なされてゐられることは一種の奇跡と見らるべきもの[4]」と述べ、聞く者に一縷の希望を抱かせた。そして、この日より李王の容態は好転しはじめる。

一二日になると排便が順調となり、浮腫が徐々に減少していった。このとき拝診した村上病院の村上瀧蔵院長は、今後経過が良好であれば起き上がるのも可能であろうと述べている。(5)また『京城日報』には、一三日に「今一週間を経れば、病床にお起き上りなさるゝ程度に御快復遊ばすべし(6)」、一五日に「沈みがちの昌徳宮内も春にふさわしい陽気のみちて、廊下をあゆむ係員の足なみにも、自動車の軌る〔マヽ〕音にもなごやかな気分が深い(7)」という記事が載りはじめ、危機的な雰囲気が薄れていたことがわかる。この頃から李王の容態を伝える記事は目に見えて少なくなり、代わって李王を快方に向かわせた稲田博士の談話が大きく報道された(8)。

李王の快復にともなって、中止されていた昌慶苑(9)の桜遊覧も復活することになった。昌慶苑の桜遊覧とは、一般民衆が花見を楽しめるように、毎年四月二〇日前後に昌徳宮を開放した行事である。この年も李王職掌苑課が庭園飾りのぼんぼりを請負う会社を選定し、電燈装飾に関しても京城電力との間で契約を結んでいたが、李王が不例であるとの理由から四月一二日に急遽中止となった。ところが、快復の兆しによって再度実施が決まったのである。李王の不例でいったん中止になった行事が復活したことで、このとき薨去を予想する者はほとんどいなかったと考えられる。

桜遊覧は四月二四日からとなり、会場の設営が急ピッチで進められた。李王職掌苑課は昌慶苑掌苑室に保管してあった約一〇〇〇個のぼんぼりや支柱を出し、さらに博物本館に三二燭光の電燈を約六〇〇個つけて春唐池に投影させる設備を整えた。前年の来苑者数は四万一〇〇〇名（昼間二万五〇〇〇名、夜間一万六〇〇〇名）に上ったが、それほど多数の花見客を迎える準備は容易ではなかった。新聞では作業に追われる職員の様子や設備の豪華さが大きく報じられ、李王の容態に関する記事はほとんど見られなくなった。このように薨去の危機が去ったかのような雰囲気が漂うなか、斎藤総督は二二日に藤原喜蔵総督秘書官を帯同して仁川入港中の第二艦隊を訪問し、その後は朝鮮南部の視察へ出発した。

桜遊覧初日の二四日には多くの市民が昌慶苑にやってきた。翌二五日は日曜日で朝から晴れわたった絶好の花見日和だったため、来苑客でごった返した[10]。しかし、花見客で埋め尽くされた昌慶苑は、この日を境に静まりかえる。各新聞社の号外が李王の危篤を伝えたからである。昌慶苑は二五日午後四時をもって閉鎖された。

二五日午前一時、李王職から李王危篤の報を受けた赤十字診療所主治医の岩淵博士、総督府医院の岩井博士、成田博士、村上医師、池邊義雄李王職御用掛、安商鎬典医、高階虎治郎王世子附典医らは昌徳宮に駆けつけ、詰めきりで治療にあたった。大造殿には午前三時頃から李垠、方子、李徳恵、李堈、尹徳栄、李海昇《イヘスン》、李載崐《イジェゴン》、閔泳徽ら六〇数名の近親や総督代理、軍司令官代理らが見舞いに訪れたため、昌徳宮の前は数十台の自動車や馬車で入り乱れた[11]。湯浅倉平政務総監は『京城日報』の取材に対して、「李王殿下の御病気御経過は新聞紙にも日々掲載され、又報告も受けてゐたが、御良好と承りこの分であれば御回復遊ばされると信じてゐたが、今朝突然御危篤の旨で真に驚愕した次第である[12]」と、容態の急変を予期できなかったことを語っている。

朝鮮南部を視察中だった斎藤総督は李王危篤の報告を受けると、四月二五日午後七時五六分湖南線松汀里駅発の列車にて急ぎ京城へと戻った。しかし、このとき李王はすでに薨去していた。

李太王は李垠と梨本宮方子の婚儀直前に誰も予想しないなかで薨去した。一方、李王は若い頃から病弱であり、薨去するまでに長期間の治療や見舞いを受けていた。しかも、李王の場合は李太王という前

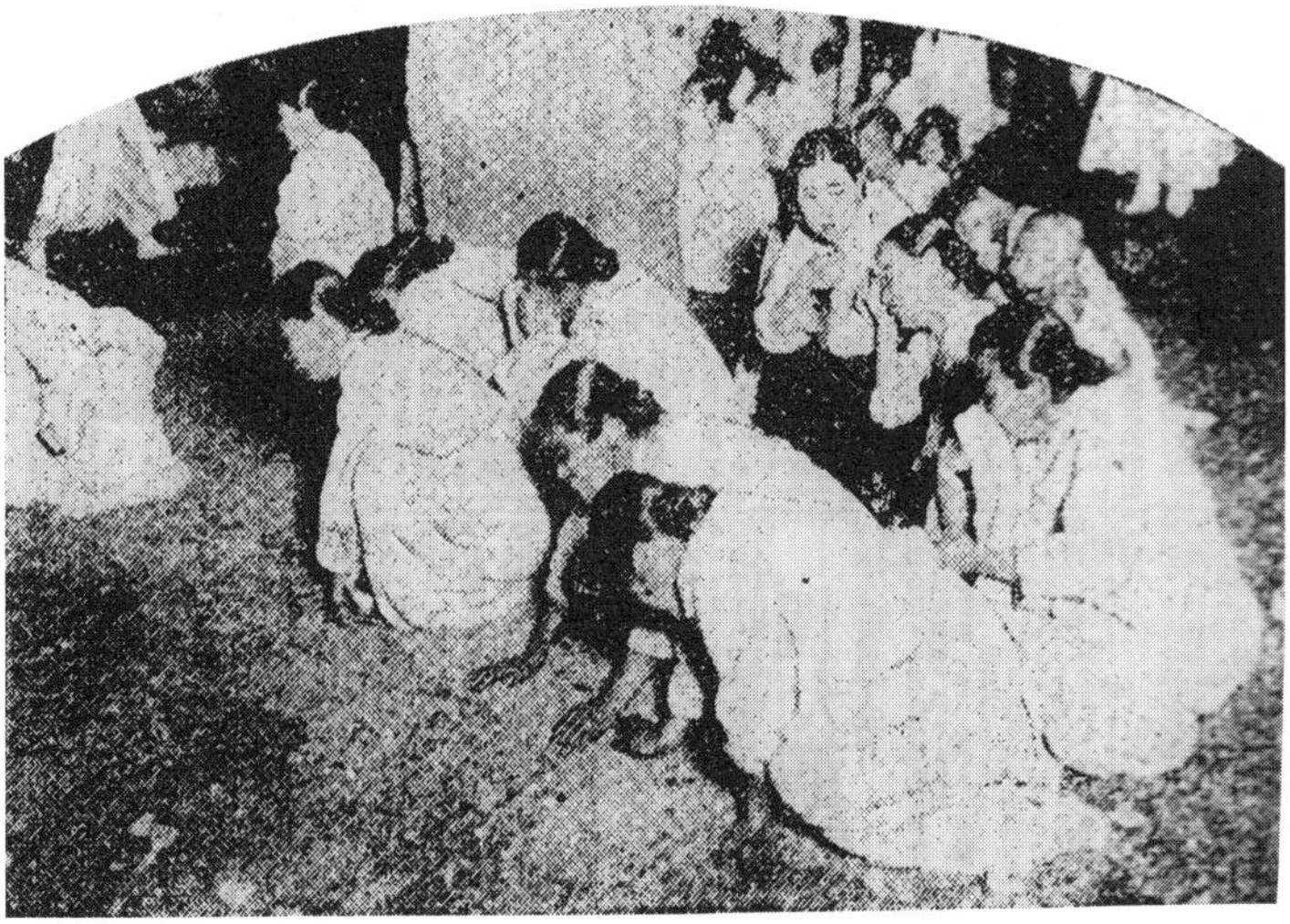

敦化門附近で号泣する人々．出典：『京城日報』1926 年 4 月 27 日

例があったため、総督府や李王職は薨去後にとるべき方策をある程度想定できたはずである。しかし、容態が急激に悪化したかと思えば再び快方に向かう李王を前に、総督府や李王職は薨去が間近ではないと考えて日常の政務に戻っていった。そしてそうした予想を裏切るように突如として薨去した。このとき総督府は斎藤総督が不在のため内地への報告に関して諮ることができず、二六日午前七時四五分の総督の帰還を待って〝王族の死〟に対応していったのである。

悲報が市中に流れると、昌徳宮の敦化門や金虎門前には多数の朝鮮人が集まり出した。内地では翌二六日に『東京朝日新聞』が、「御加療中であつた昌徳宮李王殿下には、二十四日夜来突然病重らせられ、岩淵主治医以下御病床に詰めきり御看護申上げたが、二十五日未明より御容態急変され、午前六時つひに薨去遊ばされた」(13)と、二五日の薨去を報じた。『読売新聞』も同様に二六日朝刊で

「昌徳宮に御静養中であらせられた李王殿下には昨暁〔二五日〕突如御危篤に陥らせられ、同六時十分遂に薨去遊ばされた」[14]と報じたが、夕刊では「本月三日頃より御容態悪化し、爾来御療養に努めた結果御病状は一進一退であったが、二十四日朝より御気色勝れさせられず御疲労の御模様に拝せられ、二十五日午前四時急変、同六時全く御危篤に陥られた」というように、一転して危篤と伝えた。その理由は、二六日付の宮内省告示第六号が「大勲位李王殿下今廿六日午前六時十分薨去せらる」と、薨去を二六日として発表したからだと考えられる。

朝鮮では各新聞社が李王危篤と報道したが、『時代日報』だけは二五日午前の号外で薨去と報じた。この『時代日報』の号外は「腎臓炎デ久シク御病気中デアッタ昌徳宮〔李王〕殿下ハ二十五日午前六時十分遂ニ昇遐セラレタ」[15]という内容であったが、薨去が公式に発表される前だったため、結局差し押さえ処分となった。こうした経緯から、李王は二五日の時点で薨去していたが、公式発表があるまでそれを報じられなかったとみて間違いない。

ただし、薨去の公式発表が遅れた原因は斎藤総督が不在だったせいだけではない。総督が京城に帰還後も総督府は李王の薨去を秘し、内閣や陸軍省とある問題をめぐって協議を続け、解決を見るまで薨去を隠したからである。このときの協議とはいかなるものだったのであろうか。

2　死後の元帥就任

一九二六年四月二五日、総督府は斎藤総督の名で若槻礼次郎首相宛に、「李王殿下今朝六時十分全ク危篤ニ陥ラル詳細後報ス」[16]、一木喜徳郎宮内大臣宛に、「李王殿下には二十四日来御容態急変し、昨夜二十四日より御脈御呼吸不整に渡らせられ、今朝六時十分全く御危篤に陥らせらる[17]」と電報を打ったが、薨去に関しては伝えなかった。

だが、実は二五日の時点で森岡朝鮮軍司令官が宇垣一成陸軍大臣宛に「李王殿下本二十五日午前六時十五分逝去セラル。但シ喪ヲ秘セラレアリ[18]」と電報を送っており、李王の薨去はすでに内地に伝えられていた。林仙之朝鮮軍参謀長も津野一輔陸軍次官宛に「李王殿下ノ最後ヲ飾ルニ元帥ノ礼遇ヲ受ケラルルヨリ他ニ優遇ノ途無キニヨリ、之ヲ奏請スルノ儀総督府側ニ起ル。果シテ可能性ヲ有スルヤ至急返待ツ[19]」と電報を送り、総督府が李王を元帥に就けようとしているが、それは可能か問い合わせている。電報の末尾には、「目下総督、総監地方旅行中ニシテ処置ニ困リアリテ相談ヲ受ク」とあり、首脳部の不在で混乱する総督府が朝鮮軍に相談していたことがわかる。

津野陸軍次官の返答は、「陸軍法規ノ上カラハ李王ノ元帥問題ハ当テハマラザルモ、朝鮮統治ノ必要ヨリ元帥ノ優遇ヲ賜ハリタキ意向ナラハ、特ニ総督ヨリ其向ニ御申出ニナラハ研究セラルベシ[20]」というものであった。そこで総督府は、二六日午前一一時二三分、斎藤総督の名で宇垣陸軍大臣宛に「李王殿下危篤ニ陥ラレタルニ付、此ノ際特ニ元帥ノ御礼遇ヲ賜リ度ク希望ニ堪エス。御取計ヲ請フ[21]」と電報を送った。また、若槻首相にも「李王殿下御危篤ニ陥ラセラレタルニ付特ニ元帥ノ御礼遇賜ハリ度、陸軍大臣ニ依頼致置タリ。統治ノ影響モアリ、此際至急御詮議相成様御高配ヲ乞フ[22]」と要請した。これを受けた宇垣陸軍大臣は、午前中に若槻首相と会見して元帥奏請の件を打ち合わせ、午後二時に赤坂御所に参内して摂政に拝謁し、李王を元帥に就ける旨の御沙汰を拝受して退去した。この御沙汰にもとづいて内閣は午後六時に「李王殿下に対し特に名誉を表彰する為め元帥に対する礼遇を賜ふ」と発表した[23]。

李王が元帥に就任すると、総督府は二六日午後一一時に若槻首相宛に「李王殿下四月二十六日午前六時十分薨去被為在候ニ付テハ国葬ノ御取扱ヲ賜リ度、此段及内申候也[24]」と電報した。二五日の時点ですでに朝鮮軍を通じて陸軍に情報が伝えられているにもかかわらず、総督府は李王が元帥になった二六日になってはじめて薨去の報告と国葬の要求をしたのである。総督府の要求は政府に受け入れられ、「大勲位李王薨去ニ付特ニ国葬ヲ行フ」という勅令第八七号が発布された。

では、なぜ総督府は二五日に李王の薨去を報告せず、「統治ノ影響モアリ、此際至急御詮議相成様御高配ヲ乞フ」と、「統治」を考慮して焦ったように李王を元帥に就けようとしたのであろうか。また、なぜ元帥の就任が認められてから薨去の報告と国葬の要求をしたのであろうか。朝鮮軍は総督府が「李王殿下ノ最後ヲ飾ル」ために元帥に就けようとしていると述べているが、それだけではわざわざ総督府が薨去を隠した理由を説明できない。李王を国葬する旨を公表する前に、彼が元帥でなければならない特別な理由があったと考えられる。李太王が薨去時に元帥になっていないことも、こうした推測を裏づけている。

そもそも元帥とは、陸海軍を統帥する天皇の最高顧問であり、簡単に就任できるものではなかった。その起源は、一八七二年七月一九日に参議西郷隆盛が陸軍元帥を兼任したときまで遡り、同じ年に元帥服服制も制定されて大元帥と元帥の服制が定められた。ところが、一八七三年五月の官制改正で元帥の階級が廃止されたため、西郷隆盛はその時点で陸軍大将となる。その後、一八九八年に左記の詔書および元帥府条例が制定され、「陸海軍大将ノ中ニ於テ老功卓抜ナル者」に元帥の称号が与えられることとなった。

朕中興ノ盛運ニ膺《あた》リ、開国ノ規謨ヲ定メ祖宗ノ遺業ヲ紹述シ、臣民ノ幸福ヲ増進シ、以テ国家ノ隆昌ヲ図ラントス。茲ニ朕カ軍務ヲ輔翼セシムル為メ、特ニ元帥府ヲ設ケ陸海軍大将ノ中ニ於テ老功卓抜ナル者ヲ簡選シ、朕カ軍務ノ顧問タラシメントス。其所掌ノ事項ハ朕カ別ニ定ムル所ニ依ラシム。

第一条　元帥府ニ列セラルル陸海軍大将ニハ特ニ元帥ノ称号ヲ賜フ
第二条　元帥府ハ軍事上ニ於テ最高顧問トス
第三条　元帥ハ勅ヲ奉シ陸海軍ノ検閲ヲ行フコトアルヘシ
第四条　元帥ニハ副官トシテ佐尉官各一人ヲ附属セシム(25)

このときに元帥の称号が与えられたのは、小松宮彰仁（陸軍）、山県有朋（陸軍）、大山巌（陸軍）、西郷従道（海軍）の四名であった。元帥府条例発布以降に元帥を付与された者は表4-1の三一名である。陸軍からは一七名、海軍からは一三名が元帥に就任しており、臣籍以外では、皇族が八名、王族が一名であった。また李王以外に、有栖川宮威仁、東伏見宮依仁、島村速雄、加藤友三郎、久邇宮邦彦、山本五十六、古賀峰一の八名が死後元帥に就いているので、礼遇として元帥に就任するのは決して珍しくなかった(26)。

表 4-1　歴代の元帥就任者

	軍	元帥在任期間(年)	死後就任
小松宮彰仁	陸軍	1898–1903	
山県有朋	陸軍	1898–1922	
大山巌	陸軍	1898–1916	
西郷従道	海軍	1898–1902	
野津道貫	陸軍	1906–1908	
伊東祐亨	海軍	1906–1914	
奥保鞏	陸軍	1911–1930	
井上良馨	海軍	1911–1929	
東郷平八郎	海軍	1913–1934	
有栖川宮威仁	海軍	1913	○
伏見宮貞愛親	陸軍	1915–1923	
長谷川好道	陸軍	1915–1924	
川村景明	陸軍	1915–1926	
寺内正毅	陸軍	1916–1919	
伊集院五郎	海軍	1917–1921	
閑院宮載仁	陸軍	1919–1945	
上原勇作	陸軍	1921–1933	
東伏見宮依仁	海軍	1922	○
島村速雄	海軍	1923	○
加藤友三郎	海軍	1923	○
李王		1926	○
久邇宮邦彦	陸軍	1929	○
伏見宮博恭	海軍	1932–1945	
梨本宮守正	陸軍	1932–1945	
武藤信義	陸軍	1933	
山本五十六	海軍	1943	○
杉山元	陸軍	1943–1945	
永野修身	海軍	1943–1945	
寺内寿一	陸軍	1943–1945	
古賀峰一	海軍	1944	○
畑俊六	陸軍	1944–1945	

前述の元帥府条例第一条に規定されているように、元帥になるには陸海軍大将でなければならないという条件があった。果たして李王は陸海軍の大将だったのであろうか。実は明治天皇は一九一〇年一二月二六日に李王以下七人の名誉を表彰するために、李王に陸軍大将、李埈に陸軍歩兵中尉、李堈、李熹、李載完に陸軍中将、李載覚、李埈鎔に陸軍少将の制服の着用を認め、その地位に相当する「礼遇」を保障していた(27)。したがって、李王が陸軍大将の礼遇を受けていたことは確かである。しかし、礼遇はあくまで名誉であり、「陸軍大将」として実在していたとはいえない。李王が薨去した際に朝鮮軍が総督府の意向を代弁して元帥を要求すると、陸軍が「陸軍法規ノ上カラハ李王ノ元帥問題ハ当テハマラザル」と難色を示した理由はここにあったと考えられる。

第二章でみたように、王公族は冊立詔書によって「皇族ノ礼」が保障されたが、それが実際に皇族であることを意味するのか、それとも「尊称」「威厳」「名誉」といった礼遇だけを意味するのかが曖昧であった。それゆえ、実体のともなわない陸軍大将の礼遇は、皇統なき「皇族ノ礼」を保障された李王に相応しいものだったのかもしれない。そして総督府はこの陸軍大将の礼遇を根拠として、李王に元帥の称号を与えたのであった。

3　朝鮮古礼の尊重

総督府が李王の薨去を報告する前に元帥に就けた理由を追求するには、まず国葬がどのように計画されたのかをみる必要がある。

若槻首相は総督府から訃報を受けると、一九二六年四月二七日午前九時に駿河台の西園寺公望を訪問してその事実を報告するとともに、国葬について了解を求めた。午前一〇時から永田町首相官邸で開かれた定例閣議では、李王の薨去と政府が宮内省ととった善後措置が報告され、国葬を決定した。委細は、内閣、宮内省、大蔵省、総督府で協議したのちに、持ち回り閣議を経て裁可を仰ぐとした。この日の閣議にもとづいて、先にあげた「大勲位李王薨去ニ付特ニ国葬ヲ行フ」という勅令が下されている。

李太王の国葬でもそうであったが、朝鮮では王の葬儀を亡くなってから二カ月後に行うという慣例があったため、国葬日は六月になると早くから予想された。李王職礼式課が古礼に則って択日したところ、六月六日が大安日で最適となり、その旨を宮内省に報告した。しかしさらなる詮議の結果、六月一〇日（陰暦の五月一日）が庚午大安三碧で日柄がよいと判明し、この日に変更された[28]。

国葬費に関しては、李太王のときは帝国議会が開会中であったため追加予算を計上できたが、今回は議会が閉会中のため、第二予備金八〇〇万円のなかから一〇万円を支出することになった。ところが、陸軍は儀仗隊の派遣その他で経費がかさむという理由から異議を申し立てた。これを受けて、政府は長谷川赳夫内閣書記官に津野陸軍次官と協議させ、同日夜に一四万円で折り合いを付けた。国葬費は持ち回り閣議にかけられ、四月三〇日の定例閣議で可決する予定であったが、ある閣僚がやはり一〇万円にすべきであると主張し、他の閣僚もそれに賛同したため、結局一〇万円となる[29]。儀仗隊派遣費に関しては、陸軍が一万二〇〇〇円、海軍が一五〇〇円を負担することで決着した。

ところで、李王を国葬することが決まった翌二八日、重要な電報が総督府の湯浅政務総監から塚本清治内閣書記官長宛に送られている。それは「李王国葬ノ場合ノ葬儀様式ノ件、出来得レバ主トシテ朝鮮固有ノ式ニ依リタシ。斯クスレバ此際人心ニ及ボス影響モ甚ダ良好ニシテ、尚李王家経費モ幾分節約シ得テ、旁《かたがた》好都合ナラント存ズ。若シ右ニ決定ノ際、細目ニ付テハ今後協議ヲ遂ゲタシ」(30)という内容であった。国葬を朝鮮固有の様式に則って行うのは「人心ニ及ボス影響モ甚ダ良好」であることを期したためであり、この一文には朝鮮人の反発を買った李太王の内地式国葬に対する反省が見え隠れしている。

『斎藤実文書』には、李王職事務官である今村鞆が三・一運動後の一九二一年一月一〇日に作成した、総督および政務総監への意見書が収められている。そこには李王職が李太王の国葬直後から朝鮮人の祭祀を重視するようになったことを窺わせる一文がある。

王世子殿下には本年の大祥祭には一旦帰鮮せらるゝを可とすること。
過日総督閣下内庭に於て王世子は学業の為、本春は来鮮せさるやも知れさる趣訛《ママ》せられたる。後に至り内庭の者等は「費用が入るから李王職より総督に頼みて帰鮮を阻止したるなり云々」と語り合ひ批難し居たりと云ふ。
昨年一年祭の時、王世子帰り来らすとて儒者数名王門に押寄せ騒きし事あり。本年も帰られすとせは一般の批難あるへく、朝鮮人か祭祀を重大視する風習は考ふへきことなり(31)。

今村の説明によると、総督が今春の李垠の「帰鮮」はないかもしれないと発言したことで、朝鮮人の間に大きな波紋が広がったという。朝鮮人たちは、李垠の帰郷には費用がかかるために李王職が総督に依頼して阻止したのだと噂し、当局を非難していたのであった。また李太王の一周忌に李垠が朝鮮に帰らなかったことに対して儒者が王宮前に押し寄せて抗議する事態も生じていた。それゆえ、今村は朝鮮人が祭祀を重視する風習を考慮すべきだと考え、三回忌にあたる大祥祭のときには李垠を朝鮮に帰らせるよう総督に要請したのであった(32)。

このほかにも、同じく李王職事務官の権藤は、「〔李太王の国葬を〕体験し、余りにその無意義に了つたことを痛感していたので、昌徳宮〔李王〕殿下の国葬に際しては湯浅政務総監を訪《とぶら》ひ親く意見を開陳したが、総監も全く同感でこの度は前回の苦き経験に鑑み、飽までも朝鮮儀式を尊重して執行せしむべく計画中であると答へた(33)」と述懐している。こうしたことから、李太王の国葬直後から李王職が朝鮮人の風習に着目し、総督府側に助言していたことは明らかである。そして湯浅政務総監が『京城日報』の取材に対して、「国葬は内閣に於ても古来の朝鮮慣習を充分に尊重して執行することになつて居るので、総督府でも李王職と打合せ充分此の趣旨を以て臨むことになつて居る。〔…〕李王家の御親戚の方々も居られることであるから其の方の意見も充分拝聴して萬事国葬に就ては遺漏なきを期する(34)」と語っているように、助言を受けた総督府は、李王の国葬において朝鮮の古礼を尊重する方針を立てたのであった。

李王を国葬することが決まると、葬儀委員の選定作業が始まった。内閣は四月二七日の定例閣議で左記の葬儀委員を選定した。

〈葬儀掛長〉
総督府政務総監　　湯浅倉平
〈葬儀掛次長〉

式部次長　西園寺八郎　総督府中枢院副議長　朴泳孝

〈葬儀掛〉

内閣書記官長　塚本清治　内閣書記官　長谷川赳夫

内閣書記官　館哲二　内閣書記官　林茂

拓殖局長官　黒金泰義　拓殖局書記官　郡山智

李王職次官　篠田治策　総督府内務局長　生田清三郎

総督府財務局長　草間秀雄　総督秘書官　藤原喜蔵

総督府事務官　松村松盛　総督府警務局長　三矢宮松(35)

しかし、この人選は暫定的であった。湯浅政務総監が内閣の山本事務官に送った、「若シ主トシテ朝鮮固有ノ式ニ依ルモノトスレハ、尚多数ノ朝鮮人ヲ委員ニ任命スルノ要アルベシ。又朝鮮固有ノ式ニハ祭官長、同副長及祭官等ナク複雑ナル種々ノ名称アリ。此等ハ国葬委員（ママ）トセハ必要ニ応シ委員長ヨリ委嘱スルコトニ取計可然ト思料ス」(36)という電報がそれを表している。このように李王の国葬は李太王の先例を踏襲せず朝鮮固有の式に依るがゆえに、多数の朝鮮人を葬儀委員に任命して一から計画を立てなければならなかった。

三〇日の午後、再び葬儀委員が選定された。この日、内閣書記官から湯浅政務総監に「本日貴官葬儀委員長被仰付、委員ニハ貴府内申ノ者全部ノ外、内閣書記官長、内閣書記官四名、拓殖局長、郡山書記官、岩波宮内書記官、西園寺式部次長、山県式部官、星野掌典、仙石宗秩寮総裁、朝鮮軍参謀長林、合計三十六名被仰付[37]」という報告がなされた。総督府の要求はすべて受け入れ、しかも多数の官僚を加えたために、その数は三六名に達した。この日発表された葬儀委員は次の通りである。

〈葬儀委員長[38]〉

総督府政務総監　湯浅倉平

〈葬儀委員〉

内閣書記官長　塚本清治
内閣書記官　長谷川赳夫
内閣書記官　村瀬直養
内閣書記官　館哲二
内閣書記官　林茂
内閣拓殖局長　黒金泰義
拓殖局書記官　郡山智
宮内書記官　岩波武信
宮内式部次長　西園寺八郎
宮内式部官　山県武夫
掌典　星野輝興
宗秩寮総裁　仙石政敬
李王職長官　閔泳綺
李王職次官　篠田治策
李王職事務官　末松熊彦
李王職事務官　佐藤明道
李王職賛侍　韓昌洙
陸軍中将　李秉武
陸軍少将　林仙之
陸軍少将　魚潭
陸軍歩兵大尉　長谷川基
海軍中佐　一色建之助
総督府内務局長　生田清三郎
総督府警務局長　三矢宮松

総督秘書官　藤原喜蔵　　総督秘書官　小河正儀
総督府事務官　園田寛　　総督府事務官　山本犀蔵
総督府事務官　村松松盛　　総督府事務官　中村寅之助
総督府技師　岩井長三郎　　総督府通訳官　藤波義貫
総督府通訳官　田中徳太郎　　中枢院副議長　朴泳孝
中枢院顧問　李夏栄　　中枢院顧問　尹徳栄[39]

葬儀委員が決まると同時に、首相官邸と総督府第二会議室に葬儀事務所が置かれ、翌五月一日には東京の首相官邸で第一回国葬委員会が開催された。委員会では一二項目の基本方針を決定するが、その一つに「賜誄ノ儀ヲ除クノ外、主トシテ朝鮮固有ノ式ニ依リ之ヲ行フコト[40]」という規定があった。李王の元帥就任と関係してくるので記憶に留めておきたい。

この日、葬儀委員のなかから、長谷川内閣書記官、郡山拓殖局書記官、岩波宮内書記官、山県宮内式部官、星野掌典を事務打ち合わせのために総督府の葬儀事務所に派遣することが決定した。その理由は、山県宮内式部官が『京城日報』で「故李王殿下の御葬儀は内閣および宮内省で打合せを遂げたが大体は総督府で準備を進むるはずである。自分等は初めてだから総ては総督府と打合せてでないと確とした事はいへない[41]」と語っているように、朝鮮固有の式に則って執り行うはじめての国葬に対処するためであった。

これにもとづいて、朝鮮でも第一回国葬委員会を五月八日に開催し、長谷川内閣書記官が東京の国葬委員会の決定事項を説明した。(42) さらに第二回国葬委員会を五月一〇日に開催し、葬儀委員の変更を協議した。変更の理由は、七日に長谷川内閣書記官が塚本内閣書記官長に宛てた次の電報に記されている。

湯浅委員長ハ故李完用トノ権衡上及鮮人懐柔ノ必要上ヨリ、朴泳孝ヲ葬儀副委員長ニ任命スルコトヲ希望シ、日本人側委員中ヨリ尚一人例ヘバ仙石氏ノ如キヲ副委員長ニ任命スルヲ適当ト思考スルモ、若シ其人無ケレバ朴泳孝一人ノミニテ可ナリトノ意見ナリ。
又秘書官ヨリ鮮人側委員ノ追加任命ヲ希望スル旨申出アリ。朴泳孝ノ任命ニヨリ所期ノ目的ヲ達シ得ルヤ疑問ナルノミナラズ、委員等ノ追加任命セラレシコトアリヤ先例ヲ知ラズ。併シ事情已ムヲ得ザルモノアルベシ。如何取計フベキヤ御指図ヲ乞フ。(43)

湯浅政務総監が葬儀委員の変更を要望した理由は二つあった。一つは派閥の問題である。併合後、宮中では李完用閥と尹徳栄閥が対立し、別に朴泳孝、宋秉畯の勢力があった。李完用は併合直後こそ趙重応や朴斉純、高永喜《コヨンヒ》といった名立たる同志とともに権勢を極めたが、それら諸氏が亡くなると周囲には兄の李允用や閔泳綺《ミンヨンギ》ら老齢の者のみとなり、勢力は衰える一方であった。(44) それに反して、李王妃の伯父として着々と勢力を拡大した尹徳栄の権勢は今や周囲を圧倒していた。こうした事情から、総督府としては朴泳孝を葬儀副委員長に任用し、バランスを取ろうとしたと考えられる。李完用の息子李恒九を葬儀委員として追加任命したことにもそれは表れている。(45) しかしこうした勢力均衡策にもかかわらず、裏では「朴泳孝は尹徳栄と結びて殿中を自由にし、李完用の長子で李王家〔ママ〕の礼式課長として李完用派を代表せる李恒九を李王家から追っ払ふべく手段を講じて居る」[46]と噂されていた。

葬儀委員を変更したもう一つの理由は、朝鮮固有の式に則って国葬を行うからであった。そのためには葬儀委員に朝鮮人を多数入れ、重用しなければならなかった。そこで身分的にも派閥的にも申し分のない朴泳孝が副委員長に任命されたのである。しかし先例のない行事に不安を隠せない総督府は、「朴泳孝ノ任命ニヨリ所期ノ目的ヲ達シ得ルヤ疑問」であり、「鮮人側委員ノ追加任命ヲ希望」していた。追加されたのは李王職礼式課長の李恒九のみであったが、別途「葬儀顧問」「宗戚執事」「内哭班入参」「殯殿守僕」として、それぞれ二七名、六二名、六八名、一〇名の朝鮮人が任命された。[47]

このように仙石政敬と朴泳孝を副委員長とし、さらに李恒九を加えて葬儀委員が確定すると、五月一二日には朝鮮で第三回国葬委員会が開かれた。ここでは「葬儀委員の事務分掌」「奉訣式の儀式場の設備」「鹵簿の筋道」「鹵簿の編成」「写真撮影の取締り範囲」「宮中席次を有する者以外の参列資格」が議論された。[48]

「奉訣式の儀」（内地式の「葬場祭の儀」に相当）を行う斎場は、祭場と幄舎《あくしゃ》からなり、李太王の国葬のときと同規模とされた。ただし李太王の場合はすべて祭場と幄舎が内地式建築だったのに対し、李王の場合は祭場を朝鮮式建築とし、参列者の席である幄舎のみを内地式建築とした。幄舎は約五〇〇名を収容できる規模だったが、八九八名に参入証が交付されたので、全員が来場すれば席が足りない可能性があった。それでも五〇〇席に抑えたのは、第三回国葬委員会で山県宮内式部官が「過去の状況等に鑑みて余りに幄舎を大にする時は中に入る人員が不足致しますると如何にも其の御葬儀が淋しいやうな感じが致しますので」[49]と説明しているように、「寂寞」たる国葬を再び繰り返さないためであった。

「宮中席次を有する者以外の参列資格」に関しては、服制で大礼服もしくは燕尾服を着用するとしながら、一方で「朝鮮人ニ在リテハ朝鮮ノ祭服ヲ着用スルコトヲ得」と、朝鮮人への配慮がみられた。国葬直前の六月六日付『京城日報』の読者相談コーナーには、「国葬に参列するについて服装のことがよく諒解出来ません。最もわかりやすく御説明を願ひます（公職者）」[50]という声が掲載されている。国葬の服制は複雑であり、特に大礼服服制はある地位以上の者でなければ馴染みがなかった。それは、大礼服が八〇〇円（一九三一年当時の首相の月給に相当）[51]もする高価なものであったからであり、李王職のなかにも持っていない者がいた。そこで篠田治策李王職次官は宮内省に対し、李王に仕えた者には略服での参列を許可するよう要請したが、結局国葬の規定があるとの理由で許可は下りず、彼らの席は正式参列者の後部に設けられることになった。服制に関しては「国葬を前にして金ピカ服の悩み」、「朝鮮人側は麻の喪服で差支ないといふから問題はないが」[52]というように、朝鮮人優遇に皮肉を込めた報道がなされた。こうした事態に内地人の間では「朝鮮人固有の礼服は許るされて日本人固有の礼服たる羽織袴が許るされぬとは何たる矛盾であらうか。日本人は是れだから西洋人に頭が上からぬことになるのだ」[53]という不満も聞かれた。ここでいう「西洋人」とは、被植民地民におもねることなく絶対的優位に立てる植民者を意味していたといえよう。

ところで、朝鮮人に祭服の着用を認める規定は李太王の国葬の際にもあり、李王の国葬に限ったことではなかった（ただし李太王のときは総督府の認可を受けた者のみ）。それよりも着目すべきは、李王の国葬では「幄舎ニ著床中ハ外套及帽子ヲ脱スルコト」としながら、「朝鮮ノ祭服ヲ著用スル者ノ帽子ハ此ノ限リニアラズ」[54]と例外を認めた点である。そもそも国葬に参列するには非常に厳しい規定があり、特に服装は厳格で、大礼服（燕尾服以上）でなければ参列の許可を得られなかった。ところが山県有朋の国葬（一九二二年二月九日）のときは、山県家と特別な関係にある者が参列できないのはあまりに理不尽だということになり、特例として山県家から送付された参入証を持参すれば参列できるとされた。しかしその特例も松方正義の国葬（一九二四年七月一二日）以降は廃止され、規定の大礼服を着用した者しか参列できなくなった。ところが李王の国葬は各儀式を朝鮮式に行うことから、服制も朝鮮古礼を尊重せざるをえなくなったのである。たしかに朝鮮の祭服として着用する帽子は紐で結ぶために脱ぎづらいが、これによって国葬の規範が乱れるのは必至であった(55)。

それにもかかわらず、葬儀委員は朝鮮人の参列拒否を防ぐために、そしてまた朝鮮人の民族感情を刺激して三・一運動を再来させないために、朝鮮固有の式を重んじた国葬を計画していった。併合から李太王の国葬にかけては、朝鮮が内地と「対等」な〈日本〉であることを示すために、王公族を皇族として礼遇すべきだと考えられていたが、李王の国葬では朝鮮の個別性を示すために、王公族を皇族とは異なるものとして礼遇すべきだと考えられたのである。

そうした王公族に対する処遇の変化は、方子という王公族に嫁いだ元皇族を通しても論じられた。六月一一日の『京城日報』には、閣僚の代表として李王の国葬に参列するために京城を訪れた岡田良平文部大臣に関するコラム「岡田文相の朝鮮土産」が載っている。

〔方子妃殿下は〕やんごとなき御身に木綿の朝鮮喪服を召され四十余日間廬幕《ヨマク》に籠られ総ての朝鮮風習に従はせられて御勤行御怠りなく、しかも憂ひに沈み給ふ李王〔垠〕殿下を慰藉《いしゃ》されて御内助に務めさせられ、滞りなく国葬の儀も済ませられたのである。〔…〕岡田文相は必ず両殿下の御孝心についてわれ等と感激を共にし、妃殿下の御事どもについて生きた女性教育の資料を内地への土産とすることが出来るであらう。しかもわれ等は妃殿下の御高徳が単に女性の模範たるに止まるものでなく、一般国民に対しても非常に意義ある教訓が含まれてゐることを感じない訳にゆかぬ。それは外でもない、李王家における妃殿下の御心掛は即ち皇室の朝鮮に対する御思召しの現れであり、内地人としてはこの御思召しを体して、いやしくも朝鮮人に対して優越観念、差別観念を以てその自尊心を傷つけ、民族的反感を挑発する如き言動があつてはならぬことである。(56)

ここに書かれているように、方子は李王の薨去後に木綿の朝鮮喪服を着て朝鮮の風習に従い、四〇余日間廬幕に籠って過ごした。彼女は李王家に嫁いだので朝鮮の喪服を着るのは当然のように思われるが、この当時は皇族を表象する「やんごとなき御身」と見られていた。そしてそのような方子が朝鮮の風習にしたがったのは、「皇室の朝鮮に対する御思召しの現れ」と述べ、そこから内地人は朝鮮人に優越感や差別意識を持ってはならないと論じている。李太王の国葬時には、王公族を皇族と同様にまで引き上げた礼遇をすることで内地と朝鮮の「対等」な関係を演出しようとしたが、それは内地式の押し付けと表裏一体であったため、却って朝鮮側の反発を招いたと考えられた。そこで李王の国葬時にはむしろ朝鮮の個別性を取り入れる必要があると考えられ、元皇族たる方子が王公族と同様に朝鮮式にふるまうことこそが「非常に意義ある教訓」とされたのであった。ただし、王公族を皇族のように礼遇するにしても、元皇族が王公族のようにふるまうにしても、そこにはあくまで皇族が上で王公族が下（内地が上で

朝鮮の喪服を着た李垠と方子．出典：梁在璣『純宗国葬記念写真帖』（京城写真通信社，1926 年）

朝鮮が下）という基本的な構図があったのであり、そうした上からの目線がこのコラムにもみられる。

かくして朝鮮の個別性を取り入れるという形で李王の国葬準備が進められたが、日本としては朝鮮が〈日本〉であることを否定するわけにはいかなかった。換言すれば、朝鮮の個別性だけを示せば朝鮮の独立を表象してしまう危険性があったため、あくまでも朝鮮が〈日本〉であるという範囲で朝鮮固有の式を取り入れなければならなかったのである。では朝鮮が〈日本〉であるという名分を保持しつつ、朝鮮固有の式に則った国葬は、いかにして可能となったのであろうか。

4 〈日本〉の国葬と儀仗隊

李王の国葬を朝鮮固有の式に則って行うことは当初から決まっていたが、具体的な方針はなかなか定まらなかった。五月に入ってようやく、李太王の国葬を参考に李王職礼式課が起案し、朝鮮の第一回国葬委員会で承認された(57)。

第三章でみたように、李太王の葬儀は国葬と内葬に分けられ、国葬は二月九日の「国葬奉告の儀」に始まって、三月三日の訓練院における「葬場祭の儀」を挿み、三月七日の金谷里における「斂葬後墓所祭の儀」までとした。それ以外は李王家の内葬とし、朝鮮式で行った。一方、李王の葬儀は国葬と内葬とに分けず、さらに「賜誄の儀」を除くすべての儀式を朝鮮の古礼に則って行うことにした。しかし、単純に李朝時代の国葬をそのまま行うのではなく、内地式国葬に相当する主要八儀式を古礼のなかから選び出し、差し替えると説明された。表4-2の八儀式がそれであり、左の儀式(内地式)が右の儀式(朝鮮式)と差し替えられた(58)。

李朝時代の国葬を行うのではなく、あくまで内地式国葬の八儀式を除いて、その抜けた穴に朝鮮の八儀式を当てはめるという回りくどい説明がされたのは、国葬の主体が〈日本〉であるという体面を維持しなければならなかったからである。

李朝時代には太上王、太上王妃、王、王妃、王世子、王世子嬪の葬儀が国葬(国喪)となり、その事務は稽制司《ケジェサ》という礼曹(59)に属した官庁が担当した。特に太上王、太上王妃、王、王妃のときは国葬都監が設置され、葬儀は約六カ月という長期にわたった。こうした朝鮮の国葬を李王の葬儀として行えば、併合後も〈日本〉のなかに朝鮮という「国」が存在することになり、李王が朝鮮の「国王」になってしまうため、日本としてはそれを避ける必要があった。それゆえ、総督府は日本政府に、葬儀様式を「朝鮮固有ノ式」に依拠して行いたいと要請してはいるが、国葬そのものを朝鮮式に行いたいとは言っていな

表4-2　差し替えになった主要八儀式

	内地式	朝鮮式	日付
①	正寝移柩の儀	成殯奠の儀	4月29日
②	倚廬殿の儀	成服奠の儀	5月 1日
③	斂葬当日の柩前祭	遣奠の儀	6月10日
④	霊輿発引の儀	発靷の儀	6月10日
⑤	斂葬の儀中の葬場祭の儀	奉訣式の儀	6月10日
⑥	斂葬の儀中の墓所の儀	寝殿成殯奠の儀	6月11日
⑦	玄宮奉遷	下玄宮の儀	6月11日
⑧	霊代安置及び斂葬後一日権舎祭	返虞の儀	6月12日

いのである。

前述の措置によって国葬の主体が〈日本〉であるという体面は保たれたが、葬儀委員がとった措置はそれだけではなかった。朝鮮固有の葬儀行列には存在しない、内地式国葬に象徴的なものを組み込んだのである。それは儀仗隊と輓馬《ばんば》であった。

仗は武器の総称であり、儀仗は儀式に用いる剣や弓矢などを意味する。この儀仗を帯びて天皇・皇族を警護したり国家の儀式に参加する兵士が儀仗隊であって、国葬を厳粛に、しかも陸海軍を統帥する天皇の威光を表すためには欠かせない存在であった。〈日本〉の国葬とは「天皇陛下が特に賜う所の大礼」であり、李王を国葬するのは、天皇が李王を「功績」ある〈日本人〉と見なして国家の礼を賜うことを意味した。したがって、日本は韓国の統治権を「譲与」した李王を〈日本人〉として葬送することで、韓国が併合とともに〈日本〉になったという「大義名分」を保持できたのである。となれば、李王の国葬から天皇の威信を示す儀仗隊や輓馬を削除することはできなかった。国葬の基本方針として、「賜誄ノ儀ヲ除クノ他、主トシテ朝鮮固有ノ式ニ依リ之ヲ行フコト」とされたように、天皇が国葬者に誄詞（死を悼み、生前の功業をたたえる言葉）を下賜する「賜誄の儀」だけが旧来通りそのまま残されたのは、これと同様の措置であったとみるべきであろう。

では、朝鮮固有の式にはない儀仗隊や輓馬はいかなる論理で李王の国葬行列に組み込まれたのであろうか。それは「李王殿下御薨去に関する彙報」で次のように説明されている。

今回の国葬は主として朝鮮式によつて行はるゝ結果、旧慣による成殯奠《せいひんてん》から返虞《へんぐ》までの主要な儀礼は、すべて国葬に取入れることゝなつた。国葬は御儀式を厳かに執行ふのが主であつて、儀仗兵輓馬等は朝鮮式の葬儀にはないけれども、〔李王が〕元帥に対する礼遇を賜つたのであるから、それは差支ない個所に挟まるゝことになつた。(60)

このように、軍人の最高位である元帥への就任を論拠として、朝鮮固有の式に軍隊の要素である儀仗隊や輓馬を組み込むことが正当化されたのであった。同様の論理は、『京城日報』に掲載された葬儀委員の説明でもみられる。

今回は最後の御儀式である返虞式までの間の主要な儀礼は悉くとり入れて国葬とするはずである。国葬は御儀式を厳かに執り行ふことか主であつて行列などは枝葉の問題である。総て元帥の御待遇を以てせらるゝ国葬であるから儀仗兵、輓馬等は朝鮮式の葬儀にはないがその差支ない個所にこれを挟むはずである。(61)

1926年5月1日に入城した黒田弔問使と元帥刀を納めた箱を捧げ持つ出迎えの魚潭少将. 出典:『京城日報』1926年5月2日

葬儀委員は、行列は「枝葉の問題」であり、それをどのような様式(朝鮮式、内地式)でやるかは大きな問題でないと考え、それよりもむしろ、儀式を厳粛に行うという国葬の体面を重視していた。それゆえ、たとえ一般朝鮮人を懐柔するために朝鮮の古礼を重んじて李王の国葬を行うとしても、〈日本〉の国葬にふさわしい厳粛さを演出しなければならなかった。そこで必要なのが、儀仗隊と輓馬だったのである。

だが、朝鮮式の葬儀行列に儀仗隊を組み込むのであれば、李王の霊柩を昌徳宮から「奉訣式の儀」式場となる訓練院へ運ぶ道筋に関して、慎重に協議する必要があった。朝鮮式の葬儀行列は三〇〇〇~四〇〇〇名という大人数で構成されるにもかかわらず、そこにさらに軍隊で構成された儀仗隊が加われば、道のほとんどが行列で埋め尽くされてしまい、民衆が拝観できない可能性があったからである。

図4-1　国葬行列の道筋案

出典：「故大勲位李王国葬委員会議事速記録」（『故大勲位李王国葬書類巻三』国立公文書館所蔵）をもとに筆者作成

この問題は五月一〇日に開かれた朝鮮の第二回国葬委員会で魚潭《オダム》委員から提起された。魚潭委員は「此の御途筋に付きましては陸海軍の儀仗兵の総数が非常に多数のやうに思ひますから其の他学校の生徒並に京城市民等が奉送致すに付て考慮しなければならぬと思ひます(62)」と述べ、三通りの道筋を提案した。図4-1が示すように、第一案は昌徳宮敦化門前→臥龍洞→黄金町三丁目→訓練院、第二案は昌徳宮敦化門前→臥龍洞→鐘路三丁目を西進→第一銀行の前を南大門通に左折→黄金町→訓練院、第三案は第二案よりもさらに鐘路三丁目を西進して鐘路一丁目を左折→徳寿宮大漢門前→黄金町→訓練院というものであった。

魚潭委員は、第一案は儀仗隊を加えた大人数の国葬行列が通れば学生や一般臣民が奉送する場所がほとんどなくなってしまい、第二案、第三案のように遠回りをすれば、警護する警官が余計に必要になると指摘した。そのうえで、「併し折角の奉送に人民が一人でも奉送が出来なかったとすれば、丸で軍隊にばかり力を濺《そそ》がれて御出になったと考へられて人民の方が如何かと感ぜられるので、成るべくは十分なる余祐〔ママ〕を置いて少し遠く廻られる方が宜からうかと思ひます(63)」と、距離を長くとるよう訴えた。

これに対して山県武夫委員は、民衆に沿道で李王の霊柩を拝観する機会を与えるのは重要であるが、国葬行列は時間内に訓練院に到着しなければならないと反論した。「奉訣式の儀」における勅使の拝礼時刻が午前一一時であることから逆算し、「廻れるだけは廻るとしても一時間二十分を超過しない範囲内の道筋を選ぶことを必要とするのであります(64)」と訴えた。

道筋は最終的に第一案が選択されるが、その理由は山県委員が主張した通り、第二案、第三案では国葬行列が制限時間内に訓練院に到着できないからであった。仮に儀仗隊を組み込まなければ、より多くの人々に奉送する機会を与えられたにもかかわらず、国葬委員会では儀仗隊を除くという意見は一切出なかった。儀仗隊は民衆の奉送よりも重要であり、〈日本〉の国葬に当然なければならない存在だったのである。

5　大義名分をめぐる角逐

前節では、統治する側が回りくどい措置を講じ、それによって朝鮮が〈日本〉であるという「大義名分」をいかに保持しようとしたかを説明した。だが、当然のことながら統治される側にはそれと逆の

「大義名分」、すなわち朝鮮の独立性を李王の国葬に投影しようとする考えがあった。そうした考えは葬儀委員の内部にもあり、国葬委員会の協議を紛糾させる原因となる。

一九二六年五月二七日の朝鮮における第四回国葬委員会で、故人の生前の官位や姓名を記した弔旗である銘旌《めいせい》をどのように書くかという問題が提起された。これが紛糾の発端となる。この日、三矢宮松委員は儀式係で協議した内容として「銘旌の書き方に付ては故大勲位李王之柩と書くか、故大勲位李王梓宮と書くかといふ二つの案があったのでありますが、梓宮といふことに大体異議がなかったのでありま す(65)」と報告した。ところが、これに対して李王職次官の篠田治策委員は、李王の国葬は朝鮮の古礼に則って行うことになったのだから、銘旌の書き方も慎重に協議してなるべく朝鮮の慣習にしたがうべきだと述べた。そして「唯今の書き方は内地式の書き方と存じて居りますが」と前置きして「之とは全く異った朝鮮の書き方」を提案している。速記録では「「〔空白〕」此の八字の文字此の名前の下に「〔空白〕」之を銘旌として金谷迄立てて行く」となっており、肝心な部分が空白でわからない。しかし前の括弧は八文字であるから「故大勲位李王之柩」もしくは「故大勲位李王梓宮」と考えられ、後ろの括弧は次にあげる閔泳綺委員の意見から「純宗大王」だと推測される。つまり篠田は内地式に「故大勲位李王之柩」もしくは「故大勲位李王梓宮」と書き、その下に朝鮮式の「純宗大王」を加える案を提起したといえよう。

すると今度は、その案を補足するように李王職長官の閔泳綺委員が、李王職で協議した結果を説明しはじめた。閔泳綺によると、この日の午前一〇時から一一時まで李王職の意見をまとめておくための会議が李王職長官室で開かれたという。そのとき閔泳綺は、第一案「純宗皇帝」、第二案「純宗大王」、第三案「故大勲位李王之柩」、第四案「故大勲位李王梓宮」の四つを提示した。ここで彼自身は第一案の「純宗皇帝」としたかったが、篠田次官以下が第二案の「純宗大王」を推したため、しかたなく多数意見にしたがったという。閔泳綺は、銘旌の書き方でも朝鮮の古礼を重んじるという篠田の意見をさらに進めて、李王に「皇帝」の尊号を遣そうとしたのである。

尹徳栄委員も閔泳綺委員と同様の考えを持っていた。『通鑑綱目』やその他の古書を国葬委員会に持参した尹徳栄は、「皇帝と称することは人民の希望と致しまして啻《ただ》に人民の希望ばかりではありませぬ」と述べ、歴史の観点から次のように主張した。すなわち、東洋ではかつて皇帝であった者が新たな皇帝のもとで王もしくは公として仕えたとしても、亡くなった場合には皇帝として葬送された例はいくらでもあるとし、李王に「皇帝」の尊号を遺すよう訴えたのである(66)。

これに対して総督府政務総監の湯浅倉平委員長は「支那の歴史等に於ては左様な例があるといふことは私も承知して居ります」と一応の理解を示したが、同時に「日本帝国の歴史に於ては未だ嘗て天に二君あるといふことを認めた例がないのであります(67)」と告げた。さらに、なるべくは朝鮮固有の式を参照して尊重するが、銘旌に関しては「大義名分を紊さない範囲に於て決定致したい」として、「皇帝」にこだわる閔泳綺や尹徳栄に釘を刺した。そのうえで、李王職の多数意見は「純宗大王」だったことだし、続けて協議しても際限がないので、この案に決定してはどうかと申し入れた。

しかし尹徳栄は、「若し大義名分に照して皇帝といふのがいけないと仰っしやるならば、大王といふことも等しくいけないといふことにならうと思ひます(68)」と述べ、「大義名分」を逆手にとって湯浅に反論した。しかも、「大王」というのは李王や李太王とは異なり、「皇帝」と同じく一国の主権者を奉る尊号であると説明し、李王はかつて「皇帝」と称していたのだから、「大王」を認めるならば「皇帝」を認めても差し支えないのではないかと主張した。また、そもそも李王職の決定は身内の意見であって、朝鮮貴族や一般朝鮮人の意見を反映していないとし、銘旌に関しては多くの意見を聞いて決定すべきだとした。

続けて中枢院顧問の李夏栄《イハヨン》委員が尹徳栄に加勢して意見を述べた。彼は、銘旌というのは形式であって結局土に埋めてしまうものだから、たとえ「皇帝」にしても朝鮮が再び独立することはないとして、「皇帝」案を主張した。また、尹徳栄が言ったように一般朝鮮人の意見を顧みずに決定するならば「此の席限り委員を辞退致したい(69)」と辞意まで表明した。

意見が対立して感情的になったため、ここで篠田がなだめに入った。彼は李王に対しては「尊敬的の諡《おくりな》」を用いるべきで、できることならば「皇帝」という尊号を用いたいが、「大義名分」から考えると「大王」案が精一杯だとして理解を求めた。そのうえで「感情の問題にならぬで、〔ママ〕各委員が国葬の銘旌を如何に書くべきかといふことに付て慎重なる御意見を述べられたいと思ひます(70)」とし、李王職の意見が絶対ではないと告げて、尹徳栄や李夏栄の反発を抑えようとした。

それを聞いた尹徳栄は、朝鮮貴族や一般朝鮮人が銘旌に「皇帝」の尊号を用いたい理由を説明しはじめた。朝鮮では、たくさんの官職を持っている人の葬儀の際に、そのなかで一番高い官職を銘旌に書くという慣習がある。それゆえ一般朝鮮人の希望としては、生前に一度皇帝になっている李王の銘旌には「皇帝」と書きたいというのである。あくまで銘旌に書く「皇帝」の尊号は朝鮮の慣習であり、「大義名分は少しも関係ない」と強調して内地側の委員を牽制した。

ここまで尹徳栄や李夏栄は朝鮮の慣習に対する理解を論拠に「皇帝」案を主張したが、内地側の委員はより現実的な考えからこれを退けた。たとえば総督府警務局長の三矢宮松委員は、「矢張り此の際を利用して不穏なことを企てやうといふ者も若干ある」とし、「与論々々といふ中にも皆さん〔尹徳栄、李夏栄〕と違って之を利用してどう斯うといふ善くないのもあるといふことは考慮の中にいれなければならぬのであります」と訴えた。さらに総督秘書官の小河正儀委員は、自分たちも李王の御徳を慕っていると前置きしたうえで、「国として大義名分上、尚治安の維持上、其の他の理由に依って如何に熱心なる御希望、或は御意見でありましても、採用の出来ない問題がありはしないかと思ふのであります(71)」と述べて、「皇帝」と書くことに反対した。このように内地側の委員が「皇帝」案に反対したのは、天皇が〈日本〉の唯一の君主であるという「大義名分」を守ると同時に、独立推進派が李王の「皇帝」の尊号を独立の「大義名分」として利用することを警戒したためであった。

ここで湯浅は、三矢のように直截的に不穏な計画を立てている者がいるとは言わず、「強《あなが》ち尹〔徳栄〕委員の御意見が御無理であるとは考へて居りませぬ(72)」と一定の理解を示す発言をした。しかし、実は彼も内心では「皇帝」の尊号が独立推進派に利用されるのを警戒していた。それは湯浅が五月末に塚本内閣書記官長に宛てた書状から推察できる。

> 尹徳栄は頭脳明晰、奇略縦横加フル〔ママ〕ノ意思頗ル〔ママ〕強く一人の力よく李家親戚の全部及其他の貴族を動かし、諺文新聞を操縦し、民衆を煽動すると見るものあり。李王職にて決定したる問題と雖も、李堈公の反対せる問題にても、乃至李王の裁定ありし問題と雖も彼一人反対せば実行不可能となる(73)。

この書状は本来、国葬委員会で一部の朝鮮側委員が銘旌への「皇帝」表記を主張した件に関する報告であるから、尹徳栄が「民衆を煽動する」との見解は、「皇帝」の尊号が「大義名分」として利用されるという考えから導き出されたものだといえよう。

このように警戒するのは国葬委員会に限ったことではなかった。たとえば今村李王職事務官は斎藤総督宛の意見書で、「王家に夤縁《いんねん》附随せる者」が王公族を「看板」に紛擾を引き起こす可能性があると警告していた。(74) つまり王公族は朝鮮統治の「大義名分」と同時に独立の「大義名分」になる可能性があり、当局は王公族が独立運動に利用されぬよう常に用心しなければならなかったのである。

国葬委員会ではいつまでも議論が平行線をたどって結論が出ないので、湯浅委員長は午後七時にいったん食事休憩を宣言し、各自懇談の時間を設けた。しかしこの間の状況を記した湯浅の書状には、あえて「尹徳栄は食はず(75)」と書かれているので、意見の対立から彼は懇談に応じなかったと思われる。それゆえ休憩時間でも両者の溝は埋まらず、午後八時四〇分の再開と同時に小河委員は委員長指名のもとで小委員会を開くことを提案した。委員長から小委員会の委員として指名されたのは尹徳栄、篠田治策、閔泳綺、林仙之、魚潭、藤原喜蔵の六名であった。(76) しかし六名では多数決を採ったときに不便との理由で、最終的に小委員会は湯浅委員長を加えた七名で構成された。

しかし小委員会でも結論は出ず、最終的に委員長に一任することになった。そして委員長の意見は五月二八日の朝鮮における第五回国葬委員会で報告された。

第五回国葬委員会は午後二時に開かれ、冒頭で湯浅委員長は次のように陳述した。

> 結局私の考は、国葬の鹵簿に属する限りは、言葉を換へて申しますれば昌徳宮より訓練院に到る間の鹵簿は、皇族の御葬儀に準ずべきものなりと考へまして、日月を象徴いたしまして黄色の錦の旗と白色の錦の旗と二流〔ママ〕を立てて参ることに致したいと考へまして、之が事理より申しまして最も適当公正なものである、斯様に判断を致しました。御一任下されましたことでありますから之で進みたいと考へます。其の結果と致しまして、御発引の列に掲げられて居りまする銘旌とあります所が之を削りまして黄色錦旛、白色錦旛、それに各捧持員が附くことになります(77)。

湯浅委員長としては、銘旌に「李王」と書いて尹徳栄委員らの反感を買うわけにはいかず、だからといって単に「純宗皇帝」と書くことは「大義名分」から認められなかった。そこで、昌徳宮から訓練院に至るまでの国葬行列は皇族の葬儀に準ずるものと見なして黄色と白色の錦の旗を立てるべきだとし、銘旌自体を除いてしまったのである。これは朝鮮の古礼に則るという李王国葬の根本理念を無視したものであった。

しかし「皇帝」にこだわる尹徳栄委員をこのような案で納得させられないのは明らかであった。そこで湯浅は、「皇帝」と記した銘旌を運ぶのを認める代わりに、それを衆目に触れないよう輿に入れて李王の霊柩に追随させるようにした(78)。これにより、尹徳栄が「皇帝」の尊号を記す論拠とした朝鮮の慣習を尊重しつつ、民衆の煽動を防ぐことも可能としたのである。

今回の銘旌をめぐる議論では、尹徳栄を中心とした葬儀委員が朝鮮の古礼を重んじて国葬を行うという方針を楯に、李王を朝鮮の君主たる「皇帝」として葬送するよう積極的に主張した。そして内地と朝鮮の不可分性を示したい統治者側と、朝鮮の独立性を示したい被統治者側との間で「大義名分」をめぐる争いが起きた。ただし、それは内地人対朝鮮人という単純な対立構造ではない。たとえば、李完用派の李恒九委員は、「皇帝に準ずることは人民の希望であるからといふ尹委員からの御話もあったが、李太王の時には大王と称したからそれを採用して大王とするのが至当であらうと思ひます」と述べて、尹徳栄の「皇帝」案に反対しているからである(79)。

一般に「親日」のレッテルを貼られ、近年では「親日反民族行為者」として土地を没収された尹徳栄が、実は朝鮮の独立につながる「大義名分」を勝ち取ろうと奮闘していたのは興味深い。しかしそれよりも重要なのは、銘旌に「皇帝」と「大王」のどちらを記すかという些細な問題をめぐって、国葬委員会が延々と議論を重ねたことである。朝鮮の独立を否定する統治者側にとっても、独立を志向する被統治者側にとっても、一見取るに足らないようなこの小さな問題が重要だったのである。

6　〈個別〉の肯定と〈独立〉の否定

李王の国葬は朝鮮人を懐柔するために朝鮮の古礼にもとづいて計画されたが、当然ながら独立を志向する者はそれで納得したりはしなかった。それは三・一運動が李太王の葬儀を内地式で行った結果起きたわけではないことからも明らかである。それゆえ統治者側は、「旧韓国旗又ハ独立萬歳ト書シタル貼紙ヲ為ス者国葬前後ニハ必ス第二ノ騒擾惹起スヘシ(80)」と警戒した。朝鮮総督府法務局が作成した『朝鮮重大事件判決集』にも「大正十五年六月十日ハ李王坧殿下ノ国葬日ニ定メラレ、之カ葬儀奉送ノ為メ各地ヨリ多数ノ民衆数日前ヨリ京城ニ来集シ刻々其数ヲ増加スル為メ、或ハ大正八年彼ノ李太王葬儀前後ノ如ク騒擾ヲ惹起セサルヤト更ニ一層ノ緊迫ノ度ヲ加フル[81]」とあり、李王の国葬時に三・一運動が強く意識されていたことがわかる[82]。

警察当局は取り締まりを強化し、各種の流言蜚語が発生するや即座に緊急幹部会議を開いた。李王の薨去直後には地方から応援の巡査七〇名のほか、京畿道警察部、警察官講習所、京城府内から増派の警官三〇〇名を鍾路一帯に配備し、さらに四月二八日には一〇〇名の警官と消防隊を召集して昌徳宮、京城駅、総督府などの要所に配備した[83]。これによって鍾路で二五名の一団（うち二名は女性）が検挙された。また、京城に集まる各鉄道には私服警官が乗り込み、朝鮮人と内地人の区別なく全乗客の出発地と到着地を尋問したという[84]。

ところが厳重な警戒網にもかかわらず、四月二八日に昌徳宮の金虎門前で内地人が宋学先《ソンハクソン》という三〇歳の朝鮮人に襲撃される事件が発生した。襲われたのは国粋会朝鮮本部次長で京城府協議員の高山孝行、前代議士農民会理事の佐藤虎次郎と同伴の池田長次郎の三名であった。高山は左肺を短刀で刺され即死、佐藤、池田の両名も負傷した。宋学先は捕らえられ、一九二六年一一月一〇日に死刑判決を受けるが、その判決文から彼が犯行に及んだ理由を知ることができる。それは「大正十五年四月二十六日李王ノ薨去アルヤ、同日弔意ヲ表スヘク昌徳宮前金虎門附近ニ至リタル折柄、同所ニ於テ群衆整理ノ任ニ当レル警官ノ為メ其場ヲ追払ハレ甚シク之ニ憤激[85]」したからであった。この憤激を引き金に、もともと窮乏生活に苦しんでいた宋学先は名声を博して死のうと斎藤総督の暗殺を計画し、金虎門前で総督が弔問に現れるのを待ち伏せていた。そのとき先の三名が現れ、佐藤を斎藤総督と勘違いして襲撃したのであった。

李王の薨去が発表された直後には夜間に門前で慟哭することが禁止されていたが、金虎門事件はこうした過剰な取り締まりに対する朝鮮人の憤懣を表していた。(86) 事件は、内地でただちに報じられたが、朝鮮では民衆の動揺を警戒して五月二日まで報道が差し止められた。

警察の過剰な取り締まりによって朝鮮人の不満は増大していたが、それでも一般民衆が独立運動に動員されることはなかった。それは報道規制が敷かれたからだけではなく、当局が独立運動団体の捜査を密かに進めたからでもあった。国葬直前の六月六日には天道教徒約九〇名を検挙するとともに、不穏文書五万枚やピストル、爆発物などを押収した。押収文書のなかには五月一二日付金燦《キムチャン》から中央幹部宛通信があり、「国際共産党ト打合セノ上、一般民衆ニ革命的試練ヲ与フルト共ニ此機会ヲ利用シテ革命的組織ヲ鞏固ナラシムル」(87) と記されていた。独立運動を起こす側でさえ、一般民衆に「革命的試練」を与えなければ独立は達成できないと認めていたといえよう。独立運動団体が検挙されずに印刷物の頒布を通じて宣伝活動を行えたならばまだしも、活動がことごとく抑え込まれ、国葬当日に厳重な警戒網が敷かれたとなれば、一般民衆が独立運動に参加する可能性は皆無に等しかった。(88)

では、実際に李王の国葬にはどれほどの朝鮮人が参加したのであろうか。李太王のときと同じく、李王の場合も国葬の六月一〇日が近づくと地方から上京する民衆の数は尋常ではなかった。『京城日報』によると、京城行きの切符の予約は平時の数倍となり、京釜線成歓駅のような寒村の小駅でも五〇〇〇枚が予約されたという。(89) また、六月六日までの京城、龍山、往十里、清凉里四駅の降車客と乗車客の差は一万五〇〇〇人に達し、国葬前には、「ホテルや旅館は満員でもうお客は御断り、鮮人専門の宿屋も同様で、宿料も暴騰してゐる。鍾路通の夜市はこのお客で賑ひ、本町通も盛んな人の波。国葬で民草は

葬儀行列を拝観する群衆．出典：前掲『純宗国葬記念写真帖』

うるほされるのである」(90)と報道されている。鉄道局は臨時列車を運行し、この頃に開始された乗合自動車も客を収容しきれない繁盛ぶりであった。六月七日の予行演習でさえ、見物に詰めかけた朝鮮人は一三万人に達し、大漢門から黄金町通一帯には白衣の人山が築かれた。最終的に、国葬のために地方から京城へ上った人は二〇万人以上に達した。見物に集まった人のほとんどが朝鮮人であったと仮定すると、京城の朝鮮人の数は倍増したことになる。彼らは沿道を埋め尽くして行列を見物し、李王の国葬を盛大に見せる役割を担ったのであった。

六月一〇日、軍艦霧島、平戸に搭乗してきた指揮官以下准士官以上の二〇名および下士官と兵の四二一名は、銃隊二個大隊と軍楽隊からなる海軍儀仗隊を編成し、国葬行列の先頭となる黄金町三丁目に堵列《とれつ》して「発靷《はついん》の儀」の始まりを待った。また東京近衛歩兵一個中隊、平壌歩兵連隊一個中隊、大邱歩兵連隊一個中隊、咸興歩兵連隊一個中隊、羅南第二四師団から騎兵一個小隊、砲兵一個小隊の総計六〇〇〇余名によって編成された陸軍儀仗隊一個連隊および騎兵第二八連隊は、黄金町と観水橋の間に整列して訓練院へ移動のときを待った。

午前八時になると国葬行列は大輿を護るように昌徳宮を出発し、「奉訣式の儀」が行われる訓練院へと向かった。行列の各所には朱雀旗、玄武旗、白虎旗、青龍旗などの色彩豊かな旗が翻り、三尺もある仮面を付け異様な車に乗った悪霊払いの方相氏や李王の愛馬を模して作られた張子の馬が丹塗りの車で牽かれて行った。基本的にはこのように絢爛豪華で内地式とは対照的な朝鮮式の行列であったが、その前後には儀仗隊が配され、〈日本〉の国葬の厳粛さを醸し出した。そして朝鮮式行列に儀仗隊が存在できることを証明するかのように、李王の遺骸が納められた大輿の前には内地から運ばれた元帥刀と元帥徽章が配置された(91)。

沿道には二万四〇〇〇人の学生・生徒・児童が隙間なく配列したため、身を置く場がなくなった拝観者たちは人家の軒先でひしめきあった。最も拝観に適した鍾路三丁目の四つ角には人山が築かれたとたという(92)。こうしたなかを国葬行列は訓練院へ向けて進んだが、その途上で騒ぎが起き。行列最後尾に位置した海軍儀仗隊が団成社(93)前を通り過ぎたときに、独立運動家の李先鎬、柳冕熙、朴鍾業、李鉉相が沿道に並んだ中央高等普通学校生徒の前に進み出て檄文を頒布し、「大韓独立万歳」を高唱したのである(94)

このときの様子は『京城日報』に、「数千の群衆はスワ一大事と後方に押し返し、雪崩を打つて大混乱を来たし、婦女子の悲鳴の中に混乱は更に波及して押し倒されて負傷した拝観者が多数あつた(95)」と報道されており、修羅場の様相を呈していたと想像できる。午前一一時までに一五〇名以上が捕縛されたが、そのほとんどは中央高等普通学校生徒、培材高等普通学校生徒、延禧専門学校学生、セブランス医専学

李王の霊柩を運ぶ大輿．出典：『故大勲位李王葬儀写真帖』（国立公文書館所蔵）

生、普成専門学校学生らエリート知識人たちであった[96]。六・一〇運動と呼ばれるこの運動は、学生が主導したという点に三・一運動との共通性を見出せるが、一方で労働者や下層階級を動員できずに小規模に終わった点では異質だったといえる。

行列が「奉訣式の儀」式場である訓練院に到着する前に、胸間に勲章を輝かせた大礼服姿の斎藤総督や藤原総督秘書官のほか、モーニング、フロックコート、朝鮮の祭服を着た人々が次々と式場に駆けつけた[97]。訓練院の式場は総面積一五〇間×九〇間と広大で、そのなかに大倉組と清水組が建てた白木作り瓦葺の朝鮮式祭場が設置されていた。幄舎は祭場の前の木造二棟と、それに並行するように建てられたテント六張の計八棟であった[98]。なお、参列者の駐車場は京城師範学校（訓練院西隣）、休憩所は東大門小学校（同北隣）に設けられた。

午前八時三〇分、行列先頭の東道高等課長が四名の騎馬警部を随えて訓練院に到着すると、参列

葬送行進曲に合わせて祭場表門に入る海軍儀仗隊．出典：前掲『故大勲位李王葬儀写真帖』

者は葬儀委員に誘導されて幄舎に入場をはじめた[99]。祭場に向かって左側前列には皇族代拝者、東宮妃御使、東宮御使、皇后宮御使、勅使、前官礼遇以上の者、大勲位以下が、右側前列には喪主李垠、公族、王公族の近親が着席した。また左側後列には親任官待遇以上の者、高等官一等、勲一等、従一位、公爵以下が、右側後列には葬儀委員長、葬儀副委員長、葬儀委員、高等官一等、勲一等、従一位、公爵以下が着席した。諸員の参入が終わると、海軍軍楽隊が奏でる葬送行進曲に合わせて海軍儀仗隊、陸軍儀仗隊、諸部隊代表の順で祭場に参入し、幄舎後方の広場に整列した。やがて鈴の音が響き渡り、李王の霊柩を載せた大輿到着の気配が伝わると、祭場内は静寂に包まれた。

午前九時、諸員が見守るなかで李王の霊柩が祭場に安置された。「奉訣式の儀」の参列者に関しては明確な人数はわからないが、『京城日

6000 余名で編成された陸軍儀仗隊．出典：同前

報』では「二百余の高位高官の入城と廿五萬人の葬送[100]」と報じられており、京城を除いた地方の高官だけでも二〇〇名以上いた。それゆえ李太王の国葬ではわずか七〇名であった参列者も、李王の国葬では座席を埋め尽くしたのではないかと思われる。

「奉訣式の儀」が終わると李王の霊柩を墓所に運ぶため、行列は金谷里へ出発した。訓練院から金谷里へ向う道筋では、朝鮮式とは異質な儀仗隊が朝鮮人の目を気にするかのように縮小され、朝鮮歩兵隊と龍山軍隊の一部が参加しただけであった[101]。東大門から清涼里までの一里の間、道路脇の畑や小山は白衣の群集に埋まった[102]。

では、李太王の内地式国葬を痛烈に批判した権藤は、李王の国葬をどのように評しているのであろうか。

況んや今回の国葬儀は、有司深く慮る処

訓練院の祭場全景．出典：前掲『故大勲位李王葬儀写真帖』

> あつて朝鮮の式典を尊重し、これによることに努め、苟くも、故殿下の宗親の諸氏に対しても又朝鮮民衆に対しても内地の儀式を強ゆることを避け、成るべくその伝統的儀式並に宗教的信仰の自由の〔ママ〕拘束せぬことを念とし、これを根本義として葬祭の事務を進めたので、この点は前回の国葬に比し民族心理に満足を与ふること多かるべく、又国葬の礼を賜はることの大意義が民衆に徹底したるものと信ぜらる。果して然りとすれば之の統治上に齎す影響亦甚大と云はねばならぬ。[103]

このように権藤は李王の国葬が成功裏に終わったことを讃え、その理由として朝鮮の式典を尊重したことと、李王を国葬する意義を朝鮮民衆が理解したことをあげている。後者の理由には、朝鮮を内地と対等に〈日本〉と見なしているから、皇族でも稀な礼遇を李王が賜わり、その恩恵を朝鮮

李王の霊柩を拝観するために集った白衣の群衆．出典：同前

民衆が理解したのだという響きがある。これに似た発言は李太王の国葬のときにもみられた。それは李太王を国葬すれば、朝鮮貴族や一般民衆は「感涙ニ咽ビ感激イタスコトデアラウ」という前田利定貴族院議員の演説である。こうした発言の根底には、朝鮮にも内地と同じように〈日本〉の礼遇を施せば皇恩になびくだろうという見下したニュアンスがある。権藤は朝鮮固有の式を認め、内地式を強制しなかったとして李王の国葬を評価したが、結局それは国葬にいう「国」が〈日本〉であるという考えを出るものではなかった。それゆえ彼は、朝鮮式に計画されたにもかかわらず国葬行列に儀仗隊や輓馬が存在する違和感についてはなんら触れていないのである。

注

（1）儀軌とは、王室の嘉礼（結婚式）、国喪、冊封、築城、実録編纂など、李朝時代の国家や王室の主要行事に関して、その内容を文章や絵画で記録したものである。

(2) 金鴻陸の毒殺未遂事件は釈尾春芿『朝鮮併合史』(朝鮮及満洲社、一九二六年)二〇四―二〇七頁に詳しい。金鴻陸とは、ウラジオストクで暮した経験からロシア語に精通し、親露派李範晋の通訳官に採用された経歴のある人物である。その能力は宮廷一と賞賛され、一八九六年の露館播遷のときには高宗に随行してロシア公使館に移り、秘書院丞としてロシア公使との通訳を務めた。この功績によって、高宗の還宮後には学部協弁に任ぜられる。しかしその後、ロシア側に有利な通訳をしていたことが露見したため、流罪に処せられた。これを恨んだ金鴻陸は、刑が執行される前に高宗の殺害を計画し、常習していたアヘンを親友の宮中主事孔洪鎮に渡した。報酬として金一〇〇〇元を約束された孔洪鎮は高宗にアヘン入りコーヒーを飲ませるよう金鍾和に命じ、それは一八九八年一〇月の満寿節に実行された。高宗は味の異変を感じてコーヒーを吐き出したが、同席した皇太子李坧(のちの純宗、李王)は飲み込んでしまった。その後、金鴻陸、孔洪鎮、金鍾和は死刑に処せられ、金鴻陸の妻金召史は三年の懲役に、料理人、給仕、雑役一〇数名は不注意であったという理由から笞刑に処せられた。

(3) 『京城日報』一九二六年四月七日。

(4) 同前、一九二六年四月一一日。

(5) 同前、一九二六年四月一三日。

(6) 同前。

(7) 同前、一九二六年四月一五日。

(8) 同前。稲田博士は京城に到着後李王の症状を腎臓炎と診断したが、偶然にも稲田博士の弟は一昨年まで総督府医院で腎臓病の研究をし、人蔘による腎臓病療法の発表をしていた。弟の研究をもとに人蔘と豆のスープを勧めたところ、李王は快方に向かったという。

(9) 昌徳宮に隣接する李朝時代の宮殿。一九〇七年一一月、宮内府次官の小宮三保松が昌慶宮(一九一一年に昌慶苑に改称)に博物館および動物園と植物苑を併設したい旨を李完用首相と李允用宮内府大臣に提議し、翌年八月に博物館、動物園、植物苑事業を掌る御苑事務局が新設された。小宮が事務局の長官に任命され、末松熊彦(博物館)、福羽恩蔵(植物苑)、岡田信利(動物園)が事務官・技師として採用された。まず一九〇九年一一月に動物園、植物苑が竣工し、一般公開される。続いて、一九一一年三月に、明政殿の東北に隣接する小高い丘に煉瓦造り二階建ての博物館が落成し、ここを博物本館とした。

(10) 『京城日報』一九二六年四月二六日。

(11) 李泰鎮「略式条約で国権を委譲できるのか(下)」(『世界』第六七六号、二〇〇〇年六月)二七九―二八〇頁には、薨去直前の李王が、併合条約の調印は強制されたものだとする「遺詔」を趙鼎九（併合時に男爵の爵位を拒絶して自決を試みるが失敗）に口述で伝えたとあるが、典医や近親、李王職が常に侍っている状況下でそれが可能だったのか疑問である。同論文には、在米韓国人が発行する『新韓民報』（一九二六年七月八日）に掲載された「遺詔」が次のように引用されている（注はすべて李泰鎮による）。

「一命僅かの朕は／併合の認准を破棄すべき事を詔す／去る日の併合認准は強隣（日本をさす）と逆臣（李完用などをさす）の輩が之を為し之を宣布した／朕の為した所にあらざるなり

惟　我を幽閉し我を脅制して／明白に言ふを得さらしめざるに由るものにして／　決して朕の為したる所に非ず

古今寧しろ是の理あらんや／朕　苟活死させること此処に一七年／宗社［宗廟と社稷］の罪人となり二千万　生民の罪人となれり

息未だ涙せすんば暫くも之を忘るること能はさるなり

幽閉に困し出言の自由なくして今日に至りたるが／今にして言ひ出し得すして死せば／朕は死するにも冥目せさるべし

今　朕　卿に詔す／其れ此の詔を以て中外に宣布し吾が最愛最敬の民をして暁然せしめ／併合　朕の為したる所にあらさるを知らしむれば／前の所謂　認准及び譲国詔勅は　自ら特に破棄せらるべし

爾　有衆よ／努力　光復せよ／朕の魂魄　尚　爾を佑せん

趙鼎九　詔付」

「遺詔」の原文は漢字とハングルで書かれており、引用文は李泰鎮が翻訳したものである。原文では一人称を表す語は「予」となっているにもかかわらず、翻訳の過程でなぜか「朕」に改めている。また、李王職『昌徳宮李王実記』（近澤印刷所、一九四三年）六九八頁には、一九二六年四月五日に李王が葬需および祭楽料五〇〇円を趙鼎九の喪に賜うという記述があるので、趙鼎九は李王の薨去以前に他界していた。したがって、この「遺詔」は李王による趙鼎九への口述とはいえない。

(12)『京城日報』一九二六年四月二六日。
(13)『東京朝日新聞』一九二六年四月二六日。
(14)『読売新聞』一九二六年四月二六日。
(15)朝鮮警務局図書課「李王殿下ノ薨去ニ際シ「諺文新聞紙ヲ通シテ見タル」朝鮮人ノ思想傾向」（朴慶植編『日本植民地下の朝鮮思想状況　朝鮮問題資料叢書』第一一巻、三一書房、一九八九年）。
(16)「御危篤電報」（『故大勲位李王国葬書類巻一』国立公文書館所蔵）一九二六年四月二五日、斎藤総督から若槻首相宛。

(17)『読売新聞』一九二六年四月二六日。
(18)「李王殿下薨去ニ際シ元帥ノ礼遇ニ関スル件」(『大日記乙輯』防衛省防衛研究所所蔵)一九二六年四月二五日午前一一時四〇分発―午後一時一六分着、朝鮮軍司令官から陸軍大臣宛。
(19)同前、四月二五日午後〇時四二分発―午後二時三〇分着、朝鮮軍参謀長から陸軍次官宛。
(20)同前、四月二六日発着時刻不明、陸軍次官から朝鮮軍司令官宛。
(21)「元帥ノ礼遇ヲ賜フ」(前掲『故大勲位李王国葬書類巻一』)四月二六日午前一一時二三分発、斎藤総督から宇垣陸軍大臣宛。
(22)同前、四月二六日発着時刻不明、斎藤総督から若槻首相宛。
(23)『読売新聞』一九二六年四月二七日。
(24)「国葬ノ儀李王職ヘ達」(前掲『故大勲位李王国葬書類巻一』)四月二六日午後一一時発、斎藤総督から若槻首相宛。
(25)『官報』一八九八年一月二〇日。
(26)山本五十六と古賀峰一は戦死公表時に就任。
(27)「李王・王世子・李堈公等陸軍武官制服着用及同王公附武官の件」(『大日記甲輯』防衛省防衛研究所所蔵)。李王垠伝記刊行会『英親王李垠伝』(共栄書房、一九七八年)一〇二頁。
(28)『京城日報』一九二六年五月七日。
(29)『東京朝日新聞』一九二六年四月二九日、五月一日。
(30)「国葬儀式ハ朝鮮固有ノ儀式ニ依ル」(前掲『故大勲位李王国葬書類巻一』)四月二八日、湯浅政務総監から塚本内閣書記官長宛。
(31)今村鞆「李王家に関する事ども」(『斎藤実文書』99―8、国立国会図書館憲政史料室所蔵)一九二一年一月一〇日作成。
(32)姜東鎮『日本の朝鮮支配政策史研究――一九二〇年代を中心として』(東京大学出版会、一九七九年)一八〇頁では、この史料をもとに、「東京在留の李王世子(垠)に対しても監視と干渉は厳重であった。一九一九年三月の父王高宗の葬儀にさえ参列させなかったため、祭祀を重視する儒生が王宮門前に押寄せ、騒動を起したほどである」と論じられているが、李垠は李太王の葬儀に参列しているので史料の読み間違いではないかと考えられる。
(33)権藤四郎介『李王宮秘史』(朝鮮新聞社、一九二六年)一九八―一九九頁。
(34)『京城日報』一九二六年五月四日。
(35)『読売新聞』一九二六年四月二八日。

(36) 「朝鮮総督府政務総監湯浅倉平外三十六名任命」(前掲『故大勲位李王国葬書類巻一』) 四月二九日、湯浅政務総監から山本事務官宛。
(37) 前掲「朝鮮総督府政務総監湯浅倉平外三十六名任命」四月三〇日受、塚本内閣書記官長から湯浅政務総監宛。
(38) 当初、葬儀掛(長)といった肩書きが用いられたが、途中から葬儀委員(長)という肩書きに変更された。
(39) 『朝鮮総督府官報』一九二六年五月三日。
(40) 「在京ノ葬儀委員会開催」(『故大勲位李王国葬書類巻三』国立公文書館所蔵)。なお、『毎日申報』一九二六年五月八日の記事にも「賜誄儀만은 内地式으로 (賜誄儀だけは内地式で)」とあり、「賜誄の儀」を内地式に行うことは周知の事実であった。
(41) 『京城日報』一九二六年五月七日。
(42) 同前、一九二六年五月九日。
(43) 「宗秩寮総裁子爵仙石政敬外一名命免」(前掲『故大勲位李王国葬書類巻一』) 五月七日、長谷川書記官から塚本内閣書記官長宛。
(44) 権藤前掲『李王宮秘史』四三—四四頁。
(45) 「李王職事務官男爵李恒九任命」(前掲『故大勲位李王国葬書類巻一』)。
(46) 「風聞駄語」(『朝鮮及満洲』第三〇巻第二二三号、一九二六年六月) 六八頁。
(47) 「国葬関係書類写及謄写印刷物」(『故大勲位李王国葬書類巻四』国立公文書館所蔵)。
(48) 『京城日報』一九二六年五月一三日。
(49) 「故大勲位李王国葬委員会議事速記録」(前掲『故大勲位李王国葬書類巻三』)。
(50) 『京城日報』一九二六年六月六日。
(51) 週刊朝日編『値段の明治大正昭和風俗史』(朝日新聞社、一九八一年) 九五頁。
(52) 『京城日報』一九二六年五月二〇日。
(53) 「李王殿下の葬儀」(『朝鮮及満洲』第三〇巻第二二三号、一九二六年六月) 二二頁。
(54) 「第四回及第五回葬儀委員会決議事項ノ件」(前掲『故大勲位李王国葬書類巻三』)。
(55) 李王の国葬時には、大礼服、朝鮮祭服以外に、外国領事夫人のなかにはローブモンタントに黒の紋付袴を羽織る者もいた。そのスタイルが当時のロンドンやニューヨークの社交界で流行したからであった。こうした最新の流行も国葬の服制を乱す要因となった。『京城日報』一九二六年六月一一日。

(56) 同前。李王の薨去後、王世子であった李垠が王の尊称を継いで李王を名乗ったため、ここで言う李王は李垠のことである。
(57) 「第一回在鮮葬儀委員会決議事項」(前掲『故大勲位李王国葬書類巻三』)。
(58) 「李王殿下御薨去に関する彙報」(『朝鮮』第一三三号、一九二六年六月)一〇二頁。
(59) 李朝で国務を掌った六曹とよばれる六官庁の一つ。礼曹は主に王室や国家の祭祀に関する業務を担った。
(60) 前掲「李王殿下御薨去に関する彙報」一〇一頁。
(61) 『京城日報』一九二六年五月一一日。
(62) 前掲「故大勲位李王国葬委員会議事速記録」。
(63) 同前。
(64) 同前。
(65) 同前。
(66) 同前。
(67) 同前。
(68) 同前。
(69) 同前。
(70) 同前。
(71) 同前。
(72) 同前。
(73) 「李王国葬銘旗ニ関スル湯浅総監書状」(『故大勲位李王国葬書類巻三』国立公文書館所蔵)一九二六年、湯浅政務総監から塚本内閣書記官長宛。
(74) 今村前掲「李王家に関する事ども」。
(75) 前掲「李王国葬銘旗ニ関スル湯浅総監書状」。
(76) 速記録には閔泳綺の名が抜けて五人の名前しか書かれていないが、前掲「李王国葬銘旗ニ関スル湯浅総監書状」から六人目は閔泳綺であったことがわかる。
(77) 前掲「故大勲位李王国葬委員会議事速記録」。
(78) 前掲「李王国葬銘旗ニ関スル湯浅総監書状」。

(79) 前掲「故大勲位李王国葬委員会議事速記録」。
(80)「国葬当日ニ於ケル動静」(『故大勲位李王国葬書類巻五止』国立公文書館所蔵)。
(81)「六、十事件」(朝鮮総督府法務局『朝鮮重大事件判決集』大海堂印刷株式会社、一九三〇年)〈前掲『日本植民地下の朝鮮思想状況　朝鮮問題資料叢書』第一一巻〉一一二頁。
(82) パゴダ公園は三・一運動後に裏門を閉鎖して廃墟と化していたが、李王の国葬前には陸軍歩兵隊が武器を搬入し、前門には二名の歩兵が銃を取って厳重に警戒したという。『時代日報』一九二六年六月一一日。この記事は治安を乱す恐れがあるとして、発売頒布が禁止されたが、『朝鮮の言論と世相』(朝鮮総督府、一九二七年)二〇三頁に収録されているため目にすることができる。
(83)『京城日報』一九二六年四月二九日。『東京朝日新聞』一九二六年四月二九日。
(84)『東京朝日新聞』一九二六年六月九日。
(85)「金虎門事件」(前掲『朝鮮重大事件判決集』)一〇六頁。
(86) 夜間の慟哭が禁止されたため、二八日夜は約五〇〇名の朝鮮人が西江の臥牛山に集合し、昌徳宮を向いて土下座して徹夜で泣き続けた。
(87)「朝鮮共産党事件ニ関スル調査書送付ノ件」(『密大日記』防衛省防衛研究所所蔵)一九二六年九月二六日作成。
(88) 国葬当日には府内警察官一二〇〇名と平安南北道からの応援八〇〇名が、敦化門より金谷里に至る五里半の道沿いに警護の人垣を築く計画が立てられた。
(89)『京城日報』一九二六年五月二八日。
(90) 同前、一九二六年六月一〇日。
(91) 元帥刀勲章奉持将校は、元帥刀を金亨燮陸軍歩兵中佐、徳章を権承祿陸軍歩兵少佐、菊花副章祿を洪思翊陸軍歩兵大尉、桐花大綬章を李琎陸軍歩兵大尉、瑞宝章を李学來陸軍歩兵大尉、頸章を厳柱明陸軍歩兵中尉、瑞星章を趙大鎬陸軍歩兵少尉がそれぞれ担当した。また陸海軍陪従将校は、竹上常三郎陸軍中将、李秉武陸軍中将、趙性根陸軍少将、魚潭陸軍少将、飯塚唯助陸軍主計監、松村純陸軍少将、高崗栄陸軍軍医監、西四辻公堯陸軍大佐、金応善陸軍大佐、大塚太郎海軍中将、大塚光政海軍少佐が担当した。金逌東『純宗国葬録』(朝鮮博文社、一九二六年)一四五頁。
(92)『京城日報』一九二六年六月一一日。
(93) 一九〇七年に新派劇などを上演する総合芸能公演場としてスタートし、一九一八年から映画専用劇場となった。現在は鍾路三街にあり、シネマコンプレックスとして存続している。金陶山の「義理的仇打ち」(一九一九年)や羅雲奎の「アリラン」(一九二六年)が初上映された場所でもある。
(94) 前掲「六、十事件」一一二頁。
(95) 『京城日報』一九二六年六月一一日。
(96) 前掲「六、十事件」一一二頁によると、被告人は「孰れも夫々肩書学校生徒」であった。
(97) 休憩所から祭場に参入するときに大礼服や燕尾服を着た人とモーニングやフロックコートを着た人は入口が区別された。
(98) 『京城日報』一九二六年五月二五日。
(99) 参入の順序は①正式参列者(元帥、大臣、総督以下宮中席次の高い者から)、②李王の親戚、③喪主および公族、④皇族代拝者、⑤東宮同妃御使、⑥皇后宮御使、⑦勅使とされた。
(100) 『京城日報』一九二六年六月一一日。
(101) 金道東前掲『純宗国葬録』一五三頁。
(102) 『東京朝日新聞』一九二六年六月一一日。
(103) 権藤前掲『李王宮秘史』二六九―二七〇頁。

第五章　李堈の散財と公家存続をめぐる葛藤

李垠の異母兄にあたる李堈（出典：金源模・鄭成吉編著『百年前의 韓国』）

前章までは、特に韓国皇室の正統であった王族についてみてきた。では、同じ韓国皇室でありながら王族とは区別された公族に、総督府や李王職はどのように対処したのであろうか。

そこで本章では、初代李王坧《チョク》の異母弟であり、二代目李王垠《ウン》の異母兄である李堈《イガン》を対象に定め、公族の処遇をめぐっていかなる葛藤があったのかをみていきたい。この李堈は「不良日鮮人(1)」と交際して借金を重ね、女色に耽るなど、当局の悩みの種であり、総督府や李王職は公家の財産が食いつぶされてしまわないように、さまざまな措置をとった。一方の李堈も「平民的自由生活」を求めて、公の尊称を返上したいと訴えていた。したがって、当局が李堈から尊称を剥奪し、公族から排除するのは不可能ではなかったといえる。しかし当局はそのような措置をとらなかった(とれなかった)。そこにいかなる葛藤があったのかを、王公家軌範の不在や旧民法上の制約といった法との関わりから検討していきたい。

1　困窮する公族

具体的に李堈の処遇をみていく前に、公族の経済状況を把握しておきたい。

公族は李堈公家、李熹《イヒ》公家の二つで構成された。旧韓国皇室である両家には併合条約第四条に則って恩賜公債が供与され、その額は李堈に八四万円、李熹に八四万円、李熹の息子李埈鎔《イジュニョン》に一六万八〇〇〇円であった。しかし両家の経済状況は李王家と対照的に逼迫していた。

まず李堈公家についてみていくと、当初同家の経費は恩賜公債の利子と慶尚南道の馬山、巨済、熊川の三郡や咸鏡南道の永興郡内に有する漁業権などから生じる収入で賄う方針であり、予算は一九一三年に四万円前後であったが、漸次増加して一五年には約一一万円に達した。このなかから支出された李堈の御内用金は、一九一二年頃に六〇〇〇円、一五年頃に二万四〇〇〇円であった(2)。このほか、李王家から中元歳末に贈与される一万数千円を加えると、李堈が自由に使える額は年間四万円にも上り、十分余裕があると思われた。ところが王公族審議会資料によると、李堈には「常ニ予算ヲ無視シテ支出ヲ命ジ、又ハ私カニ債務ヲ起ス等(3)」の「性癖《ひそ》」があるため、公家の生計は困窮していたという。李堈の遊興費、旅行費など臨時の支出だけでも一九一二年〜二八年で六六万円に及んだ。これにより生じた負債と同家が併合前から抱えていた債務を整理するために、恩賜公債は一九二七年までにすべて売却されてしまう(4)。また漁業権も漁獲高の減少から一九三〇年に競売にかけて手放すことになるが、道の方針で地元漁業者にしか売却できなかったため、予定の半値である約五三万円(しかも支払いは一〇カ年無利息年賦)で香椎源太郎(5)の手に渡った。こうして、李堈公家の資産は漸減していき、同家は漁業権売却益の半分(半分は基本金として保有)と李王家の補給金で生計を立てるようになる。補給金は一九二二年当初は六五〇〇円程度であったが、少しずつ増えて二七年以降は八万円、三六年には一六万四六〇〇円(李堈へ一二万円、息子李鍵へ四万四六〇〇円)となった(6)。

次に李熹公家であるが、同家は併合当時に李熹・李埈鎔親子に供与された一〇〇万八〇〇〇円の恩賜公債のほかに固有の不動産を保有していたので、その収益で生計を立てていた。しかし李熹や李埈鎔の相次ぐ薨去による臨時支出、李熹公家を継いだ李鍝《イウ》の結婚費用や東京滞在の経費で徐々に支出超過となり、李堈公家と同様に李王家からの補給金で生計を維持するようになる(7)。李鍝公家(旧李熹公家)に対する補給金は一九三三年で七三七八円、三四年で一万六四〇〇円、三五年で八万九八六一円と、李鍵《イゴン》公家（旧李堈公家）より少額であった。また、補給金の支給期間も多少の余剰金を生じていたため、王公族審議会資料では「李鍵公家ニ比シ財政状態ハ良好ト称スルコトヲ得ベシ[8]」と分析されている。

2　李王の謝罪誓約書案

このように李堈公家、李熹公家は李王家のように必ずしも経済的に恵まれておらず、特に李堈公家は李堈の濫費によって家政が常に逼迫した状況にあった。そのため李王職が同家を厳格に監視するようになるのだが、李堈にとってそれは耐えがたいものであった。李王職の監視が強まれば強まるほど、李堈は不正な金策に走るようになる。

まず、偽の借用証書を使った横領事件である。李堈は一九一三年一月頃から三月頃までの間に金孝明（中国名、金芳）に接近し、アメリカ漫遊の際に同人から六万八〇〇〇円を借りたように装って、公家の使用人である金性源から金孝明に偽の借用証書を渡させた。そして公家事務所が借用証書に対し金を払ったら、自分のものにする腹づもりであった[9]。しかし未然に偽の借用証書であることが発覚し、事務所から金が支払われることはなかった[10]。

ついで、袁世凱と手を組んで韓国の国権回復を図ろうとした。李堈は一九一三年八月頃から一〇月頃にかけて、北京や天津方面を徘徊している尹炳皓らを通じ、中華民国大総統として権勢を極めていた袁世凱への接近を企てた。さらに李太王に対して、袁世凱へ三〇万円を贈って旧交を温め、国権回復の助力を請うよう訴えた。計画は李堈が運動費として調達した一三五〇円と、袁に渡すべき自身の写真二枚を金性源に与えて北京に潜行させる段階まで進んだ。(11) しかし、これも失敗に終わる。しかも閔丙奭《ミンビョンソク》李王職長官が「公カ袁世凱ト何等カノ連絡ヲ取レルカ如ク装ヒ李太王ヨリ若干ノ金円ヲ引出サント計画セルモノ、如ク想像セラルル」(12) と述べているように、当局は、袁世凱への接近は名目であって、本来の目的は李太王から金を引き出すことにあったのではないかと分析していた。

さらに李堈は、一九一四年一〇月頃に京城府竹添町在住の米国人モリスと謀って、同人が所有する時価三万円に過ぎない土地建物を七万九〇〇〇円で買いあげる計画を立てた。妾の弟の名義で売買契約を交わすとすぐに転売し、モリスには代金として手形を渡して公家事務所にそれを支払わせようとしたのである。しかし、これも事務所に支払いを拒絶されて失敗に終わった。

翌一一月には、慶尚南道の漁業権をめぐって詐欺をはたらいている。李堈公家は慶尚南道に有する漁業権を一九〇六年から二〇カ年契約で香椎源太郎に貸し付けていた。ところが李堈はこの契約が一〇カ年であってすでに満期が近づきつつあるかのように装うとともに、釜山弁天町在住の平野常三郎に対して満期後四万五〇〇〇円で貸与する契約を結び、手付金として三〇〇〇円を受け取ったのである。なお、李堈に平野を周旋したのは朝鮮貴族の趙義淵《チョウィヨン》だった。(13)

このほかにも、黒崎美智雄李堈公附事務官が一九一四年に小宮三保松李王職次官に宛てた「公殿下御行迹ニ関スル具申書」(14) によれば、李堈の周りには常に雑輩がおり、風紀が乱れていたという。同年一月に黒崎事務官が釜山地方の出張で京城を離れたときには、李堈は毎夜邸宅に妓生《キーセン》を呼んで宴を催した。また、旧別邸（妾）の反対で実現しなかったが、香心という妓生を一二〇〇円で囲うために新別邸を増築しようとしたこともあった。こうした李堈について黒崎事務官は「日常ノ御挙動モ自然放漫ニ流レ、出入ニ度ナク、言行ニ信ナク、心ニ羞恥ナク、身ニ節制ナク、惟意ノ向フ処ヲ恣ニセラルルノ有様」であり、「高貴ナル皇族ノ尊厳ヲ保ツヘキ行為ハ御性格上最モ迷惑ヲ感セラルル所ナルヘシ(15)」と評している。

李堈の不行跡によって当然のことながら公家の家政は傾く。李王職は建て直しを試みたが、緊縮財政を嫌う李堈に妨害され、「整理スレハ随テ破壊セラルルノ奇観ヲ呈シ、未タ三年ヲ出テサルニ既ニ三回ノ整理ヲ行(16)」わなければならない状況であった。黒崎事務官が「コノ御性格ハ全ク其ノ天性ニ出ルモノニテ殿下御自身ニ於テモ矯正シ難シトセラルル所、況ンヤ外部ヨリ如何ニ苦心スルモ其ノ効ナキハ寧ロ当然(17)」と分析しているように、本人でさえ抑制できない性格であった。李王職の監視を窮屈に感じた李堈は、黒崎事務官をピストルで射撃したり(18)、さらには「皇族待遇ハ自分ノ企望《マヽ》ニアラス、唯望ム所ハ自己ノ財産ヲ自由ニスルニ在リ(19)」とまで口走った。

一九一二年九月に明治天皇の大喪へ参列するため東上したときには、李堈公家顧問である李完用と趙重応の両人に対して「公附事務官ノ干渉ヲ撤セン事ヲ要望(20)」した。これは李完用が「予等両人ハ公私多忙ノ身ヲ以テ、従来事務官ノ執リ来リタルト同一ノ監督若クハ夫レ以上厳重ナル監督ニ従事スル能ハサル勿論ナレバ、総督ニ向ツテ如此保証ヲ為シ得ヘキニアラズ(21)」と告げて断ったため、結局実現には至らなかった。李完用からこのときの様子を聞いた国分象太郎中枢院書記官長は「同公ノ非常識気動ハ殆ント痼疾ヲ為シ、到底改善ノ望ミナキモノト見ルノ外ナカルヘシ。左スレハ事務官ノ干渉ハ絶対ニ必要ト認メラル(22)」との感想を洩らしている。

李堈の「非常識気動」に李王職は危機感を抱き、書画詩文の会や乗馬会を催したり、邸内にビリヤード台を設置するなどして興味を持たせようとしたが、ことごとく失敗に終わった(23)。それどころか李堈は、李完用、趙重応、閔丙奭李王職長官、小宮李王職次官、李堈公附事務官の金沢基《キムテッキ》と黒崎を集めて相談会を開き、「公家予算中、食費、物品費、衣服費等ハ公ノ処理ニ一任スルコト」「内用金年額六千円ヲ九千六百円ニ増額スルコト」「従前ノ負債ハ此ノ際全部償却スルコト」を要求した。相談会のメンバーは、今後いかなる場合も会の決議を経ずに一切負債を作らないことを交換条件にこの要求を受け入れたが、彼がそのような約束を守るはずなどなかった。李堈はその後も巨額の債務を作り、甚だしくは「刑辟《けいへき》ニ触ルルヲダモ辞セサルノ状態」(24)だったのである。

そこで李王職や相談会のメンバーは、このまま放任すれば併合時に恩賜された財産が使い果たされてしまうと危惧し(25)、一九一四年一二月三日に李完用の新邸にて「李堈公家取扱問題」を協議する相談役会議を開いた(26)。会議には李完用、趙重応、小宮李王職次官が列席し、国分中枢院書記官長も臨席した。ここでまず小宮から、当座の処分として左記の提案がなされた。

第一　夜間ノ外出及外泊ヲ絶対ニ廃止スル事。
第二　外出ノ際（昼間）ハ必〔ス〕日本人巡査ヲ随行セシムル事。
第三　妾ノ数ハ可成減少シ、総テヲ公邸内ニ移住セシムル事。
第四　公ハ公附事務官又ハ警察官ノ承認スル者ニ非サレハ一切面会セサル事。
第五　公ハ向後ブランデー其ノ他、劇性ノアルコール料ヲ飲用セサル事。
第六　財政及家政ニ関シ、曩《さき》ニ相談役会ニ於テ設定シタル所ヲ励行スル事。
第七　各種ノ購買及注文ハ公自身ニ〔テ〕執行セス、事務官ヲシテ担当セシムル事。

第八　公附武官ノ事。(27)

外出の制限や監視の強化など、今まで以上に李堈を縛りつける内容だったが、公の尊称を剥奪するほど厳しい処分ではなかった。小宮は李堈がこの約束を守れなければ誓約書を作り、「精神ニ違背」した事実が立証されたときにはじめて最終的な処分を下せばよいという考えであった。(28)これに対して李完用、趙重応、国分の三名は、「公ハ墻壁《しょうへき》ヲ越ヘテ外出シ、若クハ婦女ヲ介シテ借金スル等ノ事アルヘキ旨」(29)を述べ、小宮李王職次官が提案したような「試験的方法」では公家の資産三〇万円を犠牲にすることになると主張した。李完用や趙重応の意見は「李堈公ヲシテ向後栄錫〔尊称〕ヲ持続セシムルニ於テハ濫リニ外人ト交通スル等ノ気ニ出テ、李王本家ニ対シ如何ナル禍累ヲ惹起スルニ至ルヤヲ知ラス。則大ニ寒心スヘキ次第ナルヲ以テ、寸時モ早ク其ノ栄錫ノ消滅ヲ希望スル」(30)というものであった。会議では、「公ノ浪費ハ殆ト病的ニシテ如何ナル方法ヲ講スルトモ到底遽《にわか》ニ之ヲ悔悛セシムヘキ見込無之」という結論となり、全会一致で「隠居又ハ禁治産ノ制ヲ設ケ、之ヲ取締ル」(31)という方針が議決された。(32)

しかし皇族は、天皇を家長とした皇室一家の原則により男女を問わず別の家を創立できず、隠居も認められなかった。当局は、「皇族ノ礼」を受ける李堈の隠居がこの原則と対立しないかを検討する必要があった。この点に関して小宮は次のような私見を述べている。

朝鮮王公族ニハ我皇族ト異リ皇位継承ノ順位ナキコト勿論ナルヲ以テ、皇家《ママ》一家ノ原則ヲ応用セス。即皇族以外ニ独立ノ王公家ヲ認メ、其ノ家主ノ王公ニ政略上其ノ他ノ必要ニ因ル隠居ヲ認ムルヲ正当ト思考仕候[33]。

すなわち、王公族に保障された「皇族ノ礼」は皇統とは関係ないので、皇族同様に隠居を禁ずる必要はないという考えであった。たしかに法や皇統にかかわる場面では、王公族は明確に非皇族と見なされていた。しかし、だからといって単純に李堈を隠居させることはできなかった。旧民法第七五二条は、隠居できる条件として「満六十年以上ナルコト」と「完全ノ能力ヲ有スル家督相続人カ相続ノ単純承認ヲ為スコト」の二点をあげていたからである。李堈はこのとき満三七歳（一八七七年三月三〇日生）であり、息子の李鍵は満五歳（一九〇九年一〇月二八日生）であった。それゆえ、小宮李王職次官が国分三亥総督府司法部長官と「李堈公ノ浪費防遏《ぼうあつ》問題」に関して会談したときも、小宮が「隠居制度ノ新設ヲ以テ事宜ニ適セル」と主張したのに対して、国分は「隠居制ハ民法上実行困難ナリ[34]」と述べている。

そこで李王職は、隠居ではなく禁治産の方針に傾くようになる。禁治産とは、心神喪失にある者を法律上自分で財産を管理・処理できないと見なし、後見人をつけて保護する制度である[35]。だがこの方法も、本人の意向を無視して一方的に実行できるわけではなかった。閔丙奭李王職長官が山県伊三郎政務総監に、「現在ニ於テハ、民法上完全ニ財産上ノ権利ヲ有セラルル公ノ行為ニ対シ、高圧的ニ其ノ自由ヲ拘束スル能ハサルハ申迄モ無之[36]」と述べているように、たとえ李堈が散財を繰り返して皇族や王公族に累を及ぼすとしても、当局はあくまで法に則った対策を講じなければならなかったのである。

また、李堈自身が、「殿下」の敬称を有してさえいれば李王職が手出しできないと熟知していたことも、一方的に禁治産を実施できない理由となっていた。つまり李堈は皇族待遇を望まないと言いながら、その皇族待遇を楯にして保身を図ったため、十分な法的根拠を得なければ彼の行動に対処できなかったのである。

そこで閔丙奭と小宮は、相談役会議の結果を東京にいる寺内正毅総督へ内申したのち、一九一四年一二月一六日に総督府へ禁治産に関する皇室令制定の件を上申した[37]。第二章でみたように、内地（帝室制度審議会）で王公家軌範の制定が提起されたのは、併合以来曖昧なままにされてきた王公族の地位を皇族のように規定し、また世間で噂されている李垠と梨本宮方子の結婚に法的根拠を与えるためであったが、朝鮮ではそれより前に、李堈の散財に対処するという理由から、皇室令を制定する必要性が説かれていたのである。

一二月二一日に総督府総務局長の児玉秀雄から李王職に対して、この件は総督府で修正を加えたのちに宮内大臣へ照会する旨連絡があったため、李王職は李堈の動静に注意しながら皇室令の制定を待った[38]。だが、伊東巳代治が王公家軌範を制定する必要性をはじめて主張したのが一九一六年であり、実際に制定されたのが一九二六年だったので、一九一四年のこの時点で王公族の禁治産を規定した皇室令は制定されなかった。

このとき法的措置をとれなかったことで、李堈の「非行」はさらにエスカレートする。たとえば、一九一五年四月には張宇根と謀って生母張氏の墳墓がある纛島《トウクソム》馬場里岳渓山を広州邑在住の李敬来ほか五名に二〇〇〇円で売却する契約を結び、手付金として二〇〇〇円を受け取りながら、いつまでたっても名義変更しないという詐欺をはたらいた。また、朝鮮水産株式会社に貸している永興鮭漁場を別の者に二重貸するトラブルも引き起こしている[39]。

こうしたことから一九一六年四月四日、ついに李堈と同公家顧問の李完用、趙重応、閔丙奭、小宮は、李王から昌徳宮へ参集するよう命ぜられる。この集まりは李王職や総督府の意向によるものではなく、李堈公妃がほぼ連日昌徳宮を訪ね、「涕泣」して李王に李堈の非を訴えたことで実現したものであった(40)。

李王はまず李堈だけを部屋へ呼び入れて「親族的ニシテ而シテ精神的ナル訓戒」を与え、そのうえで「謝罪誓約書案」を取り出して、署名するよう命じた。

従来身位不相当ナル行為ヲ重ネ御心配相掛今更慚悔《ざんかい》ノ至ニ堪ヘス。此度痛切ナル御訓戒ヲ蒙リ恐懼《きょうく》此ノ上ナシ。就テハ向後如何ナル名義、如何ナル方法ヲ以テスルヲ問ハス、私《ひそか》ニ債務ヲ起シ又ハ財産ニ関スル法律行為ヲ敢テセサルハ勿論、其ノ他一切身位不相当ノ行為之ナカルヘキコト。尚改悛実行ノ方法トシテ左記ノ条々ヲ厳守スルコトヲ誓約ス。

将来萬一、本誓約違背ノ所為アル場合ハ身位其ノ他ニ関シ如何ナル処分ヲ受クルモ甘ンシテ順従スヘキ事。

左記

一、来訪者ハ事務所ニ於テ承諾シタル者ノ外ニハ面会セサル事。
一、私印等ハ事務所ニ預ケ置ク事。
一、両別家ハ本邸内ニ合住セシムル事。
一、室内電話ヲ使用セサル事。
一、夜中決シテ外出セサル事。

一、外出ノ際ハ内地人巡査ヲ伴行スル事。
一、現在所持ノ短銃ハ悉皆納上スル事。
　　但シ今後若シ短銃ヲ所持シタル場合ハ押収ヲ受クルモ異議ナキ事。
　　　大正五年四月四日　　　　　　　　　　　　　堈(41)

李堈が誓約書に自署すると、李王は李完用、趙重応、閔丙奭、小宮を部屋へ招き入れ、本案に対する各自の意見を諮った。李完用は「今日此ノ如キ誓約ヲ為スコトハ危険ニシテ不利益ナルノ観アリ」と述べ、その理由として「他日誓約違背ノ事生ストセンカ、公ノ家ハ栄錫ト倶ニ絶対ニ滅亡スヘシ(42)」と言上した。隠居や禁治産ならば公家を維持したまま李堈のみを排除できるが、本案のように誓約に違背したときに身位に関する処分を下すと取り決めた場合、李堈の道連れに公の尊称まで消滅し、公家が廃滅しかねないことを憂慮したのである(43)。

だが最終的に李完用は「王カ李家ノ家長トシ、公ノ兄トシテ痛心シ、希望サルル所ハ同情セサルヲ得ス。又賛成セサルヲ得ス(44)」と述べて李王の措置に賛同した。趙重応も李完用と同様の意見を述べ、閔丙奭は多くを語らず、李完用と趙重応の意見に賛同の意を示した。小宮は李完用の意見に賛同するとともに「誓約ヲシテ危険ノモノタラシムルモ、平穏ノモノタラシムルモ、一ニ繋リテ公ノ一心ニ存ス」と述べ、李堈に「翻憶改悛全然別箇ノ公タランコトヲ切望スル」と告げた。その後、別室で李完用、趙重応、閔丙奭、小宮は李堈に忠告し、午後九時に昌徳宮から退出した。

かくして李堈は李王の誓約書に署名したが、三年後の一九一九年一一月、今度は京城から失踪するという大事件を引き起こす。

3　三・一運動直後の失踪

李堈が三・一運動の直後に失踪した事件についてはこれまで広く知られていたが、実証的に詳しく論じられてこなかった。今でも「〔李堈は〕李太王が亡くなると、独立運動団体「大同団」の総裁に挙げられて密かに活動し、一九年一〇月上海臨時政府への参加を企てて満州安東〔ママ〕で日本警察に拘束された」(45)、「抗日闘士たちと接触し、一九一九年には大同団（独立運動団体の一つ）の全協、崔益換〔ママ〕などと愛国運動を展開した」(46)というように、大韓民国臨時政府(47)への参加や愛国運動と結びつける説明が多い。しかし、この事件をまとめた裁判記録(48)や日本陸軍省の記録(49)などをみると、李堈が決してそのような目的で失踪したわけではないことがわかる(50)。

ではまず、事件と大きく関わっていた大同団とはいかなる組織だったのであろうか。大同団とは、孫秉煕の独立宣言を受けて、崔益煥《チェイクァン》と全協《チョンヒョプ》が組織した団体であり、「一、朝鮮ヲ帝国ノ統治ヨリ離脱シテ独立国ヲ形成セシムルコト」「二、世界永遠ノ平和ヲ確保スルコト」「三、社会主義ヲ徹底的ニ実行スルコト」(51)を綱領としていた。彼らは、一九一九年四月に朝鮮貴族の金嘉鎮《キムガジン》を総裁に推戴し、加えて権泰錫を勧誘して印刷機器や用紙代等の資金六〇〇〇円を得た。ついで金嘉鎮の子である金義漢、その従弟の金用煥および金鳳陽、儒林の有力者である郭鍾錫、李基鉉、褓負商の頭目(52)であった楊楨のほか、鄭南用、韓基東、尹龍周、李在浩、張鉉軾、林応喆、金在九、姜景鎮らを団員に加えた(53)。さらに六月頃から一〇月頃にかけて権憲復、朴馨南、李建鎬、宋世浩、羅昌憲も勧誘して、朝鮮独立を目的とした印刷物の配布を実施した（崔益煥と権泰錫は「安寧秩序ヲ妨害」する印刷物の配布により五月二三日に逮捕される(54)）。

ちょうどその頃、大韓民国臨時政府の特派員と称する李鍾郁《イジョンウク》が京城に渡り、朝鮮の独立諸団体と接触していた。そして、一〇月三一日の天長節(55)に、朴殷植《パクウンシク》ほか数十名の名義で作成した第二の独立宣言書を上海から送付し、「一大示威運動」を起こすことを決定した(56)。大同団総裁の金嘉鎮は李鍾郁の考えに賛同し、全協と鄭南用に諮った。これに対して全協は、「朝鮮在住ノ各階級ヲ網羅セシモノヲ代表トスルニ非サレハ其効果少ナカルヘク、更ニ人選ノ上、代表者ヲ確定シ之ヲ印刷ニ付シ、配布煽動スルヲ可ナリ(57)」との考えを表明した。そこで大同団は羅昌憲をして人選の衝に当たらせたが、結局のところ宣言書の印刷が間に合わず、天長節の実施は見送られた。

その後、金嘉鎮、全協、鄭南用は凝議し、「李堈公ヲ上海ニ誘出シテ、同人ヲ首領トシ、同人及金嘉鎮等ノ名ヲ列シ第二回朝鮮独立ノ宣言ヲ為スニ於テハ内外ノ人心ヲ激動セシメ、予期ノ効果ヲ収ムルニ足ル(58)」との結論に至った。そこでまず、安全を確保するために大同団の本部を上海に移すこととなり、一〇月上旬に金嘉鎮は入れ歯を抜いて面相を変え、粗末な身なりをして息子の金義漢や李鍾郁とともに上海へ渡った(59)。

一方の李堈は、日本陸軍省の記録によると、「放漫解放ノ生活ヲ憧憬シ、公邸ニ於ケル儀礼ヲ厭ヒ、清素ヲ慊《〔マヽ〕》カスシテ常ニ逸出外遊ノ意(60)」ある状態であった。そのように「放漫解放」を夢見る李堈は、アメリカ外遊後に無為徒食の生活を送っていた公妃の弟である金春基《キムチュンギ》とともに国外に出ることを画策していたが、資金不足によって実現できずにいた。まさにそのとき、大韓民国臨時政府から派遣された姜《カン》姜錫龍《ソンニョン》が金春基に接触したことで、独立勢力側は李堈が金を工面してくれれば独立運動に協力してもかまわないと考えていることを知る。(61)

姜錫龍からこの情報を伝え聞いた全協は、李堈が信用する警務局嘱託の鄭雲復《チョンウンボク》を利用して、李堈に四万五〇〇〇円の融資を持ちかけた。李堈が興味を示し、一一月九日に金を受け渡す約束を交わすと、姜錫龍は中国安東県警務署が発給する、安東県の者が朝鮮を往来するための旅行証明券二枚を用意し、四日に金春基に渡して時機の到来を待った。(62) しかし、そもそも全協に大金を融通する力はなかった。そこで全協は、李堈が慶尚南道釜山府在住の香椎源太郎に一九〇六年から二〇カ年契約で貸している漁業権を使えば資金が調達できるという詐欺話をでっち上げた。(63) すなわち慶尚南道の漁業権を抵当にすれば富豪の李敏河と韓錫東が喜んで李堈のために資金を準備し、加えて香椎との契約満了後にその権利を二人に貸す契約をすれば、前金として三万円を出すという話である。(64) しかし李敏河と韓錫東は、それぞれ大同団の尹喜用と全協が扮装した架空の人物であった。

全協は鄭雲復に周旋料一万五〇〇〇円のうち九〇〇〇円を払うと嘘をついて騙し、再び交渉役として利用した。李堈は漁業権を抵当に入れれば資金が得られるという話を信じたが、漁業権の問題は李王職事務官の連署が必要で、手続きが煩雑だとして難色を示した。そして、面倒な手続きなしに金を借りられるならば依頼すると答えた。対する全協は、漁業権を抵当にしなくても融資すると返答し、鄭雲復を鍾路通の中華料理店新世界に呼び出して契約を成立させた。(65) これにより、一一月九日の夜に李堈と直接会って金を受け渡すことが決まる。

李堈は九日午後一一時に自邸の裏門から抜け出すと、仁寺洞の別邸に立ち寄って下男の金三福を随え、午前〇時頃に全協が指定した京城府公平洞三番地の借家にたどり着いた。全協は先に来ていた鄭雲復を酒肴でもてなしていたが、李堈が到着すると鄭雲復を別室に誘い出した。そして短銃を持った金中玉、鄭南用、羅昌憲、韓基東、董昌律らを室内になだれ込ませ、「直ニ身体ニ危害ノ及フヘキ気勢ヲ示シテ脅迫」(66)し、李堈とともに上海に渡って仮政府に身を投じるよう鄭雲復に説いた。それから鄭雲復を連れて前室に戻り、李堈も同じように脅迫した。李堈は金中玉に短銃を突きつけられて、ついに上海行きを承諾したのであった。

その後、全協は李堈を人力車に乗せて北門に向かい、続いて羅昌憲が猿轡《さるぐつわ》を嵌められた鄭雲復を人力車に乗せて同じく北門へ向かった。そこからさらに京畿道高陽郡恩平面旧基里七三番地の山中にある家屋へ移動し、李堈を翌一〇日の午後五時まで、鄭雲復を一二日の午後四時まで幽閉した。一〇日の夜になると鄭南用、李乙奎らは李堈を水色駅に連れて行き、午後一一時過ぎに粗末な服に着替えさせて三等列車へ乗せた。彼らはそこから中国安東県に至り、欧米行の汽船に乗って上海に入る計画であった。

しかしこのとき、李堈失踪の情報は土師刑事巡査を通じて千葉了警察部長に達していた。千葉警察部長は黒崎李堈公附事務官を李堈妃に拝謁させて李堈の不在を確認すると、赤池濃警務局長と協議し、朝鮮全土、内地、満洲、シベリア、上海方面に電報を打って捜査網を敷いた(67)。これにより、李堈は一一日午前一一時に安東県で下車したところを新義州から列車に乗り込んだ平安北道の米山警部に保護される(68)。それから一週間ほどで全協一味はことごとく逮捕されたが、羅昌憲ほか一部の者は上海に脱出した(69)。

このように、李堈は「愛国運動」を展開するために失踪したのではなく、偽の融資話に騙されて誘拐されかけたに過ぎなかった。独立運動を起こすうえで朝鮮を象徴する人物を欲していた大同団にとって、公族でありながらも「放漫解放ノ生活」に憧れる李堈は逸しがたい人物であった。それゆえ、大同団は李堈の金銭欲に付け込んで利用したのである。なお、当局は京城に戻った李堈が再び独立運動に利用されないよう、しばらく総督官邸近くの緑泉亭に逗留させる措置をとった(70)。

4 「公」の返上願い

李堈は李王に誓約書を提出したにもかかわらず、一九一九年には詐欺話に引っかかって上海に誘拐されかけた。これにより、李王職の監視は一層強まる。しかし、監視が強化されればされるほど、彼は「自由」な生活を求めた。失踪事件からわずか一カ月後の一九年一二月一四日には、斎藤総督に「堈ノ本性質ガ平民的自由生活ヲスキテ、位アル人ノクルシク不自由ナ生活ハ大ニ不平ノ事トオモツテ居リマス(71)」と記した陳情書を提出するに至る。このなかで李堈は、相応の生活費と家屋を保証してくれさえすれば、隠居して公の尊称も財産も捨てたいと述べるとともに、もし今後も李王職の監視を受けるのならば、自分でも何をしでかすかわからないと訴えた。

この陳情書以外にも、斎藤総督に書簡を送って「平民タラムコト(72)」を願ったり、「堈ヲ内地人同様ニ御信用被成下《なしくだされ》、貴族ニ降下セシメラレ候ヘハ、尽忠輔国可致、閣下ノ御厚恩萬分ノ一タリトモ報答可致候(73)」と、朝鮮貴族に降下させてほしい旨を訴えつづけた。このように、李王職や相談会のメンバーが王公族の体面を守るために一方的に李堈の排除を画策していたのではなく、李堈本人も公族からの離脱を望んでいた。しかし、王公家軌範が制定されていないこの時点では、王公族の降下に関する規定がなかったため、李堈を平民もしくは朝鮮貴族にすることは法的に不可能であった。たとえ両者の利害が一致していても、その実現は困難だったのである。

やがて李堈は鬱憤を晴らすように李王職批判を繰り返し、総督に事務官の更迭を要求するようになる。たとえば、一九二一年五月一七日の斎藤総督宛書簡では、「〔李王職事務官と副官が〕近日ニ当リテハ事々ニ姦謀去々益甚シク、軽蔑又滋クシテ、其ノ甚キニ至リテハ種々面白カラザル説ヲ作做、伝播セシムル等」(74)の事実があると述べたり、「次官モ亦、先日東上ノ際来訪シテ説ク所ノ言葉振ヨリ察スルニ、事務官ヲ信用シテ堈ヲ稍《やや》過グル者〔の〕様ニ看做ス素振ガ仄見ヘル〔ママ〕ノデ、如此境遇ニ在リテハ堈ノ現在地位ハ到底保持シ難キ、看過スルコトハ相成リマセヌ」と訴えている。そのうえで、李王職事務官を「仁善正直、親切温厚」な人物に代えるよう要求し、もしそれが受け入れられない場合には「公位ヲ天陛〔ママ〕ニ執奏シテ辞免サシテ下サル様御願致シマス」と告げていた。

このほかにも、李王職に対する不平を箇条書きにした書類を何度も斎藤総督に提出している。たとえば冒頭に「堈ノ一生々活上困難ノ事ヲ陳述ス」と書かれた書類には、李王職が主人たる李堈を「不信疑惑」の目で見ること、庭園で運動するにも事務官や警察を付けて盗賊のように取り締まること、使用人の個人的な書簡まで取り調べること、主人であるはずの自分には少しも権利がなく事務官に請求しても聞いてくれないことなどが書かれている。(75)また別の書類にも、李堈公家の事務官が主人に対して親切に服従しないこと、副官が李堈と交際する人を分類して一方の「党派」を近づけないこと、邸の出入りにも事務官の許可が必要で総督に拝謁した帰りに病気の李鍝を雲峴宮に見舞ったところ「今後注意せよ」と言われたこと、事務官が財産上の利害関係から自分を欺こうとしていることなど、一方的な不満が書き連ねられている。[76]

しかし要求は聞き入れられず、当時の李堈公附事務官である末松多美彦は一九二五年まで在任した。そこで李堈は独断で摂政に上書するという暴挙に出る。

一九二五年五月、李堈は大正天皇の銀婚式に出席するために東上し、同月一五日午前一一時頃に退京の暇乞いをしに赤坂東宮御所へ参内した。その際、服部真彦侍従武官を通じて摂政に「第一自分ハ子女多数貧困ニシテ生計困難ニ付、何トカ救済ヲ願ヒタシ。第二李堈公ノ公ヲ廃シ平民ニナリタシ[77]」という陳情書を提出したのである。この上書事件を耳にした李王職は、李堈へ始末書を書かせるよう李王へ言上し、即刻その旨が李堈に通知された。これに対して李堈は近侍の者に、「自分ハ摂政宮殿下ヨリ下位テアルカ、自分モ皇族ノ末席テアル故ニ、拝謁ノ序《ついで》ニ李王職ノ不公平ナル処置ヲ上書シタノニ何カ悪イカ。始末書ヲ誰カ書クカ。若シ書カヌトキハ自分ノ手ヲ採リテ書カセルカ[78]」と不満を漏らしたという。李堈は「自由」を求めて公族を離れたいと訴えつつ、公族が「末席」ながら皇族の一員であることを意識し、その地位を存分に利用したのである。

結局、李堈は李王に始末書を提出しなかったため、一二月四日に総督官邸に呼び出される。斎藤総督は、まずこの度の摂政に対する上書に関して一木喜徳郎宮内大臣と協議したことを説明した。そのうえで『法令輯覧』を開いて併合時に公布された詔書掲載の欄を示し、「如斯厳格ナル方式ノ下ニ制定セラレタルモノニ対シテハ、殿下ト摂政殿下トノ間ニ於テ簡単ニ之ヲ如何トモ為シ能ハサル事体ニ属ス[79]」と述べ、それゆえ「摂政殿下ニ於セラレテモ、御提出ノ書面ニ対シテハ措置セラルヘキ途ナク、寧ロ之ヲ困ジラレテ宮内大臣ニ御手渡シ相成リタル」ことを伝えた。この会見の前に行った総督と宮内大臣の内議で、上書は「極メテ隠密ノ間ニ始末シ、之ヲ不問ニ附スルヲ以テ妥宜ノ処置ナリ」との結論が下されていたため、斎藤総督は李堈に対して摂政へ「取下ノ儀」を出すよう促した。

これを聞いた李堈は、「摂政殿下ニ対シ直接書面提出ニ及ヒタルハ誠ニ軽率ナル態度ニ出テタル次第ニテ、返ス々々モ恐懼ニ堪ヘス」と素直に非を認め、取下げの書面は「漢字交リ諺文」の書式でよいのかを尋ねた。斎藤総督は公式のものではないので書式等は顧慮せずに簡単なもので構わないと答え、来月七日に自分が参内するときにでも摂政に詳しく説明して取り下げの書面を進達すると告げた。

ここで上書の取り下げの件は決着し、続いて話は李堈と李王職の関係に移った。まず李堈は、これまで李王職長官や次官が更迭によって数回代わったが、「一人トシテ余ニ同情シ厚意ヲ寄スルスル〔マヽ〕モノアルヲ見ス」と訴えたのに対し、斎藤総督は、李王職は王公族だけでなく朝鮮貴族に関連した事務も処理しなければならないからすべてを完璧にこなすのは不可能であり、「先ツ大体ニ於テ今日何等欠点トシテ指摘スヘキモノモ之レナク、順調ニ且ツ円満ニ運ヒ居レルモノト認メ居ル」と答えた。

やがて総督の発言は李堈に対する訓戒へと変わっていった。すなわち、自分は有吉忠一政務総監時代から公家の基礎を固めて「公家永遠ノ隆昌」に資せんとしてきたし、その考えは今でも変わらないと告げた。さらに自ら書き留めておいたメモを取り出し、雑輩との付き合いは殿下の体面を傷つけるから近接しないよう要請するとともに、李王職事務官を信用して万事を任せれば「秕評悪説ノ流布サル、コトナク、好調ニ相運フヘシ」と説いた。

会見の内容が李堈と李王職の問題に移っていったのは、このとき両者の対立が激化していたからであった。李堈と李王職は互いに非難を繰り返し、すでに関係の修復は不可能な状況まで進んでいたのである。

5 根拠なき李王職批判

当局は「奇行」を繰り返す李堈の一挙手一投足を常に監視し、たとえば彼が京城を離れて慶尚南道東莱に旅行したときも、警務局長に逐一その行動を報告していた。

報告書によると、李堈が東莱に滞在したのは一九二五年五月二二日〜二四日と、六月二八日〜八月一日の期間である。(80) 当初は妾である修和堂藤田昌子の同行を希望していたが、これを取りやめ、七月二日に城北里別荘の番人である李仲烈に命じて妓生の朱鶴仙を東莱に連れてこさせた。彼女を自身が泊まる蓬莱館とは別の朝鮮人旅館に宿泊させ、夜になると密会した。しかし、一二日に藤田昌子が来ることになると、朱鶴仙を京城へ帰らせている。藤田昌子は大邱駅付近の列車故障のため一四日に東莱へ着き、二四日まで滞在、李堈もその翌日に京城に帰る予定であったが、リウマチ治療を理由に延期した。だが治療は名目であり、実際は五月に同地に滞在したときから親密な関係になっていた蓬莱館主の姪で李堈の専属女中であった佐藤オミツ（下関出身、一八歳）と過ごすためであった。

このように複数の女性と関係をもつのは王公族の体面上好ましくなかったが、李堈はもともと多数の別邸（妾）を抱えており、今さら李王職が問題にするほどのことではなかった。しかし、女性問題は往々にして金銭問題へと発展しやすい。蓬莱館主の五島トラは、女中オミツとの関係を好機として、東莱に別荘を建てるよう李堈に勧めたのである。李堈は別荘を建てる資金を得ようと、李仲烈を介して金致済に漁業権の一部を売却する計画を進めていたため、当局は「女中オミツノ干《ママ》係ハ問題トナルナラン」(81) と警戒した。

また、李堈は西大門外竹添町にある公家所有の土地家屋を現居住者モリスに二万一〇〇〇円で売却し、七月二九日に登記を終えて内金一万六〇〇〇円を受け取っていた。このうち二〇〇〇～三〇〇〇円を元昌徳宮女官で李徳恵附であった梁龍基に与えて関係をもち、六〇〇〇円を妓生の申采仙との手切れ金や現在関係中の朱鶴仙への手当に使ってしまう。なお、このとき義弟金春基の結婚費用を李堈が負担したが、これは金春基の運転手である尹権が竹添町の不動産売却を仲介してくれたことに対する報酬だった。[82]

ここに至って、李王職は李堈公附事務官に「公殿下ハ嘗《かつ》テ私ニ財産ニ関スル法律行為ヲナサス、私印等ハ事務所ニ保管セシムル旨ヲ李王殿下ニ誓約セラレタルニヨリ、斯カル行為ノ有リ得ヘカラサルコト」[83]を照会した。事務官がすぐに東莱滞在中の李堈を訪ねて詰問したところ、李堈は「其ノ誓約書ニハ無期限ノコトヲ記入シタルコトナシ。重罪人ト雖《いえど》モ十年ヲ経過セハ罪ヲ免ルル」[84]と答えた。しかも「其当時ハ寺内総督ノ圧迫時代ニシテ、且ツ狂人趙重応カ強テ署名セシメタルモノナリ」とも述べて、誓約書は無効であると主張した。

李堈がどうやって事務所から私印を持ち出したかはついに明らかにならなかったが、李王職は李堈の返事を聞いて、「至誠公家ノ将来ヲ考慮シタル故趙重応子爵ヲ狂人ト称スルカ如キ、到底殿下御改悛ノ状ヲ認ムル能ハサル」[85]との考えを強くする。そして「誓約其他ノ方法ヲ講スルモ何等ノ効果無カルヘキハ明ナリ」として、再び禁治産などの措置をとる必要性を議論するとともに、監視を強化していった。

しかし李堈は反発し、ますます李王職を悩ませる行動をとるようになる。[86] 一九二五年八月一七日には康武官を随えて下岡忠治政務総監を訪問し、一九項目にも及ぶ李王職職員の「非行」を内報した。[87] 要約

すると次の通りである。(88)

①李王職は余（李堈）を朝鮮貴族より冷遇し、李王殿下の肉親と見ない傾向にある。これは余に圧迫を加え、李王殿下から遠ざけようとする行為である。②李王職高等官は余を軽蔑し、息子の李鍵が昌徳宮に伺候しても挨拶しない。③李王職は佐藤明道事務官の着任以来、内殿の経費を無理に倹約し、李王殿下の食材費まで干渉して劣悪品を奉納している。④李王職は整理と称して李王近侍の者まで免職させていながら、篠田治策次官、李恒九礼式課長、佐藤事務官等は争って自分の子分を任用している。⑤篠田次官は李恒九を恐れて彼の専横を黙認しているため、宮内に多くの不満がある。⑥末松熊彦会計課長は骨董の鑑定・仲介を内職としており、博物館の古物売買に関しても好ましくない噂を耳にする。⑦末松会計課長は昌慶苑内動物園に設置された売店の株主として配当を受けていると聞く。⑧李王職の天井章三と李謙聖《イギョムソン》は高利貸しを内職としており、その他職員の中にも商売を営んでいる者がいる。⑨李王職は両公家（李堈公家、李鍝公家）が昌徳宮の自動車を借りるとガソリン代を請求してくる。⑩李王職は李堈公邸が借用している古火鉢、古ストーブ等の代金を請求してくる。⑪李王職は不用な電話機が多いにもかかわらず、転職した魚武官邸の電話機を借用することを拒絶する。⑫李王職は植物苑の草花や果実を職員間で自由に分配しながら、李堈公邸への貸与を好まない傾向がある。⑬篠田次官は着任以来余との面会を避け、不親切である。⑭事務官の末松多美彦はただ肩書上李堈公附であり、本心は李王職にある。長官、次官、その他高等官の鼻息を窺うことのみに熱心で、余を保護する誠意がないどころか軽蔑すらしている。⑮末松事務官は余の行動を秘密裏に調査して、それを誇大に報告するのを本務とし、余のために弁解するといった好意がない。⑯末松事務官は公家の使用人にまで嫌われており、邸内で服

従する者はいない。⑰末松事務官は経費の節減を叫びながら、自らは昌徳宮に私用で行くときにも人力車を使っている。⑱末松事務官は義州通でうどん屋を経営しているという風説あり。⑲末松事務官は常に他人に対して、李堈は別邸が一二名もいるから生計が苦しいと大げさに言い廻っているが、別邸として扶養しているのは七名くらいであって、年額八〇四〇円に過ぎない。ところが漁場貸付料に関しては借主である金致洙の言いなりで、相場の半分しかもらっていない。それにもかかわらず、一万円にも満たない別邸費を悪口するのは不公平ではないか。李堈公家事務官でありながら主人を非難するのは不親切である。

以上のように、李堈は李王職の「非行」を通告し、自分がいかにひどい状況にあるかを訴えた。しかし、これらのほぼすべてが「虚構ノ事実」であり、直後の八月二八日に、篠田李王職次官に反駁される。要約すると次の通りである(89)。

①に関して、何をもって冷遇していると言っているのかわからないが、職員は李堈公殿下が参殿の際に最敬礼で送迎し、諸儀式、宴会等でも常に李王殿下の兄弟として丁重に対応している。ところがむしろ李堈公殿下において李王殿下に敬意を欠くことがしばしばある。たとえば李王殿下は宗廟の大祭を重視しているが、病気で出席できないときは李堈公殿下に代行すべき命を下すことがある。これに対して李堈公殿下はたびたび病と称して代行を拒絶している。李王殿下や李王妃殿下の御誕辰の祝宴、新年の宴会、午餐会も病と称して欠席することが多い。

②に関して、公子が参殿の際は伺候することになっているが、遠くにある事務室はそれに気づかないときがある。また、突然の参殿時には内殿の職員全員が玄関で送迎できないときもある。

③に関して、李王職は一九一三年三月の佐藤事務官着任の際に四九万円の負債があったが、会計事務に精通する同事務官の手腕で内殿費および人件費を除く経費節減を断行し、同年度末までに三九万円の負債償却をなした。しかし内殿費に関しては一切予算の減額を行わず、しかも従来見積競争のために納品品質の低下が見られるものはそれを避けるよう努力し、現に西洋食料品、酒、煙草の類は直輸入で優良品を購入している。

④に関して、今春の整理の際もなるべく近侍の者を任用しない方針を採り、わずかに賛侍の李喬永一名を典祀に転任させたのみで、その後任はまだ補充せず人選中である。したがって子分を任用しているという事実はない。ただし、会計課の雇員として佐藤事務官の知己一名を任命したことがある。しかしこれは、昨年末の当職員整理後に一名補欠の必要があったにもかかわらず、会計熟達者が見出せなかったために採用したものである。平安南道会計課に一〇数年来奉職して判任四級俸で退職していた者を雇員として任用できたのはむしろ幸いである。

⑤に関して、小官不肖といえども李恒九を恐れる理由なし。また李恒九もよく小官の指揮命令に服従し、専横の事実なし。

⑥に関して、たしかに末松会計課長は職務上および個人的に書画骨董の鑑定・仲介を行うが、今まで報酬を受けたことは絶対にないと証言している。

⑦に関して、売店は入苑者が少ない時代から利益を度外視して義務的に経営してきたものである。しかし逐年入苑者の増大にともなって利益を出すようになり、一九二四年度からは年額三六〇〇円、本年度からは同五四〇〇円の上納金を課すようにした。その後も昌慶苑の繁盛をみた営利業者が各方面からの紹

介で苑内の営業を出願してきたが、射倖心を満たすだけの業者に許可するのは昌慶苑のためによくないと考え、従来の営業者以外には経営を認めないことにした。末松会計課長が売店の利益の分配を受けているという話は、こうした措置に恨みをもつ業者が流した風説に過ぎない。

⑧に関して、李謙聖は他人と金銭の貸借関係にあったり、営利事業を営んでいるという事実はない。天井章三は借家数件を所有し、しかも妻が三名に対して金銭を貸しているが、高利をとっているという話は聞かない。天井にこのような風説があるのは、先年の物価高騰の際に李王職の職員間で基本金を拠出し、購買組合を組織したことに起因する。当初は下級職員のために購買組織から各種物資の安価供給を図ったが、最近はその必要もなくなり、薪炭を供給する程度になっていた。しかし組合基金は職員相互が拠出したものなので何か有意義に使う必要があり、下級職員に対する日歩二銭の低利融資（俸給二分の一乃至三分の一以内）が行われた。天井はこの事務を担当していたために高利貸しを行っているとの風説が発生したものと推測される。

⑨に関して、まず李鍝公家には自動車が二台備えつけられているので、李王職から貸し出すことはない。李堈公家には殿下専用の一台があるが、多くの別邸が乗車するので李王職から貸し出す場合がある。そのため李王職の自動車がたびたび不足したので、公家事務官と協議のうえ、ガソリン使用量を返付してもらうことにした。この方法は、自動車一台を購入して運転手の給与を支払うのに比して、李堈公家の負担を少なく抑えられるため、双方合意しての処置である。

⑩に関して、大火鉢および料理ストーブは李堈公家に貸し出したものではなくて、公家事務官の要求に応じて、最も低廉なる価格で譲渡したものである。見積価格は、火鉢は量目約一六貫のものを地金代

三五円、料理ストーブは原価約三〇〇円くらいであったが、破損の箇所があったので二〇円とした。

⑪に関して、一九二三年八月に魚武官が転職して康武官が後任となったが、康武官邸には以前から架設の電話機があったため、不用になった魚武官の電話機を返却してもらったに過ぎない。

⑫に関して、植物苑の草花は一九二四年度より余剰品を一般希望者に売却するようになった。李王職職員も購入可能であるが、その場合は一般希望者と同様にすべて定価で購入することになっているし、李堈公家の要求を断った事実もない。

⑬に関する反論なし。⑭に関して、李堈公附事務官が官制上李王職長官の指揮監督を受けるのは明らかであり、指揮を仰いで報告するのも当然である。また、李堈公殿下が事務官を嫌忌するのは殿下の浪費を厳しく取り締まるからである。故黒崎事務官が李堈公殿下にピストルで脅かされたことがあったという話を聞くと、むしろ事務官に対して同情する。

⑮に関して、事務官といえども決して好んで李堈公殿下の「非行」を暴いているわけではない。彼らが殿下の日常の行動を常に憂慮し、改過遷善に苦心しているのはわれわれが認めるところである。殿下の指摘は正鵠を射たものではない。

⑯に関して、事務官というものは公家の事務を整理し、予算の経理を円滑に遂行する責務があるので、李堈公殿下に迎合するわけにはいかない。ところが殿下が近づけている雑輩たちは、事あるごとに殿下に迎合して事務官との離間策を講じている(90)。殿下が一切の家務を官制の定めにしたがって事務官に一任すれば、そのような弊害が起きるはずがない。

⑰に関して、この件を取り調べたが、私用で人力車を使った事実なし。李堈公殿下は饗宴等に列席す

る場合などを指しているのかもしれないが、これも多くは李王職との事務上の打ち合わせという公務を帯びている。そうでないときは自弁している。

⑱に関して、かつて末松事務官の親族方で一切を管掌して商業に従事させている藤崎謙祐という青年がいたが、親族との不和で彼は店を去ることになった。同事務官は藤崎青年に同情し、内地の親族から借りた年利一割の資金を藤崎青年に貸与して、飲食店を経営させた。しかし、そこから利益の配分を受けてはいない。

⑲に関して、末松事務官がいたずらに李堈公家の内実を口外する愚を犯すはずがない。別邸の件は、現在七名に対して経費年額九二〇〇円（八〇四〇円ではない）を事務所の予算から支出しており、公邸内から退去した二名に関しては月々若干の金を内用金から支給している。これらは決して少ない金額ではない。また、金致洙に対する漁場貸付料の減額は、財界の不況と漁場の不振のせいである。金致洙は毎年損失を出しており、そのたびに総督府への調査と援助を求めていた。前年の貸付料は三万九七〇〇円であるが、総督府水産課の調査によると、本年度の貸付料は一万～一万五〇〇〇円が適当であるとの結果が出た。しかしこの額では予算の関係上認可できないため、一般入札を行うという方策も考えたが、現在の不況下では希望価格を得られる見込みがなかった。そこで、貸付料を二万五〇〇〇円に大幅に減額することで金致洙に契約継続の承諾を得たのである。総督府の調査に比して高額の契約が結べたのはむしろ事務官の労といえよう。

このように篠田李王職次官は李堈の批判が事実に反すると総督府に説明した。それゆえ李堈の意見をまとめた書類の末尾には、斎藤総督と思われる文字で「鮮人ノ嗤笑《ししょう》ノ種タルニ止リ、是等ノ愚痴ハ一モ根拠ナキコトナリ。李王職側ノ調ヘモ結了シタルニ依リ其儘トス」[91]と走り書きされており、この問題はそのまま放置されたと推測される。王公族の法整備が終わらなければ李堈を公族から排除するのは不可能であり、誓約書で自制させることにも失敗しているので、現時点では無為にして問題をうやむやにするのが最良の策だと考えたのであろう。その後、一九二六年一二月に王公家軌範が制定されて王公族の法的地位が明確になると、ようやく三〇年六月に至って、李堈の隠居が実現する。李王職と李堈の両者が望んでいながら、隠居の実現までに併合から二〇年もかかったのである。

6 「皇族ノ礼」の適用範囲

王公家軌範には、隠居した王公族に「皇族ノ礼」を認めるか否かが明記されていなかったため、李堈の隠居が確実になると、この点が王公族審議会[92]で議論された。この議論を通じて、曖昧だった王公族に対する「皇族ノ礼」の適用範囲がわずかながら明らかになっていくこととなる。

第二章でみたように、王公家軌範案は一九一八年に枢密院への諮詢で否決された。しかし二六年一〇月二九日に修正案が枢密院に回され、一一月五日に審査報告が行われた。そして一〇日に原案通り可決され、一二月一日に皇室令第一七号として公布された。

一八年に王公家軌範案が否決されたのは、枢密院が王公族を皇族と見なさないという立場を固持したからであった。それゆえ、二六年に制定された王公家軌範では、一八年の軌範案から第二二条「王公族ニハ其ノ皇族ト相渉ル事項ニ付テハ皇族ニ関スル規定ヲ適用ス。王公族ト人民トニ渉ル事項ニ付テハ王公族ニ関スル規定ニ依ル」、第一一二条「皇族女子、王公族ニ嫁スルトキハ結婚ノ礼ヲ行フ前、賢所、皇霊殿、神殿ニ謁シ、且天皇、皇后、太皇太后、皇太后ニ朝見ス」、附式第三「皇族女子、王公族ニ嫁スル場合ニ於ケル式」と「賢所、皇霊殿、神殿ニ謁スルノ儀」が削除された[93]。先行研究ではこの点が注目されていたが、両者にはさらに大きな相違があった。一八年の軌範案では、第九条で「王又ハ公ハ隠居ヲ為スコトヲ得ス」というように隠居を認めていなかったが、二六年の王公家軌範では、第二五条で「王又ハ公ハ勅許ヲ経テ隠居ヲ為スコトヲ得」と改められた点である[94]。この条項は、李堈の処分を意識して設定されたと考えて間違いないであろう。

王公家軌範が制定されてから四年後の一九三〇年六月一二日、李堈はついに隠居し、息子の李鍵が公の尊称を継いだ。ただし、王公家軌範第一五条で「隠居ヲ為シタル公及其ノ子」も公族と規定されていたので、李堈は朝鮮貴族や一般朝鮮人になったわけではなかった[95]。だが、先にも述べたように、隠居した王公族に引き続き「皇族ノ礼」を保障するという明文はどこにもなかったため、この点が王公族審議会で議論される。

一九二八年から三三年まで王公族審議会の審議官を務めた関屋貞三郎は、「李堈公ノ隠居ニ関スル協議案[96]」という史料を遺しており、そこには「〔隠居した公が〕皇族ニ準スル礼遇ヲ享《う》クルヤ否ヤニ付テハ疑問ナキニアラス」との項目が設けられ、「皇族ノ礼」を受けるとする論拠と受けないとする論拠がそれぞれあげられている。

まず「皇族ノ礼」を受けるとする論拠は次の三つである。

A　前韓国皇族ノ礼遇ニ関スル詔書ハ、韓国併合条約第四条ヲ受ケタル韓国併合ニ関スル詔書ニ「韓国皇帝陛下及其ノ皇室各員ハ併合ノ後ト雖相当ノ優遇ヲ受クヘク云々」ト在ルニ基キタルモノナルカ故ニ、一度殊遇ヲ受ケタル者ハ特ニ更《あらた》メラレサル限リ皇族ノ礼遇ヲ享クルハ当然ナリ。

B　公ナル栄錫ト皇族ノ礼遇トハ別個ノ概念ナリ。故ニ李埈公、李鍝公殿下ハ栄錫ヲ襲《つ》カシメラレタルモ皇族ノ礼遇ハ享ケサセラレサリシ者ト看ルヘク、故李晋殿下誕生ノ時ハ特ニ詔書ヲ以テ殊遇ヲ明カニセラレタルナリ。即皇族ノ礼遇ハ個人的ノモノナルカ故ニ、本件ニ付テハ李堈ノ皇族ノ礼遇ハ失ハレサルモノトス。

C　法カ隠居シタル公ニ殿下ノ敬称ヲ有セシメ、其ノ班位ヲモ定メタルハ、隠居スルモ尚皇族ノ礼遇ヲ享ケシムルノ趣旨ニ出ツト解スヘシ。

これに対して、「皇族ノ礼」を受けないとする論拠は次の三つである。

a　前韓国皇族ノ礼遇ニ関スル詔書ハ「殊遇ヲ加錫シ儀称ヲ豊ニス」ルニ存スルヲ以テ、公ナル身位ト礼遇トハ離ルヘカラサル関係ニ立ツモノナルヲ以テ、公ノ身位ヲ失ヒテ尚皇族ノ礼ヲ享ケシムルカ如キハ其ノ趣旨ニ非ス。

b　王公家軌範施行ノ今日ニ於テ軌範ニ華族ニ関シ華族令第四条及第六条ノアルカ如ク、公又ハ公族ノ礼遇ニ関シ相当ノ規定ナキ限リ皇族ノ礼遇ヲ享クベキニ非ス。一旦皇族ノ礼遇ヲ享ケタル者隠居シタル者ニ付キテハ尚殿下ノ敬称ヲ保有セシメ、一定ノ班位ヲ有セシムルノ外、何等ノ規定ナシ。

c　班位ヲ有スルカ故ニ皇族ノ礼遇ヲ享クベシト云ハバ、殿下ノ敬称ヲ有セザル公族モ亦皇族ノ礼遇ヲ享クルノ結果トナル（第四十七条）。其ノ法ノ趣意ニ非ルヤ論ナシ。

これを要約すると、隠居しても「皇族ノ礼」を受けるとする論拠は、併合条約と詔書にもとづいて保障されたのだから、特別改められない限り「皇族ノ礼」を受け続ける（A）。公の尊称と「皇族ノ礼」は別個であるから、公を隠居しても「皇族ノ礼」はそのままである（B）。王公家軌範では隠居した公にも殿下の敬称を用いるとし、班位も定めているので、「皇族ノ礼」を受けると解釈すべきである（C）。

一方、隠居すれば「皇族ノ礼」を受けないとする論拠は、公の身位と「皇族ノ礼」は一体なので、公の身位を失えば、「皇族ノ礼」も失う（a）。華族令が有爵者に華族の礼遇を保障しているように、王公家軌範が隠居したのちも「皇族ノ礼」を受けられると規定していない限り、「皇族ノ礼」を受けられない（b）。王公族が班位を有し皇族の序列にあるからといって「皇族ノ礼」を保障すれば、殿下の敬称を持たない公族も「皇族ノ礼」を受けることになってしまう（c）。cの考えは、王公家軌範によって公族の子も公族であると規定されたが、敬称は殿下ではなく、男子には「様」、女子には「姫」を使用するとされたことに由来する。(97)

史料には、「皇族ノ礼」を受ける説の箇所に走り書きで「此ノ説ヲ採ル。永ク寵恩ヲ享ケシムルコト詔書ニ明カ也」(98)と記されており、こちらが支持されていたと推測される。しかし、これ以上詳しいことはわからない。李堈が隠居したのちも「皇族ノ礼」を受けると規定した法令なり詔書が公布されていないことから、この問題は曖昧なままにされたのであろう。

だが、王公族審議会の協議案は興味深いことを示唆している。それはどちらの説も、「皇族ノ礼」は基本的に王公族全員にではなく、併合時に詔書で保障された八名のみに限定されるととらえている点である。このことを特に明確に述べているものとしてBがあげられる。Bは、李垠と方子の間に晋が生まれたときに、わざわざ「王世子ノ系嗣ニ殿下ノ敬称ヲ用ヒシムル詔書」[99]を発して王家の男子に「皇族ノ礼」を保障したのは、「皇族ノ礼」がたとえ王族の子として生まれた者でも詔書がなくては受けられない個人を対象としたものであることを裏づけているとし、さらに李熹公家を継いだ李埈鎔や李鍝に関しては、公の尊称を継いだだけで「皇族ノ礼」は継いでいないと解釈すべきだとしている。

このほかにも、王公族審議会では「襲系シタル公カ皇族ノ礼遇ヲ受クルヤ否ヤニ付テハ疑ヲ存ス」[100]という協議項目も設定されており、李堈を継いだ李鍵に「皇族ノ礼」を認めてもよいか疑問視されていた。王族は「王世子ノ系嗣ニ殿下ノ敬称ヲ用ヒシムル詔書」により代々「皇族ノ礼」を受けられたが、公族は併合時に「皇族ノ礼」を保障された四名がすべて薨去してしまえば、「皇族ノ礼」を受ける者がいなくなったと考えられる。

このように「皇族ノ礼」が一部の王公族に限られたものだとして、では、そもそも王公族の認定基準は何であり、その構成は併合後どのように推移したのであろうか。それを次章で検討したい。

注

（1）「李堈公に関する書類　李堈公の意見書要領」（『斎藤実文書』99―25、国立国会図書館憲政資料室所蔵）一九一三年、国分象太郎中枢院書記官長記。
(2)「王公族審議会資料」(『篠田治策文書』スタンフォード大学フーバー研究所所蔵)。
(3) 同前。
(4) 同前。
(5) 福岡に生まれる。玄洋社で学んだのち、勝海舟に師事したため漢学の素養があった。一九〇六年に勝海舟の添書を携えて当時統監府総務長官であった鶴原定吉を訪ね、朝鮮の水産業に従事するようになる。鶴原を介して伊藤統監の知遇を得ると、統監の援助で義和宮(李堈)から漁場を借りることになった。有馬純吉『人物評論真物?贋物?』(朝鮮公論社、一九一七年)一三〇―一三一頁。
(6) 前掲「王公族審議会資料」。
(7) 同前。
(8) 同前。
(9)「李堈公に関する書類 李堈公行為に関し警務総長よりの報告に付内容を李王職へ照会の件」(前掲『斎藤実文書』99―25)一九一六年二月二六日、立花小一郎警務総長から寺内総督宛。
(10)「李堈公に関する書類 李堈公の行状に関する回報」(前掲『斎藤実文書』99―25)一九一六年三月二〇日、閔丙奭李王職長官から山県伊三郎政務総監宛。
(11) 前掲「李堈公に関する書類 李堈公行為に関し警務総長よりの報告に付内容を李王職へ照会の件」一九一六年二月二六日、立花警務総長から寺内総督宛。
(12) 前掲「李堈公に関する書類 李堈公の行状に関する回報」一九一六年三月二〇日、閔丙奭李王職長官から山県政務総監宛。
(13) 前掲「李堈公に関する書類 李堈公行為に関し警務総長よりの報告に付内容を李王職へ照会の件」一九一六年二月二六日、立花警務総長から寺内総督宛。
(14)「李堈公に関する書類 公殿下御行迹に関する具申書」(前掲『斎藤実文書』99―25)一九一四年三月一一日、黒崎美智雄李堈公附事務官から小宮三保松李王職次官宛。
(15) 前掲「李堈公に関する書類 公殿下御行迹に関する具申書」一九一四年三月一一日、黒崎李堈公附事務官から小宮李王職次官宛。
(16) 同前。

(17) 同前。
(18) 篠田治策「李堈公殿下の覚書に関する件」(前掲『斎藤実文書』99―23)。
(19) 前掲「李堈公に関する書類　公殿下御行迹に関する具申書」一九一四年三月一一日、黒崎李堈公附事務官から小宮李王職次官宛。
(20) 「李堈公に関する書類　李堈公家に対する李伯爵趙子爵の意見」(前掲『斎藤実文書』99―25)一九一三年、国分象太郎中枢院書記官長提出。
(21) 同前。
(22) 同前。
(23) 前掲「李堈公に関する書類　李堈公の行状に関する回報」一九一六年三月二〇日、関丙奭李王職長官から山県政務総監宛。
(24) 同前。
(25) 同前。
(26) 「李堈公に関する書類　李堈公家相談役会議の結果報告」(前掲『斎藤実文書』99―25)一九一四年一二月三日、小宮李王職次官から寺内総督宛。前掲「李堈公に関する書類　李堈公の行状に関する回報」一九一六年三月二〇日、関丙奭李王職長官から山県政務総監宛。
(27) 「李堈公に関する書類　李堈公謹悼方法案」(前掲『斎藤実文書』99―25)。
(28) 前掲「李堈公に関する書類　李堈公家相談役会議の結果報告」一九一四年一二月三日、小宮李王職次官から寺内総督宛。
(29) 同前。
(30) 同前。
(31) 前掲「李堈公に関する書類　李堈公の行状に関する回報」一九一六年三月二〇日、関丙奭李王職長官から山県政務総監宛。
(32) 会議では、隠居が実現した場合に備え、李堈の処遇に関して補足事項六点も議決された。前掲「李堈公に関する書類　李堈公家相談役会議の結果報告」一九一四年一二月三日、小宮李王職次官から寺内総督宛。
一、公ニ月ニ親用金三百乃至五百円ヲ公家ヨリ支給スル事。
二、公ヲシテ別居セシムルヲ要シ、即公家ノ所有タル一ノ家屋ヲ経営シテ之ニ住居スルヲ得セシムル事。
三、衣食ハ公本家ヨリ支給スル事。又使用人ノ俸給モ同様支給スル事。
四、公負債ヲ生シ、訴訟ヲ受クル場合ハ公本家ハ断然関係セス、或ハ分散ノ決定ヲ受ケシムル事。

五、李王ハ墹公ノ後見人タル事。又李王職ハ官制ニ依リ公家ノ管理ニ当ル事。
六、現在ノ相談役ハ依然公家ノ相談役タル事。

(33) 同前。

(34) 「李墹公に関する書類　王公族禁治産若は隠居制度新設に関する件」（前掲『斎藤実文書』99―25）一九一四年三月一五日、小宮李王職次官記。

(35) 二〇〇〇年の民法改正により廃止され、成年後見制度へと移行した。

(36) 前掲「李墹公に関する書類　李墹公の行状に関する回報」一九一六年三月二〇日、閔丙奭李王職長官から山県政務総監宛。

(37) 同前。

(38) 同前。

(39) 前掲「李墹公に関する書類　李墹公行為に関し警務総長よりの報告に付内容を李王職へ照会の件」一九一六年二月二六日、立花警務総長から寺内総督宛。前掲「李墹公に関する書類　李墹公の行状に関する回報」一九一六年三月二〇日、閔丙奭李王職長官から山県政務総監宛。

(40) 「李墹公に関する書類　李墹公誓約提出」（前掲『斎藤実文書』99―25）一九一六年四月七日、小宮李王職次官から寺内総督宛。

(41) 同前。

(42) 同前。

(43) 同前。このとき李完用は公家の存続を考えて「公果シテ能ク此ノ誓約ノ条々ヲ遵行シ得〔ヤ〕否ヤ云々ノ意見」を述べたにもかかわらず、李墹は帰邸後に「大々的憤慨」をなしたという。

(44) 同前。

(45) 都倉武之「朝鮮王族義和宮留学と福沢諭吉」（『近代日本研究』第二二巻、二〇〇五年）三四一頁。

(46) 朴永圭著、尹淑姫・神田聡訳『朝鮮王朝実録』（新潮社、一九九七年）三五六頁。

(47) 三・一運動直後の一九一九年四月に運動の継続と拡大を目的として上海で組織された亡命政府。

(48) 「李墹公誘拐事件」（朝鮮総督府法務局編『朝鮮重大事件判決集』大海堂印刷株式会社、一九三〇年）〈朴慶植編『日本植民地下の朝鮮思想状況　朝鮮問題資料叢書』第一一巻、三一書房、一九八九年〉。

(49) 日本陸軍省編「李墹公事件」（『極秘韓国独立運動史料叢書』第七巻上、韓国出版文化院、一九八九年）。

(50) 失踪事件の直後に原敬は、「彼〔李墹〕は宋秉畯などより聞けば、我先帝崩御の際に一年間喪章を附けたる様にて（朝鮮皇族〔ママ〕

中彼一人のみ)、又日韓合併《ママ》を至当と考ふる固き決心もあり」と述べ、厳罰するよりも「相当の待遇」をする方が「却て将来の統治上得策ならん」と主張している。原奎一郎編『原敬日記』第五巻（福村出版、一九八一年）一八六頁、一九一九年一二月九日条。

(51) 前掲「李堈公誘拐事件」六三頁。

(52) 朝鮮在来の行商人。李朝末の内憂外患のときに褓負商の強大な組織力が政治的に利用されるようになり、政府の統制下に置かれた。

(53) 前掲「李堈公誘拐事件」六五頁。

(54) 同前。

(55) 大正天皇の誕生日は八月三一日だが、暑中に儀式を行うのは大変という理由で、天長節は一〇月三一日とされた。

(56) 前掲「李堈公誘拐事件」六八頁。

(57) 同前。

(58) 同前。

(59) 同前。前掲「李堈公事件」四三—四四頁。

(60) 前掲「李堈公事件」三九頁。

(61) 同前、四〇頁。

(62) 同前、四〇—四一頁。

(63) 契約満期が近づいた一九二〇年に李堈と香椎源太郎はこの契約を破棄し、同年五月二〇日から向こう一〇カ年の漁業権を認める新たな契約を結んだ。

(64) 前掲「李堈公誘拐事件」六八—六九頁。前掲「李堈公事件」四六頁。

(65) 前掲「李堈公事件」四八頁。中華料理店新世界では鄭雲復と李在浩、李敏河（尹喜用）、韓錫東（全協）、ほか一名が同席した。

(66) 前掲「李堈公誘拐事件」六九頁。

(67) 朝鮮行政編輯総局編『朝鮮統治秘話』（帝国地方行政学会、一九三七年）二三二頁。

(68) 前掲「李堈公誘拐事件」七〇頁。前掲「李堈公事件」五八頁。

(69) 前掲『朝鮮統治秘話』二四〇頁。

(70) 同前、二四一頁。

(71)「李堈一身上につき陳情書」(前掲『斎藤実文書』99―20(1)) 一九一九年一二月一四日、李堈から斎藤実総督宛。

(72)「隠居せむこと、平民たらむこと、故土に於て死すことを志願」(前掲『斎藤実文書』99―20(4)) 一九二〇年五月一四日、李堈から斎藤総督宛。

(73)「李堈一身上につき陳情懇願」(前掲『斎藤実文書』99―20(5)) 一九二〇年八月二五日、李堈から斎藤総督宛。

(74)「副官、事務官の交替を切望」(前掲『斎藤実文書』99―20(6)) 一九二一年五月一七日、李堈から斎藤総督宛。

(75)「李堈一身上につき陳情懇願」(前掲『斎藤実文書』99―20(5))。

(76)「李堈身上につき」(前掲『斎藤実文書』99―20(10)) 李堈から斎藤総督宛。

(77)「李堈公殿下動静報告」(前掲『斎藤実文書』99―21(2)) 一九二五年八月一一日、京畿道警察部長から警務局長宛。

(78) 同前、一九二五年八月一四日、京畿道警察部長から警務局長宛。

(79)「総督・李堈公会見始末」(前掲『斎藤実文書』99―24)。

(80)「李堈公殿下動静報告」一九二五年五月二六日、京畿道警察部長から警務局長宛。「李堈公殿下旅行中動静報告(第一報)」一九二五年七月七日、京畿道警察部長から警務局長宛。「李堈公殿下旅行中動静報告(第三報)」一九二五年七月一五日、京畿道警察部長から警務局長宛。「李堈公殿下旅行中動静報告(第四報)」一九二五年七月二八日、京畿道警察部長から警務局長宛。「李堈公殿下旅行中動静報告(第五報)」一九二五年八月七日、京畿道警察部長から警務局長宛。「李堈公殿下婦女関係公家土地売却金員消費ニ関スル件」一九二五年八月五日、京畿道警察部長から警務局長宛。以上は、前掲「李堈公殿下動静報告」所収。

(81) 前掲「李堈公殿下婦女関係公家土地売却金員消費ニ関スル件」。

(82) 同前。

(83)「李堈公殿下に関する件」(前掲『斎藤実文書』99―26)。

(84) 同前。

(85) 同前。

(86) そもそも李堈は摂政への上書に関して「今度ノ如キ事件モ李王職ト感情上止ムヲ得ズ独断行動ヲ執リタルモノナリ」との考えを述べており、李王職との確執からこの事件を引き起こしていた。「李堈公覚書」(前掲『斎藤実文書』99―22) 一九二五年八月作成。

(87) 前掲「李堈公殿下動静報告」一九二五年八月一八日、京畿道警察部長から警務局長宛。

(88) 同前。前掲「李堈公覚書」。

(89) 篠田前掲「李堈公殿下の覚書に関する件」。

(90) 雑輩として弁護士崔鎮、勲四等金昇奎、別荘傭人李仲烈、理髪師鄭某、運転手尹権、木工商鄭尚鎬、公家傭人徳屋釗三の名前をあげている。

(91) 前掲「李堈公覚書」。

(92) 王公族審議会に関しては第二章注(12)を参照。

(93) 島善高「大正七年の皇室典範増補と王公家軌範の制定」(『早稲田人文自然科学研究』第四九号、一九九六年)四六頁。

(94) 『枢密院会議議事録』第二〇巻(東京大学出版会、一九八五年)一四一頁。なお、禁治産を認める規定は、一九一八年の王公家軌範案の第七六条と第七七条にも設けられていた。

(95) 王公家軌範第四五条で「隠居ヲ為シタル公ノ班位ハ公妃ニ次キ、其ノ相互間ノ班位ハ隠居ヲ為シタル時ノ先後ニ依ル」と規定されていたので、隠居した李堈の班位は李鍵の次となり、一九三一年一〇月五日に李鍵と松平誠子が結婚したのちは誠子公妃の次となった。

(96) 「王公族審議会書類　李堈公ノ隠居ニ関スル協議案」(『関屋貞三郎文書』国立国会図書館憲政資料室所蔵)。史料が作成された年代は不明であるが、李堈のことを「李堈公」というように公を付けて呼称しているため、彼が隠居する前であったと推測される。

(97) 井原頼明『皇室事典』(冨山房、一九三八年)一九四頁。

(98) 前掲「王公族審議会書類　李堈公ノ隠居ニ関スル協議案」。

(99) 「朕惟フニ王世子李垠ハ李家ノ元儲ニシテ令問日ニ升リ積徳月ニ高ク洵ニ内外ノ瞻望タリ。我カ皇考子愛最渥ク久ク寵光ヲ承ク。故ニ朕ノ王世子ニ対スル情誼殊ニ篤ク親眷渝ルコトナシ。今次李家慶アリ厥ノ生誕スル所ノ男子ハ世家率循ノ系嗣ニシテ宜ク方ニ休祉ヲ享ケシムヘシ。乃チ待ツニ皇族ノ礼ヲ以テシ特ニ殿下ノ敬称ヲ用キシム。茲ニ皇考ノ聖慮ヲ体シテ殊遇ノ意ヲ昭ニス」。

(100) 前掲「王公族審議会書類　李堈公ノ隠居ニ関スル協議案」。

第六章　王公家軌範の制定と王公族の範囲

李垠と方子の第一子晋（出典：権藤四郎介『李王宮秘史』朝鮮新聞社，1926 年）

王公家軌範が制定されたのは一九二六年一二月であり、それまでは王公族を法的に規定するものはなかった。極言すれば、王公家軌範ができるまで王公族を認定する基準はなかったのであり、たとえ王公族の子として生まれても、そのまま無条件で王公族になるとは限らなかったのである。ところがこうした事実を曲解して、当局が王公族の増加を望んでいなかったとか、王公族の認定に恣意的な基準があったとみる通説がいまだに存在する。しかしそれは、冊立詔書を考慮していないために生じた誤解だといえよう。

本章では、冊立詔書の文言を念頭に置いて通説を検証するとともに、王公家軌範の制定後に王公族の構成がどのように推移したのかを検討していきたい。そのうえで、「光復」後の王公族の身分廃止や国籍問題にも言及する。

1　冊立詔書と世襲の権利

王公族の法的位置づけは併合時に曖昧に処理された。それがはじめて問題視されたのは、一九一六年九月に伊東巳代治が大隈重信首相に提出した皇室制度再査議においてであった。これを契機として宮内省内に帝室制度審議会が設置され、伊東が総裁となって王公家軌範の制定作業に着手するが、審議会案は枢密院への諮詢で否決される。これにより王公家軌範の制定は二六年一二月まで待たなければならなかった。

では併合から王公家軌範制定までの一六年の間に誰が王公族になったのであろうか。たとえ王公家軌範が制定されなくても、冊立詔書には王公族の妃をそれぞれ王妃、太王妃、王世子妃、公妃にすることや、王および公の隆錫（栄錫）[1]＝尊称を世襲することが明記されていたので、この期間であっても王公族の妃として、もしくは尊称の継承によって王公族になる者がいた。そこで以下に、王公家軌範の制定以前に新たに王公族になった四名についてみていくこととする。

　最初にあげるのは、王族の王世子李垠に嫁いだ皇族梨本宮方子である。第二章でみたように、李垠と方子の結婚は典範三九条の規定に抵触して、なかなか実現できなかった。しかし、一九一八年一一月一日の臨時枢密院本会議と翌二日の皇族会議を経て、典範三九条に「皇族女子ハ王族又ハ公族ニ嫁スルコトヲ得」の一文が増補され、ついに翌一九年一月二五日に挙式することが決まった。ところが、挙式を四日後に控えた一月二一日に李垠の父李太王が急逝してしまったため、王公族は喪に服さなければならなくなり、婚儀はさらに延期された。朝鮮のしきたりでは父を亡くした子は三年の喪に服するはずであったが、李垠の服喪期間は皇室服喪令（明治四二年皇室令第一二号）の規定を参考に一年とされ、その喪があけた二〇年四月二八日、ついに李垠と方子の婚儀が挙行される。これと同時に方子は王世子妃となり、皇族を離れて王族に属した。

　次にあげるのは、一八七〇年六月二五日に李熹と洪氏の間に生まれた李埈鎔である。冊立詔書には、李熹と李堈、および彼らの妃を公族とするが、その子を公族とするという記述はどこにもなかったため、李埈鎔は併合とともに公族とはならなかった。ただし冊立詔書には「子孫ヲシテ此ノ栄錫ヲ世襲シ永ク寵光ヲ享ケシム」という規定はあったため、一九一二年九月九日に李熹が薨去すると同時に李埈鎔が公の尊称を継ぐ。これにより、李埈鎔は公族となり、一八九四年に李埈鎔と結婚していた金在鼎の娘金氏も公妃として公族に属した。

ところが李埈鎔は、五年後の一九一七年三月二二日に薨去してしまう。雲峴宮を住居とする李埈鎔が跡目を継いでまもなく亡くなり、さらに金氏との間に嗣子もいなかったので、巷間では「雲峴宮には大院王〔李太王や李熹の父〕が余りに人民を虐げたので、血統が絶ゆる(2)」という噂が流れるほどであった。しかし、李埈鎔の薨去が発表された三月二三日に仁政殿東行閣で、李載覚、李海昇、李海昌《イヘチャン》、李址鎔、閔泳璘《ミンヨンニン》、李埼鎔《イギヨン》、閔泳徽、閔泳綺、李允用、趙東潤ら近親参集の会議が開かれ、最終的に李王の「李堈公は第二公子を以て雲峴宮を襲《つ》がしめられよ(3)」という一言によって、李堈の次男李鍝（当時五歳）を養子に迎え、公の尊称を継がせることとなる。李鍝は併合後の一二年一一月一五日に李堈と金興仁の間に生まれたが、公族になったのは、一七年五月二五日に公の尊称を継いだ瞬間である。

王公家軌範が制定される前は、王公族として認定する法令がなかったため、この四名と併合時から王公族だった八名の計一二名は法的に王公族なのではなく、冊立詔書の解釈において王公族だったに過ぎなかった。では、王公家軌範によって王公族はどのように規定されたのであろうか。

2　王公族の認定基準

王公族の法的地位は、王公家軌範の第二章「王族及公族」の第一四条、第一五条、第一六条に明記された(4)。各条文から王公族の認定基準を抽出すると次のようになる。

王族：王家に属し、①王と王妃、②王の子、③隠居した王およびその子、④王の長子孫の系統に在る者およびその子、⑤前項に掲げた者の配偶者、のいずれかの条件を満す者。（第一四条）

公族：公家に属し、①公と公妃、②公の子、③隠居した公およびその子、④公の長子孫の系統に在る者およびその子、⑤前項に掲げた者の配偶者、のいずれかの条件を満す者。（第一五条）

前二条に定める王公族の子で王家もしくは公家に在る女子。（第一六条）

王家・公家とは、王および公を戸主として王族および公族を家制度に当てはめたものと考えればよい。つまり家（王家・公家）への出入りに連動して王族・公族といった身分の得失がなされるようになったのである[5]。たとえば、王公族は成人すると請願によって朝鮮貴族になれたが、朝鮮貴族になった者は王家・公家を離れて朝鮮内に一家を創立しなければならなかった[6]。そして配偶者、直系卑属、直系卑属の配偶者はすべてその家に入るとされた（王公家軌範第六一条、第六二条）[7][8]。また、王家・公家ではない女性が王家・公家の男性と結婚した場合、彼女は王家・公家に入り、王族・公族の身分になるとされた（同第一四条、第一五条）。婚姻によって王家・公家に入った女性が離婚した場合は、実家に復籍し、実家がないときは一家を創立しなければならなかった（同第一二六条）[9]。このほか、「王公族ヨリ内地ノ家ニ入リタル者及内地ノ家ヲ去リ王公家ニ入リタル者ノ戸籍等ニ関スル法律」（昭和二年法律第五一号）の第一条[10]や「王公族ヨリ朝鮮ノ家ニ入リタル者及朝鮮ノ家ヲ去リ王公家ニ入リタル者ニ関スル制令」（昭和二年制令第一二号）の第一条[11]によると、王公族が婚姻や養子でいったん内地もしくは朝鮮の家に入ると、その後、離婚や罷養でその家を離れても、再び王家・公家には戻れず、一家を創立しなければならないと規定されていた。このように王公族という身分の得失は、家制度に連動した形で規定されたのである。

しかし、王公家軌範には誰が王家もしくは公家に属するのか明記されていなかったため、第一四条、第一五条、第一六条の規定だけで王公族の構成員を確定することはできない。そこで、この問題に一定の解決策を提示するのが、一九二七年制定の「王公族譜規程」（宮内省令第一〇号）にもとづいて作成された王族譜および公族譜である。王族譜・公族譜は王公族の系譜を記した登録簿のようなもので、その体裁は天皇および皇族の身分や系譜を登録した皇統譜に似ている。坂元真一の先行研究が指摘しているように、王公家軌範によって王公族の範囲が確定し、それぞれの名が王族譜・公族譜に記載されたというのが論理的な順序だが、王公家軌範だけでは範囲を特定できない以上、王族譜・公族譜の記載から誰が王公族と見なされたのかを遡って明らかにするのも一つの方法であろう。[12]

ただし、坂元はこの有益な方法を提案しているだけで実際に王族譜・公族譜の調査はしておらず、王公族の構成員も確定してはいない。それは、これまで王族譜・公族譜が宮内庁に所蔵されていると噂されておりながら、誰も発見できなかったからである。ところが、最近の調査で王族譜・公族譜は旧李王職図書館である韓国学中央研究院蔵書閣に所蔵されていることが判明したため、これを分析することによって王公族の構成員が確定できるようになった。[13]

王族譜および公族譜は、大きく分けて①王族譜、②李太王王族譜、③李堈公系公族譜、④李熹公系公族譜の四つで構成されており、これがそれぞれ王家（①②）と公家（③④）を表していた。[14]これらをもとに王公族の構成員を一覧にしたのが表6-1である。Aには生年月日と両親の名、Bには王族・公族になった年月日、Cには婚嫁等で王族・公族の身分を喪失した年月日、Dには王や公の継承によって王族譜・公族譜間の移動があった年月日を記した。月日は陽暦を用い、陰暦がわかるものは括弧で併記した。明確に判断できない場合は、（推測）と記した。なお、王族譜・公族譜には皇統譜と同様に名のみ記されたので、表もそれにならった。名のフリガナは、原資料のままである。

3 王世子の子は王族か

表6―1に関して、いくつか補足しておきたい。

まず、5李晋、8李徳恵、11李鍵、22李氏、23李辰琬の五名は王公族の子として生まれているが、王公家軌範の制定までは王公族ではなかったと考えられる。これは先にも記した通り、冊立詔書には、韓国皇帝ら八名を王公族として冊立し、さらにその隆錫（栄錫）を世襲する権利が明記されていたが、彼らの子が生まれながらに王公族になるとは書かれていなかったからである。王公家軌範の制定以前に生まれた王公族の子は、李埈鎔や李鍝のように親が持つ王や公の尊称を受け継いではじめて王公族になりえたのである。

5李晋、21金氏、22李氏には注意が必要である。李晋、李氏の二名は王公家軌範の制定前に早世しており、実質的には王公族でなかったはずである。たしかに李晋に関しては、前章でも触れたように、誕生と同時に「王世子ノ系嗣ニ殿下ノ敬称ヲ用ヒシムル詔書」が公布された。内容は、王世子李垠の子として生まれた李晋に、特別に「皇族ノ礼」を認めて「殿下」の敬称を用いるというものであり、李晋は

表 6-1　王族譜・公族譜にみる王公族の構成員

王族譜

第一世				
1	坧《セキ》	A	1874 年 3 月 25 日（2 月 8 日）	李㷩（高宗）と閔氏（明成皇后）の間に生まれる.
		B	1910 年 8 月 29 日	韓国併合の際，王として王族となる.
2	尹《イン》氏	A	1894 年 9 月 19 日（8 月 20 日）	尹沢栄と兪氏の間に生まれる.
		B	1910 年 8 月 29 日	韓国併合の際，王妃として王族となる.
第二世				
3	垠《ギン》	A	1897 年 10 月 20 日	李㷩（高宗）と厳氏の間に生まれる.
		B	1910 年 8 月 29 日	韓国併合の際，王世子として王族となる.
4	方子《マサコ》	A	1901 年 11 月 4 日	梨本宮守正と伊都子の間に生まれる.
		B	1920 年 4 月 28 日	李垠に婚嫁し，王世子妃として王族となる.
5	晋《シン》	A	1921 年 8 月 18 日	李垠と方子の間に生まれる.
		B	——	不明
6	玖《キウ》	A	1931 年 12 月 29 日	李垠と方子の間に生まれる.
		B	1931 年 12 月 29 日	王の子として王族となる.

李太王王族譜

7	㷩《ケイ》	A	1852 年 9 月 8 日（7 月 25 日）	獻懿大院王（李昰応）と純穆大院妃（閔氏）の間に生まれる.
		B	1910 年 8 月 29 日	韓国併合の際，太王として王族となる.
	垠	D	1926 年 4 月 26 日	李坧の薨去にともない王の尊称を継ぎ，王族譜第二世に移動する．王族譜第二世 3 参照.
8	徳恵《トクケイ》	A	1912 年 5 月 25 日	李㷩と梁春基の間に生まれる.
		B	1926 年 12 月 1 日	（推測）
		C	1931 年 5 月 8 日	伯爵宗武志に婚嫁し，王家を離れて王族ではなくなる.
	方子	D	1926 年 4 月 26 日	李垠が王の尊称を継いだため，王族譜第二世に移動する．王族譜第二世 4 参照.
	晋	D	1926 年 4 月 26 日	李垠が王の尊称を継いだため，王族譜第二世に移動する．王族譜第二世 5 参照.

李堈公系公族譜

第一世李堈				
9	堈《カウ》	A	1877年3月30日 (2月16日)	李昰と張氏の間に生まれる.
		B	1910年8月29日	韓国併合の際, 公として公族となる.
10	金氏《キン》	A	1880年12月22日 (11月21日)	金思濬と黄氏の間に生まれる.
		B	1910年8月29日	韓国併合の際, 李堈公妃として公族となる.
11	鍵《ケン》	A	1909年10月28日	李堈と鄭氏の間に生まれる.
		B	1926年12月1日	(推測)
		D	1930年6月12日	李堈の隠居により李堈公系第二世李鍵公族譜に移動する.
12	鍝《グ》	A	1912年11月15日	李堈と金興仁の間に生まれる.
		B	1917年5月25日	李埈鎔の継嗣となって公の尊称を継いだため, 公族となる.
		D	1917年5月25日	公の尊称を継いだため, 李熹公系第三世李鍝公族譜に移動する.
第二世李鍵				
	鍵			李堈公系公族譜第一世李堈11参照.
13	誠子《ヨシコ》	A	1911年10月6日	松平胖と俊子の間に生まれる.
		B	1931年10月5日	李鍵への婚嫁により公妃として公族となる.
14	沖《チウ》	A	1932年8月14日	李鍵と誠子の間に生まれる.
		B	1932年8月14日	李鍵の子として公族となる.
15	沂《キ》	A	1935年3月4日	李鍵と誠子の間に生まれる.
		B	1935年3月4日	李鍵の子として公族となる.
16	沃子《ハルコ》	A	1938年12月19日	李鍵と誠子の間に生まれる.
		B	1938年12月19日	李鍵の子として公族となる.

李熹公系公族譜

第一世李熹				
17	熹《キ》	A	1845年9月13日 (7月20日)	獻懿大院王（李昰応）と純穆大院妃（閔氏）の間に生まれる.
		B	1910年8月29日	韓国併合の際, 公として公族となる.
18	李氏《リ》	A	1883年11月10日 (6月7日)	李麟九と李氏の間に生まれる.
		B	1910年8月29日	韓国併合の際, 李熹公妃として公族となる.

19	埈鎔《シュンヨウ》	A	1870年7月23日 （6月25日）	李熹と洪氏の間に生まれる．
		B	1912年9月9日	李熹の薨去にともない公の尊称を継いだため，公族となる．
		D	1912年9月9日	公の尊称を継いだため，李熹公系第二世李埈公族譜に移動する．
20	金氏《キン》	A	1878年7月8日 （6月19日）	金在鼎と蔡氏の間に生まれる．
		B	1912年9月9日	李埈鎔が公の尊称を継いだため，李埈公妃として公族となる．
		D	1912年9月9日	李埈鎔が公の尊称を継いだため，李熹公系第二世李埈公族譜に移動する．
21	金氏《キン》	A	1879年10月3日 （8月18日）	金炳日と李氏の間に生まれる．
		B	——	不明
		C	1917年12月22日	故李埈鎔の継嗣として一家を創立した李海明の家に入る．
22	李氏《リ》	A	1871年2月3日	李熹と李氏の間に生まれる．
		B	——	不明
第二世李埈公族譜				
	埈鎔			李熹公系公族譜第一世李熹 19 参照．
	金氏			李熹公系公族譜第一世李熹 20 参照．
23	辰琬《シンエン》	A	1916年5月18日	李埈鎔と全順嬿の間に生まれる．
		B	1926年12月1日	（推測）
		C	1934年12月20日	尹致昭の六男源善に婚嫁し，公家を離れて公族ではなくなる．
第三世李鍝公族譜				
	李鍝			李堈公系公族譜第一世李堈 12 参照．
24	賛珠《サンシュ》	A	1914年12月11日	朴日緒と朴元熙の間に生まれる．
		B	1935年5月3日	李鍝に婚嫁し，李鍝公妃として公族となる．
25	清《セイ》	A	1936年4月23日	李鍝と朴賛珠の間に生まれる．
		B	1936年4月23日	李鍝の子として公族となる．
26	淙《サウ》	A	1940年11月9日	李鍝と朴賛珠の間に生まれる．
		B	1940年11月9日	李鍝の子として公族となる．

誕生とともに王族になったと考えられなくもない。しかし、この詔書はよくみると李晋に対して「皇族ノ礼」を認めると書いてあるだけで、彼を王世孫（＝王族）にするとは書いてないのである。したがって、詔書の表記も「王世孫ニ」ではなく「王世子ノ系嗣ニ」となっている。李晋は王世子の子の取り扱いを定める前に生まれたため、王族の後継者でありながら敬称を持たないという事態を招きかねなかった。それゆえ、せめて詔書によって「皇族ノ礼」を認め「殿下」の敬称を用いることで、一定の〈地位〉を保障するという措置がとられたといえよう。

実は、李晋が誕生する前に、李王職事務官の今村鞆は斎藤実総督に、「王公家儀範《ママ》」の制定は「急を要するもの〻一なり」との意見書を提出し、その理由として「若《もし》（王）世子に慶事ありとせんか、王世孫と称するを得す。其敬称、待遇を如何にすへき」[15]と述べていた。したがって、李晋に「皇族ノ礼」と「殿下」の敬称を用いるのは詔書を公布すれば可能だったが、彼を王世孫（＝王族）にするには王公家軌範の制定を待たなければならなかったことがわかる。また金氏も王公家軌範の制定前に公家を離れているので、李晋、李氏と同様、実質的には公族でなかったといえる[16]。

ではなぜ王族譜・公族譜には李晋、金氏、李氏の名が記載されているのであろうか。そもそもこの三名の取り扱いに関しては王族譜・公族譜を作成する過程で議論の対象になっていた。宮内事務官が作成した「王族譜及公族譜ノ登録上王公族ノ範囲ニ関スル伺」には、三名が記載されるに至った理由が次のように説明されている。

王公家軌範ハ第十四条乃至第十六条及第百十三条ニ於テ其ノ各条ニ該当スル現在者ヲ以テ王公族ト

為シタルモ、隆錫宣賜後、軌範発布前、既ニ薨去又ハ死亡シ、若ハ離籍シタル者ニ付テハ之ヲ王公族（タリシモノ）ト見ルヘキヤ否ヤ、特ニ明定スル所無之候《これなくそうろう》。〔…〕故李晋殿下、故李熹公女故李氏ノ如キ軌範発布前ニ薨去又ハ死亡シ、又李熹公第二子李埈鎔寡婦金氏ノ如キ軌範発布前ニ分家離籍シタル者ニ付テハ其ノ據ルヘキノ明条ナキカ故ニ、王公族ナリヤ否ヤ疑義ヲ生ス。顧フニ故李晋殿下ノ如キハ誕生即日詔書ヲ以テ皇族ノ礼遇及殿下ノ敬称ヲ享ケ、宮内省告示ニ依リ其ノ誕生、命名、薨去ノ公告アリタルヲ以テ、之ヲ王族ニ非ラストスルハ断シテ不可ナルヲ思ハシモ《〔ママ〕》ムルモノ有之候。其ノ他ノ二氏ニ至リテハ特ニ宮内省告示ヲ以テ其ノ身分待遇ヲ明ラカニセラレサリシト雖、自身又ハ亡夫ノ直系尊属ニ対シ封爵《〔ママ〕》ノ事アリ。若シ併合ノ当時ニ接シ、王公家軌範制定発布セラレタランニハ均シク公族タリシ者ニ候ヘハ、仮令《たとえ》其ノ制定前ニ死亡又ハ離籍ノ事実アルモ之ヲ公族タラサリシ者トスルハ妥当ナラス(17)

李晋に関しては詔書で「皇族ノ礼」を保障したり誕生や薨去の事実を宮内省から告示したので、王族と見なさないわけにはいかないが、金氏や李氏に関しては公族とする根拠がなかった。しかし、併合当時に王公家軌範が制定されていたとすれば当然公族になっていたのだから、公族譜に記載するのが妥当という結論に至ったというのである。したがってこの三名は、死後に王公家軌範の規定が遡及して適用され、書類（王族譜・公族譜）のうえでのみ王公族だったといえよう。

次に注意が必要なのは、8李徳恵である。本馬恭子は『徳恵姫——李氏朝鮮最後の王女』で、一九一二年五月二五日に李太王と梁春基《ヤンチュンギ》の間に生まれた彼女が生まれながらに王族になれなかった理由として、①李徳恵の出生時、父親の高宗が退位して李太王の地位であったから、②母の梁春基が高貴な身分の出ではなかったから（ゆえに梁春基も王族になれなかった）、③日本が王族の増加を望んでいなかったから、の三つをあげている。[18] また小田部雄次も『李方子――一韓国人として悔いなく』で、①と②の理由をあげている。[19]

しかしすでに説明したように、この三つの理由で李徳恵が王族になれなかったわけではない。①のように出生時にすでに高宗が退位して李太王になっていたからではなく、李晋、李鍵、李氏、李辰琬、李垵鎔、李鍝と同様、王公家軌範が制定される前に生まれたために、彼女は誕生と同時に王族になれなかったといえよう。

また②の母親の身分が低いせいというのは推測でしかなく、それを裏づける史料はない。冊立詔書に李太王の妃は太王妃として王族になるという規定がありながら梁春基が王族になれなかった理由は、身分のせいではなく、正室ではなかったからだと考えるのが妥当であろう。同様に、李垠の母厳氏や李堈の母張氏も王族にはなっていない。李太王の正室は閔氏（明成皇后）であり、彼女だけが太王妃になる権利を有していたのである（ただし閔氏は一八九五年に暗殺されて併合時には生存していなかったので王族譜に記載されていない）。

③に関しては、冊立詔書に王や公の尊称を世襲する権利を明記したり、わざわざ李鍝を李垵鎔の家に入養させて公を継がせたことと矛盾する。また、もし日本政府が王公族の増加を望んでいなかったのならば、あえて王公家軌範を作成して王公族の子が王公族になるという規定を設けなかったはずである。『李王宮秘史』には、李太王が晩年にできた愛児徳恵を王族にするために苦心していたというエピソ

ードが紹介されている。この問題は、李太王が寺内総督に働きかけたことで、「暫くして一切の問題は芽出たく解決し、徳恵姫は完全に王家の籍に入りて李太王の王女として宮内省にも明らかに達せられた」[20]という。しかし「暫く」がいつなのかは明記されていない。『李王宮秘史』の出版が一九二六年八月なので一二月の王公家軌範制定前であることは明らかだが、李太王王族譜には李徳恵が軌範制定前に王族になったことを示す記述はない。また王公家軌範第二一三条には「故李太王ノ子ニシテ王家ニ在ル者ハ之ヲ王族トス」とあるが、これに該当するのは李徳恵しかおらず、彼女を王族にするために設けた条項とみて間違いない。それゆえ、李徳恵は王公家軌範の制定時に王族になったと考えるのが妥当であろう。

次に注意が必要なのは、9李堈の子どもたちの問題である。第五章でもみたように、李堈には多くの別邸（妾）がいた。子供はわかっているだけで二二名（一三男九女）いたといわれる[21]。李鍵や李鍝以外に、たとえば、「光復」後に大韓民国政府の機関である旧皇室財産事務総局長に就任した李寿吉《イスギル》や、最近、大韓帝国皇位請求者として名乗りをあげた李海瑗《イヘウォン》などがあげられる[22]。彼らは公族譜に名がないことから公族と見なされていなかったといえるが、その理由は、妾の子の一部が李堈に認知されず、公家に入れなかったからであろう。

韓国学中央研究院蔵書閣には、王公族の戸籍簿に相当する王公家牒籍が所蔵されているが、ここにも李堈の妾やその子の名は載っていない[23]。一方で、正室ではない母親の子でありながら王族譜・公族譜に名がある李垠、李徳恵、李鍵、李鍝、李辰琬の五名は、王公家牒籍で庶子（旧民法第八二七条の規定で、父が認知した非嫡出子）と明示され、一部を除いて認知日も記載されている[24]。こうしたことから、李鍵、李鍝以外の李堈の子は、認知されなかったために公族と見なされず、李堈公系公族譜にも載らなかったと推測される。

以上より王公族の構成員を導き出すと次のようになる。まず一九二六年に制定された王公家軌範を併合当時まで遡って適用する場合、すなわち王族譜・公族譜に名がある者をすべて王公族と見なした場合、王族八名、公族一八名の計二六名となる。次に王公家軌範を遡って適用しない場合、すなわち併合時に冊立された八名の王公族の血縁者でも王公家軌範の制定前に薨去もしくは離籍した者は王公族と見なさない場合、この二六名から李晋、金氏、李氏の三名が除外されるので、王族七名、公族一六名の計二三名となる。

二六名が王公族に属していた期間を一覧にすると図6-1のようになる。李晋、金氏、李氏の三名は白抜き線とした。

王公族の構成員は、一九二〇年一月一日時点で八名、三〇年一月一日時点で一一名、四〇年一月一日時点で一六名、四五年一月一日時点で一七名であった。[25] 王公家軌範を制定して明確な認定基準を設けたことで、王公族は徐々に増加していったのである。

日本が植民地化する相手国の王を国内に編入する措置は琉球処分のときにもみられた。しかしこのときは琉球王尚泰を非皇族の華族とし、特別な制度を設けて尚一族の安定的な家督の相続を図ることはなかった。この点に、韓国併合と琉球処分の明確な違いがある。

図 6-1　年代ごとの王公族数

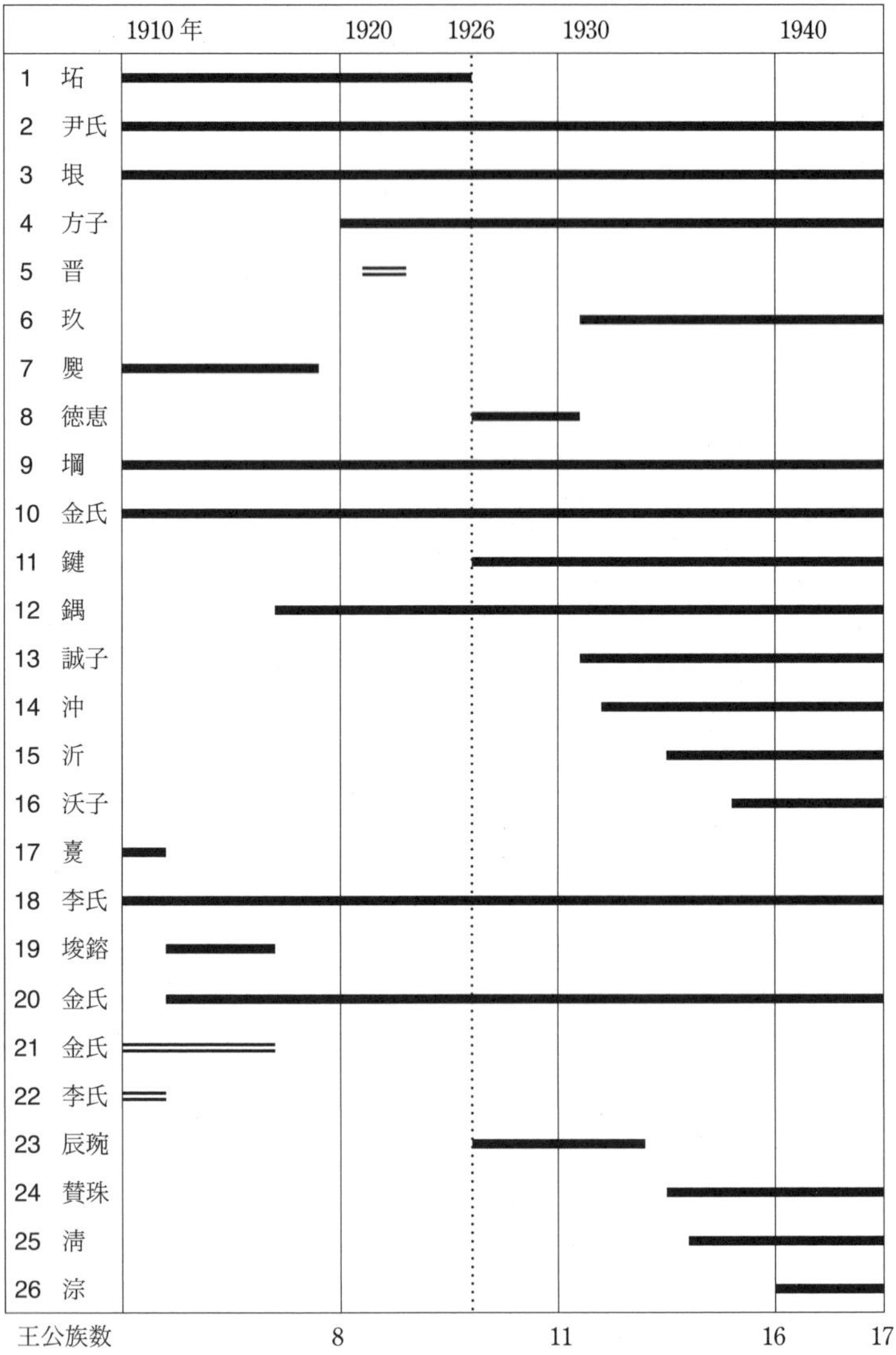
1910 年
1920
1926
1930
1940
1 垢
2 尹氏
3 垠
4 方子
5 晋
6 玖
7 熈
8 徳恵
9 堈
10 金氏
11 鍵
12 鍝
13 誠子
14 沖
15 沂
16 沃子
17 熹
18 李氏
19 埈鎔
20 金氏
21 金氏
22 李氏
23 辰琬
24 賛珠
25 淸
26 淙
王公族数
8
11
16
17

4　〈日本〉の消滅と日本への帰化

李王家は、李晋が早世したのちに、なかなか嗣子をもうけられなかった。方子は一九二三年春と三〇年に懐妊するが、共に流産してしまう。二度目の流産は、麻布鳥居坂の邸宅を宮内省に返還して紀尾井町の北白川宮邸跡（二万坪）に建設した新邸に引っ越した頃であった。[26] しかし、その直後の三一年七月一八日に懐妊の兆しがあると診断され、一二月二九日八時二二分に玖を出産する。これ以後、方子が子を授かることはなかった。

李堈公家は、李堈が一九三〇年に隠居したのち、李鍵[27]が公の尊称を継承した。彼は、三一年一〇月五日に伯爵広橋真光《ただみつ》の養妹誠子《よしこ》と結婚している。彼女は松平胖《あきら》と鍋島俊子の子であり、俊子は方子の母伊都子の妹であった。また、広橋真光の夫人は方子の妹規子であり、誠子は李鍵と結婚する前から方子と非常に近い姻戚関係にあった。誠子は李鍵に嫁ぐと同時に広橋家を除籍となり、公家に入って公族となった。李鍵と誠子の子は沖、沂、沃子の三人がおり、それぞれ誕生と同時に公族になっている。

李熹公家は、すでにみたように、李埈鎔が亡くなると、李堈の次男李鍝[28]を養子に迎えて公の尊称を継がせた。一九三五年五月三日に朴泳孝の孫娘である朴賛珠《パクチャンジュ》が李鍝と結婚し、公妃として公族になった。李鍝と朴賛珠の子は清と淙の二人がおり、誕生と同時に公族となっている。李鍝は四五年に陸軍中佐として広島に赴任していたため、八月六日に本川橋西詰所北側で被爆し、似島《にのしま》の臨時救援所に収容されたが、翌七日に薨去した。[29] これにともない息子の李清が九日に第四世として公の尊称を襲継する。[30] ただし、その公族譜が作成されたのか、また現存するのかは今のところ不明である。なお、朝鮮でも八月一五日正午に玉音放送が流れたが、直後の午後一時から京城運動場で李鍝の陸軍葬が執り行われた。葬儀には阿部信行総督、遠藤柳作政務総監、上月良夫朝鮮軍管区司令官のほか、天皇名代の坊城俊良宮内省式部次長らが参列した。

では、着実に増えていった王公族のうち、特に内地に暮らしていた者たちは、一九四五年八月一五日以後にいかなる展望や不安を抱いたのであろうか。

李垠の甥であり李堈の長男である李鍵は高松宮宣仁（昭和天皇の弟）に「公族ナドトハ日韓合併（ママ）ノ残リモノナレバ、コノ際ソレヲヤメテ自分ハ日本人ニナリタイ」(31)と訴えていた。また、彼は木戸幸一内大臣にも今後の身の処し方に関する請願の書簡を送っており、そこから当時の考えをかなり詳細に把握できる。書簡の内容は左記の通りである。(32)

木戸内府閣下

十月十八日　李鍵公

突然書状を差し上げる軽忽《けいこつ》をお許し下さい。今から述べることはお願ひ事であります。
何卒私の心情をお察し下されて御尽力を願ひ度いのであります。
此の事は今迄いろ〳〵な方に対して屡〻お願ひしたのですが、理屈の立たない心細いお返辞や見当違ひのお返辞ばかりで埒が開かないのです。

閣下に対してはお返辞は乞ひません。唯私の申すことが間違ひで無い限り、何分の御尽力を願ふ丈の事であります。

根本問題は、今次の敗戦により朝鮮は日本の領土でなくなった、日韓併合〔ママ〕の事実は解消した今日、朝鮮王公族は如何に遇せらるべきものなりやであります。

宮内当局の言に依れば依然従来通り待遇するとのことでありますが、私は朝鮮王公族も亦当然解消すべきものなりと確信します。若し是非とも従来通り遇する必要があるならば、夫れは朝鮮王公族としてゞなくて日本皇族としてゞなければなりませんが、斯るは筋道の立たぬこと、又日本の国体から考へて濫りに言ふべきことではありません。

次に右を他の面から見て、朝鮮王公族としては如何に身を処すべきかでありますが、それは現在の如き御優遇は当然御辞退申し上ぐべきであると確信します。

聖慮の程は畏き極みながら、平然として御優遇を忝《かたじけな》ふするは厚顔無恥の至りといはねばなりません。

以上を要約すれば、朝鮮王公族の存在は不合理である。之は日韓併合〔ママ〕の事実の解消と共に解消すべく、而して日本としては何の優遇も与ふべき筋合ではないといふことになります。

第二の問題は、右の如くにして一介の人間となった王公族の国籍の問題であります。其の儘にして置けば勿論朝鮮人ですが、東京に長年居住してゐる者の中には、朝鮮人となって朝鮮に居住することは堪えられない程度に苦痛と感ずる者もありませう。従って帰化をして日本人になり得ることにも特別の配慮をせられたいのであります。

朝鮮人の儘で日本に居住してもよい訳ですが、夫れは理屈であります。朝鮮が日本から離れ去ったばかりの今日、朝鮮人の儘で日本人の間に伍して暮すことは苦痛であります。而も終生を日本で送らうといふ者を朝鮮人の儘にして置くのは苛酷でもあるのです。之は即ち国籍自由選択を可能ならしめる件であります。

右は私の現在抱懐して居る理論であります。右から左へ実現することは容易でないにしても間違ひではなからうと思ふのですが、如何でせうか。

以上は私一個人の意見であります。李王〔垠〕殿下が此の問題に関して如何お考へになってゐるかは全く知りません。同殿下は決して右から左とか、明快な判決をなさる方ではありませんから、此の事に就いても伺っても見ません。

従って私は、前に述べた理論を同殿下に迄当て箝めて強要するものではありません。結局の所、私自身が斯る信念によって動き度いと云ふに外なりません。

私は李王家の一族であります。併し私の家は四十年も前に分家独立したのであって、同一家族ではありません。又君と臣との関係も存在してはゐません。分家の者が身の上に重大事が起った時、本家に之れを話として一応の許しを受ける必要はありますけれども、分家だからと云って、一から十迄本家の命に遵ふが如き屈従は、開化国にはあるべからざる所と考へます。即ち、身位及国籍に関する問題は、個々の自由裁量を第一として決すべく、互ひに掣肘を受くべきでは無いと信じます。

之を要するに、私は、

1、日本人になりたい。

2、一介の国民として生きたい。

此の二つを日夜念願してゐます。日本人になりたいといふのは、義理や理論や打算から出発したものではありません。私の幼少以来の生ひ立ちが然らしめるのであります。私をして朝鮮人として朝鮮に生活せしむることは、閣下に対して同じ事を強ひるのと大同小異であります。

一介の国民となりたいといふのは、

イ、日本人になる為必要であるから

ロ、朝鮮の離反に対する申訳け

ハ、社会の表面から自らを葬る為

であります。

右の如くにして、国家は敵に対して降伏し、自らは終生の天職（軍人）を奪はれた今日、而も朝鮮は日本から離反した今日、唯ゝ長年に亘る聖恩に対し奉り、又幼年学校以来、身命を君国に捧げて来た其の真実に対し、終始一貫操を立て通して、此の世を去り度いのであります。

以上を以て筆を擱きます。

韓国皇室でも日本皇族でもない王公族は、〈日本〉という枠組みがあってはじめて存立しうる身分であった。それゆえ彼らには「光復」が却って脅威となり、今後いかに遇されるかという不安のなかで生きていかなければならなかった。そこで李鍵が木戸内大臣に求めたことは、「日本人になりたい」「一介の国民として生きたい」の二つであった。「日本人になりたい」理由を、幼少期からの生い立ちに求め、自分を朝鮮で生活させるのは、木戸内大臣にそれを強いるのと大同小異とまで述べている。そして彼は、「光復」が実現したのだから王公族は当然消滅すべきであるが、皇族として遇されるのが不可能ならば、せめて一国民としてでも日本人になりたいと希望した。こうした発言は、単に日本で暮らすだけではなく、帰化して完全に日本人になることを意味していた。それは、「朝鮮人の儘で日本人の間に伍して暮すことは苦痛であります」「帰化をして日本人になり得ることにも特別の配慮をせられたい」といった言葉に如実に表れている。

しかし李鍵の考えはまったく個人的なものであり、王公族全体の考えではなかった。「李王〔垠〕殿下が此の問題に関して如何お考へになってゐるかは全く知りません」とあるように、李鍵でさえ李垠の考えを測りかねたのである。

そもそも王公族に「皇族ノ礼」を保障した併合条約や冊立詔書が「光復」後も有効なのか否かは敗戦当時から議論の対象であった。敗戦後、新皇室典範の立案を担った臨時法制調査会で、第一部会幹事を務めた萩原徹は「王公族の殊遇について」という手記を遺している。これによると、法学者美濃部達吉と立作太郎《たち》の間で意見の対立があり、美濃部は、併合条約の成立とともに韓国は国際法上の主体として存在しなくなったのだから、条約による取り決めは日本の国内法下にあると主張し、これに対して立は、併合条約は永久に続く状態を設定したのだと解して、依然として国際法上の義務が存続すると主張した。萩原はこうしたさまざまな意見があるとしたうえで、「右の国際法上の義務の有無は兎も角として、日本として道義的の義務があることは疑問の余地がない(33)」と述べ、日本には「光復」後も王公族に対する「殊遇ノ義務」があるとの意見を披瀝している。

5　身分の廃止と国籍問題

一九四五年八月一五日に内地にいた王公族は、李王家の李垠、方子、玖と李鍵公家の李鍵、誠子、沖、沂、沃子の計八名であった。彼らの法的身分に変化が生じたのは「光復」の直後ではなく、四七年になってからだと一般に解釈されているが、その根拠や日付に関しては研究者の間で微妙に異なる。

金英達は、一九四七年五月一日に「皇室令及附属法令廃止ノ件」（昭和二二年皇室令第一二号）が公布されて「皇室令及附属法令ハ昭和二十二年五月二日限リ之ヲ廃止ス」と規定されたため、五月二日をもって王公家軌範が廃止され、王公族の身分もなくなったと主張する。[34]しかし、この説では王公家軌範が制定される前には王公族が存在していなかったことになってしまうし、華族が華族令（明治四〇年皇室令第二号）の廃止によって消滅したわけではないので無理がある。[35]

これに対して坂元真一は、一九四七年五月三日に施行された新憲法の第一四条第二項「華族その他の貴族の制度は、これを認めない」の規定を根拠として、この日に王公族が廃止されたと主張する。しかし臨時法制調査会の萩原徹は「王公族の殊遇について」で、王公族と華族を一括して「その他の貴族」と解釈するには若干の疑問があり、「寧ろ朝鮮貴族が之に該当するのではあるまいか」と述べている。[36]坂元自身も、皇族が「貴族」に該当しないのに、王公族は該当すると考えるには多少の疑問が残るとしている。[37]

以上の二つの主張を踏まえて、本書ではさらに別の可能性を提示したい。それは一九四七年五月二日に最後の勅令として公布施行された外国人登録令によって、王公族が在日朝鮮人と同様に「外国人」になったときに消滅したという説である。[38] 皇族でないにもかかわらず「皇族ノ礼」を受けて華族（または朝鮮貴族）と区別された王公族は、その身分の廃止に関しても皇族や華族（または朝鮮貴族）とは異なる個別の措置がとられなければならなかった。しかしそれがなされなかった以上、外国人登録令による「外国人」への移行という外的要因で身分がなくなったと考えるのが妥当ではないだろうか。四七年一月一六日制定の新皇室典範と同年五月三日施行の新憲法により皇室制度は刷新されるが、王公族身分はその皇室制度の側から主体的に解消されることなく、手つかずのまま放置されたのである。

実は、内閣がポツダム宣言の諾否を必死で議論していた一九四五年八月一二日午後三時、昭和天皇は宣言を受諾する意思を伝えるために皇族および李垠と李鍵を宮中の御文庫附属室に招いた。この会同を始める前に、天皇は木戸内大臣に「皇族御会同の際、朝鮮処分問題の出たる場合、李王以下の処遇を如何に答ふべきや」[39]と尋ね、王公族身分の存廃に強い関心を示していた。しかし、木戸内大臣が「今回御会同の問題にあらず」と奉答して議論を他日に譲るよう進言したので、天皇がこの問題について語ることはなかった。これは、併合時に韓国皇室の処遇問題が「朝鮮統治上ノ最大要件」とされながら、曖昧に処理されたのと酷似している。したがって、皇室制度の側から主体的に王公族身分を解消しなかったのは、この問題が軽視されていたからではなく、むしろ重視されていたからだといえよう。

ところで、王公族が「外国人」になり身分を失ったからといって、その瞬間に日本国籍までも喪失したわけではなかった。日本政府とＧＨＱの政策により、在日朝鮮人は対日講和条約にもとづいて国籍の取り決めがなされるまでは依然として日本国籍を有すると決められていたため、王公族も同様に日本国籍のままだったのである。一九五二年四月二八日の対日講和条約の発効によって法務府民事局長通達第四三八号「平和条約の発効に伴う朝鮮人、台湾人等の国籍及び戸籍事務の処理について」が出ると、在日朝鮮人は本人の意思とは関係なく日本国籍を剥奪された。このとき、王公族も同じく日本国籍を喪失したのである。

こうしたなかで、李王家は当初大韓民国へ帰国する機会を窺っていた。しかし、李朝第四代国王世宗の兄、譲寧大君の第一六代末裔であることを誇りとし、「王政復古」に危機感を抱いていた李承晩《イスンマン》が、王家の正統である李垠を快く思わなかったため、帰国は実現しなかった。一九五〇年に李玖がアメリカ留学のために大韓民国政府にパスポートの発給を依頼したときも許可が出ず、李垠と方子は宮内庁に了解を取って日本政府の臨時旅券で準備を進めた[40]。ところが、それを聞いた大韓民国駐日代表部の金龍周《キムヨンジュ》公使が慌てて自分の名前でパスポートを発給したため、李玖はこれでアメリカへ出発した[41]。その後、李垠と方子はマサチューセッツ工科大学の李玖の卒業式に参加するため大韓民国政府にパスポートの発給を申請したが、このときも許可されなかった。しかし大学の招聘状があったので、日本政府が臨時にパスポートに代わる旅行証明書を発行し、それで渡米できたのではないかと考えられている[42]。

李王家は終戦時に内地だけで九六〇万円の資産を持っていたが、七八%に当たる七五〇万円を財産税として納税しなければならなかったため、貧しい生活を余儀なくされた[43]。紀尾井町の本邸は参議院議長公舎として間貸しし、李垠と方子は侍女部屋に暮らした。対日講和条約の発効後は大韓民国が駐日大使館として使用するために四〇万ドル（手付金二〇万ドル）で購入することになり、参議院議長公舎の契約を解除した。しかし大韓民国政府からその後送金はなく、李垠は本邸を衆議院議長の堤康次郎（西武グループの創業者）に四〇〇〇万円で売却する。堤の手に渡った本邸は改装されて、一九五五年に三五の客室を備える赤坂プリンスホテルとして開業した。

紀尾井町の本邸を失った李垠と方子は、田園調布の駅近くにあるこぢんまりとした家を購入して移り住んだ。伊藤博文から譲られた大磯の滄浪閣のほか、三島の楽寿園、伊豆山、伊東湯川、今井浜などの別荘は貧困生活のなかで次々と人手に渡り、最後に残った那須の別荘も李玖の卒業式にアメリカへ行く費用を捻出するため売却された。アメリカに渡った李垠と方子は、永住権を取得してM・P・PEI・エージェンシーに就職した李玖とともに「親子三人水入らずの生活」を始めた(44)。しかし、一九五八年三月一六日に李垠が脳血栓で倒れ、さらに滞在費も乏しくなったので、夫婦は再び日本に帰ることを決意する(45)。

李垠と方子が日本に帰ってしばらく経った五八年一〇月二五日、李玖は仕事で知り合ったウクライナ系アメリカ人のジュリア・ミューロックと結婚した。六〇年六月に李垠と方子は李玖夫妻に会うために渡米を計画したが、今回は大学の招聘状に相当するものがなかったので、旅行証明書を発給してもらえなかった。そこで李垠と方子はパスポートを得るために日本に帰化するという方法を選択する。

一方、大韓民国では、李垠たちの帰国を拒否してきた李承晩が六〇年四月に失脚し、代わって尹譜善《ユンボソン》が大統領に就任していた。すると今度は、各方面の人間が旧韓国皇室の李垠を政治に利用しようと動き出す。大韓民国政府は翌六一年に李堈の息子李寿吉を旧皇室財産事務総局長に任命して三月に渡日させ、李垠夫妻に帰国準備名目で一〇〇万ウォン（七二〇万円）を渡した(46)。七月三日に朴正熙《パクチョンヒ》が大韓民国の国家再建最高会議議長に就任すると、李垠を帰国させる計画はさらに加速する。しかし、このころ李垠は脳軟化症ですでに意識が混濁しており、方子も乳癌手術を受けて体調がよくなかったため、帰国はすぐには実現しなかった[47]。

一九六一年一一月一二日、渡米途中の朴正熙大統領が日本に立ち寄って李垠に花束を贈呈し、方子にいつ帰国してもかまわない旨を伝えた[48]。そして翌六二年一二月一五日、大韓民国国籍法第一四条第二項[49]の規定にもとづく国籍回復審議委員会の建議を経て、李垠と方子が大韓民国の国籍を回復した旨が告示された[50]。これにより、李垠と方子は六三年一一月二二日に特別機で羽田から大韓民国に帰国する。李垠はキリスト教の洗礼を受けていたので、金浦空港に到着するとソウルの聖母病院へ運ばれた。このとき三〇㎞に及ぶ道程は李垠の帰国を歓迎する市民で埋め尽くされ、人々は「満面喜色溢れる有様であつた[51]」という。

それから七年後の一九七〇年四月二八日に李垠と方子は結婚生活五〇周年を迎え、病院で金婚式のミサが開かれた。李垠が七二年の生涯を閉じたのは、三日後の五月一日である。

方子は大韓民国に障害者福祉財団明暉園を設立して福祉活動に専念し、一九八九年に八七歳でこの世を去った。福祉活動は李垠が計画したことであり、明暉とは彼の雅号であった。

李玖は一九六三年にジュリアと大韓民国に渡り、その後しばらく日本で暮したが、九六年に大韓民国へ永住帰国した。その間の八二年にジュリアと離婚し[52]、大韓民国では全州李氏の宗親会である全州李氏大同約院の当主を務めたりしたが、二〇〇五年に東京の赤坂プリンスホテルで逝去した。

李鍵一家は王公族の例にもれず、外国人登録令によって在日朝鮮人と同じく「外国人」となり、対日講和条約の発効によって日本国籍を喪失した。李鍵が木戸内大臣宛の請願書で、「宮内当局の言に依れ

李垠を迎える永登浦郊外の群衆

竜山区内の様子．上ともに出典：『二十九期会報　李王様特集』（二十九期生会，1964 年）

ば依然従来通り待遇するとのことでありますが、私は朝鮮王公族も亦当然解消すべきものなりと確信します」と憂慮していたことが現実となったのである。李鍵は「外国人」になった翌日に日本式の桃山虔一に改名し、誠子、沖、沂、沃子もそれぞれ佳子、忠久、欣也、明子と改名した(53)。やがて結婚当初から溝のあった夫婦は、五一年五月に離婚した。佳子は復籍して松平佳子となり、虔一、忠久、欣也、明子は五五年三月一日に日本に帰化して日本国籍を取得した(54)。六五年三月には大韓民国法務部告示第四九号によって、李鍵が国籍法第一二条第四号(55)にもとづいて大韓民国国籍を喪失し、その国籍離脱申告を受理したことが告示された(56)。李鍵は離婚直後に秩父地方出身の前田藤吉の長女美子《よしこ》と再婚して孝哉《こうや》(57)をもうけ、九〇年一二月二一日に没した。李鍵のお通夜には三笠宮崇仁親王がわざわざ浦和まで足を運んだという(58)。

最後に、李太王の子として王族となった李徳恵にも触れておきたい。彼女は一九二一年四月一日に在朝鮮の内地人子弟や少数の朝鮮人上流階級の子弟が通う日の出小学校の二年生に入学するが、二五年四月に東京の女子学習院本科に編入した。この間の二一年五月四日に正式に徳恵と命名されているが(59)、それまでは単に阿只《アギ》（赤ん坊の意）と呼ばれており、王公家牒籍では「李氏」と表記されていた(60)。彼女は上京直後から不眠症や突然屋外に駆け出すなどの奇行が目立ち、精神科の診断の結果「早発性痴呆症」であることが判明する。三一年三月に女子学習院本科を卒業すると、五月に対馬宗家の宗武志《たけゆき》伯爵と結婚し、王族から華族になった。

終戦後の一九四六年、宗一家は財産税を納めるために上目黒の自邸を売却し、同年秋頃に下目黒の小さな家へと引っ越した。徳恵が精神科の病院として古い歴史をもつ東京都立松沢病院に入院したのはこの頃と考えられている(61)。

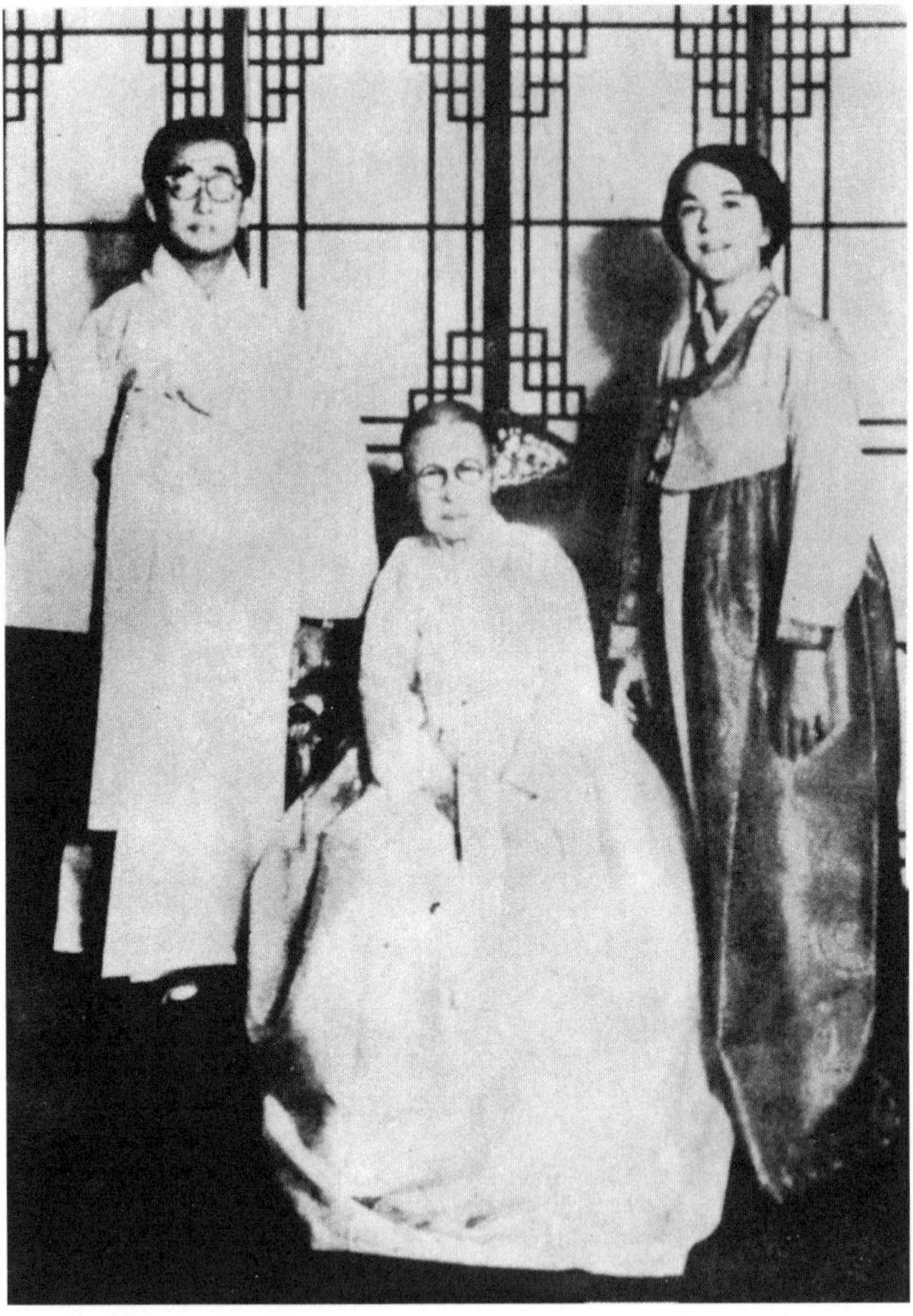

尹大妃を訪ねた李玖とジュリア（1963 年）．出典：李方子『すぎた歳月』（社会福祉法人明暉園，1973 年）

宗一家は一九四七年五月三日の新憲法の施行によって華族の身分を失い、一般の日本人となった。徳恵と長女正恵[62]は宗武志の戸籍に属していたため、五二年四月二八日の対日講和条約の発効後も日本国籍のままであった。徳恵は五五年頃に宗武志と離婚するが[63]、そのときも彼女は新たに梁氏の戸籍を創設して梁徳恵になっただけであり、国籍に変化はなかった。しかし六二年一月二六日にソウル大学に入院するために特別機で羽田からソウルに渡ったのを契機に、大韓民国国籍を取得する。彼女が国籍法第一四条第一項の「大韓民国の国籍を喪失した者」が「大韓民国に住所をもったとき」に該当すると見なされ、同年二月七日の大韓民国法務部告示第二五号で法務部長官から国籍の回復が許可されたのである[64]。

一九六六年二月三日に楽善斎で尹大妃[65]（李王坧の妃）が逝去すると、徳恵は三年の喪に服したのちに、尹大妃に代わって楽善斎に入った。その後、彼女は失語症にかかって何も語らず、晩年は寝たきりで過ごしたという。そして八九年四月一日、平素世話をしていた看護婦二名に見守られて、楽善斎の一角にある寿康斎で永眠した[66]。

注

（1）王および公の尊称。王は隆錫、公は栄錫といった。錫は賜うの意。
（2）権藤四郎介『李王宮秘史』（朝鮮新聞社、一九二六年）七八―七九頁。
（3）同前、八一頁。
（4）第一四条　王王妃及左ニ掲ケタル者ニシテ王家ニ在ルモノハ之ヲ王族トス
一　王ノ子
二　隠居ヲ為シタル王及其ノ子
三　王ノ長子孫ノ系統ニ在ル者及其ノ子

四　前各号ニ掲ケタル者ノ配偶者
2　長子孫ノ系統ヲ定ムルハ襲系ノ順序ニ依ル
3　長子孫ノ系統ニ在ル者父祖ニ先チテ薨去シ男子タル子孫ナキ場合ニ於テ兄弟又ハ其ノ子孫アルトキハ襲系ノ順序ニ従ヒ之ヲ長子孫ノ系統ニ在ル者ト看做ス
4　前項ノ者ニシテ王家ニ在ラサルモノ及其ノ配偶者ハ王家ニ入ル其ノ者ノ子及其ノ妻亦同シ此ノ場合ニ於テハ第二十二条ノ規定ヲ準用ス

第一五条　公公妃及左ニ掲ケタル者ニシテ公家ニ在ルモノハ之ヲ公族トス
一　公ノ子
二　隠居ヲ為シタル公及其ノ子
三　公ノ長子孫ノ系統ニ在ル者及其ノ子
四　前各号ニ掲ケタル者ノ配偶者
2　前条第二項乃至第四項ノ規定ハ長子孫ノ系統ニ付之ヲ準用ス

第一六条　前二条ニ定ムル王公族ノ子ニシテ王家又ハ公家ニ在ル女子ハ之ヲ王族又ハ公族トス

(5)　坂元真一「조선왕실 자손들과 그 대한민국 국적――왕공족의 법적신분과 그 등록을 중심으로」(『서울국제법연구』第六巻第一号、一九九九年）一八〇頁。
(6)　一家創立とは、戸主から入籍や復籍を拒否されて入るべき家がない者が、新たに家（戸籍）を作ることをいう。
(7)　第六一条　王公族ハ成年ニ達シタル後情願ニ依リ朝鮮貴族ニ列セシムルコトアルヘシ
2　王公族前項ノ情願ヲ為スニハ王又ハ公ノ許可ヲ受クヘシ
(8)　第六二条　前条ノ規定ニ依リ朝鮮貴族ニ列セラレタル者ハ一家ヲ創立シ其ノ者ノ配偶者直系卑属及其ノ配偶者ハ其ノ家ニ入ル
(9)　第一二六条　婚嫁ニ因リ王公家ニ入リタル女子離婚ノ場合ニ於テハ実家ニ復籍シ其ノ実家ナキトキハ一家ヲ創立ス但シ実家ヲ再興スルコトヲ妨ケス
(10)　第一条　養子縁組又ハ婚嫁ニ因リ内地ノ家ニ入リタル王公族離縁又ハ離婚ノ場合ニ於テハ其ノ直系尊属ガ王公家軌範ニ依リ一般臣民ト為リタル為創立シタル家アルトキハ其ノ家ニ入リ其ノ家ナキトキハ一家ヲ創立ス
(11)　第一条　養子縁組又ハ婚嫁ニ因リ朝鮮ノ家ニ入リタル王公族離縁又ハ離婚ノ場合ニ於テハ其ノ直系尊属ガ王公家軌範ニ依リ一般臣民ト為リタル為創立シタル家アルトキハ其ノ家ニ入リ其ノ家ナキトキハ一家ヲ創立ス

(12) 坂元前掲「조선왕실 자손들과 그 대한민국 국적」一八一—一八二頁。

(13) 拙稿「王公族としての認定基準と構成人員の増加——冊立詔書・王公家軌範・「王族譜」「公族譜」を手掛かりとして」(『韓国言語文化研究』第一六号、二〇〇八年一一月)。

(14) 王族譜、李太王族譜、李堈公系公族譜、李熹公系公族譜はさらに第壹世王族譜、第貳世王族譜、李太王族譜、李堈公系第壹世李堈公族譜、李堈公系第貳世李鍵公族譜、李熹公系第壹世李熹公族譜、李熹公系第貳世李埈公族譜、李熹公系第参世李鍝公族譜で構成されていた。

(15) 今村鞆「李王家に関する事ども」(『斎藤実文書』99—8、国立国会図書館憲政史料室所蔵)一九二一年一月一〇日作成。

(16) 金氏は李熹の子である李埈鎔と一八九一年に結婚したが、李埈鎔が一九〇一年に薨去したため未亡人となった。王公家軌範第六八条には「婚嫁ニ因リ王公家ニ入リタル女子其ノ夫ヲ亡ヒタルトキハ王又ハ公ノ許可ヲ得テ実家ニ復籍スルコトヲ得但シ妃ナルトキハ尚勅許ヲ受クヘシ」という規定があり、王公族の妃はたとえ未亡人になっても、そのまま王公族でいられた。しかし一九一七年一二月二一日に朝鮮貴族李達鎔(父は李載完)の子にあたる李海明が李埈鎔の養子として入籍し、翌日に京城府雲泥洞一一四番地に一家を創立、同日除籍したのにともなって、金氏もその日に公家を出て李海明の家に入った。「王公家牒籍」(一九三一年写、韓国学中央研究院蔵書閣所蔵)。

(17) 「王族譜及公族譜ノ登録上王公族ノ範囲ニ関スル伺」(『王公族譜録』一九三〇年—一九四〇年、宮内庁宮内公文書館所蔵)一九三一年五月八日立案、七月八日決裁。

(18) 本馬恭子『徳恵姫——李氏朝鮮最後の王女』(葦書房、一九九八年)四一—四二頁。王公族への崇拝と敬愛の念は容易に民族意識の高揚を呼び覚ますものだったため③の理由が最も重要であったと述べている。

(19) 小田部雄次『李方子——一韓国人として悔いなく』(ミネルヴァ書房、二〇〇七年)一七二頁。

(20) 権藤前掲『李王宮秘史』二八六頁。

(21) 李堈の子の数に関しては、史料によってさまざまである。一三男九女というのは이해경『나의 아버지 의친왕』(진、一九九七年)の記述であり、정범준『제국의 후예들』(황소자리、二〇〇六年)は、「公式的」には一二男九女としている。

(22) 二〇〇五年七月の李玖《イグ》(李垠の継嗣)の死去にともなって彼の養子となり、全州李氏第三〇代の当主となった李源《イウォン》は李堈の孫にあたる。

(23) 併合以前に婚姻などによって除籍した者の名は記されている。

(24) 李徳恵が認知されたのは誕生と同日の一九一二年五月二五日、李鍝が認知されたのも誕生と同日の一九一二年一一月一五日、李辰琬が認知されたのは一九一七年二月一六日となっている（李堈と李鍵は認知日が明記されていないが庶子の印あり）。

(25) 李鍝が一九四五年七日に薨去しているので、この人数は八月七日時点で一六名となる。

(26) 李方子『流れのままに』（啓佑社、一九八四年）一三三頁。

(27) 一九〇九年一〇月二八日、李堈と鄭氏の間に生まれ、幼名を勇吉といった。一九三〇年に陸軍士官学校を第四二期で卒業し、騎兵科に進んで一九三八年に陸軍大学校を第五一期で卒業した。

(28) 一九三三年に陸軍士官学校を第四五期で卒業し、野戦重砲兵科に進んで一九四一年に陸軍大学校を第五四期で卒業した。

(29) 李鍝はいつも馬で軍司令部に通っており、その途上で護衛の憲兵二名とともに被爆する。軍は消息不明の李鍝を探すために宇品の船舶司令部にまで舟艇の出動を命じ、夕方になってようやく発見することができた。馬から飛ばされた李鍝は相生橋まで徒歩で移動し、橋げたの下でうずくまっていたという。このとき李鍝の御附武官であった吉成弘中佐は、水虫に悩まされて長靴を履けなかったので、乗馬ではなく李鍝の乗用車で一足先に軍司令部に出勤しており、被爆を免れた。しかし、七日の午前四時過ぎに李鍝が薨去すると、吉成中佐は自決した。読売新聞社編『昭和史の天皇』第四巻（読売新聞社、一九六八年）二四一頁。

(30) 小田部前掲『李方子』二一〇頁。

(31) 『高松宮日記』第八巻（中央公論社、一九九七年）三〇〇頁、一九四六年一月二九日条。

(32) 「李鍵書翰」（『木戸幸一文書』国立国会図書館憲政資料室所蔵）李鍵から木戸幸一宛書簡。なお、年月日に関しては、木戸の肩書きが内府となっているので、内大臣が廃止される一九四五年一一月二四日以前、すなわち一九四五年一〇月一八日と推測される。

(33) 萩原徹「王公族の殊遇について」（『幣原平和文庫』国立国会図書館憲政資料室所蔵）一九四六年七月一七日作成。

(34) 金英達「朝鮮王公族の法的地位について」（『青丘学術論集』第一四集、一九九九年三月）一四三頁。

(35) 華族が消滅したのは五月三日施行の日本国憲法第一四条第二項「華族その他の貴族の制度は、これを認めない」の規定による。なお皇族の場合は、戦後に秩父宮、高松宮、三笠宮の直宮を除いた一一宮家（五一名）の皇族が臣籍降下しているが、これはＧＨＱの勧告を受けた皇族が天皇に皇籍離脱の請願を出し、一九四七年一〇月一三日の皇族会議で受理されて翌一四日に実現したものであった。

(36) 萩原前掲「王公族の殊遇について」。萩原は、「王公族は皇族にしてしまふか、又は皇族に準した地位を与へてもよいのではあるまいか」とも述べている。

(37) 坂元前掲「조선왕실 자손들과 그 대한민국 국적」一八九頁。

(38) 李方子『動乱の中の王妃』（講談社、一九六八年）一六九頁に「やがて、私たちがいよいよ王公家規範《ママ》を離れて、在日韓国人として登録される日がきました。区役所に第三国人《ママ》としての届け出をすませた」とあるように、内地にいた王公族が「外国人登録」をしたことがわかる。ただし、金英達前掲「朝鮮王公族の法的地位について」でも指摘されているように、この時期「在日韓国人」という表現はなかったし、「第三国人」は排外的な差別用語で、法的身分を説明するのにふさわしくない。

(39) 『木戸幸一日記』下巻（東京大学出版会、一九六六年）一二二五頁、一九四五年八月一二日条。

(40) 李玖は「父は、私を早くアメリカに留学させて、自由な身になることを望んでおられたようで、米軍の方々といろいろ相談の上、留学の道へと無言で進めて下さいました」と回想している。李王垠伝記刊行会編『英親王李垠伝――李王朝最後の皇太子』（共栄書房、一九七八年）三〇一頁。

(41) 渡辺みどり『日韓皇室秘話　李方子妃』（読売新聞社、一九九八年）一八五頁。なお、この留学には臣籍降下した伏見博明が同行している。

(42) 金英達前掲「朝鮮王公族の法的地位について」一四七―一四八頁。

(43) 小田部雄次『梨本宮伊都子妃の日記――皇族妃の見た明治・大正・昭和』（小学館、一九九一年）三四六頁。

(44) 方子は李垠が息子に甘えて過ごす姿をみて「ただもううれしく、幸福そうでした」と記している。李方子前掲『流れのままに』一八三―一八五頁。

(45) アメリカでのアパートはボクシングヘビー級元チャンピオンのジーン・タニー夫妻が手配し、当時ニューヨークで暮らしていた猪熊弦一郎夫妻とも交流があったという。前掲『英親王李垠伝』三〇一頁。

(46) 小田部前掲『李方子』二三一頁。

(47) 同前、二三三頁。

(48) 渡辺前掲『日韓皇室秘話　李方子妃』二一一頁。小田部前掲『李方子』二三三頁。

(49) 第14条　전2조의 규정에 의하여 대한민국의 국적을 상실한 자가 대한민국에 주소를 가진 때에는 법무부장관의 허가를 받아 대한민국의 국적을 회복할 수 있다.

전2조의 규정에 의하여 대한민국의 국적을 상실한 자가 대한민국의 주소를 가지지 아니하고 대한민국의 국적을 회복하고자 하는 때에는 국적회복심의위원회의 건의에 의한 법무부장관의 허가를 받아야 한다.

(50) 坂元前掲「조선왕실 자손들과 그 대한민국 국적」一九九頁。

(51)『二十九期会報　李王様特集』(二十九期生会、一九六四年、非売品) 口絵の解説。

(52)ジュリアと離婚したのち、有田絹子と夫婦関係になっている。霞会館華族家系大成編輯委員会編『平成新修旧華族家系大成』上巻(吉川弘文館、一九九六年) 五〇頁。

(53)小田部前掲『梨本宮伊都子妃の日記』三四六頁、一九四七年五月四日条。

(54)『官報』一九五五年三月一日。

「法務省告示第百六十五号

左記の者の申請にかかる日本国に帰化の件は、これを許可する。

昭和三十年三月一日

法務大臣　花村　四郎

国　籍　朝鮮
出生地　朝鮮漢城中部寛仁坊大寺洞
住　所　埼玉県秩父郡大河原村大字御堂三百六十二番地
李　鍵(桃山虔一)
明治四十二年十月二十八日生

国　籍　朝鮮
出生地　東京府豊多摩郡渋谷町常盤松百一番地
住　所　東京都千代田区麹町四丁目五番地
李　沖(桃山忠久)
昭和七年八月十四日生

国　籍　朝鮮
出生地　東京府東京市渋谷区常盤松町百一番地
住　所　埼玉県秩父郡大河原村大字御堂三百六十二番地
李　沂(桃山欣也)
昭和十年三月四日生

国　籍　朝鮮

出生地　東京府東京市渋谷区常盤松町百一番地
住　所　東京都千代田区麹町四丁目五番地
李　沃　子（桃山明子）
昭和十三年十二月十九日生」

(55)　第12条　대한민국의 국민으로서 다음 각호의 1에 해당한 자는 국적을 상실한다.
1. 외국인과 혼인하여 그 배우자의 국적을 취득한 자.
2. 외국인의 양자로서 그 국적을 취득한 자.
3. 혼인으로 인하여 대한민국의 국적을 취득한 자가 혼인의 취소 또는 이혼으로 인하여 외국의 국적을 취득한 자.
4. 자진하여 외국의 국적을 취득한 자.
5. 이중국적자로서 법무부장관의 허가를 얻어 국적을 이탈한 자.
6. 미성년인 대한민국의 국민이 외국인의 인지로 인하여 외국의 국적을 취득한 자. 단, 대한민국의 국민의 처 또는 양자가 된 자는 예외로 한다.
7. 외국인으로서 대한민국의 국적을 취득한 자가 6월이 경과하여도 그 외국의 국적을 상실하지 아니한 때.

(56)　坂元前掲「조선왕실 자손들과 그 대한민국 국적」一九九頁。
(57)　のちに開成学園の教頭を務める。
(58)　河原敏明『昭和の皇室をゆるがせた女性たち』（講談社、二〇〇四年）二七三頁。
(59)　李王職『昌徳宮李王実記』（近澤印刷所、一九四三年）六三四頁。
(60)　前掲「王公家牒籍」。
(61)　本馬前掲『徳恵姫』二一四頁。
(62)　一九三二年八月一四日に生まれる。宗武志と徳恵が離婚したのちの一九五五年秋に中学の英語教師をしている鈴木氏と結婚した。しかし、翌五六年八月に「山梨県赤雉、駒が岳方面で自殺する」という遺書を残して失踪した。彼女は胃弱と神経衰弱に悩んでいたといわれているが、それが失踪の原因だったのかどうかはわからない。同前、二四六―二五〇頁。
(63)　同前、二二九―二三〇頁によると、離婚の時期は一九五一年、五三年、五五年の三つの可能性があり、一九五五年が最も有力だという。

(64) 坂元前掲「조선왕실 자손들과 그 대한민국 국적」一九九頁。
(65) 王の没後に王妃が暮すための李朝の建物で、昌徳宮の南東にある。
(66) 本馬前掲『徳恵姫』二七四―二七六頁。

第七章　朝鮮貴族の家政破綻と天皇の体面

1917年に李王が東上して天機奉伺したときの随行員（霞ヶ関離宮）
（出典：権藤四郎介『李王宮秘史』）

併合時には王公族だけではなく、韓国皇室の親族や政府要人のために朝鮮貴族という身分も創設された。彼らには華族と同等の礼遇が保障されたため、華族研究の一環として朝鮮貴族に言及されることはあったが、それ自体を個別に掘り下げた研究は管見の限りない。

韓国では一九九一年二月に反民族問題研究所(1)が設立され、二〇〇九年一一月に約四〇〇〇名の「親日派」をリストアップした『親日人名事典』を刊行した。そのなかに朝鮮貴族が多く含まれ、略歴が明らかにされた(2)。

しかし、それらの調査もあくまでクロノロジカルな履歴の作成を目的としているので、朝鮮貴族の内実、特に家政についてはいまだ不鮮明なままである。そこで本章では、朝鮮貴族の家政を描出するとともに、なぜ彼らが〈日本〉に保存されつづけたのかを検討していきたい。

1　侯伯子男爵の誕生と継承

日本は一九一〇年に締結した併合条約第五条「日本国皇帝陛下ハ勲功アル韓人ニシテ特ニ表彰ヲ為スヲ適当ナリト認メタル者ニ対シ栄爵ヲ授ケ且恩金ヲ与フヘシ」にしたがって、韓国皇帝の親族や政府要人など計七六名を朝鮮貴族とした。朝鮮貴族令（明治四三年皇室令第一四号）は併合条約の公布と同時に制定されたが、授爵は同年一〇月七日に、叙勲は一二年一二月七日に行われた。これに対し、尹用求《ユンヨング》、洪《ホン》淳馨《スニョン》、韓圭卨《ハンギュソル》、兪吉濬《ユギルチュン》、閔泳達《ミンヨンダル》、趙慶鎬《チョギョンホ》の六名が男爵の爵号を返上し、金奭鎮《キムソクチン》は授爵直後の九月八日にアヘンを飲んで自決、趙鼎九《チョジョング》は二度の自決を試みたが家族に助けられて失敗したため、楊州思陵里

表7-1　1910年時の朝鮮貴族

侯爵	6名	李載完	李載覚	尹沢栄	朴泳孝	李海昌	李海昇	
伯爵	3名	李完用	李址鎔	閔泳璘				
子爵	22名	李根命	閔泳奎	閔丙奭	朴斉純	高永喜	趙重応	李秉武
		金允植	尹徳栄	趙民熙	李容稙	李夏栄	李根沢	李載崐
		任善準	宋秉畯	権重顕	閔泳徽	閔泳韶	金聲根	李完鎔
		李埼鎔						
男爵	37名	李允用	趙東潤	閔種黙	李載克	閔泳綺	李根澔	金春熙
		趙義淵	李根湘	韓昌洙	閔商鎬	張錫周	朴斉斌	金宗漢
		李冑栄	金鶴鎮	成岐運	閔炯植	李鍾健	趙同煕	李鳳儀
		朴容大	金嘉鎮	李容泰	金思轍	金永哲	李正魯	金炳翊
		鄭漢朝	南廷哲	朴箕陽	金思濬	崔錫敏	李乾夏	尹雄烈
		鄭洛鎔	李容元					

で隠遁生活を送った。(3) これにより、実際に朝鮮貴族として〈日本〉に編入された人数は六八名となった。爵号ごとにその一覧を示すと表7‐1のようになる。

朝鮮貴族のなかには①陞爵《しょうしゃく》した者、②新たに授爵した者、③有罪判決を受けて失爵もしくは朝鮮貴族の礼遇を停止された者、④嗣子が襲爵しなかった者、⑤家資分散の宣告を受けて朝鮮貴族の礼遇を受けられなくなった者、⑥授爵後爵位を返上した者がいた。

まず①陞爵した者であるが、これに該当するのは李完用(伯爵)、宋秉畯(子爵)、高義敬《コヒギョン》(子爵)の三名である。

李完用と宋秉畯の二名は、併合一〇周年に当たる一九二〇年の一二月二八日に陞爵の御沙汰が下され、李完用は伯爵から侯爵へ、宋秉畯は子爵から伯爵へと陞爵した。(4)

高義敬は一八七三年七月二二日に生まれ、一九〇七年の李垠の東京留学に付き随い、併合後は李王職王世子附事務官や宮内省御用掛を歴任、一六年三月二〇日に高永喜の子爵を襲爵した人物である。(5) 二〇年四月二八日に挙行された李垠と梨本宮方子の婚儀に尽力した功績で即日伯爵へ陞爵した。

次に②新たに授爵した者であるが、これに該当するのは李恒九と李康軾《イガンシク》である。

李完用の息子李恒九は、一九二四年二月一一日の紀元節に従四位勲二等と男爵を親授された。爵位は個人ではなく家の戸主に授けられたため、李恒九はこのとき男爵家として分家した。それゆえ李完用が二六年二月一一日に死去したときには、孫の李丙吉《イビョンギル》が侯爵を継いでいる。なお、李恒九は最終的に正三位勲一等まで進み、四五年三月七日午後八時、急性肺炎によって京城府の自邸で死去した(6)。

李康軾は朝鮮貴族李鳳儀《イボンイ》の子孫と思われる人物である。しかし内務省管理局で作成された「王公族及朝鮮貴族ニ関スル資料」をみると李鳳儀男爵家は曾孫の李弘宰《イホンジェ》が継ぎ、李康軾は別の男爵家となっている(7)。

次に③有罪判決を受けて失爵もしくは朝鮮貴族の礼遇を停止された者であるが、これに該当するのは閔泳璘（伯爵）、李址鎔（伯爵）、金允植（子爵）、李容植（子爵）、尹致昊《ユンチホ》（男爵）、金思濬《キムサジュン》（男爵）である。

閔泳璘はアヘン煙吸食罪により懲役三カ月（執行猶予三年）の判決が下ったため、朝鮮貴族令第一六条(8)にしたがって一九一九年七月二一日に失爵処分となった。

李址鎔は賭博の嫌疑で検挙され、第一審で有罪の判決を受けたため、朝鮮貴族令第一七条(9)にしたがって一九一二年四月六日に朝鮮貴族の礼遇が停止された。しかし一五年九月一六日に同第二一条により勅裁を経て礼遇の停止を解除する措置がとられ、朝鮮貴族に復帰している(10)。

金允植と李容植は三・一運動に際して保安法違反で懲役刑となったため、朝鮮貴族令第一六条にもとづいて失爵している。この経緯を簡単に記すと、金允植は一九一九年三月末に京城府鳳翼洞一〇番地の自邸において独立請願書を作成し、それを二五日に養孫の金麒寿に清書させ、李容植とともに署名捺印した。さらに、独立請願書を公表するために金麒寿と庶子の金裕問に対して多数印刷するよう命じ、その後両人から清書一枚と複写四枚を受け取ると、李建台に指示して清書を原敬首相に、複写四枚を東京朝日新聞社、時事新報社、報知新聞社、大阪毎日新聞社に郵送させた。また、李容稙は金麒寿から複写二枚を受け取ると、京城府平洞一三番地の自邸にて同居人の李忠珪に多数の複製を作らせ、これを配布するよう命じた。金允植と李容稙は京城地方法院においてそれぞれ懲役二年、懲役一年六カ月の判決を受けたが、改悛の情があると認められ、しかも八五歳と六七歳という老齢であることから三年間の執行猶予となった。(11) しかし実刑判決を受けたため失爵は免れなかった。

尹致昊は一九一一年九月二二日に死去した尹雄烈《ユンウンニョル》から男爵を継ぎ、朝鮮貴族となった人物である。しかし彼は安昌浩《アンチャンホ》が設立した愛国有志を養成する団体である新民会の会長となり、一九一一年に寺内総督の暗殺を企てた、いわゆる「一〇五人事件」の首謀者として逮捕された。そして一三年七月一五日、大邱覆審法院刑事部において謀殺未遂罪で懲役六年（未決勾留期間一八〇日を本刑に算入）の判決を受ける。(12) 高等法院に上告したが、一三年一〇月九日に棄却されたため、朝鮮貴族令第一六条にしたがって失爵処分となった。(13)

金思濬は李堈公妃（金氏）の父にあたる人物であるが、一九一五年一一月九日に朝鮮貴族令第一六条にしたがって失爵処分となっている。新聞では「素行不修の廉《かど》を以て」(14) と報道されているが、成楽香の「中韓誼邦条約案」事件に連累したというのが真相であった。(15)

次に④嗣子が襲爵しなかった者であるが、これに該当するのは金嘉鎮（男爵）と金炳翊《キムビョンイク》（男爵）である。金嘉鎮は第五章でも触れたが、崔益煥と全協が独立運動を目的に組織した秘密結社大同団の総裁に推戴され、上海に渡った人物である。一九二〇年三月には布告文や通告文を配布しながら、大同団の朴容萬、高光元、羅昌憲、孫永稷らと共同名義で醵金《きょきん》勧告文を発表するなど活発に活動したが、二二年七月四日に死去してしまう。嗣子が朝鮮貴族令第一一条[16]にしたがって六カ月以内に宮内大臣に襲爵の届出をしなかったため、同第一三条[17]により二三年四月一一日に襲爵の権利を失った。[18]

金炳翊は一九二一年に病死し、その嗣子も早世したが、孫の金弘鎮が相続届を提出しなかったために、襲爵の権利を失った。[19]

次に⑤家資分散の宣告を受けて朝鮮貴族の礼遇を受けられなくなった者であるが、これに該当するのは趙同熙《チョドンヒ》（男爵）である。趙同熙は一九一六年五月一二日に家資分散の宣告を受けたために朝鮮貴族令第八条[20]により朝鮮貴族の礼遇が停止された。その後改善がみられたため、一七年一一月二日に礼遇の停止がいったん解除されたが、一八年四月一九日に再び同条にもとづいて停止されている。[21]しかし男爵は息子の趙重獻《チョジュンホン》が継いでいるので、この措置は襲爵の権利を剥奪するものではなかったと考えられる。

最後に⑥授爵後爵位を返上した者であるが、これに該当するのは趙義淵《チョイヨン》（男爵）である。趙義淵は財産を蕩尽したため、朝鮮貴族令第二〇条[22]により一九一五年五月二九日に爵号と正五位の位階を返上した。彼はその二カ月後の七月二〇日に死去している。

このように朝鮮貴族はさまざまな理由で減少し、現存する史料によると、一九二四年一一月一日時点で侯爵七名、伯爵三名、子爵一八名、男爵三三名の計六一名となり[23]、四四年三月末時点で侯爵七名、伯爵三名、子爵一七名、男爵三二名の計五九名[24]となった。この間の襲爵状況を可能な限り調査したものが表7-2である。[25]

内務省管理局の説明によると、襲爵した者たちは「概シテ向上発展セントスル気魄《きはく》極メテ乏シク、父

表 7-2　朝鮮貴族の襲爵状況

初代	第二代			第三代			第四代	
氏名	名	襲爵年月日	続柄	名	襲爵年月日	続柄	名	続柄
李載完	達鎔	1922年10月20日	子					
李載覚	徳鎔	1935年7月15日	子					
尹沢栄	毅燮		子					
朴泳孝	賛汎		子					
李海昌								
李海昇								
李完用	丙吉	1926年3月15日	孫					
李址鎔	永柱	1928年12月28日	養孫					
閔泳璘（1919年7月21日，朝鮮貴族令第16号により失爵）								
李根命	忠世	1916年9月30日	養孫	鍾承		曽孫		
閔泳奎	丙三	1924年1月10日	養孫					
閔丙奭	弘基		子					
朴斉純	富陽	1916年9月30日	子					
高永喜	羲敬	1916年3月20日	子	興謙	1934年6月1日	孫		
趙重応	大鎬	1919年9月20日	子	源興		孫		
李秉武	鴻黙	1927年3月1日	養子					
金允植（1919年7月17日失爵）								
尹徳栄	強老	1941年	孫					
趙民熙	重寿	1939年10月25日	子	龍鎬				
李容稙（1919年7月17日失爵）								
李夏栄	圭元	1929年6月1日	子					
李根沢	昌薫	1920年2月20日	子					
李載崐	海菊	1943年11月1日	孫					
任善準	洛鎬	1919年3月20日		宣宰	1922年6月30日			
宋秉畯	鍾憲	1925年8月15日	子					
権重顕	泰煥	1934年5月21日	子					
閔泳徽	衡植	1936年7月15日	子					
閔泳韶	忠植	1917年5月9日						
金聲根	虎圭	1919年12月27日	養孫					
李完鎔	宅柱	1937年3月16日	孫					
李埼鎔								
李允用	丙玉	1938年10月15日	孫					
趙東潤	重九	1923年11月10日	子					
閔種黙	哲勲	1916年9月30日		奎鉉	1925年9月15日	子	泰崑	玄孫

李載克	寅鎔	1927 年 9 月 1 日	子					
閔泳綺	健植	1927 年 6 月 2 日	子					
李根澔	東薫	1923 年 5 月 10 日	子					
趙義淵	(1915 年 5 月 29 日，朝鮮貴族令第 20 条により爵と位階を返上)							
金春煕	教莘	1924 年 10 月 15 日	子	正禄		孫		
李根湘	長薫	1920 年 5 月 10 日	養子					
韓昌洙	相琦			相億		子		
閔商鎬	泳頊	1933 年 10 月 16 日	子					
張錫周	寅源	1921 年 11 月 21 日	子					
朴斉斌	叙陽	1922 年 11 月 20 日	子					
金宗漢	世顕	1932 年 12 月 15 日	孫					
李冑栄	圭桓	1918 年 2 月 12 日		卿雨		曾孫		
金鶴鎮	徳漢	1918 年 1 月 10 日	子					
成岐運	周絅	1925 年 2 月 16 日	子	一鏞				
閔炯植								
李鍾健	豊漢		子					
趙同煕	重獻		子					
李鳳儀	起元	1919 年 4 月 29 日	子	弘宰		曾孫		
朴容大	経遠	1927 年 5 月 16 日	子					
金嘉鎮	(1923 年 4 月 11 日，朝鮮貴族令第 13 条第 1 号により襲爵の特権を失う)							
李容泰	重桓	1922 年 12 月 20 日	養子					
金思轍	奭基		子					
金永哲	英洙	1923 年 6 月 30 日	子					
李正魯	能世	1923 年 6 月 30 日	子					
金炳翊	(継嗣が相続届を提出せず襲爵の特権を失う)							
鄭漢朝	天謨	1917 年 8 月 20 日	養孫					
南廷哲	章煕	1916 年 10 月 7 日	子					
朴箕陽	勝遠	1933 年 1 月 16 日		禎緒				
金思濬	(1915 年 11 月 9 日，素行不修により失爵)							
崔錫敏	正源	1916 年 3 月 20 日	養子					
李乾夏	範八	1913 年 12 月 20 日		完鍾	1919 年 2 月 20 日	孫		
尹雄烈	致昊 (1912 年 1 月 15 日襲爵，1913 年 11 月 9 日朝鮮貴族令第 16 条により失爵)							
鄭洛鎔	周永	1914 年 3 月 19 日	子	斗和	1923 年 6 月 30 日	孫		
李容元	原鎬	1911 年 10 月 19 日	孫	彰洙				
李恒九	(新たに授爵)							
李康軾	(新たに授爵)							

表7-3　朝鮮貴族財産調（1927年頃）　（単位：人）

円	総財産			不動産		
	有爵者	その家族	計	有爵者	その家族	計
0	9	0	9	10	11	21
～1,000	3	8	11	3	8	11
1,000～	14	23	37	14	17	31
1万～	5	16	21	11	9	20
5万～	11	8	19	7	8	15
10万～	6	3	9	4	4	8
20万～	2	2	4	4	1	5
30万～	6	5	11	4	8	12
50万～	2	2	4	2	1	3
100万～	2	0	2	2	0	2

出典：「朝鮮貴族世襲財産令制令案」（国立公文書館所蔵）

祖ノ遺産ヲ以テ徒ラニ徒費スル[26]」傾向が強く、「実ニ寒心スベキ現状」であったという。

2　厳しい家政状況

朝鮮貴族は併合時に五〇万四〇〇〇円～二万五〇〇〇円という巨額の恩賜公債を与えられたが、家政は決して順風満帆ではなかった[27]。国立公文書館に所蔵されている「朝鮮貴族世襲財産令制令案」（一九二七年）には表7−3のような「朝鮮貴族財産調」が収められており、ここから当時の朝鮮貴族の総財産および不動産の状況を知ることができる[28]。

総財産が一〇万円以上の朝鮮貴族は家族を含めて三〇名も存在した。しかしそれよりも注目すべきは、全一二七名の約四五％にあたる五七名が総財産一万円未満であり、うち二〇名が一〇〇〇円未満、九名がなしだった点であろう。不動産の所有に関しても六三名が一万円未満、三二名が一〇〇〇円未満、二一名がなしであった。しかも表に載っているのは所有財産と不動産だけで、借金に関してはわから

表 7-4　1927 年頃の朝鮮貴族の資産概況

爵号	氏名	純資産額	保護金の要否
侯爵	李達鎔	14 万円	
	李載覚	7 万円	要
	李海昌	6 万円	要
	李海昇	なし，負債超過	要
	尹沢栄	なし，負債超過	要
	朴泳孝	15 万円	
	李丙吉	53 万 8,000 円	
伯爵	李址鎔	なし，負債超過	要
	高羲敬	35 万円	
	宋鍾憲	14 万 1,000 円	
子爵	李完鎔	2000 円	要
	李埼鎔	なし	要
	朴富陽	なし	要
	趙大鎬	なし	要
	閔丙奭	35 万円	
	権重顕	7 万円	
	李夏栄	4 万 5,000 円	要
	李昌薫	3 万 9,000 円	要
	任宣宰	なし	要
	李載崐	5 万 4,000 円	要
	尹徳栄	80 万円	
	趙民熙	なし	要
	李鴻黙	なし，負債超過	要
	李忠世	8,500 円	要
	閔丙三	なし	要
	閔忠植	6 万 8,000 円	
	閔泳徽	155 万 4,000 円	
	金虎圭	2 万 9,000 円	要
男爵	韓昌洙	30 万円	
	李長薫	13 万円	
	朴叙陽	2 万 1,000 円	要
	成周絅	なし	要
	金教莘	10 万円	
	趙同煕	なし	要
	朴箕陽	なし	要
	張寅源	なし	要

閔商鎬	13万円	
趙重九	なし	要
崔正源	4万円	要
南章熙	なし	要
李完鍾	2,000円	要
李重桓	3,000円	要
閔健植	4,100円	要
李鍾健	70万円	
李起元	3万4,000円	要
李東薫	6万2,000円	
鄭斗和	10万円	
閔奎鉉	なし	要
李載克	24万円	
李允用	なし，負債超過	要
李能世	1万5,000円	要
金英洙	なし	要
李原鎬	3万4,000円	要
金宗漢	300円	要
金徳漢	なし	要
朴容大	なし	要
金思徹	8万8,000円	
李圭桓	なし	要
鄭天謨	1,800円	要
閔炯植	なし	要
李恒九	24万円	

出典：「朝鮮貴族保護資金令（制令案）並に朝鮮貴族保護施設概要」（国立公文書館所蔵）

ない。たとえ五〇万円、一〇〇万円の総財産や不動産がある者も、それ以上の借金を抱えている可能性があった。一九二七年頃に作成されたと思われる国立公文書館所蔵の「朝鮮貴族保護資金令（制令案）並に朝鮮貴族保護施設概要」[29]によると、表7-4のように朝鮮貴族の約半数が資産なし、五名が負債超過、保護金の必要がある者は四一名に達していた。

前節でも触れたが、趙同熙が家資分散により礼遇を停止されるなど、朝鮮貴族の家政破綻はかなり現実的なものであった。李王職や総督府では破綻の危機に陥った朝鮮貴族の財産整理がことごとく不成功に終わったために、彼らの財産整理には迂闊に手を出すべきではないという風潮があったともいわれる。(30)

3　尹沢栄侯爵家の破綻

朝鮮貴族で破綻した家の一つとして尹沢栄《ユンテギョン》侯爵家をあげることができる。尹沢栄とは、一八七六年二月二二日に尹徹求《ユンチョルグ》と貞敬夫人豊山洪氏の間に生まれ、韓国時代には娘（純貞孝皇后、のちの李王妃）を純宗（のちの李王）に嫁がせて皇室の外戚となった人物である。併合時に侍従院卿だった尹徳栄は兄にあたる。一八九九年に侍講院侍従官に任ぜられ、一九〇二年に英親王府総弁となり、〇七年に陸軍参将を経て陸軍副将に就いた。さらに同年、純宗が践祚すると同時に陸軍副将の任を解かれて海豊府院君に封ぜられ、領敦寧司事に任ぜられた。(31)性格は「学者肌」で、兄尹徳栄が「賭博、蓄妾の道楽」を尽くしたのとは対照的であったという。(32)

尹沢栄は併合時に李王妃の父として朝鮮貴族となり、侯爵従四位の爵位と五〇万四〇〇〇円の恩賜公債を受けていたが、負債が重なり家政は危殆に瀕した。工藤英一京畿道知事が斎藤実総督に宛てた報告書をみると、尹沢栄が多額の債務を負ったのは、併合以前に遡ることがわかる。理由の一つは、韓国時代に皇太子純宗の妃候補を各地の門閥から選定する揀択に際して莫大な運動費を投じたからであり、もう一つは、明治町にあった東洋拓殖会社付近の土地買収に失敗したからであった。このように尹家は李王妃の実家でありながら破産の危機にあったため、他の朝鮮貴族よりも多額の恩賜公債が下付されたと

表7-5　尹侯爵家の債権者

債権者	金額
李海昇	44万7,550円
金炳奭	56万9,200円
高重権	14万6,000円
朝鮮人74人	91万8,783円60銭
内地人28人	52万5,441円18銭5厘
中国人3人	6万2,489円
会社および銀行	17万4,470円

出典：「尹沢栄に関する調査」(『斎藤実文書』国立国会図書館憲政資料室所蔵)

考えられる。

しかしその後も尹沢栄が一九一八年に纛島《トウクソム》の落花生栽培に失敗したり、息子の尹弘燮《ユンホンソプ》が相場取引で損失を出したため、尹侯爵家の負債は増加する一方であった。そのうえ本来あった多額の負債を償還せず、しかも高利貸しから借金して利息の返済に充てる弥縫策をとったので、負債総額は二八四万三九三三円七八銭五厘にのぼった(33)。これは李王家歳費の約二倍に相当するものであった。債権者の内訳は表7-5の通りである。

主な貸金業者は花園町の加藤某、旭町の阿川三郎、鍾路三丁目の卓基衍、長沙洞の金久載、寛勲洞の金秉殷などであった。彼らは毎日尹侯爵家に居座って返済を催促したが、尹沢栄は当てのない返済期日を約束するなどその場しのぎに徹した。誠意のない態度に憤慨した債権者たちは、尹侯爵家の家僕や警衛、来客にまで尹沢栄の悪口を言い触らしたため、苦しい家政は世間に知れわたることになる。工藤知事が「実情貴族ノ身分タル而モ李王妃殿下ノ姻戚関係アル高貴ノ地位トシテ容易ニ外観ノ想像ニ得サル苦境ニ立脚セル事実アリ」と報告しているように、尹侯爵家はとても貴族には見えない生活をしていたのである(34)。

そのあげく、金を手に入れるため同じ朝鮮貴族の李海昇をだますなどした。尹沢栄は一九一九年六月に李海昇の不動産を借用し、それを担保に実業家斎藤久太郎[35]から一五万円を借り受けた。その際、李海昇には尹沢栄が李王職に保管してもらっている現金一〇万円の預り証と恵化洞の土地一万五九〇一坪を抵当に入れると約束していた。ところが尹沢栄はそれ以前に預り証を元手に商業銀行の株券を購入し、恵化洞の土地もほかの借金の担保に入れていた。多額の負債と厳しい取立てに追いつめられて尹沢栄はこうした詐欺行為に手を染めたのであった。

このように非常に悲惨な状況にあった尹侯爵家であったが、当局がどのような措置をとったかについては詳しい史料がなく、わからない。手元の史料によると、少なくとも一九二〇年時点で、兄尹徳栄や李王職は尹侯爵家の財産を整理するなど、救済の途を模索していなかったようである[36]。しかしそれでも債権者たちは「侯爵ニ財産ナキモ李王妃殿下ノ実父タル関係上甚シク其ノ地位名誉ヲ毀損スル境遇ニ至ラハ李王家ノ体面上之ヲ傍観シ得サル事情アルヘシ[37]」と考え、「無遠慮」な行動に出た。李王家と血縁的に近い朝鮮貴族の窮状は王公族の体面を傷つけるため、最終的には当局が保護するだろうと期待する貸金業者たちのカモになりやすかったのである。

では次に、こうした没落する朝鮮貴族の財産整理がどのように進められたのか、比較的詳細な史料が残っている趙東潤男爵家を例にとってみていきたい。

4　趙東潤男爵家の財産整理

趙東潤とは、一八七一年七月一四日に生まれ、八七年一月に科挙の文科試験に及第したが、摠禦営《チョンオヨン》軍司馬をはじめとして、九七年に親衛第三隊長、九九年に元帥府軍務局長、一九〇三年に陸軍法院長、陸軍武官学校長、侍従武官長を務めるなど、武官職を歴任した。〇五年と〇七年に日本陸軍視察の特命を受けて日本に渡り、李垠の東京留学時には東宮附武官長として付き随った(38)。性格は「温厚にして沈黙、殊に詩を能くし文に巧み(39)」であったという。

趙東潤は併合とともに朝鮮貴族として男爵従五位の爵位と二万五〇〇〇円の恩賜公債を受けたが、晩年（一九二〇年代前半）は高利貸からの借金などが原因で破綻し、一家離散の危機に陥った。当時の朝鮮軍司令官であった菊池慎之助は、趙東潤が東宮附武官長時代に日本と韓国の二重生活を強いられて借金を重ねたことや、借金を苦に病魔に侵されたことに同情し、斎藤総督に救済の途がないか相談した(40)。当局としても、趙男爵家が翼宗(41)の妃である神貞王后（趙万永《チョマニョン》の娘）の家系ということから簡単に取り潰すわけにはいかなかった(42)。なぜならば、李朝末期の朝廷では安東金氏が権力を独占していたが、その構造を打ち破るために李昰応《イハウン》（のちの大院君）と結託して彼の子命福《ミョンボク》を高宗に即位させたのが神貞王后だったからである。神貞王后は第二五代国王哲宗が薨去すると同時に命福を翼宗の養子とすることで彼を第二六代国王としたので、李王家の正統性にかかわる重要な人物であった。それゆえ神貞王后の家系である趙男爵家の財産整理には、李王家の体面を守るという目的があったといえよう。

こうして一九二三年五月に斎藤総督によって半命令的に整理委員が組織され、趙男爵家救済の途が模索される。このとき任命された委員は左記の四名であった。

朝鮮軍司令部附陸軍少将　魚潭
同歩兵大佐　栗原重平
漢城銀行取締　浅井佐一郎(43)
趙男爵ノ従弟　趙東洵

整理委員が任命されると趙東潤から財産整理を依頼する委任状が提出された。ここには財産整理の方針や委員の権限などが定められていた。

一、現債務元利金約弐拾六萬四千六百円及最近支払ヲ要スル利息其ノ他約参萬五千四百円、合計約参拾萬円ヲ支払フ為、新ニ可成低利ノ起債ヲ為スコト。
二、前項起債ノ範囲内ニ於テ緩急ヲ顧慮シ、旧債務ノ弁債ヲ為スコト。
三、第一項ノ新債務ハ時機ヲ見テ拙者所有ノ不動産、動産ヲ処分シ、及歳入剰余金ヲ以テ之カ弁債方法ヲ講スルコト。
四、整理事務完了ニ至ル迄ハ整理委員ノ指示ニ従ヒ家政ノ改革ヲ為シ、積極的ニ経費ノ節約ヲ図リ、且ツ家計上ノ支出ハ毎月ノ予算ヲ定メ厳ニ之ヲ実行スルコト。
五、已ムヲ得ス前項予算外ノ支出ヲ要スルトキハ整理委員ノ承認ヲ得ルコト。
六、小作料（其ノ他ノ収入ヲ含ム）ノ監督処分ニ関シ適当ノ方法ヲ講スルコト。
七、整理事務完了ニ至ル迄拙者ノ実印ハ整理委員立会ノ上封印ヲ為シ、整理委員ニ保管ヲ託シ、使用ノ必要アル場合ニハ必ス整理委員ノ立会ヲ要スルコト。
八、整理委員ハ協議ニヨリ委員中ヨリ主任者ヲ定メ或ハ顧問ヲ嘱託シ得ルコト、並整理上必要アルトキハ訴訟ヲ提起シ、及訴訟ニ応シ得ルコト。
九、整理委員ハ必要ニヨリ副代理人ヲ撰定シ得ルコト。
十、整理事務ニ要スル費用ハ歳入中ヨリ之カ支払ヲ為スコト。
十一、其ノ他家政整理ニ必要ナル一切ノ権限。(44)

趙男爵家の債務元本は約二六万四六〇〇円で、これに約三万五四〇〇円の利息を加えた約三〇万円が返済すべき金額であった。整理委員は委任状の第一項と第二項にもとづいて、まず高利貸対策に取りかかった。すでに高利貸の抵当に入っている趙男爵家の全財産を担保に、朝鮮殖産銀行から低利の資金を借入れ、その資金でまず高利貸の借金を返済しようとしたのである。

ところが、各方面と交渉を進めている最中の一九二三年五月二一日、趙東潤が急逝してしまう。これにより、趙男爵家の財産整理は一時頓挫するが、家督を継いだ趙重九《チョジュング》や金淑済《キムスクチェ》（趙東潤の正妻）、後見人の趙東洵《チョドンスン》ら親族が六月に「亡父ノ遺志ヲ継キ親権者及後見人ト連署ヲ以テ更ニ魚潭氏、栗原重平氏、浅井佐一郎氏ニ改メテ整理委員ヲ依頼(45)」するという委任状（署名は趙重九、金淑済、趙東洵の三名）を提出し、作業は継続される。その直後に整理委員の栗原が特命によって内地に帰還し、後任として同じく歩兵大佐の西四辻公堯《にしよつつじきみたか》が任命されたため、再び趙男爵家は委任状を作成し、趙重九、金淑済、趙東洵のほか、金東淑《キムドンスク》（趙重九の母）、李貞淑《イジョンスク》（趙東潤の母）、趙元九《チョウォング》（親族）も署名した。

朝鮮殖産銀行との融資交渉は進捗し、三一万円という巨額の資金が趙男爵家に低利で貸し出された。西四辻委員の回顧によれば、銀行の貸出し歩合にもとづいて趙男爵家の不動産を鑑定すると三一万円の融資は至難だったが、「種々ナル了解ト整理委員ノ尽力」[46]で破格の便宜が図られたという。この資金によって高利貸からの借金全額と海東銀行からの借入金の一部を一二月までに返済した。このほか、金東淑が沈相鼎および漢城銀行から借りていた一万六〇〇〇円（利息月三分）と八五〇〇円（同日歩三銭三厘）も完済した。なお、このとき整理委員は高利貸との間で利子を減額するよう折衝を重ね、法定利息以下へ引き下げることに成功している。

こうして高利貸の問題は解決したが、趙男爵家の財産整理には別の難題があった。それは予想外に多額の掛買いである。掛買いの負債のうち高額なものは、李泰山に対する約一六〇〇円（牛肉代）、徐相淑に対する約一三〇〇円（医療費）、李圭濬に対する約一一〇〇円（薬代）であり、細かなツケを合算すると約一万四〇〇〇円に達した。この掛買いに関しても、整理委員は趙男爵家の窮状を訴えて七割程度に減額してもらうことに成功している。

これらを今後返済していくには、冗員を解雇するなどして諸経費を節減する必要があった。首相の月給が一〇〇〇円の時代に、趙男爵家の経費は年間六〇〇〇〇円もかかっていたからである。そこで整理委員は朝鮮殖産銀行からの借入金の一部で京城府通洞に七〇坪程度の住居を購入して一家七名を転居させ、京城府寿松洞にある現在の広壮な邸宅を売却することにした。ところが金東淑が頑として転居に応じず、計画はつまずく。そこで整理委員は当時三〇〇〇円の伝貰《チョンセ》[47]で呉甲玉に貸していた金東淑名義の堅志洞の家屋を買い戻し、財産整理の目途がつくまで取りあえず金東淑と娘の月得とその夫の徐廷薫を住まわせた。[48] こうしてようやく一九二三年一二月末に転居が終わったが、その間にも経費は増えつづけた。整理委員はこれ以後も金東淑という存在に悩まされることとなる。

整理委員は経費の節減に努めるとともに、趙男爵家が所有する多くの不動産を売却して借金の返済に充てる計画だったが、関東大震災後の不況の影響もあってなかなか進まなかった。しかし、一九二四年一月になって金東淑名義となっている京畿道振威《チヌイ》の土地に買い手がついたため、売却を決めた。[49] 財産整理の委任状には金東淑も署名していたので、整理委員は独断で彼女の土地を売却することもできたが、念のため通訳として雇った金相午を彼女のもとへ遣わしてその旨を通告した。ところが、ここで金東淑は整理委員の予想に反して売却反対の意を示した。そこで整理委員は西四辻委員の部下として整理補助をしていた朝鮮軍司令部附属庁舎雇員の大久保市蔵を一月二六日に金東淑のもとに遣わし、整理の現況や土地売却の必要性を説明させた。これに対して金東淑は、左記の条件と引き換えに振威の土地売却に同意する。

1、分家後現在ニ至ル間ニ於テ生活費不足ノタメ約弐千円ノ負債アルヲ以テ、此際特別詮議セラルル事。
2、整理完成ノ上ハ残資産ノ内ヨリ幾分ヲ分与シ、生活ノ安定ヲ保証セラルル事。
3、現在ノ生活費ハ如何ニ節約スルモ不足ヲ免レス。依テ通洞本家費用ニ対スル割合ヲ以テ支給セラルル事。
4、現在ノ家屋ハ出来得ル範囲ニ於テ最後迄保存セラルル事。[50]

これ以外にも、整理委員の報告書をみると趙男爵家の身勝手ぶりが目につく。たとえば、ある人は整理委員に「田舎ノ土地ヨリ籾ガ沢山採レルデハナイカ。何故ニ今少シ生活費ヲ多ク呉レナイカ。整理委員ガ其間ニ介在シ何カ胡魔化《ごまか》シテ居ルノデハナイカ」と述べ、あたかも「整理終レバ不動産ノ大部分ハ残存シ〔趙東潤〕男爵生前ト同様贅沢ノ暮シガ出来ル」と考えているようだったという。これに対して整理委員が、経費を節減しなければ不動産が残るどころか借金も満足に返済できず、餓死するよりほかにないと告げたところ、「ソンナ整理ナラ最初ヨリスル必要ガナイデハナイカ。皆様ニ整理ヲ御依頼シテルノハ整理後少ナクモ安楽ニ暮シ得ル丈ケノ不動産ガ残ルコトト思フテ御願シテ居ルノデアル」と、不満を口にする有様だった。整理委員はこうした態度を目の当たりにして「朝鮮貴族ノ整理ハ到底不可能ナリトノ世ノ中ノ言ヲ成程御最ト首肯スル次第デアリマス」と吐露し、趙男爵家の人々が過去の因習に囚われて経費の削減に理解を示さないことが財産整理の進まない最大の理由であるとしている。また、整理委員の介入によって朝鮮貴族から利益を得られなくなった「有象無象ノ輩」が、整理委員の不正の噂を捏造して流すなどの妨害行為があり、委員たちは「私等ハ何ンノ為メニ時間ト労力ヲ費シ強ヒテ責任ノ衝ニ当リ物好キニ処理シツツアリヤ、自分デ自分ノナスコトガ可笑シク厭気ノサス場合モ多イノデアリマス」と嘆いている。(51)

だが、それでも整理委員は財産整理を途中で投げ出すわけにはいかなかった。今回の財産整理には朝鮮殖産銀行が不況にもかかわらず低利で巨額の資金を貸してくれただけでなく、その借り入れの保証人になるのを趙男爵家の親族が拒否するなか、李熙斗《イヒドゥ》少将、趙性根《チョソングン》少将が引き受けてくれていたからである。(52)もし財産整理をここで断念すれば当然趙男爵家は破綻し、莫大な負債が両少将に降りかかるのは明らかであった。それゆえ、整理委員たちは趙男爵家に不満を抱きつつも、財産整理を継続するしかなかったのである。しかしこの財産整理はやがて訴訟合戦へ発展する。

整理委員の報告によると、堅志洞に移り住んだ金東淑の素行は決してよくなかった。たとえば病気治療や祈祷と称して男を家に引き入れ「婦人トシテ有ル間敷《まじき》所行」に及んだり、「実子月得ノ前ニ於テモ公然ニ痴態ヲ演シ憚ラサル」(53)有様であった。やがて金東淑は娘夫婦に食事を与えないなどの虐待を加えるようになり、月得の夫徐廷薫は堅志洞を離れ、月得も病に倒れてしまった。そこで整理委員は月得を金東淑と離して祖母の李貞淑や親権者金淑済が住む通洞に同居させるという措置をとった。

しかし、その後も金東淑は男を家に引き入れて酒に溺れる日々を送り、浪費の限りを尽くした(54)。やがて貯蓄が底を突いて米屋や薪屋の借銭が払えなくなると、本家に直接金銭を要求するようになる。これに対して実子の趙重九や月得、親族たちは、整理委員に何らかの措置を講じてほしいと頼んだ。整理委員としては、①たとえ財産整理が成功裏に終わったとしても趙男爵家の内実がこのままでは再び元の状態に戻ってしまうこと、②不況で土地が売れず利息の支払いに窮している状況で金銭の要求は受け入れられないこと、③素行を監督する必要があること、などを考慮して趙男爵家の依頼に応じた(55)。そして一九二五年五月一日に趙重九の親権者である金淑済の署名が入った左記の内容証明が金東淑に郵送される。

趙家整理モ思フ様ニ果敢取ラス、財政漸次窮乏ヲ告ケ此分ニテハ到底一家ヲ支持シ得サル状態ト相成申候。且近頃貴殿ノ行動ニ関シ面白カラサル噂ヲ耳ニシ趙家名誉ノ為捨置キ難ク、何トカ処置ヲ講スル必要ヲ認メ申候ニ就テハ、旁《かたがた》此際断然貴殿現住所(堅志洞)ヲ閉鎖シ、通洞趙本家本宅ニ移転ヲ要求シ、一方ニハ世ノ疑惑ヲ解キ又一方ニハ竈《かまど》ヲ一ニシ極度ノ節約ヲ致度。而シテ此事ハ貴殿ノ好ムト好マサルニモセヨ大正十四年五月中ニ移転ヲ完了スル如ク実施セラレ度。

追テ貴殿住居トシテハ通洞趙家本宅北側離レ家ヲ提供可致。若シ此要求ニ応セス右期限内ニ移転ヲ完了セサル時ハ、戸主ノ意ニ反スルモノトシテ扶養ノ義務ヲ負ヒ申サス。従ヒテ従来支出シタル毎月ノ生活費ハ五月尽日ヲ打切トシテ爾後差上不申。尚ホ要スレハ離籍ノ手続ヲ可致。

右予メ御承知相成度

大正十四年五月一日

趙重九親権者　金淑済(56)

内容は、もし本家の要求に応じて通洞本宅北側離れに移転しなければ、金東淑に対する扶養義務を解消して毎月の生活費を五月末で打ち切るとともに、必要とあれば離籍の手続きまで進めるという厳しいものであった。しかし金東淑は本家の要求に応じず、依然として素行の悪い日々を送った。そこで本家は毎月の生活費を打ち切り、裁判所に離籍を申請する。法廷に持ち込まれた離籍問題は第三審まで審議され、最終的に「朝鮮ノ習慣ニ合セス」(57)という理由で原告金淑済の敗訴に終わった。

本家側が敗訴するや、金東淑は整理委員に毎月の生活費の支給と自分名義の振威の土地売却益を返すよう要求した。これを受けて整理委員は一九二六年一二月一日に浅井委員宅にて金東淑と会合を開き、訴訟を起こした理由や振威の土地売却の経過を説明するとともに、本家の命令にしたがって通洞に同居すれば生活費を支給することなどを告げて協力を促した。(58)

しかし金東淑はこれに応じなかった。そこで整理委員は水野正之丞弁護士を介して、堅志洞の家屋（当時朝鮮殖産銀行の抵当にあって時価七〇〇〇～八〇〇〇円）および三〇〇〇～四〇〇〇円の給付金と引き換えに離籍に応じるよう金東淑に勧告した。だが、金東淑はこれを拒絶するばかりか、一九二七年八月九日に沈相直弁護士を代理人として金淑済を相手取り、振威の土地売却益三万円の償還と二五年一月から二七年七月までの扶養料一六〇〇円の支払いを求めて訴訟を起こした。裁判は根本成道判事が裁判長を担当し、小野勝太郎判事、高野弥一郎判事、花田鶴蔵裁判所書記官が列席、原告代理人太宰明、沈相直および被告代理人水野正之丞出頭のもとで展開された。度重なる審議を経て、二八年一月二四日に左記の内容で和解が成立する。

一、被告ハ即日原告ニ対シ金千円ヲ支払フコト。
一、被告ハ昭和三年五月末日迄ニ金二千円、昭和三年十二月末日迄ニ金二千円ヲ各原告ニ支払フコト。
一、被告ハ至急原告名義ノ府内堅志洞垈及家屋ニ対スル抵当権設定登記ヲ抹消スルコト。
一、原告ハ被告家ヨリ分家スル手続ヲ遅滞ナク行〔ママ〕クコト。
一、当事者双方ハ本日以外ニ発生シタル事由ニヨリテハ互ニ何等ノ請求ヲモ為サヽルコト。
一、原告ハ此ノ余ノ本訴請求ヲ抛棄スルコト。(59)

整理委員は堅志洞の垈《テ》（宅地）、家屋、金五〇〇〇円と引き換えに、財産整理の障害になっていた金東淑をようやく排除できたのであった。

このように金東淑と裁判で争っている間も、当然のことながら、財産整理は続けられていた。整理委員は趙男爵家が所有する忠清北道丹陽郡、京畿道坡州郡、京畿道楊州郡の土地を一九二五年二月までに売却し、約一三万五〇〇〇円を得ていた。しかしこの金額は元本だけで約三一万円に及ぶ借金の半分にも満たず、いまだ朝鮮殖産銀行に約一八万円、海東銀行に約一万三〇〇〇円の計一九万三〇〇〇円の償還義務があった。整理委員はこれに毎年の利子二万一四六〇円七五銭を加えた額を返済していかなければならなかったのである。(60)

これまで土地は収量の少ない田畑を先に売却する計画を立てていたが、不況の影響もあってなかなか買い手が付かなかった。そこで整理委員は残る約二一万円の借金を返すために、収量の多い土地も売ることにした。これは仮に土地を保持して籾を売っても、収益は一万七五〇〇円に過ぎず、両銀行に対する利子二万一四六〇円七五銭と諸税金二三〇〇円の合計二万三七六〇円七五銭には約六五〇〇円不足するからである。整理委員としてはできるだけ土地を売却して借金の元本を減らし、その一部を生活に充てる方策をとったのであった。(61)

こうした土地の切り売りに対して当主趙重九の祖母李貞淑は危機感を抱き、一九二五年三月に斎藤総督夫人に、さらに五月に斎藤総督に願書を提出して、土地売却に依らない借金返済を進めるよう哀訴した。願書の冒頭で李貞淑は、整理委員が家政の改善に尽力してくれているが、景気の影響から当初の計画通りに進展せず、三年を経た現在でもその緒に就けないと嘆いている。さらに当家のほかにも今までに李海昇ら朝鮮貴族が財産整理されているが、李王職が手厚く保護して負債の不足額を肩代わりしているので、生活が楽なように見受けられると憶断し、李王家の親戚であり東宮附武官長として王世子に仕えた趙東潤の家だけが恩典を得られないのは「歎なしと申されませぬ」と訴えている。そして、自分が所有する寿松洞の土地と鷺梁津の別荘を売却して借金の返済に充て、不足分は李王職の「特別の思召」で公金を注入して償還し、現在所有する土地は趙重九の前途のために残してくれるよう嘆願した。[62]

李貞淑が言うように、かつてなら寿松洞と鷺梁津の土地家屋を売却すると約一九万円が見込め、残り二万円ほどを李王職が補塡すれば財産整理を完了できる可能性があった。しかし不況によって土地家屋の評価額は約一〇万円にまで下落しており、仮に売ったとしても、完済までには一〇万円余りが不足した。それゆえ、整理委員の方針通り趙男爵家の土地売却は継続される。

趙男爵家の財産整理がほぼ完了するのは、作業開始から五年後の一九二八年であった。このときに残った財産は、通洞の土地家屋（時価約二万円）と寿松洞の宅地（同約三万円）のほか、楊州と春川にある収量約四〇〇石の畓《とう》[63]、林野、垈などであった。一方、債務残高は朝鮮殖産銀行への一万六二一〇円、海東銀行への一万三〇〇〇円の計二万九二一〇円であった。[64]これは寿松洞の宅地を売却すれば完済できる額だったが、整理委員は趙男爵家の多額の経費を緊縮する前に整理を終えれば、再び破綻を招来する危険性があるため、あえて残したという。借金の完済よりも家政の改革に重点を置くこうした方針は、成人した趙重九に対する苦言にもみることができる。

財産整理が進められている間まだ学生であった趙重九は、山本という先生宅で学業に励んでいた。しかし整理委員の「過去果して先生の誠意に酬ゆる丈の決心を以て勉励せられたでしょうか。学業の成績より判断し更に奮励努力の余地大なるを認むる次第であります」[65]という言葉から察するに、重九の成績は芳しくなかったようである。それゆえ整理委員は、「整理後の財産は到底経済観念乏しく放縦なる生活に慣れたる御家族の方々の生計を支ふるに足りません。若し君にして平々凡々に終らは、趙家は数年ならす再ひ破滅の域に到る」と苦言を呈し、「更に〳〵層一層奮励努力」するよう訴えている。ここからもわかるように、朝鮮貴族の財産整理は単に借金を完済すれば解決するというものではなく、教育して過去の因習から脱却させせなければならなかったのである。

5　昌福会の設立と没落貴族の救済

総督府学務局が作成した「第八十四回帝国議会説明資料」には「朝鮮貴族保護施設ノ概要」として次のように書かれている。

時世ノ急激ナル変遷ニ順応スルコト能ハズシテ生活困窮ニ陥リ、貴族トシテノ社会的体面ヲ維持シ得ザル者、朝鮮貴族中半数以上ニ達シ、朝鮮統治ノ大局ヨリ観テ之ヲ等閑視スルヲ得ザル実情ニ在リタル(66)。

この説明から、朝鮮貴族の半数が生活の困窮によって社会的な体面を維持できない状況にあり、朝鮮統治上、無視できない問題であったことがわかる。そこで朝鮮貴族を救済するために一九二九年度追加予算で二五〇万円を計上し、京城府光化門通一番地にある総督府内に財団法人昌福会が設立される。組織は理事が三名以上五名以内、監事が一名、委員が五名以内で、理事のうち一名が理事長となった。理事長は政務総監が担当し、理事、監事、委員は総督が任命した。

昌福会は二五〇万円を基金として銀行に預け入れ、そこから生じる利子を利用して朝鮮貴族を救済することとした。具体的には①家政整理のための低利貸付、②子弟教育のための貸付または補助、③家計窮迫している者への交付金の給与、④災厄、疾病、死亡等のため不時の支出を要し、補助の必要があると認められる者への特別交付金の給与だった[67]。貸付の方法は「財団法人昌福会庶務細則[68]」で細かく規定されていた。貸付金は、教育資金の場合は無利子、家政整理の場合は利率を年五分、一カ年に満たないときは日割計算とした（第三条）。また、貸付期間・貸付金額は申し込み者の実情を調査して理事会で決定し、貸付金額の制限は家政整理で五〇〇〇円以内、教育資金で学生一人につき一カ月五〇円以内とした（第四条）。貸付に際しては連帯保証人二名を立てなければならなかったが、担保は必要なかった。ただし、理事会の審査を経て担保を要求することもあった（第五条）。貸付金の弁済方法に関しては、期日を定めて一度に弁済する一時弁済、毎月一定の日に一定の金額を返す月賦弁済、対象者の事情に応じた特別弁済の三通りがあった（第七条）。交付金の支給額は、侯爵で月三〇〇円以内、伯爵で同二五〇円以内、子爵で同二〇〇円以内、男爵で同一五〇円以内とし、六〇歳以上の者に限り三割増しにできた（第九条）。また特別交付金は、そのつど理事会に諮って決定するとした（第一二条）。これ以外にも、朝鮮貴族令により礼遇が停止・禁止されている者には、資金の交付や貸付を行わないと規定されていた（第一一条）。ただし、身体もしくは精神に重患があったり、財産上の事由によって礼遇を受けられない者はこの規定から除外された。

昌福会の資産・会計事務に関しては「財団法人昌福会寄附行為[69]」で規定されており、たとえば、資産

表7-6　1929年度の昌福会の組織

理事長	総督府政務総監	児玉秀雄
理事	総督府内務局長	今村武志
	総督府財務局長	林繁蔵
	朝鮮貴族侯爵	朴泳孝
監事	朝鮮貴族子爵	閔丙奭
委員	朝鮮貴族伯爵	高羲敬
	朝鮮貴族子爵	尹徳栄
	朝鮮貴族男爵	韓昌洙
幹事		高武公美
		神尾弌春
		藤波義貫
嘱託		田中徳太郎

出典：「財団法人昌福会関係書類」(『斎藤実文書』国立国会図書館憲政資料室所蔵)

は総督府から得た二五〇〇万円の基金とその利子で、基金自体は消費できなかった（第六条）。基金は、①郵便貯金または総督府が指定した銀行・信託会社、②公債の応募もしくは買い入れ、③総督府が認可した有価証券の応募もしくは買い入れによって管理するとした（第七条）。

では、実際に昌福会がどのように設立されていったのかみていきたい。まず一九二九年九月二八日に設立許可が下り、表7-6の通り役員および職員が任命された。

一〇月一〇日に登記を終えると、役員会議を開いて「昭和四年度歳入歳出予算」「昭和四年度経費ニ充当ノ為三万五千円起債ノ件」「庶務細則」「交付金支給者及支給額」といった案件を可決した。一一月二九日には総督府から基金二五〇〇万円を交付され、朝鮮銀行、朝鮮殖産銀行、朝鮮商業銀行、漢城銀行に分割して預け入れた。これを受けて、理事長は翌三〇日に朝鮮貴族に対して一二月より事業を開始する旨を通知している。二九年度は基金の利子収入がないため、経費に充てる三万五〇〇〇円を借入れる契約を一二月二日に朝鮮銀行と交わした。翌年一月の交付金の支給対象となった者は、表7-7の通りである。[70]

「第八十四回帝国議会説明資料」によると、家政整理が理由の貸付は一九四三年頃までに二四件、総

表 7-7　1929 年 12 月調の朝鮮貴族と交付金の支給対象者

住所	爵号	氏名	交付金
京城府崇仁洞 81	侯爵	朴泳孝	
同　貫鉄洞 62	同	李載覚	250 円
同　諌洞 97	同	尹沢栄	
同　社稷洞	同	李海昌	250 円
京畿道高陽郡恩平面弘済外里 201	同	李海昇	
京城府嘉会洞 30	同	李達鎔	
同　玉仁洞 19	同	李丙吉	
同　苑南洞 9 の 2 号	伯爵	李永柱	200 円
東京府芝区白金三光町 251	同	高羲敬	
京城府黄金町 1 の 193	同	宋鍾憲	
京城府慶雲洞 89	子爵	閔丙奭	
同　玉仁洞 47	同	尹徳栄	
同　蛤洞 27	同	李圭元	170 円
同　玉仁洞 2	同	趙民熙	170 円
同　仁寺洞 198	同	閔泳徽	
同　通義洞 21	同	権重顕	
同　鍾路 6 の 12	同	李載崐	
同　斎洞 84 の 2	同	李完鎔	170 円
同　貞洞 18	同	李埼鎔	170 円
同　松峴洞 48 の 1	同	閔忠植	170 円
同　安国洞 64	同	趙大鎬	170 円
同　笠井町 272	同	李昌薫	
江原道原州郡建登面文幕里	同	李忠世	170 円
京城府弼雲洞 278	同	李鴻默	
忠清南道天安郡修身面凍倉里 212	同	任宣宰	170 円
京畿道高陽郡龍江面東幕上里 277	同	閔丙三	170 円
京城府武橋町 11	同	朴富陽	170 円
同　仁寺洞 192	同	金虎圭	
同　嘉会洞 26	男爵	韓昌洙	
同　通洞 31	同	閔商鎬	
同　嘉会洞 8	同	李允用	
同　崇仁洞 61 の 14	同	金宗漢	150 円割増 50 円
同　水下洞 31	同	金思轍	
同　慶雲洞 89	同	閔炯植	150 円割増 50 円
同　玉仁洞 19	同	李恒九	
同　積善洞 83	同	朴箕陽	150 円
忠清南道青陽郡青陽面赤楼里 86	同	李原鎬	150 円

京城府紅把洞 129	同	趙同熙	150 円
同　貫鉄洞 142	同	李鍾健	
同　昌信洞 96 の 2	同	李圭桓	150 円
同　通義洞 107	同	南章熙	150 円
同　勧農洞 45	同	鄭天謨	150 円
同　三清洞 120	同	金徳漢	150 円
慶尚北道金泉郡石峴面作万里 775	同	李完鍾	150 円
京畿道抱川郡州内面任儀里 266	同	朴叙陽	
京城府麻浦洞 15	同	張寅源	150 円
京城府崇仁洞 22 の 1	同	李能世	150 円
同　笠井町 150	同	金英洙	150 円
同　孝子洞 69	同	金教莘	
同　黄金町 2 の 65	同	李東薫	
忠清南道礼山郡大述面詩山里 510	同	鄭斗和	
京城府忠信洞 55	同	李起元	
同　楼上洞 122	同	李重桓	150 円
同　武橋町 80	同	成周絅	150 円
京畿道高陽郡龍江面東幕上里 283	同	閔健植	150 円
京城府昌信洞 91	同	朴経遠	150 円
忠清南道燕岐郡全義面小井里 410	同	閔奎鉉	150 円
京城府盆善洞 18	同	崔正源	150 円
京城府苑南道 66	同	李寅鎔	
同　通洞 144	同	趙重九	150 円
同　貫鉄洞 58	同	李長薫	
			合計　5,500 円

出典：前掲「財団法人昌福会関係書類」

額六万一四二〇円に達した。また子弟教育のための貸付は一九三〇年六月から開始され、一九四三年頃までに学業補助を受けた者は二二名であった。窮乏する朝鮮貴族を昌福会がどれほど救ったかを示す史料はないが、三〇〇〇万円近い債務を抱えた尹沢栄侯爵家が潰れず、二代目の毅燮《イソプ》に継がれていることから推測するに、それなりの効果があったものと思われる。

6　華族化と参政権の付与

昌福会を設立した目的は、「現ニ窮迫セルモノニ対スル救済ヲ為スト共ニ一面之カ窮迫ニ至ラサルニ先チ未然ニ之ヲ防止セシメントスル」[71]ことにあった。ではなぜ〈日本〉は朝鮮貴族を救済しなければならなかったのか。それは「第八十四回帝国議会説明資料」の末尾に「今後本会ノ事業ヲ続行スル事ニ依リ朝鮮貴族ノ生活漸次安定シ朝鮮統治上梭《(ママ)》益スル所アラシメントス」[72]とあるように、朝鮮貴族の生活を安定させて統治に役立てようと考えたからだった。

朝鮮貴族の創設は、明治政府が旧公卿や諸侯のために華族という特権身分を作ったのとよく似ている。ならば、華族が皇室の藩屏《はんぺい》としての役割を担ったように、朝鮮貴族も李王家の藩屏になるよう期待されていたのであろうか。ゆえに、朝鮮貴族の生活の安定が図られたのであろうか。答えは否である。それは、李王職事務官の今村鞆が斎藤総督に提出したと思われる次の意見書をみればわかる。

> 全体より見るときは、朝鮮貴族は総督政治に於ける厄介物の一たるを失はす、併合当初期待せし程朝鮮統治の助けにもならす。〔…〕併合当初朝鮮貴族と銘を打ちし事か誤りなりし如し。自然今日に於ては恰も李王家の藩屏の如き形となりし観あり。寧ろ初めより華族とし、全く〔李〕王家と離して　皇室との縁由を一層深からしむへく、而して華族とする以上は、無論世襲財産制を設くへかりしなり。〔…〕現在朝鮮貴族にして素行不良又は体面汚損の者あり。此等の中には〔李〕王の懿親《いしん》

に当る者あり。又或は一人を処分する時は他に辞爵を願出る者を生し、皇上の恩典に対する不体裁を深く慮るの要あり。(73)

このように、今村は朝鮮貴族が李王家の藩屏になるのを不都合であると考え、彼らを李王家から離し、華族として皇室のもとに置くべきだと進言していた。この点は、末尾でも繰り返し「要は貴族と〔李〕王家とを可成分離し（宗親関係ある貴族は止むを得されとも）て　皇室に因縁せしむるの方法を取るを可なりとせん」と強調されている。つまり、朝鮮は日本の縮小版ではなく、あくまで〈日本〉だったのであり、朝鮮貴族は李王家の藩屏ではなく、皇室の藩屏でなければならなかったのである。そうであれば、朝鮮貴族の「素行不良又は体面汚損」は「皇上の恩典に対する不体裁」を意味するため、没落していく朝鮮貴族を救済するとともに、世襲財産制の導入が検討されたのだろう。趙男爵家の家政整理が進められたのも、李王家の体面保持が最終的な目的ではなく、実際には李王家に恩典を与えている天皇の体面を守るためであったと考えられる。

こうして朝鮮貴族の服制はやがて華族と統一され(74)、さらに朝鮮貴族のなかから貴族院議員になる者も現れた。そもそも、併合時にわざわざ華族とは別に朝鮮貴族を創設し、華族令とは異なる朝鮮貴族令を制定したのは、「日本華族ノ有スル参政権ヲ与ヘサル趣旨」(75)からであった。しかし、一九四五年四月に貴族院令が改正されると、朝鮮に在住する満三〇歳以上の男子で名望ある者が勅任の貴族院議員（朝鮮勅選議員）になれるようになり、朝鮮貴族の李埼鎔、宋鍾憲《ソンジョンホン》（野田鍾憲）のほか、一九一三年に失爵した尹致昊（伊東致昊）(76)や金明濬《キムミョンジュン》（金田明）、韓相龍《ハンサンニョン》、朴相駿《パクサンジュン》（朴沢相駿）、李軫鎬《イジノ》（李家軫鎬）、朴重陽《パクチュンヤン》（朴忠重陽）が選出された。[77] なお、朴泳孝、尹徳栄の二人も貴族院議員になったが、彼らは朝鮮勅選議員ではなく、通常の勅選議員であった。[78]

注

（1）一九九五年六月に社団法人民族問題研究所へ名称を変更した。
（2）これ以前に朝鮮貴族の略歴について体系的にまとめた研究として、大村友之丞編『朝鮮貴族列伝』（朝鮮総督府印刷局、一九一〇年）〈韓国学文献研究所編『旧韓末日帝侵略史料叢書Ⅷ―社会篇4』亜細亜文化社、一九八五年〉があげられる。
（3）金奭鎮と趙鼎九は名目上それぞれ「嗣子襲爵セサル者」「爵返上ヲ命セラレタル者」となっている。藤波通訳官「朝鮮人に対する授爵に関する意見」（『斎藤実文書』100―6、国立国会図書館憲政資料室所蔵）一九二六年一一月二二日作成。
（4）『読売新聞』一九二〇年一二月二九日。
（5）『毎日申報』一九一六年三月二四日。
（6）『読売新聞』一九四五年三月九日。
（7）「王公族及朝鮮貴族ニ関スル資料」（水野直樹編『戦時期植民地統治資料』第三巻、柏書房、一九九八年）二六二頁。
（8）第一六条　有爵者国籍ヲ喪失シタルトキ又ハ禁錮若ハ禁獄以上ノ刑ノ宣告ヲ受ケ其ノ裁判確定シタルトキハ其ノ爵ヲ失フ
　2　第六条又ハ第七条ノ礼遇ヲ享クヘキ者前項ノ場合ニ該当スルトキハ貴族ノ族称ヲ除キ又ハ其ノ礼遇ヲ禁止ス
（9）第一七条　有爵者左ノ各号ノ一ニ該当スルトキハ爵ヲ返上セシメ又ハ其ノ礼遇ヲ停止若ハ禁止ス
　一　貴族ノ体面ヲ汚辱スル失行アル者
　二　貴族ノ品位ヲ保ツコト能ハサル者
　三　忠順ヲ欠クノ行為アル者
　四　宮内大臣ノ命令又ハ家範ニ違反シ情状重キ者
（10）『読売新聞』一九一五年九月一七日、一〇月二日。
（11）「独立騒擾事件（その二）」（朝鮮総督府法務局編『朝鮮重大事件判決集』大海堂印刷株式会社、一九三〇年）〈朴慶植編『日本植民地下の朝鮮思想状況　朝鮮問題資料叢書』第一一巻、三一書房、一九八九年〉二六―二八頁。

(12) 「本邦ニ於ケル社会主義其他危険主義関係情報雑纂」(『思想月報』第二巻、外務省外交史料館所蔵)。
(13) 『読売新聞』一九一三年一〇月三〇日。
(14) 同前、一九一五年一二月三日。
(15) 「男爵金思濬犯罪処分ノ件」(『公文雑纂』第一一巻、一九一五年、国立公文書館所蔵)。
(16) 第一一条　爵ヲ襲クコトヲ得ヘキ相続人ハ相続開始ノ時ヨリ六箇月内ニ宮内大臣ニ家督相続ノ届出ヲ為スヘシ
　2　前項ノ届出アリタルトキハ宮内大臣ハ勅許ヲ経テ襲爵ノ辞令書ヲ交付ス
(17) 第一三条　左ノ場合ニ於テハ相続人ハ襲爵ノ特権ヲ失フ
　一　第十一条第一項ノ期間内ニ相続ノ届出ヲ為ササルトキ
　二　第十六条第二項又ハ第十八条ノ規定ニ依リ貴族ノ族称ヲ除カレタルトキ
(18) 小田部雄次『華族――近代日本貴族の虚像と実像』(中央公論新社、二〇〇六年) 一六三頁には「男爵の叙爵を拒絶、あるいはすぐに返却、さらには叙爵を恥辱と感じて自殺する者」として尹用求、洪淳馨、韓圭卨、兪吉濬、閔泳達、趙慶鎬、金奭鎮、趙鼎九、金嘉鎮の九名をあげ、一七〇頁で「金嘉鎮(一八四六〜一九二三)は、男爵を返上してから、大同団の総裁となり、上海で独立運動に関与」としているが、金嘉鎮は朝鮮貴族だからこそ独立運動に利用されたのであり、彼が爵位を拒絶や返却することはなかったと考えられる。少なくとも、公式的には朝鮮貴族令第一三条第一項により襲爵の特権を失ったため失爵している。
(19) 「朝鮮貴族略歴」(前掲『斎藤実文書』100―4) 西四辻公堯から斎藤総督提出。
(20) 第八条　有爵者又ハ前二条ノ礼遇ヲ享クヘキ者身体若ハ精神ニ重患アリ又ハ貴族ノ体面ニ関スル事故アリタルトキハ其ノ重患又ハ事故ノ止ムマテ其ノ礼遇ヲ享クルコトヲ得ス
　2　前項ノ重患又ハ事故ノ有無ハ宮内高等官中ヨリ勅命シタル審査委員ヲシテ審査セシメタル後宮内大臣ノ上奏ニ依リ之ヲ勅裁ス
(21) 『朝鮮総督府官報』一九一八年四月二五日。
(22) 第二〇条　有爵者其ノ品位ヲ保ツコト能ハサルトキハ宮内大臣ヲ経テ爵ノ返上ヲ請願スルコトヲ得
(23) 「朝鮮貴族世襲財産令制令案」(『公文類聚』第五一篇、国立公文書館所蔵) 一九二七年二月一日作成。
(24) 前掲「王公族及朝鮮貴族ニ関スル資料」二五七―二六二頁。
(25) 前掲「王公族及朝鮮貴族ニ関スル資料」、『朝鮮貴族履歴』(韓国学中央研究院蔵書閣所蔵)、「朝鮮貴族略歴」(前掲『斎藤実文書』100—3）一九二五年一〇月、前掲「朝鮮貴族略歴」西四辻公堯から斎藤総督提出、『朝鮮総督府官報』、『毎日申報』、『京城日報』、『朝日新聞』、『読売新聞』を利用して作成。

(26) 前掲「王公族及朝鮮貴族ニ関スル資料」二五六頁。

(27) 併合時には、朝鮮貴族以外にも「日韓関係ニ於テ日本ノ対韓政策ニ対シ克ク奨順シ翼賛セル者」またはその遺族に対して恩賜公債が給付された。前掲「朝鮮人に対する授爵に関する意見」によると、その内訳は次の通りである。

朝鮮貴族以外で併合時に公債を下賜された者

氏名	間柄	後見人	額面(円)
李容九			100,000
趙命九			5,000
金甲圭			5,000
金興圭			5,000
洪奎植			3,000
金弼漢			3,000
金英鎮	故金玉均遺族	趙重応，兪吉濬	10,000
金教英	故金弘集遺族	趙重応，兪吉濬	10,000
鄭圭容	故鄭秉夏遺族	張錫周	10,000
魚英善	故魚允中遺族	趙重応，兪吉濬	10,000
安国善	故安駉寿遺族	李完用，趙重応	10,000
金俊興	故金鶴羽遺族	趙重応，張錫周	5,000
李明照	故李周会遺族	趙義淵，具然寿	5,000
朴太緒	故朴泳教遺族	朴泳孝	5,000
徐載徳	故徐光範遺族	李完用，趙重応	5,000
兪致冏	故兪箕煥遺族	高永喜，閔泳綺	5,000
申昊永	故申箕善遺族	趙重応，朴斉斌	5,000
権承武	故権瀅鎮遺族	趙義淵	5,000
趙重恩	故趙寵熙遺族	趙重応	5,000
禹長春	故禹範善遺族	趙義淵，具然寿	5,000

(28) 前掲「朝鮮貴族世襲財産令制令案」。
(29) 「朝鮮貴族保護資金令（制令案）並に朝鮮貴族保護施設概要」（『昭和財政史資料』第五号、一九二八年、国立公文書館所蔵）。襲爵した第二世の顔ぶれをみると、一九二七年頃に作成したものと推測される。
(30) 「趙男爵家家政整理の経緯に就て」（『斎藤実文書』100―11(7)、国立国会図書館憲政資料室所蔵）一九二八年五月一日、整理委員から斎藤総督宛。
(31) 李朝で王妃の実父や正一品の功臣などに授けた爵号。府院君の待遇は親王と同等であった。
(32) 『読売新聞』一九二〇年七月一二日。
(33) 「尹沢栄に関する調査」（前掲『斎藤実文書』107―14）。
(34) 「侯爵尹沢栄の動静に関する件」（前掲『斎藤実文書』100―8）一九二〇年一月二七日、工藤知事から斎藤総督への報告書。
(35) 一八七四年八月一五日に生まれる。本籍は長崎県壱岐郡岩田村。朝鮮では貿易業に従事するかたわら油房業、製粉業、酒造業、倉庫業、農業、鉱山業、精米業、ゴム工業などを兼業して財をなした。斎藤合名会社、斎藤酒造合名会社、豊国製粉株式会社の社長となる。朝鮮での住所は三坂通一〇一（龍山六三・三九〇号）であった。
(36) 前掲「侯爵尹沢栄の動静に関する件」一九二〇年一月二七日、工藤知事から斎藤総督への報告書。
(37) 同前。
(38) 趙東潤は日本視察の頃に、親日的な運動を展開する一進会に入会した。
(39) 前掲『朝鮮貴族列伝』一八七―一八九頁。
(40) 前掲「趙男爵家家政整理の経緯に就て」一九二八年五月一日、整理委員から斎藤総督宛。
(41) 一八〇九年、李朝第二三代国王純祖と純元王妃の間に生まれた孝明世子。二一歳で夭逝し、純祖薨去後の一八三四年に世子の息子が憲宗として即位したことで翼宗に追尊され、一八九九年に高宗によって再び文祖翼皇帝に追尊された。それゆえ、翼宗自身は王になっていない。
(42) 前掲「趙男爵家家政整理の経緯に就て」一九二八年五月一日、整理委員から斎藤総督宛。
(43) 同前。
(44) 同前。
(45) 同前。
(46) 「趙家整理の経過概要及希望事項に就て」（前掲『斎藤実文書』100―11(2)）。

(47) 不動産の所有者に一定の金額（保証金）を預けて所定の期間借りる制度。家賃を月々支払う必要がなく、その不動産を返すときには預けた金が全額戻される。
(48) 前掲「趙男爵家家政整理の経緯に就て」一九二八年五月一日、整理委員から斎藤総督宛。
(49) 同前。
(50) 同前。
(51) 「趙男爵家家政整理経過報告」（前掲『斎藤実文書』100—11(2)）一九二五年三月作成。
(52) 「趙男爵家家政整理の経緯に就て（付）舌代」（前掲『斎藤実文書』100—11(7)）一九二八年五月一日、整理委員から趙重九宛。
(53) 前掲「趙男爵家家政整理の経緯に就て」一九二八年五月一日、整理委員から斎藤総督宛。
(54) 趙東潤の生前に家政の全権を握っていた金東淑は、趙東潤が死去すると同時に家宝を清進洞一六五の住居へ運び出し、それを質入して享楽の資金にしていた。そのなかには皇室や李王家の下賜品もあったという。
(55) 前掲「趙男爵家家政整理の経緯に就て」一九二八年五月一日、整理委員から斎藤総督宛。
(56) 同前。
(57) 同前。
(58) 同前。
(59) 同前。
(60) 前掲「趙家整理の経過概要及希望事項に就て」。
(61) 同前。
(62) 「故趙東潤母堂李貞淑願書」（前掲『斎藤実文書』100—11(3)）一九二五年三月、李貞淑から斎藤実夫人宛。
(63) 朝鮮では、畓は水田を意味し、田は畑を意味する。
(64) 朝鮮殖産銀行への負債は趙重九が成人し、金東淑（連帯保証人）が離籍したことから重九の単独債務とされ、保証人は李熙斗、趙性根両少将から金淑済に変更された。前掲「趙男爵家家政整理の経緯に就て」一九二八年五月一日、整理委員から斎藤総督宛。
(65) 前掲「趙男爵家家政整理の経緯に就て（付）舌代」一九二八年五月一日、整理委員から趙重九宛。
(66) 朝鮮総督府学務局「12 第八十四回帝国議会説明資料」（『帝国議会関係雑件／説明資料関係』第三五巻、外務省外交史料館所蔵）。

(67) 同前。
(68)「財団法人昌福会関係書類」(前掲『斎藤実文書』100―7)。
(69) 同前。
(70) 同前。
(71) 前掲「12 第八十四回帝国議会説明資料」。
(72) 同前。
(73) 今村鞆「李王家に関する事ども」(前掲『斎藤実文書』99―8)一九二一年一月一〇日作成。
(74)「朝鮮貴族有爵者大礼服制ヲ廃止シ朝鮮貴族有爵者モ内地ノ有爵者ト同様有爵者大礼服制ニ依ラシムルコトニ付宮内大臣へ照会ノ件」(『公文雑纂・大正九年・第一巻・内閣一・内閣一、鉄道院・鉄道院』国立公文書館所蔵)。
(75) 前掲「王公族及朝鮮貴族ニ関スル資料」二四七頁。内務省管理局が「韓国併合ニ関スル書類抄」にもとづいて作成した「明治四三年七月閣議決定」の朝鮮貴族令の説明にこの趣旨が注記されている。
(76) 尹致昊は「一〇五人事件」後に「親日派」へ転向し、釈放されたのちは独立運動に否定的な態度をとったり、名前も内地式の伊東致昊を名乗ったりした。
(77) 朝鮮勅選議員の定員は一〇名とされた。台湾勅選議員もあり、許丙、林献堂、簡明山(緑野竹二郎)がいた。
(78) 斎藤実はのちに『読売新聞』一九三四年八月一〇日で次のように述べている。「朝鮮将来のことについては私もいろいろ考へてゐるが将来はどうしても衆議院にも議席をもたすやうにしなければならぬと考へてゐる。だが内地の選挙法をそのまゝ朝鮮に実施するといふやうなことは出来ない。何名ぐらゐを入れるか、そこらの点は余程考究する必要があらうと思ふ。私は、向ふにゐる時、さうだなあ、原内閣の時だ、朝鮮の華族の代表として三人ばかり貴族院の議席に列せしめたいと考へて、その事を原さんに話をしたことがあつたが、いろいろな関係で、それを実現さすことが出来なかつた。しかし、そのうちの二人とも逝去したので、一人残つてゐた朴泳孝侯を先年勅選に推薦したのだが、適当な人があれば、どしどし議席に列せしめるやうにすればいいと私は考へてゐる」。

終章

留守第四師団長着任の日の李王垠（1940 年 5 月 25 日）（出典：李王垠伝記刊行会編『英親王李垠伝』）

韓国併合とは大日本帝国と大韓帝国という二つの帝国が一つになること。帝国に存在しうる「帝」は一人であること。併合条約は全八条のうち四条が天皇と韓国皇室に関する文言であること。しかも第三条と第四条は韓国皇室を厚遇する内容であること。そして併合条約と同時に公布された冊立詔書が王公族に「皇族ノ礼」を保障したこと。

本書では、こうした併合研究で見過ごされてきた事実に着目し、王公族の創設と帝国の葛藤という側面から、全七章にわたる論を展開してきた。最後に全体を整理しつつ、序章で設定した二つの問いに答えていきたい。

第一章では、寺内正毅統監が併合を実現するうえで韓国皇室の処遇を「朝鮮統治上ノ最大要件」ととらえ、韓国側も同様に皇室の処遇を重視していたことを示した。寺内統監は韓国皇帝に条約調印に応じてもらうため、「皇族ノ礼」と一五〇万円の歳費を保障した。さらに、韓国側が調印条件として示した国号と王称の維持も受け入れ、韓国を朝鮮として、韓国皇室を王公族として〈日本〉に編入した。しかし、王公族の班位を定めず、また冊立詔書で「皇族ノ礼」を保障しただけで、法的規定を後回しにしたため、彼らは皇族とも皇族でないともいえる曖昧な身分となった。

第二章では、併合時に曖昧なままに創設された王公族の地位が、一九一六年に至って積極的に議論されるようになり、最終的に法的には皇族ではないと見なされるようになったことを示した。併合時に冊立詔書の作成に携わった伊東巳代治は、皇室制度の整備過程で王公族の法的地位を明確にすべきだと考え、皇室制度再査議を執筆してそれを政府に訴えた。これにより、伊東を総裁とする帝室制度審議会は王公族を準皇族と規定する王公家軌範案を作成するが、枢密院はそのような案に賛成するのは「不忠不義」と批判し、否決してしまう。伊東の目的は「皇族ノ礼」が保障された王公族に「実質」を与え、皇族と王公族を「対等」な関係にすることにあったが、それは達成されなかった。

第三章では、王公族が法的には皇族と見なされなかったにもかかわらず、李太王が皇族でも稀な国葬礼遇を賜ったことを示した。統治者側は李太王を国葬して、朝鮮が〈日本〉のもとで内地と対等であるというイメージを可視化し、朝鮮人を「感涙」させようとした。当局の期待通り、全国の朝鮮人が盛大な国葬を見ようと京城に集まりだすが、朝鮮人の上京は群衆を動員した独立運動を起こす絶好の機会となる。かくして国葬前々日には当局の期待と裏腹に三・一運動が勃発する。朝鮮人の「感涙」を期して計画された国葬は、逆に独立や抵抗を表明する場を提供したのである。朝鮮人は単に「独立万歳」を唱えるだけでなく、内地式国葬に参加しないで朝鮮式に行われた李王家の内葬のみに参加することで抵抗を表現した。李王職の権藤四郎介は寂寞たる国葬と盛況な内葬の対比を見て、民情の機微を感ぜざるを得なかったと吐露し、同じく李王職の今村鞆は斎藤実総督に意見書を提出し、今後予想される李王の葬儀は朝鮮固有の式を尊重するよう訴えた。こうして、一九二六年四月二五日に薨去した李王の葬儀は朝鮮の古礼に則った国葬となる。

第四章では、朝鮮の古礼を尊重した李王の国葬を実施するにあたって、帝国の「大義名分」という一見とるに足らない問題が重視され、延々と議論が重ねられたことを示した。李王の国葬を朝鮮式に行えば、国葬の「国」が〈日本〉ではなく朝鮮を示しかねなかった。それゆえ、当局はわざわざ李王を元帥に就けて〈日本〉の国葬を象徴し天皇の威光を示す儀仗隊や輓馬を葬儀行列に組み込んだり、銘旌に「皇帝」と記させぬよう腐心した。

こうした王公族に対する処遇から、本論の第一の目的である朝鮮統治の特性を見出せる。すなわち、朝鮮と内地の〈対等性〉を強調したり、内地に対する朝鮮の〈個別性〉を強調したりする表面上の懐柔策と、朝鮮は〈日本〉であり内地と不可分であるとする「大義名分」が重なり合っていたという特性である。このうち、表面上の懐柔策の役割は「大義名分」を補強することにあった。それゆえ、王公族に対する「皇族ノ礼」や李太王に対する国葬礼遇はもちろん、朝鮮固有の式に依った李王の国葬のように、あたかも朝鮮の個別性を容認しているかのような措置も、強固に朝鮮の独立を否定していたのである。

だが、王公族を〈日本〉のなかに保存しつづけることは多大な労力を必要とした。たとえば第五章で示したように、李堈という散財を繰り返す公族がいても、李王職や総督府といった植民地当局はそれを排除せずに保護しつづけている。そもそも李堈自身は「公」の身分に執着していなかったため、「公」を剥奪するのは可能であった。にもかかわらず、当局は王公家軌範の制定によって王公族の隠居制度が確立されるのを待つ。なぜならば、隠居の場合は李堈のみを公族から排除できるが、李堈に身分に関する処分を下した場合は、李堈公家自体が消滅してしまう危険性があったからである。日本が多大な労力を費やしてそのような危険を避けたのは、併合条約に調印した旧韓国皇室たる王公族が併合の「合意性」を担保し、その後の朝鮮統治の「正当化」に利用できる生き証人だったからであろう。そしてここから本論の第二の目的、すなわち、なぜ日本は王公族を廃滅することなく〈日本〉のなかに保存しつづけたのかという疑問に対する答えを導き出せる。日本の朝鮮統治は「大義名分」を重視し、王公族を利用した懐柔策によってその「大義名分」を補強しなければならないほど脆弱であったがために、王公家軌範を制定して王公族の構成員を安定的に増加させ、彼らを〈日本〉のなかに保存していかなければならなかったのである。仮に日本が「大義名分」を重視することなく朝鮮を一方的な力で統治できたならば、韓国皇室の処遇問題を「朝鮮統治上ノ最大要件」と見なして皇族の礼遇を受ける王公族を創設する必要はなく、旧琉球王のように華族として、もしくはそれ以下として処遇したであろう。

加えて、王公族が〈日本〉のなかにありつづけた理由を考えるうえでは、王公族が明治天皇の発した冊立詔書によって創設された身分であるという事実も考慮する必要がある。王公族の廃滅は明治天皇が韓国および韓国皇室と結んだ約束を履行できなかったことを意味し、「皇上の恩典に対する不体裁」につながったからである。それゆえ、たとえば帝室制度審議会の平沼騏一郎は、王公族を非皇族と見なすようになる典範三九条の改正に反対する理由の一つとして、明治天皇が発した詔書の趣旨に背くことになると述べ、また李堈公附事務官であった黒崎美智雄は、李堈によって蕩尽されていく公家財産の危機を訴える具申書で、このままでは「先帝陛下ノ公家ヲ立テ賜ヒシ御趣旨ヲ全フスル能ハサル」(1)と嘆いていた。〈日本〉において天皇の意思は絶対であり、臣民はその意思にもとづいて発せられた詔《みことのり》を厳守しなければならなかったため、明治天皇の冊立詔書に背くことになる王公族の廃滅は、何としても阻止する必要があった。たとえ王公族や朝鮮貴族を維持するために多額の資金や多大な労力を要しても、併合時の約束を履行して天皇の体面や権威を守るには、王公族を皇族のように、朝鮮貴族を華族のように礼遇して〈日本〉のなかに保存しつづけなければならなかったのである。

旧韓国皇室たる王公族を存続させれば朝鮮の独立性を表象し、「大義名分」を否定する危険があったが、天皇の体面や権威は強化でき、それによってむしろ「大義名分」を維持できたのである。〈日本〉が王公族の処遇をめぐって延々と葛藤をつづけたところに、以上のような朝鮮統治の特性を見出せる。

ただし、そのような統治が三五年間一貫してありつづけたわけではない。最後にこの点について言及しておきたい。

李太王や初代李王坧の時代は、王公族と皇族の関係は曖昧なままだった。王公族は非皇族でありながら皇族のように扱われ、朝鮮人の懐柔がなされた。しかし、李王坧が薨去した一九二六年に王公家軌範が制定されると、王公族の班位は皇族に次ぐと規定され（王公家軌範第四〇条）、意図的に皇族として扱う必要はなくなる。それには、幼少期に併合を迎えて韓国皇帝の地位に就かなかった李垠が李王を継承したことや、大正から昭和への代替わりが関係していたと思われる。また、朝鮮人（特に独立運動家）の旧韓国皇室に対する関心の薄れによって、あえて王公族を皇族のように見せなくてもよくなったというのも理由としてあげられよう。たとえば大韓民国臨時政府が制定した大韓民国臨時憲章をみると、一九一九年時点で「大韓民国は旧皇室を優待する」（第八条）と定めていたにもかかわらず、二五年時点ではこうした文言が削除されている。併合前に日本に抵抗の姿勢を示してきたカリスマ性のある高宗（李太王）がいなくなり、最後の韓国皇帝純宗（李王坧）も病弱で余命いくばくもないという雰囲気のなかで、朝鮮人の旧皇室に対する関心はやがて低下していったのであろう。

しかし、王公家軌範の制定で王公族と皇族の区別が明確になったわけではない。王公族をあえて皇族のように扱わなくなったことによって皇族は王公族の他者でなくなり、両者の境界はより曖昧になった。それまで王公族に保障されていた「皇族ノ礼」のみが人々の記憶に残って前景化し、王公族は皇族に同化していったのである。それゆえ、李王垠は李太王や李王坧とは異なり、王公族に課された軍人としての役割を儀礼的にだけではなく、皇族と同様に戦地に赴いて果たした。李王は朝鮮の昌徳宮に鎮座するものではなくなったのである。

一九三一年の李徳恵と宗武志の婚儀は、朝香宮紀久子と鍋島直泰の婚儀とともに、「おめでた続き……本年の皇室」(2)と報道された。四五年に李鍝が被爆したときには、御附武官であった吉成弘中佐が自責の念に駆られて李鍝が息を引き取った病室前の芝生に正座してピストルで自決した。(3)四七年一〇月一四日付で一一宮家が臣籍降下して一八日に天皇とのお別れ会が「朝見の儀」として行われたときにも、李王垠と李鍵は同席した。(4)李王坧が存命中の皇族は王公族にとって他者だったが、李王坧が亡くなり王公家軌範が制定されると、皇族は王公族を包摂した新たな〈皇族〉へ変容したのである。

こうした〈皇族〉を創れるならば、併合当初に王公家軌範を制定してしまえばよかったではないか、そうすれば王公族の処遇をめぐって葛藤する必要もなかったはずだ、と思う人もいるだろう。しかし、王公族の法的規定は後回しにされ、政府・総督府・李王職は行き当たりばったりの政策を繰り返した。それは李堈の隠居・禁治産の議論からも明らかなように、日本の意思決定機関が愚直なまでに法を遵守したことと関係する。いったん法で定めてしまえば、それにしたがわなければならない。だからむしろ曖昧なままにされたのである。

日本は一方で朝鮮統治を無難に遂行するために王公族を皇族のように礼遇して内地と朝鮮の〈対等〉な関係を示していかなければならず、一方で皇統を重視する保守派に配慮して王公族を法的に皇族と見なすわけにはいかなかった。また、天皇の「思召」もあり、併合時に班位規定も見送られた。王公家軌範が制定されないから王公族が曖昧だったのではなく、王公族を明確に規定できない（曖昧なままにしておかなければならない）から王公家軌範の制定が先延ばしにされたというのが順序としては正しいのかもしれない。日本は併合と同時に強固な帝国〈日本〉を構築できたのではなく、一九二六年までは大韓帝国とその皇帝の影が残存し、王公族の処遇をめぐって揺れ動かざるをえなかった。しかし、李太王と李王の薨去を経て揺らぎはしだいに弱まり、王公家軌範の制定による王公族身分の安定を経て、帝国は徐々に強化されていったのである。

こうした視点は、これまでの朝鮮統治研究で自明とされた「武断統治期」「文化統治期」とは異なる時代区分を提示するとともに、一九一〇年〜四五年までの統治構造は一貫して変わることがなかったとみる本質主義に陥らないためにも重要であろう。

注

（1）「李堈公に関する書類　公殿下御行迹ニ関スル具申書」（『斎藤実文書』99―25、国立国会図書館憲政資料室所蔵）一九一四年三月一一日、黒崎美智雄から小宮三保松李王職次官宛。

（2）『読売新聞』一九三二年一月一日。

（3）読売新聞社編『昭和史の天皇』第四巻（読売新聞社、一九六八年）二四〇―二四一頁には、従軍した王公族が皇族と見なされていたことを窺わせる記述がある。「当時、〔李鍝〕殿下は広島から二つ西側の駅がある己斐に仮御殿があり、そこから総軍司令部へお通いだった。妃殿下は京城におられたので、われわれ参謀部のものは、戦局からみて早く妃殿下をお呼びしなくてはいけないなあと、寄り寄りに話していたものだった。いまでこそ皇族といえば限られているし、感情のうえでも国民と接近しておられるが、戦前、戦中は、皇族とは大変に貴いものであり、われわれもいい意味でだが、いろいろと気を使っていたものだ」。

（4）金英達「朝鮮王公族の法的地位について」（『青丘学術論集』第一四集、一九九九年三月）一四四頁で指摘されているように、王公族も一九四七年一〇月一八日に臣籍降下したと誤解している伝記などがある。

参考文献

全体にわたるもの

〈史料〉

阿部薫編『朝鮮功労者銘鑑』(民衆時論社、一九三五年)〈『朝鮮人名資料事典』第四〜六巻、日本図書センター、二〇〇二年〉

有馬純吉『人物評論真物?贋物?』(朝鮮公論社、一九一七年)

有馬純吉『朝鮮紳士録 昭和六年度版』(朝鮮紳士録刊行会、一九三一年)

伊藤亜人・木村益夫他監修『朝鮮を知る事典』(平凡社、一九八六年)

伊藤隆・季武嘉也編『近現代日本人物史料情報辞典』第一・二・三巻(吉川弘文館、二〇〇四年・二〇〇五年・二〇〇七年)

井原頼明『皇室事典』(冨山房、一九三八年)

外務省外交史料館日本外交史辞典編纂委員会編『日本外交史辞典』(山川出版社、一九九二年)

笠原幡多雄『明治大帝史』(公益通信社、一九一四年)

木村誠・吉田光男他編『朝鮮人物事典』(大和書房、一九九五年)

権藤四郎介『李王宮秘史』(朝鮮新聞社、一九二六年)

三省堂編修所編『コンサイス 外国人名事典』第三版(三省堂、二〇〇六年)

三省堂編修所編『コンサイス 日本人名事典』第五版(三省堂、二〇〇九年)

週刊朝日編『値段の明治大正昭和風俗史』(朝日新聞社、一九八一年)

張赫宙『秘苑の花——李王家悲史』(世界社、一九五〇年)

秦郁彦編『日本近現代人物履歴事典』(東京大学出版会、二〇〇二年)

秦郁彦編『日本陸海軍総合事典』(東京大学出版会、二〇〇五年)

原武史・吉田裕編『岩波　天皇・皇室辞典』（岩波書店、二〇〇五年）
牧山耕蔵編『朝鮮紳士名鑑』（日本電報通信社京城支局、一九一一年）〈『朝鮮人名資料事典』第一巻、日本図書センター、二〇〇二年〉
李王垠伝記刊行会編『英親王李垠伝――李王朝最後の皇太子』（共栄書房、一九七八年）
李王職『徳寿宮李太王実記』（近澤印刷所、一九四三年）
李王職『昌徳宮李王実記』（近澤印刷所、一九四三年）
李方子『動乱の中の王妃』（講談社、一九六八年）
李方子『すぎた歳月』（社会福祉法人明暉園、一九七三年）
李方子『流れのままに』（啓佑社、一九八四年）
李方子『歳月よ王朝よ――最後の朝鮮王妃自伝』（三省堂、一九八七年）
我妻栄編『旧法令集』（有斐閣、二〇〇四年）
『官報』
『宮内省御貸下皇族写真画報』（東京写真時報社、一九二五年）
『宮内省省報』
『京城日報』
『高宗実録第四　純宗実録』（学習院東洋文化研究所、一九六七年）
『在朝鮮内地人紳士名鑑』（朝鮮公論社、一九一七年）
『大正記念写真帖』（東光園、一九一六年）
『朝鮮』（朝鮮総督府）
『朝鮮彙報』（朝鮮総督府）
『朝鮮人事興信録』（朝鮮新聞社、一九二二年）〈『日本人物情報大系』第七三巻、皓星社、一九九九年〉
『朝鮮総督府官報』
『朝鮮総督府施政二十五周年記念表彰者名鑑』（一九三五年）〈『日本人物情報大系』第七九巻、皓星社、一九九九年〉

『東京朝日新聞』
『毎日申報』
『読売新聞』
『李王同妃両殿下御渡欧日誌』（一九二八年）

〈研究書・研究論文〉

浅野豊美・松田利彦編『植民地帝国日本の法的構造』（信山社、二〇〇四年）
小熊英二『単一民族神話の起源――〈日本人〉の自画像の系譜』（新曜社、一九九五年）
小熊英二『〈日本人〉の境界――沖縄・アイヌ・台湾・朝鮮　植民地支配から復帰運動まで』（新曜社、一九九八年）
伊藤之雄『立憲国家の確立と伊藤博文――内政と外交　一八八九〜一八九八』（吉川弘文館、一九九九年）
小田部雄次『李方子――一韓国人として悔いなく』（ミネルヴァ書房、二〇〇七年）
小田部雄次『皇族――天皇家の近現代史』（中央公論社、二〇〇九年）
ドナルド・キーン著、角地幸男訳『明治天皇』上下巻（新潮社、二〇〇一年）
小林和幸『明治立憲政治と貴族院』（吉川弘文館、二〇〇二年）
駒込武『植民地帝国日本の文化統合』（岩波書店、一九九六年）
酒井哲哉編『「帝国」編成の系譜』（岩波書店、二〇〇六年）
神保哲生・宮台真司他『天皇と日本のナショナリズム』（春秋社、二〇〇六年）
ピーター・ドウス著、小林英夫訳『帝国という幻想――「大東亜共栄圏」の思想と現実』（青木書店、一九九八年）
中山和芳『ミカドの外交儀礼――明治天皇の時代』（朝日新聞社、二〇〇七年）
西川長夫・渡辺公三編『世紀転換期の国際秩序と国民文化の形成』（柏書房、一九九九年）
原武史『大正天皇』（朝日新聞社、二〇〇〇年）
原武史『可視化された帝国――近代日本の行幸啓』（みすず書房、二〇〇一年）
ハーバート・ビックス著、吉田裕監修、岡部牧夫・川島高峰訳『昭和天皇』上下巻（講談社、二〇〇二年）

本田節子『朝鮮王朝最後の皇太子妃』（文藝春秋、一九九一年）
松田利彦・やまだあつし編『日本の朝鮮・台湾支配と植民地官僚』（思文閣出版、二〇〇九年）
御厨貴『天皇と政治――近代日本のダイナミズム』（藤原書店、二〇〇六年）
山本有造『日本植民地経済史研究』（名古屋大学出版会、一九九二年）
渡辺みどり『日韓皇室秘話　李方子妃』（読売新聞社、一九九八年）
金乙漢『人間李垠――解放에서 還国까지』（韓国日報社、一九七一年）
金用淑『조선조 궁중풍속 연구』（一志社、二〇〇〇年）

序章　見過ごされた王公族（前にあげたものを除く、以下同じ）

〈史料〉

朝鮮総督府『併合の由来と朝鮮の現状』（一九二三年）

〈研究書・研究論文〉

荒井信一「日韓対話 歴史における合法論不法論を考える」（『世界』第六八一号、二〇〇〇年一一月）
安秉直「한국 근현대사 연구의 새로운 패러다임」（『창작과 비평』第九八号、一九九七年一二月）
石本泰雄「日韓条約への重大な疑問――その法的構造を検討する」（『世界』第二四一号、一九六五年一二月）
板垣竜太「農村振興運動における官僚制と村落――その文書主義に注目して」（『朝鮮学報』第一七五輯、二〇〇〇年）
李泰鎮「統監府の大韓帝国宝印奪取と皇帝署名の偽造」（海野福寿編『日韓協約と韓国併合』明石書店、一九九五年）
李泰鎮「韓国併合は成立していない（上）」（『世界』第六五〇号、一九九八年七月）
李泰鎮「韓国併合は成立していない（下）」（『世界』第六五一号、一九九八年八月）
李泰鎮「韓国併合不成立再論――坂元教授に答える」（『世界』第六五九号、一九九九年三月）
李泰鎮「略式条約で国権を委譲できるのか（下）」（『世界』第六七六号、二〇〇〇年六月）
伊藤之雄・李盛煥編『伊藤博文と韓国統治――初代韓国統監をめぐる百年目の検証』（ミネルヴァ書房、二〇〇九年）

海野福寿『韓国併合』(岩波新書、一九九五年)
海野福寿「韓国保護条約について」(海野福寿編『日韓協約と韓国併合』明石書店、一九九五年)
海野福寿『韓国併合史の研究』(岩波書店、二〇〇〇年)
海野福寿『伊藤博文と韓国併合』(青木書店、二〇〇四年)
カーター・J・エッカート著、小谷まさ代訳『日本帝国の申し子——高敞の金一族と韓国資本主義の植民地起源1876—1945』(草思社、二〇〇四年)
梶村秀樹『朝鮮史』(講談社、一九七七年)
梶村秀樹「朝鮮史の方法」(梶村秀樹著作集刊行委員会・編集委員会編『梶村秀樹著作集』第二巻、明石書店、一九九三年)
姜在彦『朝鮮の開化思想』(岩波書店、一九八〇年)
金基奭「光武帝の主権守護外交・一九〇五~一九〇七年」(海野福寿編『日韓協約と韓国併合』明石書店、一九九五年)
金振松著、川村湊監訳『ソウルにダンスホールを——1930年代朝鮮の文化』(法政大学出版局、二〇〇五年)
金富子「植民地期・解放直後の朝鮮における公娼認識——女性の身体をめぐるナショナリズムとジェンダー」(岩崎稔・大川正彦・中野敏彦・李孝徳編著『継続する植民地主義』青弓社、二〇〇五年)
琴秉洞「乙巳保護条約の強制調印と問題点」(海野福寿編『日韓協約と韓国併合』明石書店、一九九五年)
坂元茂樹「日韓保護条約の効力——強制による条約の観点から」(『関西大学法学論集』第四四巻、一九九五年)
坂元茂樹「日韓は旧条約問題の落とし穴に陥ってはならない」(『世界』第六五二号、一九九八年九月)
笹川紀勝・李泰鎮編『韓国併合と現代——歴史と国際法からの再検討』(明石書店、二〇〇八年)
申明直著、岸井紀子・古田富建訳『幻想と絶望——漫文漫画で読み解く日本統治時代の京城』(東洋経済新報社、二〇〇五年)
趙景達「植民地近代性論批判序説」(『歴史学研究』第八四三号、二〇〇八年八月)
趙景達『植民地期朝鮮の知識人と民衆』(有志舎、二〇〇八年)
鄭根埴「植民地支配・身体規律・「健康」」(水野直樹編『生活の中の植民地主義』人文書院、二〇〇四年)
月脚達彦「歴史学からの接近」(野間秀樹編著『韓国語教育論講座』第四巻、くろしお出版、二〇〇八年)

月脚達彦『朝鮮開化派思想とナショナリズム』（東京大学出版会、二〇〇九年）
中村哲・安秉直編『近代朝鮮工業化の研究』（日本評論社、一九九三年）
並木真人「植民地期朝鮮人の政治参加について――解放後史との関連において」（『朝鮮史研究会論文集』第三一集、一九九三年）
日本植民地研究会編『日本植民地研究の現状と課題』（アテネ社、二〇〇八年）
原田環「第二次日韓協約調印と大韓帝国皇帝高宗」（『青丘学術論集』第二四集、二〇〇四年四月）
松本武祝「「植民地的近代」をめぐる近年の朝鮮史研究――論点の整理と再構成の試み」（宮嶋博史・李成市・尹海東・林志弦編『植民地近代の視座――朝鮮と日本』岩波書店、二〇〇四年）
松本武祝『朝鮮農村の〈植民地近代〉経験』（社会評論社、二〇〇五年）
宮嶋博史「開化派研究の今日的意味」（『季刊三千里』第四〇巻、一九八四年）
宮嶋博史「近代克服志向型ナショナリズムと新しい朝鮮史像」（『歴史批判』第三巻、一九八六年）
向英洋『詳解　旧外地法』（日本加除出版、二〇〇七年）
森山茂徳『近代日韓関係史研究――朝鮮植民地化と国際関係』（東京大学出版会、一九八七年）
森山茂徳『日韓併合』（吉川弘文館、一九九五年）
山辺健太郎『日本の韓国併合』（太平出版社、一九六六年）
山辺健太郎『日韓併合小史』（岩波書店、一九六六年）
山本華子「李王職雅楽部に関する研究――『職員録』と聞き取り調査を中心に」（『青丘学術論集』第二〇集、二〇〇二年三月）
尹炳奭「乙巳五条約の新考察」（海野福寿編『日韓協約と韓国併合』明石書店、一九九五年）
吉田和起「日本帝国主義の朝鮮併合――国際関係を中心に」（『朝鮮史研究会論文集』第二集、一九六六年一一月）
吉村吉典「『日韓条約』をめぐる日本の思想」（『朝鮮史研究会論文集』第二集、一九六六年一一月）
金東祚『回想30年韓日会談』（中央日報社、一九八六年）
金晋均・鄭根埴「식민지 주체와 근대적 규율」（金晋均・鄭根埴編『근대주체와 식민지 규율권력』문화과학사、一九

九七年）
김혜경「일제하 자녀양육과 어린이기의 형성――1920―30년대 가족담론을 중심으로」（金晋均・鄭根埴編『근대주체와 식민지 규율권력』문화과학사、一九九七年）
사회과학원 력사연구소 편『김옥균』（사회과학원출판사、一九六四年）
愼鏞廈『〝식민주의근대화론〟재정립 시도에 대한 비판』（문화과지성사、一九九七年）
尹海東「식민지 인식의 〝회색지대〟――일제하 〝공공성〟과 권력」（『당대 비평』第一三号、二〇〇〇年）
尹海東他編『근대를 다시 읽는다』（역사비평사、二〇〇六年）
李栄薫『대한민국 이야기』（기파랑、二〇〇七年）
이윤상「일제하 〝조선왕실〟의 지위와 이왕직의 기능」（『韓国文化』第四〇集、二〇〇七年一二月）
이지선、야마모토 하나코「『직원록』을 통해서 본 이왕직의 직제연구」（『동양음악』第二六巻、二〇〇四年）
李泰鎮編『한국병합、성립하지 않았다』（태학사、二〇〇一年）
鄭昌烈「韓末 変革運動의 政治 経済的 性格」（宋建鎬・姜萬吉編『韓国民族主義論』創作과 批評社、一九八二年）
조형근「식민지체제와 의료적 규율화」（金晋均・鄭根埴編『근대주체와 식민지 규율권력』문화과학사、一九九七年）
최재성「일제강점 전후 한국 황실 친인척의 행적과 일제의 우대」（『한국민족운동사연구』第五二巻、二〇〇七年九月）
Christine Kim, *The King Is Dead: The Monarchy and National Identity in Modern Korea, 1897–1919*, May 2004: The requirements for the degree of Doctor of Philosophy in the subject of History and East Asian Languages, Harvard University Cambridge, Massachusetts.
Shin, Gi-wook & Robinson, Michael eds., *Colonial Modernity in Korea*, Harvard University Asia Center, 1999.

第一章　韓国併合と王公族の創設

〈史料〉

外務省編『小村外交史』下巻（新聞月鑑社、一九五三年）
外務省編『日本外交年表並主要文書』上巻（原書房、一九六五年）

宮内大臣官房秘書課『宮内省職員録』(一九二四年〜一九四三年)
倉知鉄吉「韓国併合の経緯」(『明治人による近代朝鮮論影印叢書』第一六巻、ぺりかん社、一九九七年)
黒田甲子郎編『元帥寺内伯爵伝』(元帥寺内伯爵伝記編纂所、一九二〇年)
黒龍倶楽部編『国士内田良平伝』(原書房、一九六七年)
小松緑『朝鮮併合之裏面』(中外新論社、一九二〇年)
小松緑『春畝公と含雪公』(学而書院、一九三四年)
小松緑『明治外交秘話』(千倉書房、一九三六年)
五味均平編『朝鮮李王公家取調書』(早稲田大学図書館所蔵)
春畝公追頌会編『伊藤博文伝』上中下巻(春畝公追頌会、一九四〇年)
枢密院『枢密院会議議事録』第一二巻(東京大学出版会、一九八五年)
朝鮮総督府「朝鮮ノ保護及併合」(市川正明編『日韓外交史料』第八巻、原書房、一九八〇年)
朝鮮総督府編『朝鮮施政ノ方針及実績』(一九一五年)
寺内正毅「韓国併合始末」(海野福寿編『韓国併合始末関係資料』不二出版、一九九八年)
内閣官報局『職員録』(一九一二年〜一九四三年)
長井純市編『渡辺千秋関係文書』(山川出版社、一九九四年)
山本四郎編『寺内正毅日記――一九〇〇〜一九一八』(京都女子大学、一九八〇年)
李王職庶務係人事室『李王職職員録』(一九一一年、一九一四年、一九一五年、一九一八年、韓国国立中央図書館所蔵)
李王職庶務課『李王職月報綴』(一九三三年〜一九三五年、韓国学中央研究院所蔵)
「韓国併合ニ関スル閣議決定書・其三」(『韓国併合ニ関スル書類』国立公文書館所蔵)
『韓国併合ニ関スル書類 発電』(国立公文書館所蔵)
『韓国併合ニ関スル書類 着電』(国立公文書館所蔵)
「斎藤実日記」(『斎藤実文書』国立国会図書館憲政資料室所蔵)
「新協約調印始末」(金正明編『日韓外交資料集成』第六巻上、巌南堂書店、一九六四年)

『勅使朝鮮差遣録』(一九一〇年、宮内庁宮内公文書館所蔵)
「日韓条約締結一件」(外務省編『日本外交文書』第四三巻第一冊、日本国際連合協会、一九六二年)
「李王職財政整理大要」(『斎藤実文書』99—33、国立国会図書館憲政資料室所蔵)
「李王職事務職員及経費に関する規定並びに王公族の身分等に関する規定概要」(『斎藤実文書』99—34、国立国会図書館憲政資料室所蔵)

〈研究書・研究論文〉
新城道彦「韓国併合における韓国皇帝処遇問題」(『日本歴史』第七三二号、二〇〇九年五月)
新城道彦「王公族の創設と日本の対韓政策——「合意的国際条約」としての韓国併合」(『東アジア近代史』第一四号、二〇一一年三月)
田中隆一「韓国併合と天皇恩赦権」(『日本歴史』第六〇二号、一九九八年七月)
原田環「韓国併合」(鳥海靖編『近代日本の転機　明治・大正編』吉川弘文館、二〇〇七年)
박은경『일제하 조선인 관료 연구』(학민사、一九九九年)

第二章　梨本宮方子の婚嫁計画と王公族の法的地位

〈史料〉
伊藤博文『帝国憲法　皇室典範義解』(国家学会蔵版、一八八九年)
伊東巳代治「調査着手ノ方針」(小林宏・島善高編『明治皇室典範(下)』日本立法資料全集17、信山社出版、一九九七年)
篠田治策『欧州御巡遊随行日記』(大阪屋号書店、一九二八年)
栗原広太『明治の御宇』(四季書房、一九四一年)
晨亭会編『伯爵伊東巳代治』下巻(晨亭会、一九三八年、非売品)
枢密院『枢密院会議議事録』第二〇巻(東京大学出版会、一九八五年)
梨本伊都子『三代の天皇と私』(講談社、一九七五年)

原奎一郎編『原敬日記』第五巻（福村出版、一九八一年）
「王公家軌範審査委員会筆記（五月〜六月）」（『枢密院委員録・大正七年・巻別冊』国立公文書館所蔵）
「王公族審議会資料」（『篠田治策文書』スタンフォード大学フーバー研究所所蔵）
「薨去されし李太王殿下の御平生」（『朝鮮及満洲』第一四〇号、一九一九年二月）
「児玉秀雄書翰」（『寺内正毅文書』国立国会図書館憲政資料室所蔵）
「昭和十年度李王家基本財産調」（『篠田治策文書』スタンフォード大学フーバー研究所所蔵）
「翠雨荘日記」（小林龍夫編『明治百年史叢書』第八巻、原書房、一九六六年）
「李王家基本財産増減表」（『篠田治策文書』スタンフォード大学フーバー研究所所蔵）
「李王家歳入歳出概況」（『篠田治策文書』スタンフォード大学フーバー研究所所蔵）
「李王同妃両殿下欧洲御視察ノ件」（『大日記乙輯』防衛省防衛研究所所蔵）
한국민족문화대백과사전편찬부편「궁내부」（『한국민족문화대백과사전』第三巻、한국정신문화연구원、一九九一年）

〈研究書・研究論文〉

李英珠「通婚規則からみた皇室の「純血性」」（『日本民俗学』第二二五号、二〇〇一年二月）
小田部雄次『梨本宮伊都子妃の日記――皇族妃の見た明治・大正・昭和』（小学館、一九九一年）
小田部雄次『皇族に嫁いだ女性たち』（角川学芸出版、二〇〇九年）
島善高「大正七年の皇室典範増補と王公家軌範の制定」（『早稲田人文自然科学研究』第四九号、一九九六年三月）
城田吉六『悲劇の王女徳恵翁主の生涯――対馬に嫁した李王朝最後の王女』（長崎出版文化協会、一九八九年）
鈴木正幸『皇室制度』（岩波書店、一九九三年）
高久嶺之介「大正期皇室法令をめぐる紛争（上）」（『社会科学』第三二号、一九八三年二月）
高久嶺之介「大正期皇室法令をめぐる紛争（下）」（『社会科学』第三四号、一九八四年三月）
高久嶺之介「近代日本の皇室制度」（鈴木正幸編『近代日本の軌跡7　近代の天皇』吉川弘文館、一九九三年）
鄭求先「統監府期日本人官吏研究」（『国史館論叢』第七七輯、一九九七年）

長田彰文『日本の朝鮮統治と国際関係――朝鮮独立運動とアメリカ１９１０―１９２２』（平凡社、二〇〇五年）
夏堀正元「「学習院」の内側」（『歴史読本』第三三巻第五号、一九八八年三月）
西川誠「大正後期皇室制度整備と宮内省」（近代日本研究会編『宮中・皇室と政治』山川出版社、一九九八年）

第三章　李太王の国葬と三・一運動

〈史料〉

青柳綱太郎『朝鮮独立騒擾史論』（朝鮮研究会、一九二一年）
市川正明編『三・一独立運動』第一巻～三巻（原書房、一九八三～一九八四年）
宇都宮太郎関係資料研究会編『日本陸軍とアジア政策　陸軍大将宇都宮太郎日記』第三巻（岩波書店、二〇〇七年）
奥田直毅編『徳寿宮国葬画帖』（京城日報社、一九一九年）〈최순권 해제『고종과 순종의 국장 사진첩』민속원、二〇〇八年〉
加藤房蔵『朝鮮騒擾の真相』（京城日報社、一九二〇年）
倉富勇三郎日記研究会編『倉富勇三郎日記』第一巻（国書刊行会、二〇一〇年）
総督府警務局「高宗死去に関する朝鮮人の動向」（姜徳相編『現代史資料 朝鮮（二）』第二五巻、みすず書房、一九六六年）
釈尾旭邦「騒擾事件の真相及び感想」（『朝鮮及満洲』第一四二号、一九一九年四月）
釈尾春芿『朝鮮併合史』（朝鮮及満洲社、一九二六年）
日本陸軍省編「独立運動ニ関スル件」（『極秘韓国独立運動史料叢書』第一一巻、韓国出版文化院、一九八九年）
朴殷植著、姜徳相訳『朝鮮独立運動の血史』第一巻（平凡社、一九七二年）
原奎一郎編『原敬日記』第三巻（福村出版、一九八一年）
「李坧公葬儀関係書類　王家に関し御参考事項」（『斎藤実文書』99―14(1)、国立国会図書館憲政資料室所蔵、一綴）
「管内各地ニ於ケル騒擾発生ノ動機及発生当時ニ於ケル暴民ノ心裡状態」（朝鮮憲兵隊司令部編『大正八年朝鮮騒擾事件状況』巌南堂書店、一九六九年）
『国際写真情報臨時増刊　大正天皇御大喪画史』（国際情報社、一九二七年）

「独立運動ニ関スル件（国内）」（姜徳相編『現代史資料 朝鮮（一）』第二五巻、みすず書房、一九六六年）
『帝国議会衆議院議事速記録』第三五巻（東京大学出版会、一九八二年）
『帝国議会貴族院議事速記録』第三五巻（東京大学出版会、一九八一年）
『朝鮮の独立思想及運動』（朝鮮総督府官房庶務部調査課、一九二四年）
「宋継白東京地方裁判所予審訊問調書」（李炳憲『三・一運動秘史』時事時報社出版局、一九五九年）
『故李太王国葬書類 中、下』（国立公文書館所蔵）
『故李太王国葬書類 上』（国立公文書館所蔵）
「在日留学生独立運動」（姜徳相編『現代史資料 朝鮮（二）』第二六巻、みすず書房、一九六七年）
「故大勲位李太王国葬儀」（朝鮮総督府編『朝鮮彙報』一九一九年四月号）

〈研究書・研究論文〉

李昇燁「李太王（高宗）毒殺説の検討」（『二十世紀研究』第一〇号、二〇〇九年一二月）
康成銀「三・一運動における「民族代表」の活動に関する一考察」（『朝鮮学報』第一三〇輯、一九八九年一月）
姜徳相「三・一運動における「民族代表」と朝鮮人民」（『思想』第五三七号、一九六九年三月）
姜徳相『朝鮮独立運動の群像』（青木書店、一九九八年）
姜萬吉著、太田修・庵逧由香訳『朝鮮民族解放運動の歴史』（法政大学出版局、二〇〇五年）
佐野眞一『枢密院議長の日記』（講談社、二〇〇七年）
田中美智子「三・一運動と日本人――日本国内の新聞報道をめぐって」（『朝鮮史研究会論集』第二一集、一九八四年三月）
朝鮮民主主義人民共和国科学院歴史研究所編『朝鮮近代革命運動史』（新日本出版社、一九六四年）
趙景達『朝鮮民衆運動の展開――士の論理と救済思想』（岩波書店、二〇〇二年）
坪江汕二『朝鮮民族独立運動秘史』（日刊労働通信社、一九五九年）
朴慶植「三・一独立運動の歴史的前提――主体的条件の把握のために」（『思想』第五五〇号、一九七〇年四月）
朴慶植「三・一運動研究の諸問題――民族主義者の評価について」（『思想』第五五六号、一九七〇年一〇月）

朴永圭著、尹淑姫・神田聡訳『朝鮮王朝実録』（新潮社、一九九七年）
原口由夫「三・一運動弾圧事例の研究――警務局日次報告の批判的検討を中心にして」（『朝鮮史研究会論集』第二三集、一九八六年三月）
宮田節子「3・1運動の実態とその現代的意義」（『歴史評論』第一五七号、一九六三年九月）
宮田節子「武断政治の猛威と三・一蜂起（一九一〇～一九一九）」（渡部学編『朝鮮近代史』勁草書房、一九六八年）
宮田節子「朝鮮における「農村振興運動」――一九三〇年代日本ファシズムの朝鮮における展開」（『季刊現代史』第二号、一九七三年五月）
宮田節子『朝鮮民衆と「皇民化」政策』（未来社、一九九七年）
山辺健太郎「三・一運動について（1）」（『歴史学研究』第一八四号、一九五五年六月）
山辺健太郎「三・一運動とその現代的意義（上）」（『思想』第三七二号、一九五五年四月）
山辺健太郎「三・一運動とその現代的意義（下）」（『思想』第三七三号、一九五五年七月）
渡部学「三・一運動の思想史的位相」（『思想』第五三七号、一九六九年三月）
金昌洙『韓国民族運動史研究』（범우사、一九九五年）
金昌洙『3・1독립운동연구사론』（교문사、一九九八年）
金昌洙「3・1독립운동의 민족사적 위상――3・1독립운동의 연구사와 과제」（『鮮明史学』第一〇・一一・一二合輯、二〇〇六年）
3・1운동50주년기념논집 편집위원회編『3・1운동 50주년 기념논집』（東亜日報社、一九六九年）
송건「3・1운동과 민족대표의 역사적 역할에 대하여」（『정책과학연구』第一四巻第二号、二〇〇四年）
愼鏞廈『3・1운동과 독립운동의 사회사』（서울대학교출판부、二〇〇一年）
安秉直「삼일운동에 참가한 사회계층과 그 사상」（『歴史学報』第四一輯、一九六九年）
尹炳奭『증보3・1운동사』（국학자료원、一九八七年）
이정은『3・1독립운동의 지방시위에 관한 연구』（국학자료원、二〇〇九年）
李泰鎮「高宗皇帝의 毒殺과 日本政府首脳部」（二〇〇九年四月二三、二四日開催の〝韓日併合〟一〇〇年国際学術会

議：韓日併合の性格と政策における発表要旨）http://www.historyfoundation.or.kr/data/bbs1/papers.zip
李炫熙「３・１運動史研究의 어제와 오늘」（『月刊読書』一九八〇年三月号）
李炫熙『３・１혁명、그 진실을 밝힌다』（신인간사、一九九九年）
鄭錫海「南大門駅頭의 独立万歳」（『新東亜』一九六九年三月号）
車基璧「３・１運動의 再検討――60周年을 맞아」（『제3회 합동학술대회 논문집』第三号、一九七九年）
千寛宇「３・１運動研究史論」（『文学과 知性』第三五号、一九七八年）

第四章　李王の国葬と朝鮮古礼の尊重

〈史料〉

今村鞆「李王家に関する事ども」（『斎藤実文書』99―8、国会図書館憲政史料室所蔵）
朝鮮警務局図書課「李王殿下ノ薨去ニ際シ「諺文新聞紙ヲ通シテ見タル」朝鮮人ノ思想傾向」（朴慶植編『日本植民地下の朝鮮思想状況　朝鮮問題資料叢書』第一一巻、三一書房、一九八九年）
「金虎門事件」（朝鮮総督府法務局編『朝鮮重大事件判決集』大海堂印刷株式会社、一九三〇年）〈朴慶植編『日本植民地下の朝鮮思想状況　朝鮮問題資料叢書』第一一巻、三一書房、一九八九年〉
「皇族、王族、公族殿下御軍籍一覧表」（『種村氏警察参考資料』第一一一集、国立公文書館所蔵）
『故大勲位李王国葬書類巻一』（国立公文書館所蔵）
『故大勲位李王国葬書類巻二』（国立公文書館所蔵）
『故大勲位李王国葬書類巻三』（国立公文書館所蔵）
『故大勲位李王国葬書類巻四』（国立公文書館所蔵）
『故大勲位李王国葬書類巻五止』（国立公文書館所蔵）
『故大勲位李王葬儀写真帖』（国立公文書館所蔵）
「朝鮮共産党事件ニ関スル調査書送付ノ件」（『密大日記』防衛省防衛研究所所蔵）
『朝鮮の言論と世相』（朝鮮総督府、一九二七年）

「風聞駄語」（『朝鮮及満洲』第三〇巻第二二三号、一九二六年六月）
「李王・王世子・李堈公等陸軍武官制服着用及同王公附武官の件」（『大日記甲輯』防衛省防衛研究所所蔵）
「李王殿下薨去ニ際シ元帥ノ礼遇ニ関スル件」（『大日記乙輯』防衛省防衛研究所所蔵）
「李王殿下御薨去に関する彙報」（朝鮮総督府編『朝鮮』第一三三号、一九二六年六月）
「李王殿下の葬儀」（『朝鮮及満洲』第三〇巻第二二三号、一九二六年六月）
「六、十事件」（朝鮮総督府法務局『朝鮮重大事件判決集』大海堂印刷株式会社、一九三〇年）〈朴慶植編『日本植民地下の朝鮮思想状況　朝鮮問題資料叢書』第一一巻、三一書房、一九八九年〉
金逌東『純宗国葬録』（朝鮮博文社、一九二六年）
梁在璣『純宗国葬記念写真帖』（京城写真通信社、一九二六年）〈최순권 해제『고종과 순종의 국장 사진첩』민속원、二〇〇八年〉

〈研究書・研究論文〉
今村鞆『朝鮮風俗集』（斯道館、一九一四年）
河原敏明『昭和の皇室をゆるがせた女性たち』（講談社、二〇〇四年）
姜東鎮『日本の朝鮮支配政策史研究――一九二〇年代を中心として』（東京大学出版会、一九七九年）
櫻井哲男「哭と情――韓国の葬儀」（『季刊民族学』第三二号、一九八五年四月）

第五章　李堈の散財と公家存続をめぐる葛藤

〈史料〉
篠田治策「李堈公殿下の覚書に関する件」（『斎藤実文書』99―23、国立国会図書館憲政資料室所蔵）
朝鮮行政編輯総局編『朝鮮統治秘話』（帝国地方行政学会、一九三七年）
日本陸軍省編「李堈公事件」（『極秘韓国独立運動史料叢書』第七巻上、韓国出版文化院、一九八九年）
「隠居せむこと、平民たらむこと、故土に於て死すことを志願」（『斎藤実文書』99―20（4）、国立国会図書館憲政資料室

所蔵）
「王公族審議会書類 李堈公ノ隠居ニ関スル協議案」（『関屋貞三郎文書』 国立国会図書館憲政資料室所蔵）
「漁帳拝借願」（『斎藤実文書』 99―30(3)、国立国会図書館憲政資料室所蔵）
「総督・李堈公会見始末」（『斎藤実文書』 99―24、国立国会図書館憲政資料室所蔵）
「副官、事務官の交替を切望」（『斎藤実文書』 99―20(6)、国立国会図書館憲政資料室所蔵）
「李鍝公家歳入歳出概況」（『篠田治策文書』 スタンフォード大学フーバー研究所所蔵）
「李鍵公家、李鍝公家財政ニ関スル上申書」（『大野緑一郎文書』 国立国会図書館憲政資料室所蔵）
「李鍵公家歳入歳出概況」（『篠田治策文書』 スタンフォード大学フーバー研究所所蔵）
「李堈一身上につき陳情懇願」（『斎藤実文書』 99―20(5)、国立国会図書館憲政資料室所蔵）
「李堈一身上につき陳情書」（『斎藤実文書』 99―20(1)、国立国会図書館憲政資料室所蔵）
「李堈公覚書」（『斎藤実文書』 99―22、国立国会図書館憲政資料室所蔵）
「李堈公殿下動静報告」（『斎藤実文書』 99―21(2)、国立国会図書館憲政資料室所蔵）
「李堈公殿下に関する件」（『斎藤実文書』 99―26、国立国会図書館憲政資料室所蔵）
「李堈公に関する書類　王公族禁治産若は隠居制度新設に関する件」（『斎藤実文書』 99―25、国立国会図書館憲政資料室所蔵）
「李堈公に関する書類　公殿下御行迹に関する具申書」（『斎藤実文書』 99―25、国立国会図書館憲政資料室所蔵）
「李堈公に関する書類　李堈公謹悼方法案」（『斎藤実文書』 99―25、国立国会図書館憲政資料室所蔵）
「李堈公に関する書類　李堈公家相談役会議の結果報告」（『斎藤実文書』 99―25、国立国会図書館憲政資料室所蔵）
「李堈公に関する書類　李堈公家に対する李伯爵趙子爵の意見」（『斎藤実文書』 99―25、国立国会図書館憲政資料室所蔵）
「李堈公に関する書類　李堈公行為に関し警務総長よりの報告に付内容を李王職へ照会の件」（『斎藤実文書』 99―25、国立国会図書館憲政資料室所蔵）
「李堈公に関する書類　李堈公誓約提出」（『斎藤実文書』 99―25、国立国会図書館憲政資料室所蔵）
「李堈公に関する書類　李堈公の意見書要領」（『斎藤実文書』 99―25、国立国会図書館憲政資料室所蔵）

「李堈公に関する書類　李堈公の行状に関する回報」(『斎藤実文書』99—25、国立国会図書館憲政資料室所蔵)
「李堈公誘拐事件」(朝鮮総督府法務局編『朝鮮重大事件判決集』大海堂印刷株式会社、一九三〇年)〈朴慶植編『日本植民地下の朝鮮思想状況　朝鮮問題資料叢書』第一一巻、三一書房、一九八九年〉
「李堈身上につき」(『斎藤実文書』99—20(10)、国立国会図書館憲政資料室所蔵)

〈研究書・研究論文〉
都倉武之「朝鮮王族義和宮留学と福沢諭吉」(『近代日本研究』第二二巻、二〇〇五年)

第六章　王公家軌範の制定と王公族の範囲

〈史料〉
田中正四『痩骨先生紙屑帖』(金剛社、一九六一年)
「王公家牒籍」(一九三一年頃写、韓国学中央研究院蔵書閣所蔵)
「王族譜」(韓国学中央研究院蔵書閣所蔵)
「王族譜及公族譜ノ登録上王公族ノ範囲ニ関スル伺」(『王公族譜録』一九三〇年—一九四〇年、宮内庁宮内公文書館所蔵)
『木戸幸一日記』下巻(東京大学出版会、一九八〇年)
「自由の鐘をつく二人——元李鍵公夫妻の離婚」(『毎日サンデー』一九五一年五月二七日号)
『高松宮日記』第八巻(中央公論社、一九九七年)
「徳恵姫学業成績表」(『斎藤実文書』99—16、国立国会図書館憲政資料室所蔵)
『二十九期会報　李王様特集』(二十九期生会、一九六四年、非売品)
「李王朝の人は去る」(『毎日グラフ』一九六三年一二月八日)
「李熹公系公族譜」(韓国学中央研究院蔵書閣所蔵)
「李熹公従宦録」(宮内庁宮内公文書館所蔵)
「李熹公譜略 単」(宮内庁宮内公文書館所蔵)

「李鍵書翰」（『木戸幸一文書』国立国会図書館憲政資料室所蔵）
「李堈公系公族譜」（韓国学中央研究院蔵書閣所蔵）
「李埈公従宦録」（宮内庁宮内公文書館所蔵）
「李埈公従宦録 其二」（宮内庁宮内公文書館所蔵）
「李埈公譜略 単」（宮内庁宮内公文書館所蔵）
「李太王王族譜」（韓国学中央研究院蔵書閣所蔵）

〈研究書・研究論文〉

加藤聖文『「大日本帝国」崩壊』（中央公論新社、二〇〇九年）
金英達「朝鮮王公族の法的地位について」（『青丘学術論集』第一四集、一九九九年三月）
新城道彦「王公族としての認定基準と構成人員の増加――冊立詔書・王公家軌範・「王族譜」「公族譜」を手掛かりとして」（『韓国言語文化研究』第一六号、二〇〇八年一一月）
新田隆信「王公族の法的地位と法律第八三号――明治憲法体制に関する一つの覚え書」（『富大経済論集』第九巻第二号、一九六三年七月）
本馬恭子『徳恵姫――李氏朝鮮最後の王女』（葦書房、一九九八年）
山田風太郎『同日同刻――太平洋戦争開戦の一日と終戦の十五日』（立風書房、一九七九年）
坂元真一「조선왕실 자손들과 그 대한민국 국적――왕공족의 법적신분과 그 등록을 중심으로」（『서울국제법연구』第六巻第一号、一九九九年）
이해경『나의 아버지 의친왕』（진、一九九七年）
정범준『제국의 후예들』（황소자리、二〇〇六年）

第七章　朝鮮貴族の家政破綻と天皇の体面

〈史料〉

大村友之丞編『朝鮮貴族列伝』（朝鮮総督府印刷局、一九一〇年）〈韓国学文献研究所編『旧韓末日帝侵略史料叢書13─社会篇4』亜細亜文化社、一九八五年〉
霞会館華族家系大成編輯委員会編『平成新修旧華族家系大成』上巻（吉川弘文館、一九九六年）
朝鮮総督府学務局「12 第八十四回帝国議会説明資料」（『帝国議会関係雑件／説明資料関係』第三五巻、外務省外交史料館所蔵）
藤波通訳官「朝鮮人に対する授爵に関する意見」（『斎藤実文書』100─6、国立国会図書館憲政資料室所蔵）
「尹沢栄に関する調査」（『斎藤実文書』107─14、国立国会図書館憲政資料室所蔵）
「王公族及朝鮮貴族ニ関スル資料」（水野直樹編『戦時期植民地統治資料』第三巻、柏書房、一九九八年）
「侯爵尹沢栄の動静に関する件」（『斎藤実文書』100─8、国立国会図書館憲政資料室所蔵）
「財団法人昌福会関係書類」（『斎藤実文書』100─7、国立国会図書館憲政資料室所蔵）
「男爵金思濬犯罪処分ノ件」（『公文雑纂』第一一巻、一九一五年、国立公文書館所蔵）
「趙家整理の経過概要及希望事項に就て」（『斎藤実文書』100─11(2)、国立国会図書館憲政資料室所蔵）
「朝鮮貴族世襲財産令制令案」（『公文類聚』第五一篇、国立公文書館所蔵）
「朝鮮貴族保護資金令（制令案）並に朝鮮貴族保護施設概要」（『昭和財政史資料』第五号、一九二八年、国立公文書館所蔵）
「朝鮮貴族有爵者大礼服制ヲ廃止シ朝鮮貴族有爵者モ内地ノ有爵者ト同様有爵者大礼服制ニ依ラシムルコトニ付宮内大臣へ照会ノ件」（『公文雑纂・大正九年・第一巻・内閣一・内閣一、鉄道院・鉄道院』国立公文書館所蔵）
「朝鮮貴族略歴」（『斎藤実文書』100─3、国立国会図書館憲政資料室所蔵）
「朝鮮貴族略歴」（『斎藤実文書』100─4、国立国会図書館憲政資料室所蔵）
『朝鮮貴族履歴』（韓国学中央研究院蔵書閣所蔵）
「趙男爵家家政整理経過報告」（『斎藤実文書』100─11(2)、国立国会図書館憲政資料室所蔵）
「趙男爵家家政整理の経緯に就て」（『斎藤実文書』100─11(7)、国立国会図書館憲政資料室所蔵）

「趙男爵家家政整理の経緯に就て（付）舌代」（『斎藤実文書』100―11(7)、国立国会図書館憲政資料室所蔵）
「独立騒擾事件（その二）」（朝鮮総督府法務局編『朝鮮重大事件判決集』大海堂印刷株式会社、一九三〇年）〈朴慶植編『日本植民地下の朝鮮思想状況　朝鮮問題資料叢書』第一一巻、三一書房、一九八九年〉
「本邦ニ於ケル社会主義其他危険主義関係情報雑纂」（『思想月報』第二巻、外務省外交史料館所蔵）

〈研究書・研究論文〉
浅見雅男『華族たちの近代』（NTT出版、一九九九年）
浅見雅男『華族誕生――名誉と体面の明治』（中央公論新社、一九九九年）
小田部雄次『華族――近代日本貴族の虚像と実像』（中央公論新社、二〇〇六年）
内藤一成『貴族院』（同成社、二〇〇八年）

終章

読売新聞社編『昭和史の天皇』第四巻（読売新聞社、一九六八年）

あとがき

「あとがき」とは、筆者がどのような経緯でこのような研究をするに至ったのかを告白するところなのかもしれない。たしかに、王公族を研究対象に定めた理由を質問されることも多くなり、それなりに型にはまった答えを用意してはいる。だが、方々で説明するうちにこなれたその答えが事実なのか、自分でも疑わしく思っている。したがって、紙幅の関係もあるので、ここでは謝辞を中心に記させていただきたい。

本書は、韓国併合から一〇〇年後の二〇一〇年に九州大学大学院比較社会文化学府に提出した学位請求論文「韓国皇室の〈日本〉編入と朝鮮統治――王公族の処遇を巡る葛藤」を加筆・修正したものである。口頭試問は奇しくも李太王の国葬と同日の三月三日であった。

論文の指導と審査では、松原孝俊先生、有馬学先生、服部英雄先生、稲葉継雄先生、崔徳寿先生、朴泰均先生、永島広紀先生にお世話になった。まずは心から御礼申し上げたい。

筆者がはじめに王公族を研究対象に定めたのは、修士課程一年のときであった。最近でこそ植民地研究で旧韓国皇室の存在が注目されるようになったが、当時はまったく見向きもされず、不安と孤独のなかで研究を進めていたのを思い出す。それでもめげずにやってこられたのは、有馬先生が「重要なテーマ」とおっしゃってくれたからである。学部時代はヘーゲル『法の哲学』から国家論をテーマにゼミ論を執筆し、歴史学のレの字も知らなかった筆者にとって、先生の言葉はとにかく心強かった。

研究すれども発表できない消化不良の日々に転機が訪れたのは、つい最近だった。二〇〇九年に森山茂徳先生の研究グループに加えていただき、原田環先生、李栄薫先生、堀和生先生、浅野豊美先生、永島先生、姜東局先生、趙映俊先生といった第一線で活躍される著名な先生方の謦咳に接する機会を得たのである。年に数回開かれる研究会では、常に刺激的な議論が展開され、学んだことは数知れない。これに参加しなければ、博士論文の完成はさらに遅れていたであろう。厳しく有意義なご批判をくださった研究会の先生方に御礼申し上げたい。

博士論文を法政大学出版局にご推薦くださり、刊行の途を開いてくださったのは岡崎晴輝先生である。専攻の異なる、しかも面識のない小生の論文に岡崎先生が関心を持ってくださったおかげで、拙稿は国立国会図書館の書庫に埋もれる運命を免れた。岡崎先生のご好意にはいくら感謝してもし尽くすことはない。

出版事情の厳しい今日、出版を引き受けてくださった法政大学出版局、そして筆者の悪文を根気強く読み、的確な批判で本の形に導いてくださった編集部の奥田のぞみさんへの謝辞を忘れる訳にはいかない。

学部時代にお世話になった山辺知紀先生、鶴園裕先生、野村真理先生、南相瓔先生。拙稿のテーマに関心を持ち、意義あるご批判をくださった石川遼子先生、李昇燁先生、朴煥斌先生。宮内庁の史料についてご教示くださった岩壁義光先生。院生時代から何かと相談に乗ってくれる榊原隆弘・陳佳雯夫妻。

多方面にわたりいつもお世話になっている職場の皆様。ゼミの先輩・後輩。こうして御礼を伝える人を思い浮かべてみると、いかに多くの方々に支えられてきたか、改めて実感する。

経済的には、韓国国際交流財団、日本学術振興会（科学研究費補助金研究活動スタート支援：課題番号21820029）、松下幸之助記念財団（助成番号：10-004）の助成に支えていただいた。特に韓国国際交流財団には、修士から博士課程にかけての奨学金給付と、フェローシップによる韓国留学など、長きにわたってお世話になった。このような貴重な支援がなければ、学位の取得はなかったであろう。

面と向っては気恥ずかしくてなかなか心の内を正直に伝えられないが、物心両面で支えてくれた両親にもこの場を借りて感謝したい。自分たちの価値観を押し付けず、自由な発想を重んじる家庭環境が、定説を疑い、人とは異なる角度から物事を視る（ひねくれた？）性格を育んでくれたのだと思う。

最後に、やはり最大の謝辞は妻・いつほに捧げたい。博論から本書の刊行まで、彼女はときに腕利きの助手として、ときに手強い批評者として、サポートしてくれた。まだ博士課程の学生だった頃、史料収集のために東京に行ったことがあった。彼女はわざわざ仕事を休んで同行したのに、どこか観光するわけでもなく、訪問するのは国立国会図書館と国立公文書館のみ。朝から晩まで憲政資料室と複写室を行ったり来たり……。それでも笑顔で、疲れた顔一つ見せず黙々と作業する姿が今でも鮮明に思い出される。月並みな言葉だけど、いつもありがとう。

新城道彦

二〇一一年七月

《著者紹介》

新城 道彦（しんじょう みちひこ）

1978年愛知県西尾市生まれ．九州大学大学院比較社会文化学府（国際社会文化）博士後期課程単位取得退学．博士（比較社会文化）．

金沢大学経済学部卒．九州大学韓国研究センター講師（研究機関研究員）を経て，現在は九州大学韓国研究センター助教．

主要著作に，「王公族の創設と日本の対韓政策――「合意的国際条約」としての韓国併合」『東アジア近代史』第14号，2011年3月．「韓国併合における韓国皇帝処遇問題」『日本歴史』第732号，2009年5月．「이은（영친왕）―나시모토노미야 마사코의 결혼문제와 왕족의 양면성――정략결혼은 왜 필요했을까」『역사비평』第75号，2006年5月など．

サピエンティア 19

天皇の韓国併合

王公族の創設と帝国の葛藤

2011年8月15日 初版第1刷発行

著 者 新城 道彦

発行所 財団法人法政大学出版局

〒102-0073 東京都千代田区九段北3-2-7

電話 03(5214)5540／振替 00160-6-95814

製版・印刷 平文社／製本 誠製本

装 幀 奥定泰之

ISBN 978-4-588-60319-8 Printed in Japan

事項索引

さ　行

た　行

な　行

は　行

ま　行

や　行

ら　行

人名索引

ア 行

赤池濃　270
明仁　94
秋山好古　178
浅井佐一郎　348–349, 354
朝香宮紀久子　377
朝香宮鳩彦　87, 90, 133–134
浅田恵一　100
阿部信行　311
有栖川宮威仁　1, 150, 154, 156–157, 159, 191, 202, 211
有栖川宮熾仁　154
有田絹子　330
有松英義　100
有吉忠一　274
安商鎬（アンサンホ）　206
安昌浩（アンチャンホ）　337
李人稙（イインジク）　36, 38
李鍝（イウ）　114, 203, 257, 272, 285, 287, 298, 301, 307–308, 311–312, 377–378
李源（イウォン）　308, 327
李源昇（イウォンスン）　148
李垠（イウン）　1–2, 8, 17, 25, 31, 39–40, 51–52, 54, 57–59, 65–66, 69, 76, 86–88, 90–95, 98, 111, 117–118, 121–122, 127, 134–136, 144–145, 147–148, 179, 181, 185, 193, 203–204, 206, 215–216, 223, 244, 255–256, 264, 287, 297, 301, 308, 317–321, 335, 347, 371, 376–377
李甲成（イガプソン）　171
李堈（イガン）　2–3, 19–20, 31, 33, 51–54, 56–59, 146, 148, 178, 185, 206, 213, 235, 255–278, 281–289, 293, 298, 307–308, 311–312, 374, 377
李康軾（イガンシク）　336
李謙聖（イギョムソン）　277, 280
李埼鎔（イギヨン）　298, 364
池田長次郎　239
李玖（イグ）　193, 319–321
李光洙（イグァンス）　168–169
池邊義雄　206
李鍵（イゴン）　203, 263, 277, 284, 287, 293, 301, 307–308, 311–312, 315–318, 323, 377
李載覚（イジェガク）　146, 178, 213, 298
李載崐（イジェゴン）　206
李在明（イジェミョン）　32, 35, 176
李載冕→李熹
李載完（イジェワン）　231
李辰琬（イジヌァン）　301, 307–308
李軫鎬（イジノ）　364
石原健三　100
李埈鎔（イジュニョン）　113–114, 213, 256–257, 285, 287, 297–298, 301, 307
李址鎔（イジヨン）　146, 176, 185, 298, 336
李鍾郁（イジョンウク）　268
李琮根（イジョングン）　168–169
李貞淑（イジョンスク）　349, 353, 356–357
李晋（イジン）　285, 287, 301, 305–307,

309, 311
李寿吉（イスギル）　308, 320
李承晩（イスンマン）　319–320
一木喜徳郎　17, 103, 105–111, 114–116, 131, 209, 273
李垳（イチョク）　1–4, 18–19, 35, 39–43, 50–59, 62–63, 66–70, 75, 86, 92, 101, 134, 141, 146, 148, 157–158, 177–178, 181, 185, 190–191, 193, 201–214, 216, 219, 221–222, 225–229, 231–232, 234–235, 238–242, 244–247, 256, 258, 265–266, 273, 277–278, 298, 373–374, 376–378
伊藤博邦　151, 153, 178
伊藤博文　23, 25–27, 29–31, 86, 93, 96–97, 154–156, 320
伊東巳代治　17, 96–100, 103, 111, 116–117, 119–123, 126, 128–129, 131–133, 141, 191, 264, 296, 372–373
李徳恵（イドッケェ）　8, 203–204, 206, 301, 306–308, 323, 325, 377
稲田龍吉　203–205, 248
稲葉正縄　69
井上雅二　27
李昰応（イハウン）　347
李夏栄（イハヨン）　219, 234–235
李恒九（イハング）　148, 220, 238, 277, 279, 335
李方子（イバンジャ）→梨本宮方子
李熈（イヒ）　2, 8, 10–11, 18, 23, 27, 35, 39–40, 43, 52–54, 56–59, 67, 86–87, 91–93, 101, 136, 143–149, 153–160, 165–167, 169–179, 181–182, 185, 188–192, 196, 202–203, 206, 210, 214–215, 221–224, 226, 238–240, 245, 247, 258–259, 267, 307–308, 347, 373–374, 376, 378
李熹（イヒ）　2–3, 20, 42, 54, 56–57, 59, 113, 213, 256–257, 297, 306
李熙斗（イヒドゥ）　352, 369
李丙吉（イビョンギル）　336
李秉武（イビョンム）　42, 69, 218
李海瑗（イヘウォン）　308
李海昇（イヘスン）　206, 298, 346, 356
李海昌（イヘチャン）　298
李鳳儀（イボンイ）　336
李弘宰（イホンジェ）　336
今村鞆　191, 215–216, 236, 305, 363–364, 373
李允用（イユニョン）　26, 220, 248, 298
李容九（イヨング）　36
李容稙（イヨンジク）　65, 78, 82, 177, 336
入江海平　151, 153
岩井長三郎　152
岩倉具視　154–156, 159
李完用（イワニョン）　26, 32, 35–44, 48, 78–79, 145, 151, 173, 176, 182, 220, 248, 260–262, 265–266, 335
ウィルソン　124, 164–166, 168, 176, 195–196
宇垣一成　209
宇佐美勝夫　152
内田良平　36
内山小二郎　134
宇都宮太郎　146, 172–173, 178
梅謙次郎　96
英親王→李垠
江木翼　32
袁世凱　258–259
遠藤柳作　152, 311
大岡育造　159
大木彝雄　152–153
大木戸宗重　135
正親町実正　134
大久保市蔵　351
大隈重信　98, 147, 296
大山巌　154–155, 157, 211

カ　行

サ　行

タ　行

ナ　行

ハ 行

マ 行

ヤ　行

ラ　行

ワ　行

略年表

1852年	**7** 李熈（のちの高宗，李太王）誕生．**11** 睦仁（のちの明治天皇）誕生．
1863	**12** 李熈が李朝第26代王として即位し，高宗となる．
1874	**3** 李坧（のちの純宗，李王）誕生．
1875	**9** 軍艦雲揚と江華島守備兵の間で軍事衝突（江華島事件）．
1876	**2** 日朝修好条規調印．
1877	**3** 李堈誕生．
1879	**8** 嘉仁（のちの大正天皇）誕生．
1882	**7** 漢城で朝鮮兵が反乱を起こし，日本公使館を襲撃（壬午軍乱）．
1884	**12** 漢城で開化派のクーデターが起こる（甲申政変）．
1894	**7** 日本軍が朝鮮の王宮を占領，大院君を執政とする政権を樹立（甲午政変）．**8** 日清戦争勃発． 翌年にかけて急進的な近代化改革が進められる（甲午改革）．
1895	**4** 下関条約締結で清国は朝鮮の独立を承認．**10** 三浦梧楼公使・日本人壮士・開化派が朝鮮王妃を暗殺（閔氏殺害事件）．
1896	**2** 高宗がロシア公使館へ移り，親露政権を樹立（露館播遷）．
1897	**2** 高宗還宮．**8** 朝鮮の年号を光武に改める．**10** 高宗が即位して皇帝となり，国号を大韓帝国とする．李垠誕生．
1898	**9** 金鴻陸の毒殺未遂事件．
1901	**4** 裕仁（のちの昭和天皇）誕生．**11** 梨本宮方子誕生．
1904	**2** 日露戦争勃発．日韓議定書調印．**8** 第一次日韓協約締結．
1905	**9** ポーツマス条約締結でロシアは日本の朝鮮半島における優越権を認める．**11** 第二次日韓協約の締結により，日本が韓国を保護国化する．「統監府及理事庁官制」を公布し，初代統監に伊藤博文が就任．
1907	**7** 高宗が譲位の詔書を発し，純宗が皇帝に即位．第三次日韓協約締結．**11** 李垠が東京に留学．
1910	**5** 寺内正毅が第3代統監に就任．**8** 韓国併合条約締結．
1912	**7** 明治天皇崩御．皇太子嘉仁親王が践祚．
1916	**8** 李垠と梨本宮方子の婚約が報道される．**9** 伊東巳代治が「皇室制度再査議」を起草．**11** 宮内省に帝室制度審議会設置．
1918	**1** ウィルソン大統領がアメリカ連邦議会で「14か条の平和原則」を発表．**5** 帝室制度審議会作成の王公家軌範案を枢密院に諮詢．

1919	**1** 李太王薨去（満 67 歳）．**3** 三・一運動勃発．李太王の国葬．**4** 上海で大韓民国臨時政府樹立．**11** 李堈失踪．
1920	**4** 李垠と梨本宮方子が結婚．
1921	**4** 李徳恵が日の出小学校に入学．**8** 方子が晋を出産．
1922	**5** 李晋急逝．
1923	**9** 関東大震災時に朝鮮人が多数虐殺される．
1926	**2** 李完用死去．**4** 李王薨去（満 52 歳）．**6** 李王の国葬．**12** 王公家軌範公布．大正天皇崩御．摂政宮裕仁親王が践祚．
1927	**5** 李垠と方子が 1 年間のヨーロッパ巡遊に出発．
1931	**5** 李徳恵と宗武志が結婚．**9** 満洲事変勃発．**10** 李鍵と広橋誠子が結婚．**12** 方子が玖を出産．
1934	**4** 李垠が京城の朝鮮神宮で郷軍全鮮大会に台臨する．
1936	**2** 二・二六事件勃発．李垠は混成大隊を率いて出動．
1937	**7** 盧溝橋事件を端緒として日中間で全面戦争勃発（日中戦争）．**10**「皇国臣民の誓詞」制定．
1938	**4** 国家総動員法公布．**12** 李垠が北支方面軍司令部付に転任．
1940	**2** 創氏改名を開始．
1941	**12** 太平洋戦争勃発．
1945	**8** 李鍝が広島で被爆死．**12** 梨本宮守正が戦犯容疑で逮捕される．
1947	**5** 王公家軌範失効．李垠・方子らが外国人登録する．
1950	**8** 李玖がアメリカ留学に出発．
1951	**5** 李鍵と誠子が離婚．
1952	**4** 対日講和条約発効．李垠ら日本国籍を喪失．
1954	**9** 紀尾井町の李垠邸が堤康次郎に買収され，赤坂プリンスホテル（旧館）となる．
1958	**10** 李玖とジュリア・ミューロックが結婚．
1960	**4** 李承晩大統領が失脚．
1963	**11** 李垠と方子が渡韓．
1965	**6** 日韓基本条約締結．
1967	**11** 方子が障害者福祉財団明暉園を設立．
1970	**5** 李垠逝去（満 72 歳）．
1989	**4** 方子逝去（満 87 歳）．
2005	**7** 赤坂プリンスホテルで李玖の遺体が発見される．

王公族審議会の構成一覧（1929-1943年）

1929年8月1日

総裁　倉富勇三郎（枢密院議長）

審議官　富井政章（枢密顧問官），荒井賢太郎（枢密顧問官），斎藤実（枢密顧問官），朴泳孝（総督府中枢院副議長），高義敬（総督府中枢院顧問），和仁貞吉（東京控訴院長判事），関屋貞三郎（宮内次官），仙石政敬（宗秩寮総裁），渡部信（宮内省参事官）

幹事　酒巻芳男（宮内省参事官），岩波武信（宮内事務官）

書記　寺本英二郎（宮内属），吉田源太郎（宮内属）

1930年7月1日

総裁　倉富勇三郎（枢密院議長）

審議官　富井政章（枢密顧問官），荒井賢太郎（枢密顧問官），河合操（枢密顧問官），児玉秀雄（総督府政務総監），朴泳孝（総督府中枢院副議長），高義敬（総督府中枢院顧問），和仁貞吉（東京控訴院長判事），関屋貞三郎（宮内次官），仙石政敬（宗秩寮総裁），渡部信（宮内省参事官）

幹事　酒巻芳男（宮内省参事官），岩波武信（宮内事務官）

書記　寺本英二郎（宮内属），吉田源太郎（宮内属）

1931年1月1日

総裁　倉富勇三郎（枢密院議長）

審議官　富井政章（枢密顧問官），荒井賢太郎（枢密顧問官），河合操（枢密顧問官），児玉秀雄（総督府政務総監），朴泳孝（総督府中枢院副議長），高義敬（総督府中枢院顧問），和仁貞吉（東京控訴院長判事），関屋貞三郎（宮内次官），仙石政敬（宗秩寮総裁），渡部信（宮内省参事官）

幹事　酒巻芳男（宮内省参事官），岩波武信（宮内事務官）

1931年7月1日

総裁　倉富勇三郎（枢密院議長）

審議官　富井政章（枢密顧問官），荒井賢太郎（枢密顧問官），河合操（枢密顧問官），朴泳孝（総督府中枢院副議長），高義敬（総督府中枢院顧問），和仁貞吉（東京控訴院長判事），関屋貞三郎（宮内次官），仙石政敬

（宗秩寮総裁），渡部信（宮内省参事官）
幹事　酒巻芳男（宮内省参事官），岩波武信（宮内事務官）
書記　寺本英二郎（宮内属），吉田源太郎（宮内属）

1932 年 7 月 1 日
総裁　倉富勇三郎（枢密院議長）
審議官　富井政章（枢密顧問官），荒井賢太郎（枢密顧問官），河合操（枢密顧問官），今井田清徳（総督府政務総監），朴泳孝（総督府中枢院副議長），高羲敬（総督府中枢院顧問），関屋貞三郎（宮内次官），小原直（東京控訴院長判事），仙石政敬（宗秩寮総裁），渡部信（宮内省参事官）
幹事　酒巻芳男（宮内省参事官），岩波武信（宮内事務官）
書記　吉田源太郎（宮内属）

1933 年 1 月 1 日
総裁　倉富勇三郎（枢密院議長）
審議官　富井政章（枢密顧問官），荒井賢太郎（枢密顧問官），河合操（枢密顧問官），今井田清徳（総督府政務総監），朴泳孝（総督府中枢院副議長），高羲敬（総督府中枢院顧問），関屋貞三郎（宮内次官），小原直（東京控訴院長判事），仙石政敬（宗秩寮総裁），浅田惠一（宮内省参事官）
幹事　酒巻芳男（宮内省参事官），岩波武信（宮内事務官）

1934 年 1 月 1 日
総裁　倉富勇三郎（枢密院議長）
審議官　富井政章（枢密顧問官），荒井賢太郎（枢密顧問官），河合操（枢密顧問官），今井田清徳（総督府政務総監），朴泳孝（総督府中枢院副議長），高羲敬（総督府中枢院顧問），小原直（東京控訴院長判事），大谷正男（宮内次官），浅田惠一（宮内省参事官），木戸幸一（宗秩寮総裁）
幹事　岩波武信（宮内事務官），高木三郎（宮内省参事官）

1934 年 8 月 1 日
総裁　一木喜徳郎（枢密院議長）
審議官　富井政章（枢密顧問官），荒井賢太郎（枢密顧問官），河合操（枢密顧問官），今井田清徳（総督府政務総監），朴泳孝（総督府中枢院副議長），皆川治廣（東京控訴院長判事），大谷正男（宮内次官），浅田惠一（宮

内省参事官），木戸幸一（宗秩寮総裁），李達鎔（朝鮮貴族侯爵）
幹事　岩波武信（宮内事務官），岡本愛祐（宮内省参事官）
書記　岡田重三郎（宮内属），吉田源三郎（宮内属）

1935年1月1日
総裁　一木喜徳郎（枢密院議長）
審議官　富井政章（枢密顧問官），荒井賢太郎（枢密顧問官），河合操（枢密顧問官），今井田清徳（総督府政務総監），朴泳孝（総督府中枢院副議長），皆川治廣（東京控訴院長判事），大谷正男（宮内次官），浅田惠一（宮内省参事官），木戸幸一（宗秩寮総裁），李達鎔（朝鮮貴族侯爵）
幹事　岩波武信（宮内事務官），岡本愛祐（宮内省参事官）
書記　岡田重三郎（宮内属），吉田源三郎（宮内属）

1935年7月1日
総裁　一木喜徳郎（枢密院議長）
審議官　富井政章（枢密顧問官），荒井賢太郎（枢密顧問官），河合操（枢密顧問官），今井田清徳（総督府政務総監），朴泳孝（総督府中枢院副議長），皆川治廣（東京控訴院長判事），大谷正男（宮内次官），浅田惠一（宮内省参事官），木戸幸一（宗秩寮総裁），李達鎔（朝鮮貴族侯爵）
幹事　岩波武信（宮内事務官），岡本愛祐（宮内省参事官）
書記　岡田重三郎（宮内属），吉田源三郎（宮内属）

1936年1月1日
総裁　一木喜徳郎（枢密院議長）
審議官　荒井賢太郎（枢密顧問官），河合操（枢密顧問官），原嘉道（枢密顧問官），今井田清徳（総督府政務総監），朴泳孝（総督府中枢院副議長），皆川治廣（東京控訴院長判事），大谷正男（宮内次官），浅田惠一（宮内省参事官），木戸幸一（宗秩寮総裁），李達鎔（朝鮮貴族侯爵）
幹事　岡本愛祐（宮内省参事官），高橋敏雄（宮内事務官）
書記　岡田重三郎（宮内属），吉田源三郎（宮内属）

1936年7月1日
総裁　平沼騏一郎（枢密院議長）
審議官　荒井賢太郎（枢密院副議長），河合操（枢密顧問官），原嘉道（枢密顧

問官)，今井田清徳（総督府政務総監)，朴泳孝（総督府中枢院副議長)，皆川治廣（東京控訴院長判事)，白根松介（宮内次官)，浅田惠一（宮内省参事官)，木戸幸一（宗秩寮総裁)，李達鎔（朝鮮貴族侯爵)

幹事　岡本愛祐（宮内省参事官)，高橋敏雄（宮内事務官)

書記　岡田重三郎（宮内属)，吉田源太郎（宮内属)

1937年1月1日

総裁　平沼騏一郎（枢密院議長)

審議官　荒井賢太郎（枢密院副議長)，河合操（枢密顧問官)，原嘉道（枢密顧問官)，大野緑一郎（総督府政務総監)，朴泳孝（総督府中枢院副議長)，皆川治廣（東京控訴院長判事)，白根松介（宮内次官)，木戸幸一（宗秩寮総裁)，金田才平（宮内省参事官)，李達鎔（朝鮮貴族侯爵)

幹事　岡本愛祐（宮内省参事官)，高橋敏雄（宮内事務官)

書記　岡田重三郎（宮内属)，吉田源太郎（宮内属)

1937年7月1日

総裁　平沼騏一郎（枢密院議長)

審議官　荒井賢太郎（枢密院副議長)，河合操（枢密顧問官)，原嘉道（枢密顧問官)，大野緑一郎（総督府政務総監)，朴泳孝（総督府中枢院副議長)，皆川治廣（東京控訴院長判事)，白根松介（宮内次官)，木戸幸一（宗秩寮総裁)，金田才平（宮内省参事官)，李達鎔（朝鮮貴族侯爵)

幹事　岡本愛祐（宮内省参事官)，高橋敏雄（宮内事務官)

書記　岡田重三郎（宮内属)，吉田源太郎（宮内属)

1938年1月1日

総裁　平沼騏一郎（枢密院議長)

審議官　荒井賢太郎（枢密院副議長)，河合操（枢密顧問官)，原嘉道（枢密顧問官)，大野緑一郎（総督府政務総監)，朴泳孝（総督府中枢院副議長)，白根松介（宮内次官)，金田才平（宮内省参事官)，李達鎔（朝鮮貴族侯爵)

幹事　大場茂行（宮内省参事官)，高橋敏雄（宮内事務官)

1939年1月20日

総裁　近衛文麿（枢密院議長)

審議官　原嘉道（枢密院副議長），河合操（枢密顧問官），石塚英蔵（枢密顧問官），武者小路公共（宗秩寮総裁），大野緑一郎（総督府政務総監），朴泳孝（総督府中枢院副議長），木村尚達（東京控訴院長判事），白根松介（宮内次官），金田才平（宮内省参事官），李達鎔（朝鮮貴族侯爵）

幹事　野口明（宮内事務官），大場茂行（宮内省参事官）

1939年7月1日

総裁　近衛文麿（枢密院議長）

審議官　原嘉道（枢密院副議長），河合操（枢密顧問官），石塚英蔵（枢密顧問官），武者小路公共（宗秩寮総裁），大野緑一郎（総督府政務総監），朴泳孝（総督府中枢院副議長），霜山精一（東京控訴院長判事），白根松介（宮内次官），本多猶一郎（宮内省参事官），李達鎔（朝鮮貴族侯爵）

幹事　大場茂行（宮内省参事官），林興之助（宮内事務官）

書記　吉田源太郎（宮内属），小林栄（宮内属）

1940年2月1日

総裁　近衛文麿（枢密院議長）

審議官　原嘉道（枢密院副議長），河合操（枢密顧問官），石塚英蔵（枢密顧問官），武者小路公共（宗秩寮総裁），大野緑一郎（総督府政務総監），閔丙奭（総督府中枢院副議長），霜山精一（東京控訴院長判事），白根松介（宮内次官），本多猶一郎（宮内省参事官），李達鎔（朝鮮貴族侯爵）

幹事　大場茂行（宮内省参事官），林興之助（宮内事務官）

1940年8月15日

総裁　原嘉道（枢密院議長）

審議官　河合操（枢密顧問官），石塚英蔵（枢密顧問官），武者小路公共（宗秩寮総裁），大野緑一郎（総督府政務総監），霜山精一（東京控訴院長判事），白根松介（宮内次官），本多猶一郎（宮内省参事官），李達鎔（朝鮮貴族侯爵）

幹事　大場茂行（宮内省参事官），林興之助（宮内事務官）

1941年4月1日

総裁　原嘉道（枢密院議長）

審議官　鈴木貫太郎（枢密院副議長），河合操（枢密顧問官），石塚英蔵（枢密

顧問官)，武者小路公共（宗秩寮総裁)，大野緑一郎（総督府政務総監)，霜山精一（東京控訴院長判事)，白根松介（宮内次官)，岡本愛祐（宮内省参事官)，李達鎔（朝鮮貴族侯爵)

幹事　大場茂行（宮内省参事官)，栄木忠常（宮内事務官)

書記　吉田源太郎（宮内属)，小林栄（宮内属)

1941 年 8 月 15 日

総裁　原嘉道（枢密院議長)

審議官　鈴木貫太郎（枢密院副議長)，河合操（枢密顧問官)，石塚英蔵（枢密顧問官)，武者小路公共（宗秩寮総裁)，大野緑一郎（総督府政務総監)，霜山精一（東京控訴院長判事)，白根松介（宮内次官)，岡本愛祐（宮内省参事官)，李達鎔（朝鮮貴族侯爵)

幹事　大場茂行（宮内省参事官)，栄木忠常（宮内事務官)

1942 年 4 月 1 日

総裁　原嘉道（枢密院議長)

審議官　鈴木貫太郎（枢密院副議長)，石塚英蔵（枢密顧問官)，武者小路公共（宗秩寮総裁)，松井慶四郎（枢密顧問官)，田中武雄（総督府政務総監)，霜山精一（東京控訴院長判事)，白根松介（宮内次官)，岡本愛祐（宮内省参事官)，李達鎔（朝鮮貴族侯爵)

幹事　大場茂行（宮内省参事官)，栄木忠常（宮内事務官)

書記　吉田源太郎（宮内属)，小林栄（宮内属)

1942 年 7 月 1 日

総裁　原嘉道（枢密院議長)

審議官　鈴木貫太郎（枢密院副議長)，石塚英蔵（枢密顧問官)，武者小路公共（宗秩寮総裁)，松井慶四郎（枢密顧問官)，田中武雄（総督府政務総監)，霜山精一（東京控訴院長判事)，白根松介（宮内次官)，岡本愛祐（宮内省参事官)，李達鎔（朝鮮貴族侯爵)

幹事　大場茂行（宮内省参事官)，栄木忠常（宮内事務官)

1943 年 7 月 1 日

総裁　原嘉道（枢密院議長)

審議官　鈴木貫太郎（枢密院副議長)，武者小路公共（宗秩寮総裁)，松井慶四

郎（枢密顧問官），田中武雄（総督府政務総監），霜山精一（東京控訴院長判事），白根松介（宮内次官），岡本愛祐（宮内省参事官），李達鎔（朝鮮貴族侯爵）

幹事　浅野長光（宮内省参事官），栄木忠常（宮内事務官）

出典：『職員録』『宮内省職員録』をもとに作成